Seguridad en equipos informáticos

José Francisco Giménez Albacete

ic editorial

Seguridad en equipos informáticos

1ª Edición

Editado por: IC Editorial
c/ Cueva de Viera, 2, Local 3
Centro Negocios CADI
29200 Antequera (Málaga)
Teléfono: 952 70 60 04
Fax: 952 84 55 03
Correo electrónico: iceditorial@iceditorial.com
Internet: www.iceditorial.com

ISBN: 978-84-1184-844-2
Depósito Legal: MA 822-2025

Impresión: PODiPrint
Impreso en Andalucía – España

Nota de la editorial: IC Editorial pertenece a Innovación y Cualificación S. L.

Presentación del manual

El **Certificado de Profesionalidad** es el instrumento de acreditación, en el ámbito de la Administración laboral, de las cualificaciones profesionales del Catálogo Nacional de Cualificaciones Profesionales adquiridas a través de procesos formativos o del proceso de reconocimiento de la experiencia laboral y de vías no formales de formación.

El elemento mínimo acreditable es la **Unidad de Competencia.** La suma de las acreditaciones de las unidades de competencia conforma la acreditación de la competencia general.

Una **Unidad de Competencia** se define como una agrupación de tareas productivas específica que realiza el profesional. Las diferentes unidades de competencia de un certificado de profesionalidad conforman la **Competencia General,** definiendo el conjunto de conocimientos y capacidades que permiten el ejercicio de una actividad profesional determinada.

Cada **Unidad de Competencia** lleva asociado un **Módulo Formativo,** donde se describe la formación necesaria para adquirir esa **Unidad de Competencia,** pudiendo dividirse en **Unidades Formativas.**

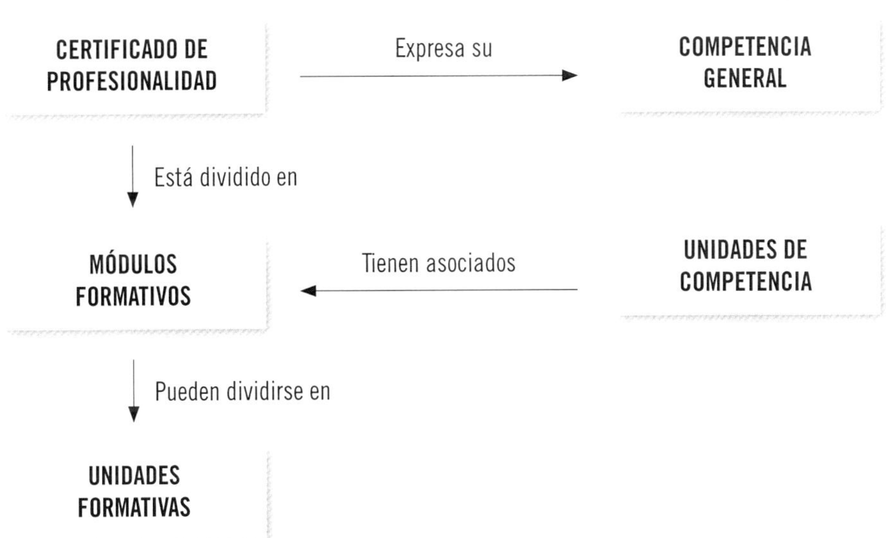

El presente manual desarrolla el Módulo Formativo **MF0486_3: Seguridad en equipos informáticos,** asociado a la unidad de competencia **UC0486_3: Asegurar equipos informáticos,** del Certificado de Profesionalidad **Gestión de sistemas informáticos.**

FICHA DE CERTIFICADO DE PROFESIONALIDAD

(IFCT0510) GESTIÓN DE SISTEMAS INFORMÁTICOS (R. D. 1531/2011, de 31 de octubre modificado por el R. D. 628/2013, de 2 de agosto, modificado por el R. D. 548/2014, de 27 de junio)

COMPETENCIA GENERAL: Configurar, administrar y mantener un sistema informático a nivel de hardware y software, garantizando la disponibilidad, óptimo rendimiento, funcionalidad e integridad de los servicios y recursos del sistema.

Cualificación profesional de referencia	Unidades de competencia		Ocupaciones o puestos de trabajo relacionados:
IFC152_3 GESTIÓN DE SISTEMAS INFORMÁTICOS (R. D. 1087/2005, de 16 de septiembre)	UC0484_3	Administrar los dispositivos hardware del sistema	• 2721.1018 Administrador de sistemas de redes • Administrador de sistemas • Responsable de informática
	UC0485_3	Instalar, configurar y administrar el software de base y de aplicación del sistema	
	UC0486_3	Asegurar equipos informáticos	

Correspondencia con el Catálogo Modular de Formación Profesional

Módulos certificado	Unidades formativas	Horas
MF0484_3: Administración hardware de un sistema informático	UF1891: Dimensionar, instalar y optimizar el hardware	70
	UF1892: Gestionar el crecimiento y las condiciones ambientales	50
MF0485_3: Administración software de un sistema informático	UF1893: Instalación y parametrización del software	90
	UF1894: Mantenimiento del software	70
	UF1895: Auditorías y continuidad de negocio	50
MF0486_3: Seguridad en equipos informáticos		90
MP0398: Módulo de prácticas profesionales no laborales		80

Índice

Capítulo 4
Plan de implantación de seguridad

Capítulo 5
Protección de datos de carácter personal

Capítulo 6
Seguridad física e industrial de los sistemas. Seguridad lógica de sistemas

Capítulo 7

Identificación de servicios

Capítulo 8

Robustecimiento de sistemas

Capítulo 1

Criterios generales comúnmente aceptados sobre seguridad de los equipos informáticos

Contenido

1. Introducción
2. Modelo de seguridad orientada a la gestión del riesgo relacionado con el uso de los sistemas de información
3. Relación de las amenazas más frecuentes, los riesgos que implican y las salvaguardas más frecuentes
4. Salvaguardas y tecnologías de seguridad más habituales
5. La gestión de la seguridad informática como complemento a salvaguardas y medidas tecnológicas
6. Resumen

1. Introducción

El empleo de equipos informáticos está extendido prácticamente a la totalidad de empresas, negocios, y hogares. Los equipos informáticos intervienen de manera muy importante en la entrega de productos y servicios de una empresa. En muchos casos, los equipos informáticos ejecutan aplicaciones que manejan información importante, como datos financieros (números de cuentas de banco, saldos, o facturación), o datos de carácter estratégico (planes de negocio e inversión, nuevos productos, etc.). En otros casos, los equipos ordenan directamente acciones. Por ejemplo, en las fábricas, los equipos informáticos controlan procesos productivos, y dirigen máquinas. En empresas de logística y transporte de mercancías, toman decisiones mediante reglas programadas, y datos procedentes de sensores. Incluso intervienen en la ejecución de órdenes en sistemas de soporte vital humano, como en hospitales y laboratorios. Los equipos informáticos intervienen también en infraestructuras críticas, como plantas de producción y distribución eléctrica, centrales nucleares, sistemas de transporte aéreo o ferroviario, infraestructuras de telecomunicaciones, o en sistemas de defensa.

La influencia que se pueda ejercer sobre estos equipos informáticos, se traslada por lo tanto a los productos y servicios en los que intervienen. Por ejemplo, logrando copiar, alterar, o borrar los datos que procesan estos equipos informáticos, o interrumpiendo su actividad, se logra provocar un perjuicio en los productos y servicios en los que intervienen. Por tanto, existe una creciente necesidad actual de emplear mecanismos y técnicas de protección frente a posibles amenazas en los equipos informáticos, para defender los productos y servicios de la empresa.

2. Modelo de seguridad orientada a la gestión del riesgo relacionado con el uso de los sistemas de información

Una vez establecida la necesidad de proteger los equipos informáticos, se explicará metódicamente qué elementos intervienen cuando acontece un problema de seguridad (amenaza, vulnerabilidad e incidente de seguridad). En este contexto general, se establecerá una clasificación objetiva de los aspectos a proteger, o principios de seguridad, y de la metodología para fijar dicha protección, basándose en el riesgo de un incidente.

La seguridad de los equipos informáticos tiene como objetivo cubrir esta necesidad de protección, objetivo que comparte con disciplinas similares como la seguridad informática, la seguridad de la tecnología de la información y comunicaciones (TIC), y en última instancia, con máxima globalidad, la seguridad de la información. Sirvan las siguientes como definiciones de referencia de **seguridad de la información,** que engloban también a los equipos informáticos:

- Para la norma **ISO/IEC 27001:2023** (anteriormente conocida como ISO/IEC 17799), referencia obligada en este manual, la seguridad de la información es "la preservación de confidencialidad, integridad y disponibilidad de la información". Se trata pues, de proteger la información en varias facetas o propiedades.
- El Ministerio de Hacienda y Administraciones Públicas, en su 3º versión de la Metodología de Análisis de Gestión de Riesgos de los Sistemas de Información MAGERIT v3) del 2012, que también será referida frecuentemente, define seguridad como "la capacidad de las redes o de los sistemas de información, de resistir, con un determinado nivel de confianza, los accidentes o acciones ilícitas o malintencionadas que comprometan la disponibilidad, autenticidad, integridad y confidencialidad de los datos almacenados o transmitidos, y de los servicios que dichas redes y sistemas ofrecen o hacen accesibles".

Actividades

1. Enumere equipos informáticos que podrían intervenir para que haya suministro eléctrico, de teléfono y/o conexión a internet, de gas natural y de agua, en un domicilio privado.
2. Imagine que va a tomar un avión o un tren. Enumere los equipos informáticos que están a la vista, desde que accede a la estación terminal, y hasta que alcance su asiento.

2.1. Amenazas, vulnerabilidades e incidentes de seguridad

De manera sencilla, las amenazas son **las posibles acciones que dañarían los equipos informáticos.** Por ejemplo, un incendio, un robo, o un usuario que borre el contenido de la información que se guarda.

Las amenazas no se pueden eliminar, porque existen de manera intrínseca al contexto y entorno en que existen los equipos informáticos. Por lo tanto, existe la obligación de analizarlas para poder reducir el daño que supondrían en los equipos informáticos.

Para causar el daño, la amenaza debe encontrar un punto en que afecte al equipo; este punto es una vulnerabilidad del equipo ante la amenaza. Es decir, las vulnerabilidades son **las debilidades de los equipos ante las amenazas.**

La vulnerabilidad, por lo tanto, permite o facilita que una amenaza dañe el equipo; mientras que la amenaza es **cualquier hecho que, intencionadamente o no, aprovecha una vulnerabilidad para dañar un equipo.**

Por último, cuando una amenaza o un conjunto de ellas sucede, y aprovecha una vulnerabilidad, se dice que ha ocurrido un **incidente de seguridad,** cuyo efecto es un **daño o impacto** al equipo informático.

Normalmente, las amenazas serán genéricas, y no se podrán eliminar por completo, mientras que las vulnerabilidades serán particulares de cada equipo, y sí permiten intervenir en ellas. Frente a los incidentes de seguridad, se deben disponer **contramedidas o salvaguardas** que fortalezcan el sistema. Las contramedidas persiguen **conocer, prevenir, impedir, reducir y controlar el daño** que podría tener un equipo.

No obstante, el punto de partida debe ser siempre el del caso peor: que tarde o temprano el incidente de seguridad se producirá. El trabajo de seguridad consiste tanto en reducir la frecuencia con la que ocurran los incidentes, como en reducir el daño cuando estos se produzcan. Para ello, es en las contramedidas donde se focalizará la atención y el trabajo práctico, analizando las opciones más efectivas para reducir la probabilidad de ocurrencia y los daños de un incidente, y maximizando así la relación beneficio/coste.

Representación gráfica de los conceptos de amenaza y vulnerabilidad (1) de un objeto valioso para la empresa o activo. El incidente de seguridad (2) es la suma de la existencia de la amenaza y de la vulnerabilidad. Las posibles contramedidas incluyen dificultar la ocurrencia del incidente (3), reduciendo su probabilidad, o reducir el daño, reembolsando parte del importe robado (4)

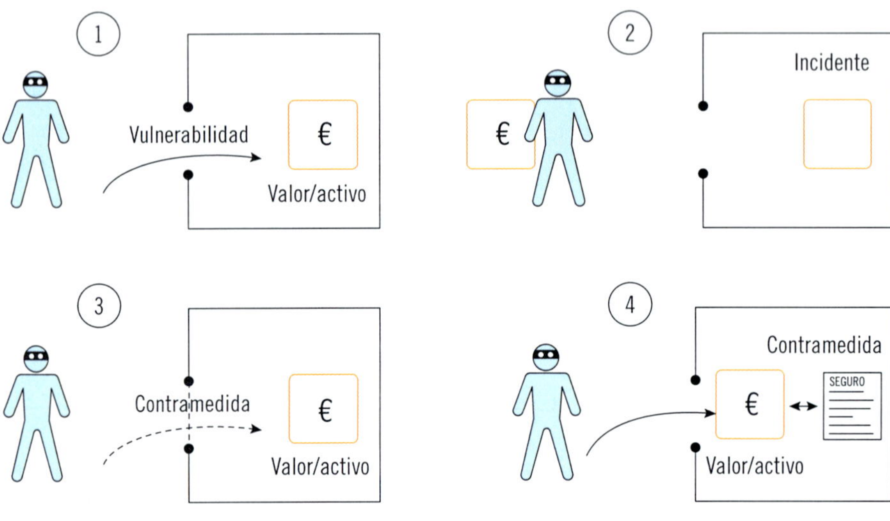

Actividades

3. Intente clasificar las siguientes amenazas según sean "naturales o fabricadas", "accidentales o intencionadas", y "humanas o ambientales", justificando las suposiciones que se precisen añadir: incendio del edificio, seísmo, inundación por precipitaciones, guerra, robo, virus informático, y fallo en disco duro.
4. Identifique las amenazas y vulnerabilidades que permitieron la ocurrencia de los siguientes incidentes de seguridad, así como los daños producidos:

   - Un virus ha borrado archivos del sistema operativo, y ahora no arranca.
   - Un incendio destruyó los servidores del centro de proceso de datos, perdiéndose muchos archivos digitales.
   - El café se cayó sobre el teclado, produciendo un cortocircuito que apagó el ordenador, y se perdieron los documentos que no se habían guardado.

2.2. Principios de seguridad

Se ha visto que las amenazas no pueden eliminarse, por lo que, aunque se aplique una cantidad inmensa –y en la práctica irreal– de contramedidas, siempre persiste alguna vulnerabilidad que se podrá explotar.

Es imposible alcanzar la completa ausencia de inseguridad, o lo que es lo mismo, no existe la seguridad total.

De manera muy resumida, la seguridad pretende que los sistemas y equipos de información sean fiables, es decir, que su comportamiento sea predecible, acorde con su diseño y construcción. La fiabilidad o seguridad, de acuerdo con **la definición de la norma ISO 27001:2023,** mencionada en el epígrafe anterior, se apoya en tres aspectos o "principios de seguridad" esenciales:

- **La confidencialidad,** es decir, que la información solo esté accesible para quien esté autorizado a ello.
- **La integridad,** es decir, que la información sea exacta y completa, de manera que solo pueda modificarla quien esté autorizado a ello.
- **La disponibilidad,** es decir, que la información esté accesible cuando sea necesario.

Los anteriores conceptos son fundamentales, y resumen los objetivos de la seguridad de la información. Es habitual referirse a ellos como la **"Triada de la Seguridad" o "CIA"** (empleando las iniciales de los términos en inglés *confidentiality* o confidencialidad, *integrity* o integridad, y *availability* o disponibilidad).

Por ejemplo, si la amenaza de un virus informático capaz de capturar el tráfico de red y reenviarlo, aprovecha la vulnerabilidad del sistema de correo electrónico de enviar las contraseñas sin cifrar, el atacante obtendría la contraseña del correo, y podría leerlo, viéndose comprometida la **confidencialidad** del correo electrónico.

Por ejemplo, si la amenaza del extravío de una tarjeta magnética de identificación, aprovecha la vulnerabilidad de que el sistema de autenticación de usuarios solo necesite de dicha tarjeta, quien la encuentre podría modificar la información de una base de datos, como si fuera el usuario autorizado, viéndose comprometida la **integridad** de la información.

Por ejemplo, si la amenaza de un corte de suministro eléctrico aprovecha la vulnerabilidad de que el equipo informático no dispone de un sistema de alimentación ininterrumpida, el equipo no se podría encender, viéndose comprometida la **disponibilidad** de la información cuando se necesite.

Representación gráfica de los principios de seguridad de la información.La información es segura o fiable cuando hay confidencialidad, integridad y disponibilidad

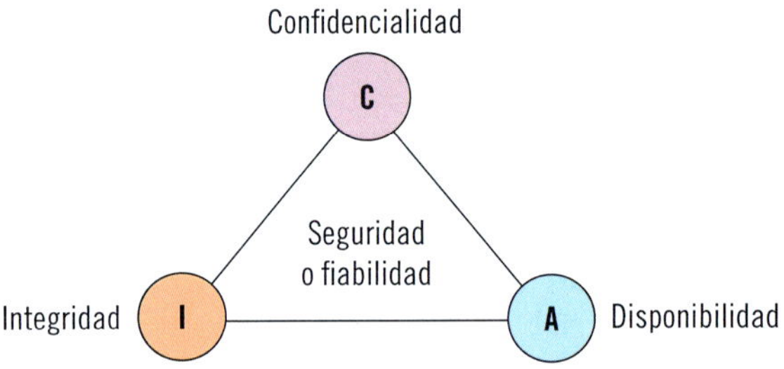

Recuerde

Las propiedades principales de la seguridad de la información son tres:

- Confidencialidad
- Integridad
- Disponibilidad

A las tres propiedades principales de la seguridad de la información MAGERIT v3 las denomina dimensiones.

A estas dimensiones canónicas de la seguridad se pueden añadir otras derivadas que acerquen a la percepción de los usuarios de los sistemas de información:

- **Autenticidad:** propiedad o característica consistente en que una entidad es quien dice ser o bien puede garantizar la fuente de la que proceden los datos. En este caso MAGERIT v3 hace referencia a la autenticidad de los usuarios de los servicios de acceso, es decir, la suplantación de identidad.
- **Trazabilidad:** aseguramiento de que en todo momento se podrá determinar quién hizo qué y en qué momento. Esta dimensión es necesaria para analizar los incidentes, perseguir a los atacantes y aprender de la experiencia.

2.3. Riesgo de un incidente de seguridad

El riesgo es **una medida del daño probable que causará una amenaza, que aprovecha una vulnerabilidad para causar un daño.** Es mayor cuanto más frecuente sea la aparición de la amenaza, y cuanto mayor sea el daño del incidente que acarree. Una aproximación cuantitativa sencilla es emplear la siguiente fórmula:

Riesgo = (probabilidad de ocurrencia de la amenaza) x (impacto o daño)

Se puede reducir el riesgo, añadiendo las contramedidas que reduzcan las vulnerabilidades a las posibles amenazas. Cuantas más contramedidas se dispongan, es decir, cuantos más recursos se dediquen a la seguridad de los equipos informáticos, menor es el daño probable, o lo que es lo mismo, menor es el riesgo para el sistema de información.

Existirá un balance entre el riesgo de un incidente de seguridad y los recursos que se dediquen a reducir su daño probable. Este balance debe ser gestionado de una manera metódica por varias razones, pero principalmente por las siguientes:

- Para poder analizar la viabilidad de la inversión en seguridad. Es necesario justificar la inversión de recursos en seguridad, y para ello, hay que poder determinar mediante un método los riesgos existentes, antes y después de la inversión.
- Para poder analizar la mejora o no, en el cumplimiento de los objetivos de la seguridad de la información a lo largo del tiempo. Es necesario poder evaluar de una manera sistemática el estado de riesgo de los sistemas de información de una empresa, por ejemplo, en auditorías internas anuales, o quizá mediante auditorías externas, a las que esté obligada la empresa por alguna ley.

Este método sistemático, que se precisa para decidir cuánto riesgo asume la empresa, constituye lo que se denomina un **"modelo de seguridad".** El modelo de seguridad persigue organizar los procesos de gestión de la seguridad de la información, en base a unas directrices (que pueden ser estrategias empresariales, normativas cuyo cumplimiento se quiera certificar para poder exportar los productos o prestar los servicios o, sencillamente, leyes que se esté obligado a cumplir), y algún método para calcular los riesgos del sistema de información.

Sabía que...

Para una correcta gestión de la seguridad de la información, se deberá definir en un documento una "política de seguridad". Esta política proporciona a la Dirección de la empresa las directrices y ayudas en materia de seguridad de la información, procedentes de requerimientos comerciales, requerimientos legales, nacionales e internacionales, de objetivos de la organización y de otras regulaciones aplicables.

Resumidamente, un **Modelo de Seguridad orientado a la gestión del riesgo,** emplea el cálculo del riesgo, y unos criterios empresariales (normativa, legislación, etc.), para poder decidir si es viable reducir el riesgo que se asume, o no.

La siguiente aplicación práctica es un ejemplo sencillo del empleo de un modelo de seguridad orientado a la gestión del riesgo, que aúna los principales conceptos vistos hasta ahora, y que se desarrollarán más ampliamente en los próximos capítulos.

Aplicación práctica

Se parte de una empresa que provee alojamiento de páginas web, con un sistema de información valorado en 250.000 €. Un análisis de riesgos revela que hay dos amenazas:

1. Un fallo del suministro eléctrico, caracterizado por:

- **Impacto o daño = 10.000 €**
- **Probabilidad de ocurrencia de la amenaza= 0,1**

2. Un ataque dirigido desde internet, caracterizado por:

- **Impacto o daño =500.000 €**
- **Probabilidad de ocurrencia de la amenaza= 0,005**

El modelo de seguridad de la empresa tiene el criterio de "optimizar la inversión concentrando los recursos en eliminar la mayor amenaza, y asumir el riesgo de las amenazas menores". Se pide que:

a. Se cuantifique el riesgo de cada amenaza.
b. Se calcule el presupuesto en seguridad que resultaría justificado invertir.
c. Se calcule el riesgo que asume la empresa tras la inversión.

SOLUCIÓN

a. CÁLCULO DE RIESGOS:

Amenaza 1: riesgo = 10.000 x 0,1 = 1.000 €.
Amenaza 2: riesgo = 500.000 x 0,005 = 2.500 €.
La amenaza 2, pese a ser veinte veces menos probable que la amenaza 1, es la de mayor riesgo a causa de su elevado impacto.

Continúa en página siguiente >>

<< Viene de página anterior

b. PRESUPUESTO EN SEGURIDAD:

El modelo de seguridad indica que, por criterio de la empresa, debe eliminarse la mayor amenaza, que es la que tiene un riesgo de 2.500 €. El presupuesto que se puede dedicar a combatir la amenaza es de 2.500 €.

c. RIESGO TRAS LA INVERSIÓN:

El modelo de seguridad indica que, por criterio de la empresa, se asume el riesgo del resto de amenazas, es decir el de amenaza 1. El riesgo asumido resultante es de 1.000 €.

Para estudiar el riesgo, existen dos pasos claramente diferenciados:

- El **análisis de riesgos,** que consiste en identificar amenazas, determinar las vulnerabilidades, y medir el impacto o daño que causaría un incidente. Se pueden emplear métodos cuantitativos (como en la aplicación práctica anterior), o cualitativos (valorando el riesgo en muy alto, alto, bajo, medio, etc.), para ordenar los riesgos.
- La **gestión de riesgos,** que partiendo de los resultados del análisis de riesgos, y una vez determinados los criterios para aceptar un riesgo (legales, económicos, etc.), permite elegir las contramedidas de seguridad que se implantarán.

El análisis y gestión de riesgos aporta un valor extraordinario a la gestión de seguridad, reduciendo la probabilidad de fracaso de una empresa, y protegiéndola, al ser una herramienta que facilita que la actividad futura se realice de manera efectiva y controlada.

Sabía que...

La gestión de riesgos forma parte de la estrategia de administración de una empresa, y no se limita a la seguridad de la información, sino que puede aplicarse a la gestión de riesgos financieros o del mercado.

3. Relación de las amenazas más frecuentes, los riesgos que implican y las salvaguardas más frecuentes

Las amenazas a las que está expuesto un sistema de información son muy diversas, por lo que, al menos en la fase inicial de la gestión de riesgos, conviene centrarse en las principales. Posteriormente, se podrá mejorar el modelo, aumentando el catálogo de amenazas. Para esa selección inicial, ayudará un amplio y polifacético conocimiento de la empresa: su organigrama, sus procesos productivos, su localización geográfica, su competencia, etc. Por ejemplo, si una empresa tiene dos sucursales, una en una zona de interior, y otra muy próxima al mar, para esta segunda sucursal, puede ser importante analizar el riesgo de exposición a un alto nivel de humedad relativa del aire.

Para determinar las amenazas, o encontrar nuevas, ayudará saber que pueden clasificarse como:

- Amenazas naturales o artificiales.
- Amenazas debidas al entorno (ambiente), o debidas al hombre.
- Amenazas accidentales o intencionadas.

A continuación, se expone un conjunto de amenazas frecuentes, extraído del catálogo de amenazas de MAGERIT, que no pretende ser exhaustivo, aunque probablemente cubrirá la mayoría de situaciones generales, así como algunos de los riesgos principales, y salvaguardas usuales.

Desastres naturales

Amenaza	Riesgos usuales	Salvaguardas usuales
Incendios	Que el fuego acabe con recursos del sistema	Protección de las instalaciones frente a incendios
Inundaciones	Que el agua acabe con recursos del sistema	Protección de las instalaciones frente a inundaciones
Rayo, tormenta eléctrica	Destrucción de sistemas electrónicos	Protección de las instalaciones frente a descargas eléctricas

De origen industrial

Amenaza	Riesgos usuales	Salvaguardas usuales
Incendios	Que el fuego acabe con recursos del sistema	Protección de las instalaciones frente a incendios
Inundaciones, escapes	Que el agua acabe con recursos del sistema	Protección de las instalaciones frente a inundaciones
Otros desastres industriales: sobrecarga eléctrica, fluctuaciones eléctricas	Destrucción de sistemas electrónicos	Protección de las instalaciones frente a descargas eléctricas
Contaminación mecánica: vibraciones, polvo, suciedad	Destrucción de sistemas electromecánicos	Mantenimiento preventivo de limpieza, y reposición de componentes electromecánicos
Avería de origen físico o lógico: fallos en los equipos, fallos en los programas	Paradas de sistemas y/o pérdida de trazabilidad	Disponer de sistemas de funcionamiento redundante
Corte del suministro eléctrico	Paradas de sistemas	Sistemas de alimentación ininterrumpida

Continúa en página siguiente >>

<< Viene de página anterior

Amenaza	Riesgos usuales	Salvaguardas usuales
Condiciones inadecuadas de temperatura y humedad	Destrucción de componentes	Sistemas de aire acondicionado, y alarma por exceso de temperatura y humedad
Fallo de servicios de comunicaciones	Parada de sistema	Disponer rutas de comunicación redundantes
Degradación de los soportes de almacenamiento	Paradas de sistemas y/o pérdida de trazabilidad	Empleo de soportes redundantes, y realización de copias de seguridad

Errores y fallos no intencionados

Amenaza	Riesgos usuales	Salvaguardas usuales
Errores de los usuarios	Pérdida de información	Copias de seguridad, incluidos registros de transacciones para deshacer operaciones
Errores del administrador	Parada de sistema, ausencia de seguridad y trazabilidad	Disociación de responsabilidades, para reducir daño de los errores
Errores de configuración	Parada de sistema, ausencia de seguridad y trazabilidad	Procedimientos de reinstalación y configuración del sistema. Copias de seguridad
Deficiencias en la organización: cuando no está claro quién es responsable de hacer qué y cuándo	Paradas de sistemas, causadas por acciones descoordinadas u omisiones	Políticas de seguridad con establecimiento de responsables
Difusión de *software* dañino (virus, *spyware,* gusanos, troyanos, bombas lógicas, etc.)	Parada de sistema, ausencia de seguridad y trazabilidad	*Software* de eliminación de virus, y de eliminación de *software* malicioso. Procedimientos de reinstalación y configuración del sistema. Copias de seguridad
Escapes de información: la información llega a quien no debe	Perdida completa de confidencialidad	Uso de técnicas de encriptación

Continúa en página siguiente >>

<< Viene de página anterior

Amenaza	Riesgos usuales	Salvaguardas usuales
Alteración de la información: alteración accidental de la información	Pérdida completa de integridad	Sistemas de revisión y validación de transacciones (mediante totales, revisión por otra persona u otras vías)
Vulnerabilidades de los programas (defectos en el código que producen errores)	Paradas del sistema y/o perdida de integridad	Entornos de prueba y sistemas de revisión
Errores de mantenimiento o actualización de programas *(software)*	Paradas del sistema	Plan de mantenimiento preventivo, para revisar fecha de actualización aplicada a las aplicaciones
Caída del sistema por agotamiento de recursos	Paradas del sistema	Aplicaciones de monitorización de recursos disponibles con alarmas
Indisponibilidad del personal: ausencia accidental del puesto de trabajo por enfermedad, alteraciones de orden público, guerra, etc.	Paradas del sistema	Política de seguridad con establecimiento de responsables, y designación de suplentes de responsables

Ataques intencionados

Amenaza	Riesgo	Salvaguarda
Manipulación de la configuración	Parada de sistema, ausencia de seguridad y trazabilidad	Copias impresas de procedimientos de reinstalación, y configuración del sistema
Suplantación de la identidad del usuario	Pérdida completa de confidencialidad e integridad	Sistemas de autenticación fuertes, que incluyan medidas biométricas
Uso no previsto: típicamente en interés personal, juegos, etc.	Paradas del sistema	Impedir ejecución de procesos no autorizados

Continúa en página siguiente >>

<< Viene de página anterior

Amenaza	**Riesgo**	**Salvaguarda**
Difusión de *software* dañino: virus, *spyware,* gusanos, troyanos, bombas lógicas, etc.	Parada de sistema, ausencia de seguridad y trazabilidad	*Software* de eliminación de virus y de eliminación de *software* malicioso. Procedimientos de reinstalación y configuración del sistema. Copias de seguridad
Análisis de tráfico	Conocimiento de las pautas de actividad de la empresa	Aleatorización de las rutas de comunicaciones, y encapsulamiento de protocolos
Repudio	Pérdida de trazabilidad de las operaciones	Empleo de firmas digitales
Interceptación de información (escucha)	Pérdida de confidencialidad	Empleo de técnicas de criptografía
Destrucción de la información	Paradas de sistema	Copias de seguridad
Divulgación de la información	Pérdida de confidencialidad	Empleo de técnicas de criptografía
Denegación de servicio	Paradas de sistema	Penalización a solicitudes recurrentes. Monitorización de recursos disponibles y alarma
Robo de equipos o soportes	Paradas de sistema y perdida de confidencialidad	Alarmas antirrobo, sistemas de anclaje de equipos, técnicas de criptografía
Ataque destructivo (vandalismo, terrorismo, etc.)	Paradas de sistema	Copias de seguridad fuera de las instalaciones, acuerdos de alquiler de equipos para casos de emergencia, copias impresas de procedimientos de reinstalación y configuración del sistema
Ingeniería social	Parada de sistema, ausencia de seguridad y trazabilidad	Formación, empleo de mecanismos de autenticación fuertes con métodos biométricos

Definición

Criptografía

Es el "arte de escribir con clave secreta o de un modo enigmático". Aplicar a un mensaje técnicas de criptografía, o de encriptación, consiste en modificarlo mediante algún procedimiento secreto o privado, de manera que el resultado sea un enigma.

Se persigue que, aunque el mensaje encriptado se haga público, no se revele el mensaje original; o al menos que el enigma divulgado ofrezca resistencia para conocer con facilidad el mensaje original.

4. Salvaguardas y tecnologías de seguridad más habituales

Las salvaguardas, o contramedidas, **persiguen detectar, prevenir, impedir, reducir, y controlar una amenaza y el daño que pueda generar.** Son elementos de defensa, para que las amenazas no causen tanto daño. Como en el caso de las amenazas, las salvaguardas se pueden clasificar según distintas categorías. Por ejemplo, existirán:

- Salvaguardas **preventivas o proactivas,** que persiguen anticiparse a la ocurrencia del incidente.
- Salvaguardas **reactivas,** que persiguen reducir el daño una vez ocurre el incidente.
- Salvaguarda de **"no hacer nada",** o de aceptar el riesgo existente para los equipos (cuando se cumplan los criterios de aceptación de riesgo de la empresa, y solo cuando esta decisión sea autorizada por la Dirección).

Por ejemplo, son salvaguardas **preventivas** las relacionadas con los controles de acceso de los usuarios a los equipos, como el uso de contraseñas. Controlando el acceso de los usuarios exclusivamente a la información que necesitan conocer para el desempeño de su trabajo, se previenen daños a la confidencialidad e integridad de la información.

Definición

Salvaguarda
Guarda que se pone para la custodia de una cosa. Custodia, amparo o garantía.

Por ejemplo, son salvaguardas de **carácter reactivo** las copias de seguridad. Las copias no evitan que se produzca un incidente que derive en pérdida de información, pero sí reducen el daño limitando la pérdida a la información modificada desde la última copia de seguridad verificada.

Como aclaración de salvaguarda de **"no hacer nada",** se tomará de ejemplo una empresa, cuya política de seguridad establece que se aprobarán los riesgos, cuando sean inferiores al 10 % del valor de los activos. Si el análisis de riesgos establece que este es del 5 % del valor de los equipos, puede decidirse asumirlo, y no interponer salvaguardas para reducirlo; pero siempre debe ponerse en conocimiento de la Dirección, que es el órgano responsable en última instancia del riesgo que se asume.

En los siguientes apartados, se introducirán algunas áreas de seguridad específicas, con sus tecnologías habituales y salvaguardas.

4.1. Seguridad de recursos humanos

Tanto antes del empleo, como durante el empleo, y a la terminación del mismo, conviene adoptar medidas, salvaguardas, o controles, para proteger la información que será accedida, e impactada por las personas. Se trata, por ejemplo, de establecer obligaciones y responsabilidades legales durante la contratación, o de establecer cómo actuar, de cara a la información, cuando una persona abandone la empresa. Dependiendo de cada circunstancia, podría corresponder aplicar, con mayor o menor exhaustividad, alguna de las siguientes salvaguardas habituales:

- Definición de roles y responsabilidades que contraerá el trabajador.
- Investigación de antecedentes.
- Formación y capacitación de los trabajadores en seguridad de la información.
- Definición de procesos disciplinarios.
- Definir las responsabilidades a la terminación del contrato.
- Devolución de activos.
- Retirada de derechos de acceso a la información.

4.2. Seguridad ambiental

Los equipos informáticos deben disponer de un entorno adecuado. Por ejemplo, no es óptimo que un servidor empresarial comparta las mismas condiciones de temperatura y suministro eléctrico que los ordenadores de usuario. De ser posible, hay que proporcionarle un espacio mejor, porque el riesgo de una amenaza actuando sobre él es mayor. Si existe la posibilidad, debe proporcionarse un sistema de alimentación eléctrica ininterrumpido, y unas condiciones de temperatura adecuadas (por ejemplo entre 20° y 25°, que reduzcan el deterioro de sus componentes si se vieran forzados a trabajar a temperaturas elevadas). Debe intentar ubicarse en un recinto separado, que se denominará en adelante **Centro de Proceso de Datos o CPD.**

Las amenazas vistas en el apartado anterior, en la categoría de "desastres naturales", y amenazas "de origen industrial", precisan de salvaguardas, de las que las más habituales son:

- Medidas que eviten el fuego, el humo o el agua: sistema anti-incendio y antiinundaciones, bien solo de alarma, o incluso de extinción del incendio, o de evacuación del agua.
- Medidas que eviten las vibraciones, golpes, y caídas accidentales: como la fijación en armarios industriales para fijación de equipos informáticos, o armarios tipo *rack).*
- Medidas para proporcionar temperatura y humedad adecuadas, como equipos de aire acondicionado, y alarmas por exceso, o por defecto (riesgo de condensación).

- Medidas que eviten fallos de suministro eléctrico (corte del suministro, variaciones de tensión por encima o por debajo del suministro nominal, caídas de rayos, etc.).
- Seguridad del cableado, tanto en los materiales empleados, como en su disposición o tendido, siguiendo pautas de un sistema de cableado estructurado, que aseguren una correcta acometida al CPD, un trazado interior adecuado, y unas conexiones a los equipos correctas, de manera practicable, ordenada, e identificada.
- Un mantenimiento preventivo de los equipos, según indicaciones del fabricante, y al menos con chequeos periódicos generales (vías de salida de aire de los chasis, revisiones de temperatura de los procesadores y/o placa base, revisiones de *leds,* u otros indicadores del buen funcionamiento de discos duros, fuentes de alimentación, etc.).
- Asegurar condiciones de seguridad para desplazamientos del equipo fuera del CPD (vigilancia, exposición a campos electromagnéticos, condiciones de embalaje, y transporte).
- Seguridad al final del ciclo de vida del equipo, incluida su destrucción segura.

Recuerde

Las amenazas no pueden impedirse en su totalidad, por lo que deben contemplarse, anticipando la situación de que sucedan, más tarde o más temprano, según su probabilidad de ocurrencia.

Actividades

5. Investigue qué salvaguardas ambientales puede incorporar un ordenador en sus subsistemas: placa base, fuente de alimentación, discos duros, y chasis interno.

4.3. Seguridad física

El acceso físico a los ordenadores y equipos aumenta el riesgo de cualquier incidente. Debe aplicarse el criterio de conceder acceso exclusivamente a quien lo necesite por sus funciones y, a ser posible, concederlo solamente cuándo y cómo lo necesite (por ejemplo en un horario determinado, y/o en presencia de otra persona). Así, en general, los usuarios no deben tener acceso físico a servidores, o a equipos de comunicaciones; tampoco los desarrolladores de aplicaciones, ni administradores de bases de datos, ni la Dirección de la empresa, deberían tener acceso físico a servidores o equipos de comunicaciones, porque, en todos esos casos, su trabajo no lo exige.

Las consecuencias de un ataque con acceso físico, serán normalmente de máxima gravedad, porque se puede lograr el máximo nivel de acceso posible a toda la información. Entre los infractores, se pueden encontrar los propios usuarios o trabajadores de la empresa, antiguos empleados que conserven sistemas de acreditación que les den acceso, y personas externas, como ladrones, salteadores, o *hackers.*

Habitualmente, el incidente más frecuente por acceso físico es accidental o no intencionado: se trata de errores humanos protagonizados por personal del departamento de informática o TIC, por personal de servicios auxiliares (limpieza, seguridad o mantenimiento), o incluso por proveedores o visitas.

Se trata, por tanto, de proteger a los equipos de accidentes que ocurren cuando hay acceso humano a los equipos. Entre las salvaguardas más habituales para proteger el acceso físico, se encuentran las siguientes:

- Establecer un perímetro de seguridad física (local, habitaciones), con elementos constructivos acordes (puertas, paredes, ventanas, techos, suelos, etc.).
- Mecanismos de control de ingreso físico (acreditaciones, cerraduras automáticas, etc.).
- Establecer y definir áreas de acceso público, de entrega, de carga, etc.
- Protección contra locales o actividades cercanas (incendios, explosiones, vías de vehículos, o cargas en movimiento).

Actividades

6. Reflexione sobre el riesgo de que el local donde se alojan los equipos informáticos de una entidad financiera esté ubicado junto a una gasolinera, disponga de ventanas (protegidas o no), incluya muchas cámaras de seguridad, y rótulos con el nombre de la entidad financiera en la fachada.

4.4. Seguridad de acceso lógico

El **acceso lógico** se refiere al **acceso a la información de manera remota, es decir, sin emplear un periférico conectado directamente al equipo.** Por ello, interviene forzosamente una red de comunicaciones, que extiende el acceso al servidor más allá del CPD, donde estén confinados sus periféricos de entrada y salida. Las principales medidas de seguridad que se pueden interponer para reducir el riesgo de un incidente de seguridad, aprovechando una vulnerabilidad en el acceso lógico, son las siguientes:

- Definir una política de control de acceso, que identifique la información relacionada con actividades comerciales, los responsables de conceder-configurar-revocar los accesos, el procedimiento de solicitud, etc.
- Existencia de un registro de usuarios, y de los servicios a los que acceden. Es importante mantener un registro actualizado de los usuarios, de los servicios, y de los accesos autorizados de los usuarios a los servicios.
- Gestión de privilegios de acceso, sobre la base de "solo lo que necesitan saber".
- Gestión de claves de usuario, tanto de las características técnicas o de complejidad, como de la prohibición de divulgación de las mismas.
- Revisiones periódicas de los derechos de acceso de los usuarios.
- El establecimiento de responsabilidades del usuario, en cuanto al uso de claves secretas, equipos desatendidos, políticas de "mesas" y pantallas "limpias" (que no muestren información que no sea de carácter público).
- La existencia de una política de uso de los servicios de red (internet, correo electrónico, etc.).

- Mecanismos de autenticación y registro para las conexiones externas a la empresa o remotas, como técnicas de redes privadas virtuales (VPN).
- Separaciones de redes, por ejemplo, en base a servicios de información, o grupos de usuarios o sistemas.
- Controles de las conexiones que realizan los usuarios hacia fuera de la empresa.
- Controles de acceso al sistema operativo, como la identificación y autenticación del usuario, un sistema automático de gestión de contraseñas, la restricción del uso de las utilidades del sistema operativo, el cierre de sesiones por inactividad, y la limitación de los periodos válidos para los inicios de sesión.
- Controles de acceso a las aplicaciones y la información, como controles de lectura, escritura, modificación de archivos, y carpetas; o el aislamiento de la información confidencial, por ejemplo, en sistemas con cifrado integrado.
- Establecimiento de una política para trabajo en movilidad, que incluya las comunicaciones móviles y el teletrabajo.

Actividades

7. Plantee un hipotético registro de usuarios y de los servicios a los que acceden, en una empresa con 10 trabajadores, 3 departamentos, y 5 servicios entregados por los equipos informáticos (acceso a internet, correo electrónico, impresión, base de datos de contabilidad, y base de datos de clientes).

5. La gestión de la seguridad informática como complemento a salvaguardas y medidas tecnológicas

A la vista de la multitud de amenazas y salvaguardas consideradas, no se puede enfrentar el problema mediante un conjunto de medidas de seguridad aisladas para objetos concretos. Es decir, se pueden interponer multitud de salvaguardas y mecanismos de seguridad, pero estas salvaguardas por sí mismas, no aportan suficientes garantías de continuidad a la empresa. Es necesaria una gestión adecuada de esas medidas, que incluirá los procesos, revisiones, recalificaciones, y adaptaciones para la realidad cambiante de la empresa, su entorno, sus amenazas y sus debilidades.

Para la construcción de un sistema de seguridad, no bastan los conceptos tecnológicos, sino que se necesitan también aspectos de gestión, aspectos legales, aspectos éticos, u otros específicos de la naturaleza y ambiente interno y externo de la empresa.

Es en este punto en el que surge el concepto de **Sistema de Gestión de Seguridad de la Información (SGSI),** como un sistema de gestión usado para establecer y mantener un entorno seguro. Se trata, sencillamente, de analizar la empresa, y fijar sus necesidades de seguridad iniciales, de poner en práctica las medidas de protección para lograr alcanzar estas necesidades, de ser capaz de medir si se han alcanzado o no, y de detectar las mejoras en las medidas de protección para alcanzar las necesidades.

La anterior secuencia describe una repetición continua de fases de planificación (en inglés, *plan),* ejecución (en inglés, *do),* medida (en inglés, *check)* y corrección (en inglés, *act),* constituyendo un ciclo de mejora continua de *Deming* (P-D-C-A), como muestra la siguiente imagen.

Ciclo de mejora continua de Deming, aplicable al proceso de ejecución de un SGSI

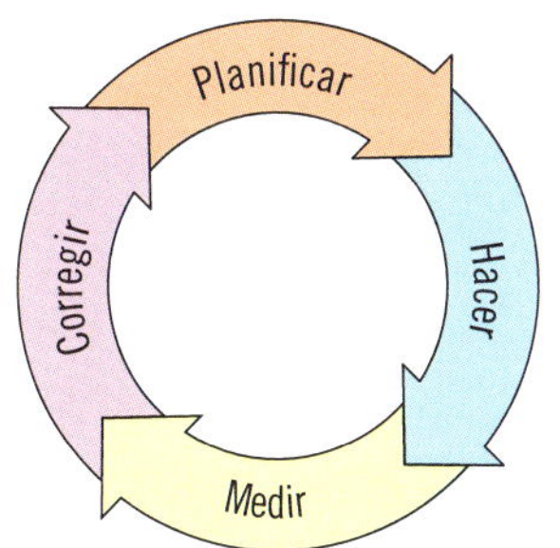

Se analizan o planifican las necesidades de seguridad de la empresa, estableciendo las medidas de protección necesarias para alcanzarlas; se implantan las medidas, se mide el resultado de satisfacción de las necesidades de seguridad, se determinan las correcciones que hay que realizar en las medidas de protección, y se vuelve a comenzar (revisando las necesidades y las medidas que permitirían alcanzar esas necesidades, incluyendo las correcciones detectadas en la ejecución anterior).

En este proceso de ejecución continuo, no se debe perder de vista el objetivo último que, usando una terminología empresarial, podría enunciarse como

"asegurar la continuidad del negocio, minimizando los riesgos, maximizando el retorno de la inversión y permitiendo nuevas oportunidades para la empresa".

Una empresa pequeña o mediana (PYME) puede enfrentar serias dificultades para abordar la implantación de un SGSI, desde una perspectiva tan compleja y abstracta como la del enunciado anterior. Las normativas y metodologías existentes, algunas ya mencionadas en este capítulo como **ISO 27001:2023 y MAGERIT,** resultan demasiado amplias y extensas, por su necesaria globalidad para todo tipo de organizaciones.

La solución, sin embargo, es nuevamente sencilla, y consiste en aplicar un principio que será muy frecuente en el ámbito de la seguridad de la información: **el principio de proporcionalidad,** que nos dice que **"las medidas deben adecuarse a sus objetivos".** En el ámbito de la seguridad de la información, **"las salvaguardas deben ser proporcionales al riesgo".**

Por ejemplo, para el control de acceso a una estación de trabajo, donde los usuarios realizan labores ofimáticas sobre datos no confidenciales, bastaría inicialmente emplear un sistema de usuario y contraseña, integrado en el propio sistema operativo. Parece una medida proporcional en coste al objetivo de seguridad, que vendrá marcado por el riesgo que introducen en la empresa los sistemas informáticos accesibles desde esos puestos.

Por ejemplo, si desde una estación de trabajo, un usuario puede realizar transferencias entre cuentas de clientes y proveedores, debería emplearse –al menos en ese puesto de trabajo– un sistema de autenticación fuerte, basado no solo en algo que sepa el usuario, como su contraseña, sino también en algo que el usuario tenga, como su DNI electrónico.

El principio de proporcionalidad permite enfocar adecuadamente un sistema de gestión completo, y se puede afirmar que **"el SGSI debe ser proporcional al valor de la continuidad del negocio".**

Las herramientas elementales para la correcta gestión de la seguridad informática, no son equipos de alta tecnología y costes inabordables. Las herramientas elementales son dos:

<< Viene de página anterior

- La redacción de una política de seguridad de la información, que recoja de las directrices del SGSI a partir de las cuales derivarán todas las demás acciones. En este libro se empleará el contenido y recomendaciones recogidas en **ISO 27001:2023** y en toda la serie **ISO 27000,** así con en la **Ley Orgánica de Protección de Datos Personales y Garantía de Derechos Digitales (LOPDGDD),** de manera proporcional a la empresa objetivo de aplicación.
- La adopción de una metodología sencilla, que permita evaluar el riesgo. En este libro se empleará el contenido y recomendaciones recogidas en MAGERIT, de manera proporcional a la empresa objetivo de aplicación.

Sabía que...

la serie de normas **ISO 27000** se comienza a crear en 2005, aunque existen normas parecidas de seguridad de la información bastante anteriores, como la **BS 7799** en su actual versión del 2017 o la desaparecida ISO 17799 de 2000.

La serie ISO 27000 está formada por muchas normas, entre las que destacan:

- ISO 27000: términos y definiciones.
- ISO 27001: requisitos de un SGSI.
- ISO 27002: código de práctica de los controles de Seguridad de la Información.
- ISO 27004: seguimiento, medición, análisis y evaluación.
- ISO 27005: gestión de riesgos de la seguridad de la información.
- ISO 27007: auditoría de un SGSI.
- ISO 27011: seguridad de la información para telecomunicaciones.
- ISO 27017: para proveedores de servicios de nube.
- ISO 27018: proveedores de servicios en nube que procesen datos personales.
- ISO 27701: protección de datos personales y marco de ciberseguridad.

Ambas herramientas permiten dar los pasos de planificación y medida, y serán las armas esenciales de un SGSI. Por otro lado, la ejecución de las medidas, y las correcciones que se emprendan, deben adecuarse en virtud a la proporcionalidad que exista en la aplicación de la política de seguridad.

Lo anterior hace factible la aplicación de una metodología de complejidad adaptable a los recursos disponibles en una PYME, que, correctamente ejecutada, logrará una mejora continua en la seguridad de la información en la empresa.

En el otro extremo, la implantación de un SGSI muy exhaustivo puede ser inviable, y paralizar las repeticiones *Plan-Do-Check-Act,* conduciendo a no tener un SGSI, o a que su ejecución sea demasiado lenta. Ambos casos reducen la inversión en seguridad al valor aislado y con la caducidad que las medidas puntuales aporten a los equipos u objetos concretos.

Aplicación práctica

En una empresa ocurren muchos incidentes de seguridad; algunos son de pequeña importancia, como las frecuentes interrupciones en la conexión a internet, y otros son más críticos, como las paradas del sistema durante jornadas completas, debido a errores en los servidores. También se producen fugas de información, pequeños hurtos de periféricos, y otros accesorios. La empresa también es consciente del incumplimiento de alguna ley referente a la información. La Dirección expone la situación, y pide que se proponga un plan de acción para corregir todos esos problemas.

Resumir brevemente las acciones a realizar, dando al menos una justificación de las mismas.

SOLUCIÓN

- JUSTIFICACIÓN:

  La situación descrita incluye multitud de amenazas, lo que indica que no conviene emprender un conjunto de medidas de seguridad aisladas para objetos concretos. Se necesitan también aspectos de gestión, aspectos legales, aspectos éticos u otros específicos de la naturaleza y ambiente interno y externo de la empresa.

Continúa en página siguiente >>

<< Viene de página anterior

- ACCIONES A REALIZAR:

  Se debe implantar un **Sistema de Gestión de Seguridad de la Información (SGSI),** como sistema para establecer y mantener un entorno seguro, consistente en las siguientes 4 tareas de ejecución continua:

  - Planificar: analizar las necesidades de seguridad de la empresa.
  - Hacer: implantar las medidas de seguridad necesarias.
  - Chequear: medir si se han alcanzado las necesidades de seguridad.
  - Corregir: detectar y aplicar mejoras en las medidas de seguridad.

  El SGSI se apoyará en dos herramientas muy importantes:

  - Una política de seguridad, a partir de normas como **ISO 27001,** la serie **ISO 27000** y la legislación que sea aplicable como la **LOPDGDD** o el **RGPD europeo.**
  - Una metodología de evaluación del riesgo, como **MAGERIT** o la **ISO 27005.**

6. Resumen

Los equipos informáticos son cada vez más relevantes para la actividad de las empresas, tanto por el valor de la información que manejan, como por las consecuencias de las acciones (u omisión de las mismas), en las que participan.

Existen amenazas de todo tipo, siempre presentes, que comprometen la actividad de los equipos, gracias a las vulnerabilidades que los equipos presentan a estas amenazas. No pudiendo eliminarlas por completo, se puede afirmar que no existe la inseguridad "cero". Sin embargo, si se puede reducir el daño probable que una amenaza tendría en un equipo, es decir, el riesgo que el equipo entraña para la empresa.

El riesgo es mayor cuanto mayor sea el daño o impacto que una amenaza causaría en un equipo, y cuanto mayor sea la probabilidad de ocurrencia de la amenaza. Es posible reducir este riesgo, o bien reduciendo el daño que causaría una amenaza, o reduciendo la probabilidad de que esta se aplique sobre una vulnerabilidad del sistema, es decir, reduciendo las debilidades del equipo.

El daño, habitualmente, se evalúa en todas las dimensiones o propiedades de la información, que en el ámbito de la seguridad de la información son tres: la confidencialidad, la integridad, y la disponibilidad. Es decir, la información es segura si se pueda acceder a ella cuando se necesita (disponibilidad), solo por quien lo necesita (confidencialidad), y si es válida, porque solo la ha modificado quien puede hacerlo (integridad).

Para gestionar la seguridad, se emplea un modelo de gestión de la seguridad de la información basada en el riesgo, y que consta de dos fases. En una primera fase, el "análisis de riesgos", se analiza el riesgo de las amenazas sobre los equipos informáticos. En una segunda fase, la "gestión de riesgos", se evalúa si ese riesgo se puede asumir o no, de acuerdo con unas normas internas, o leyes que afecten a la empresa. En caso de que no se pueda asumir, hay que reducirlo, introduciendo para ello las salvaguardas o medidas adecuadas. Es muy frecuente emplear un criterio de coste/beneficio, o de análisis de viabilidad en términos económicos, para determinar la adecuación de una salvaguarda. Sencillamente, bastaría comparar el coste de la salvaguarda con el coste del riesgo, para presentar la decisión de viabilidad a la Dirección.

Establecida esta metodología general, se debe profundizar en conocer los riesgos más habituales de un equipo informático, y por lo tanto las posibles salvaguardas. Los riesgos son de naturaleza ambiental o del entorno, derivados del acceso físico, o derivados del acceso lógico a los equipos; por ejemplo, y respectivamente, un incendio, una desconexión accidental de un cable de alimentación, o un virus informático.

Por último, todo lo anterior se engloba en el **Sistema de Gestión de la Seguridad de la Información,** que es la forma de organizar los recursos para lograr una mejora continua en el objetivo de **"asegurar la continuidad del negocio, minimizando riesgos y maximizando el ROI en seguridad".**

Las herramientas fundamentales de un SGSI serán: una política de seguridad, y una metodología para medir el riesgo.

Ejercicios de repaso y autoevaluación

1. Indique si las siguientes afirmaciones son verdaderas o falsas:

a. Una amenaza es la probabilidad de que haya un fallo que dañe los sistemas.

- ☐ Verdadero
- ☐ Falso

b. Una amenaza es un posible hecho que dañaría los sistemas.

- ☐ Verdadero
- ☐ Falso

c. Se puede eliminar una amenaza reduciendo su vulnerabilidad.

- ☐ Verdadero
- ☐ Falso

2. Determine la fórmula correcta:

a. Riesgo = amenaza + vulnerabilidad.
b. Riesgo = probabilidad x vulnerabilidad.
c. Riesgo = impacto x vulnerabilidad.
d. Riesgo = probabilidad x daño.

3. Complete las siguientes definiciones:

a. ______________ es que la información esté disponible siempre que se necesite.
b. ______________ es que la información solo esté accesible para quien esté autorizado a ello.
c. ______________ es que la información sea válida, exacta, y completa.
d. __________ o __________ es que el comportamiento de un sistema sea predecible, según su diseño y construcción.

4. Determine la combinación correcta de propiedades:

a. Fiabilidad = confidencialidad + precisión + exactitud.
b. Seguridad = confianza + integridad + disponibilidad.
c. Seguridad = confidencialidad + integridad + disponibilidad.

5. Complete la siguiente oración:

Un modelo de seguridad orientado a la gestión de riesgos, persigue organizar la gestión de la seguridad en base a dos factores: un método para ____________________ y unas ____________________.

6. Complete las siguientes definiciones:

a. __________________________ permite la elección de unas salvaguardas u otras, según unas directrices empresariales.
b. __________________________ permite ordenar los riesgos según su importancia, calculada cuantitativa o cualitativamente.
c. _______________ es el daño probable de una amenaza.

7. Determine la opción que elegiría:

a. Una salvaguarda que aporte mínimo retorno de la inversión.
b. Una contramedida que reduce un riesgo pero que tiene un precio alto.
c. Cuando es muy bajo, se puede asumir el riesgo sin hacer nada, y sin ser necesario informar a la Dirección.

8. Indique si es o no necesario verificar:

a. La temperatura máxima a la que pueden funcionar los ordenadores.
b. El nivel de tensión eléctrica que llega habitualmente al CPD.
c. El grosor de los paramentos del CPD y su construcción.
d. La existencia de pasos bajo el falso techo, entre el CPD y los recintos anexos.

9. **Indique una salvaguarda preventiva ante amenaza de inundaciones, y una reactiva.**

10. **Indique cinco salvaguardas ante el riesgo de incendios en el CPD.**

11. **Indique tres salvaguardas ante la difusión de *software* dañino.**

12. **¿Qué contraseña será más compleja, una que tenga cinco dígitos, o una que tenga tres caracteres usando mayúsculas o minúsculas?**

13. **Dibuje el diagrama de mejora continua de *Deming.***

14. ¿Cuáles de las siguientes salvaguardas no protegen a la información frente a la amenaza específica de los trabajadores?

a. Clausulas de responsabilidades legales en los contratos.
b. Un sistema de identificación y autenticación de usuarios.
c. Investigar los antecedentes.

15. Un SGSI...

a. ... permite implantar medidas de seguridad concretas para una amenaza.
b. ... corrige errores de implantación en las medidas de seguridad.
c. ... puede considerar los datos de carácter ético y cultural de la empresa.

Capítulo 2

Análisis de impacto de negocio

Contenido

1. Introducción
2. Identificación de procesos de negocio soportados por sistemas de información
3. Valoración de los requerimientos de confidencialidad, integridad, y disponibilidad de los procesos de negocio
4. Determinación de los sistemas de información que soportan los procesos de negocio y sus requerimientos de seguridad
5. Resumen

1. Introducción

En el capítulo anterior, se resume como objetivo último de un SGSI asegurar **la continuidad del negocio, minimizando los riesgos, y maximizando el retorno de la inversión en seguridad, a la vez que se permiten nuevas oportunidades para la empresa.** La continuidad del negocio se refiere a su operación siempre que se necesite, y estará muy estrechamente relacionada con la disponibilidad de la información. Sin embargo, en la continuidad del negocio también interviene la integridad, pues la empresa no podrá operar si la información está disponible, pero no está completa ni es exacta. También se precisa de la confidencialidad, pues la operación de la empresa puede perder su valor si la información está expuesta a quien no debe conocerla.

Para asegurar la continuidad del negocio, hay que asegurar en todas sus dimensiones el sistema de información, empleando un criterio de evaluación de riesgos, con una etapa de análisis, y una etapa de gestión de riesgos. En esta evaluación del riesgo, se deben estudiar los activos que, bajo una amenaza, puedan sufrir un impacto o un daño. Si en la empresa existe un catálogo de activos, debería revisarse para confirmar que está actualizado; si no existe, habría que confeccionarlo.

También pueden concurrir circunstancias que obliguen a reducir el análisis a un conjunto mínimo de activos. En ese caso, ¿qué activos estudiar y cómo evaluar el impacto? El trabajo debe comenzar por lo más prioritario. Para asegurar la continuidad del negocio, el punto de partida recomendado es un análisis de impacto del negocio (o BIA a partir de sus iniciales en inglés, *Business Impact Analysis).* En el BIA se estudian **los procesos o funciones vitales del negocio, que dependan en cualquier medida de los sistemas de información.** Una vez identificados, se determinará el coste que supone para el negocio una interrupción de esas funciones vitales.

2. Identificación de procesos de negocio soportados por sistemas de información

Para una función o proceso de la empresa, el activo esencial será la propia información, es decir, los datos. Pero los datos solo existen en dependencia con otros activos, como los servicios (que se prestan gracias a los datos, o que son necesarios para producirlos), las aplicaciones (que procesan los datos), los equipos (que ejecutan las aplicaciones), los soportes (que almacenan los datos), las redes de comunicaciones (que transmiten los datos), las instalaciones (que albergan los equipos), y las personas (que operan los datos). Es habitual construir arboles de dependencia, que ilustren cómo un activo depende de otros para su correcto funcionamiento. La dependencia provoca así que el impacto y riesgo de los activos o componentes **integrantes** se vaya acumulando hacia el activo principal **integrador,** bajo estudio. La evaluación de riesgos para los equipos informáticos que intervengan en esas funciones vitales, permitirá conocer el coste de recuperación del servicio. En general, existirán salvaguardas de diferentes precios, que conducirán a diferentes tiempos de recuperación. **Minimizando el coste total (suma del coste de la parada del servicio y del coste de la recuperación), se determina el tiempo de recuperación, las salvaguardas a implementar, y otros requerimientos de seguridad.**

Del BIA se obtienen resultados de muchísimo valor: conocer cuáles son los activos informáticos que intervienen en los procesos críticos del negocio, ser capaces de evaluar su impacto, y conocer cuáles son los requisitos de seguridad para estos activos (tiempo objetivo de restablecimiento, qué salvaguardas planificadas que se deben aplicar, etc.). Evidentemente, si en la empresa ya existen análisis de riesgos, el BIA se realiza partiendo de esos datos. El BIA es **el estudio de las consecuencias que tendría en el negocio en una parada de sus procesos vitales por un determinado tiempo: qué hay que recuperar, cuánto cuesta hacerlo, y cómo hay que recuperarlo.** Este en un enfoque muy adecuado para identificar riesgos, logrando aplicar recursos de manera proporcional, minimizando el riesgo, y con un óptimo retorno de la inversión.

El punto de partida del BIA es identificar los procesos de negocio y su criticidad. Una vez que se limite el estudio a las funciones vitales, se analizarán los activos involucrados, y de los que depende el desempeño de dichas funciones vitales. El BIA permite así descubrir componentes frecuentemente olvidados, pero importantes para las funciones o procesos críticos del negocio.

Nota

El BIA es una herramienta para elaborar el plan de continuidad de la empresa (o BCP, por las iniciales de *Business Continuity Plan)*.

Frecuentemente, el BCP incluirá un plan para la recuperación de desastres (o DRP, por las iniciales de *Disaster Recovery Plan)*.

Dentro de una empresa, la realización de un BCP debe incluir no solo los aspectos de la información, sino todas las facetas que se necesitan para la actividad de la empresa (instalaciones, contratos, seguros, financiación, clientes, *stock* de productos, etc.).

En la actualidad la ISO 22301:2020 de Sistema de Gestión de la Continuidad de Negocio, supone la puesta en marcha y aplicación de controles y medidas para gestionar los riesgos generales a los que esté expuesta la continuidad del negocio de una organización.

Por lo tanto la ISO 22301 es la nueva norma internacional de gestión de continuidad de negocio que se basa en el ciclo de mejora continua (PDCA), estableciendo los requisitos para la planificación, el establecimiento, la implantación, la operación, la supervisión, la revisión, la prueba, el mantenimiento y la mejora de un SGCN (Sistema General de Continuidad de Negocio), teniendo en cuenta la gestión de los riesgos globales de cada organización.

La **ISO 22317** ayuda a las organizaciones a llevar a cabo uno de los elementos más difíciles del ciclo de vida de la continuidad de negocio (BIA), ayudando a definir requisitos precisos y útiles para la continuidad de negocio.

En la **ISO 22317** se establece, por ejemplo, que los productos y servicios se priorizan primero a la hora de la valoración en el impacto. Se encarga además de describir el proceso detallado de cómo llevar a cabo con eficacia el BIA.

Existen 3 técnicas generalmente aceptadas para enumerar los procesos de negocio soportados por sistemas de información, junto a su criticidad, y coste de interrupción:

- Formularios.
- Entrevistas a los usuarios avanzados o dueños de los procesos.
- Reuniones entre personal de TIC y los usuarios avanzados.

2.1. Formularios

Se puede distribuir un formulario a todos los trabajadores, o solo a los responsables de área, en los que respondan una serie de preguntas que ayuden a identificar las funciones clave para esa área. Posteriormente, los datos se unifican y se valoran, de acuerdo con algún criterio de criticidad común que permita ordenarlos.

El BIA puede entonces proseguir, para aquellas funciones que se elijan (por ejemplo para un número fijo de procesos de negocio de mayor a menor criticidad, o bien para todos los de nivel máximo y mediano), de manera que las funciones no cubiertas en primera instancia, se traten en futuras iteraciones del SGSI.

Es obligatorio considerar que, si se hubieran externalizado servicios de TI a proveedores, habría que considerar los contratos para dichos servicios, especialmente en lo referente a las obligaciones y compromisos adquiridos por el proveedor.

No existe un formulario único, por el contrario, dependerá de cada empresa, o de lo exhaustivo que se pueda ser. Por ejemplo, si se realiza un BIA para llevar a cabo un plan de continuidad, puede ser conveniente realizar análisis cuantitativos sobre una gran cantidad de datos. Sin embargo, si el BIA se realiza para detectar los procesos de negocio críticos que precisan máxima atención cuando aún no existe ningún SGSI implantado, el método puede ser cualitativo, y recoger menos información.

Recuerde

Las tareas de un SGSI se organizan en las cuatro fases típicas PDCA de un ciclo de mejora continua de *Deming*, a saber: planificar *(Plan)*, hacer *(Do)*, medir *(Check)*, y corregir *(Act)*.

En todos los casos, la información recogida debe permitir evaluar los siguientes resultados del BIA:

A. Cuáles son los procesos críticos, u ordenarlos por prioridad.
B. Cuál es el daño/impacto, en función del tiempo que se tarde en restablecerse el servicio.
C. Cuál es el coste de las diferentes estrategias de recuperación, que proporcionarán un tiempo y un punto objetivo de recuperación.

Actividades

1. Ordene de mayor a menor criticidad los siguientes procesos o funciones de una librería.

- Venta de libros.
- Pedidos de material.
- Presentación de impuestos a Hacienda.

A continuación, pensar cómo podría calcularse el coste de no poder realizar alguna de ellas, durante: una hora, un día, una semana, y dos o más semanas, y qué alternativas se podrían emplear para reanudar cada función lo antes posible.

Para responder a las partes A y B (criticidad de las funciones, y daño de la interrupción) existirá un formulario a rellenar por los responsables del proceso. Aunque es un dato que se necesita para diseñar las estrategias de recuperación, se preguntará aquí por el daño de la información que no se pueda recuperar (B.1), ya que esta valoración debe darla el propietario de la información.

Para responder a la parte C, referente a cómo recuperar el servicio, además de la parte B.1 del formulario anterior, se empleará otro formulario nuevo, en esta ocasión a rellenar por el personal de seguridad de la información.

A continuación, se dan ejemplos muy sencillos de formularios posibles, para guiar el estudio de lo anterior.

FORMULARIO DE EVALUACIÓN BIA — 1 (PARA EL CLIENTE)

A.1 Función principal (qué hay que recuperar)

Área de la empresa	
Número de trabajadores	
Función principal única	

A.2 Impacto en la empresa

Valore cuánto interviene esta función en el objetivo último de la empresa	Cuantitativa (1..100)	Cualitativa (no sensible, sensible, vital, crítico)
Describa cómo interviene esa función en el objetivo último de la empresa	....	

B.1 Impacto en la función. (RPO) Valore la pérdida completa de información de los siguientes periodos de tiempo (ninguno, bajo, medio, grave, desastre)

10 min	30 min	1 h	4 h	8 h	1 día	2 d.	4 d.	7 d.	15 d.	TOTAL

Continúa en página siguiente >>

<< Viene de página anterior

FORMULARIO DE EVALUACIÓN BIA — 1 (PARA EL CLIENTE)

B.2 Impacto en la función. (RTO) Valore el daño en la interrupción de la función durante los siguientes periodos de tiempo

Tiempo de recuperación	Daño económico (euros) o cualitativo (ninguno, bajo, moderado, grave, desastroso) en las siguientes áreas e importancia de cada área:				
	Cumplir función principal	Financiero	Otras funciones vinculadas	Reputación, imagen, confianza	Satisfacción del personal
	....%	....%	....%	....%	....%
< 10 min					
30 min					
1 h					
4 h					
8 h					
1 día					
2 días					
4 días					
7 días					
> 15 días					

Nota

RPO es el objetivo de punto de recuperación, y representa el último instante de tiempo previo al incidente al que los sistemas son capaces de regresar. Vendrá dado. por ejemplo, por la frecuencia con que se realicen copias de seguridad.

Nota

RTO es el objetivo de tiempo de recuperación, y representa el tiempo que se tarda en restablecer el servicio, al menos a los niveles mínimos acordados.

RPO (B.1) y RTO (B.2)

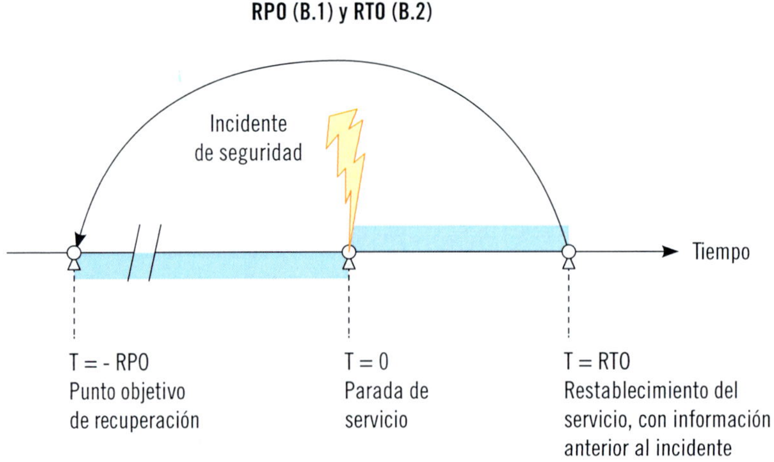

Desde que se produce un incidente, hasta que se restablece el servicio, pasa un tiempo sin servicio (RTO). El servicio se recupera, pero con la información que se tenía un tiempo (RPO) previo a la ocurrencia del incidente. El periodo de tiempo total que retrocede la empresa es RPO+RTO.

Para recoger las estrategias de recuperación, además de la información B.1, el personal de seguridad de la información puede emplear un formulario similar al siguiente:

FORMULARIO DE EVALUACIÓN BIA — 2 (PARA SEGURIDAD DE LA INFORMACIÓN)	
A. Recuperación (cuánto cuestan las opciones de restablecimiento)	
Nombre de la solución	
Tiempo objetivo de la recuperación	

Continúa en página siguiente >>

<< Viene de página anterior

FORMULARIO DE EVALUACIÓN BIA — 2 (PARA SEGURIDAD DE LA INFORMACIÓN)	
Descripción	....

Para cada tiempo, identifique los elementos que deben recuperarse, y el coste aproximado de las salvaguardas para dicha recuperación.

Antes de:	Hay que recuperar:	Cuánto cuesta lograrlo:
< 10 min		
30 min		
1 h		
4 h		
8 h		
1 día		
2 días		
4 días		
7 días		
> 15 días		

Actividades

2. Rellene los formularios de evaluación BIA 1 y 2 para las siguientes funciones de una librería, y las estrategias de recuperación en caso de desastre, indicadas para cada proceso. Emplear solo los 4 intervalos de tiempo de la actividad anterior: una hora, un día, una semana, y dos o más semanas.

   - Venta de libros. Estrategia de recuperación: adquirir ordenadores nuevos, configurar aplicaciones, y restaurar copias de seguridad de la aplicación de venta.
   - Pedidos de material. Estrategia de recuperación: realizar inventario completo, para recuperar el *stock* real de material.

Para identificar los procesos de negocio soportados por sistemas de información, se puede repartir el "FORMULARIO DE EVALUACION BIA 1" a los responsables de área y analizarlos una vez rellenos.

- El apartado A.2 permite evaluar la importancia que los usuarios entregan a la función dentro de la empresa. Sin embargo, la función podría no tener ninguna relación con los sistemas de información.
- El apartado B.1 define el periodo de tiempo para el que el usuario está dispuesto a perder información, lo que será especialmente relevante a la hora de evaluar las posibles estrategias de recuperación. Esto indica el valor que la información, y por lo tanto de los sistemas de información que la procesan, representan en el proceso. Los procesos que tengan una valoración de **ninguno** para el periodo de tiempo **total,** son los que no tienen ninguna dependencia con los sistemas de información. En el otro extremo, cuanto mayor sea la valoración de la pérdida en cualquiera de los periodos, tanto mayor será la dependencia del proceso para con los sistemas de información.
- El apartado B.2 ayuda a terminar de valorar la criticidad de la función, midiendo el daño que se le produce a la propia función a consecuencia de una interrupción, en función del tiempo que duren, y de 5 aspectos:

  - El daño para cumplir la función principal. Por ejemplo, en un proceso de fabricación, pueden existir funciones que si se interrumpen más de un día, conlleven que no sea posible reiniciar la producción. Por ejemplo, en un sistema de alimentación ininterrumpido (SAI) basado en baterías de plomo cuya recarga controla un ordenador, si este no estuviera disponible durante más de 8 horas, el daño sería desastroso, ya que a las 8 horas las baterías se agotarían por completo y su capacidad se recarga quedaría extinguida.
  - El daño financiero para la función, en términos económicos.
  - El daño para otras funciones dependientes de esta. Esta valoración excede el ámbito de la propia área o departamento, ya que valora la dependencia general que de esta función tengan las demás funciones de la empresa.
  - El daño que causaría, para la reputación o imagen del área o departamento que desempeña la función, la interrupción de la misma.

- El daño que generaría en la comodidad y nivel de satisfacción del área o departamento la interrupción de su función.

El análisis de estas tablas puede hacerse asignando valores a los niveles de cada respuesta, y calculando totales mediante operaciones de suma y resta.

Nota

El objetivo del BIA es ordenar los procesos en función de su criticidad, valorar el daño de una interrupción, y ayudar a determinar si una estrategia de recuperación es adecuada. La valoración puede hacerse de manera cuantitativa, por ejemplo con las pérdidas económicas (€) generadas por la parada; o en términos cualitativos mediante niveles tipo bajo, medio o alto. El criterio debe mantenerse ,para que futuras revisiones del BIA sean coherentes.

Por ejemplo, puede emplearse una estimación sencilla como:

Impacto RPO (B.1) = Impacto RTO (B.2) =

Número de apariciones de "desastre" × 10 +
Número de apariciones de "grave" × 5 +
Número de apariciones de "medio" × 2 +
Número de apariciones de "bajo" × 1

Criticidad = valor función (A.2) × impacto RPO (B.1) × impacto RTO (B.2)

2.2. Entrevistas a usuarios clave

En este caso, se realizan entrevistas para recopilar información que posteriormente también se tabularía, y se analizaría de manera común.

Se debe disponer de un conjunto de preguntas preparadas, como las incluidas en el formulario anterior.

Una entrevista resulta adecuada **cuando no haya certeza de que las preguntas previstas identifiquen todos los aspectos de valoración de la importancia de un proceso: las entrevistas dan cabida a recoger información bajo criterios desconocidos *a priori.***

Como herramienta de toma de información, siempre conviene acotar las entrevistas para evitar tomar una excesiva cantidad de información o consumir recursos excesivos tanto al recabar datos como al analizarlos. Así conviene tener claro las personas a las que se les realiza la entrevista (usuarios clave), el alcance de la entrevista (limitándolo a un proceso de negocio concreto), e incluso la donación de la misma (por ejemplo limitándolo a una sesión de 30 min).

Actividades

3. Piense como acotar una entrevista para obtener información de un proceso de inventario de un supermercado.

2.3. Reuniones entre personal de TIC y usuarios clave

Esta técnica puede emplearse después de tener datos recogidos mediante formularios. Permite, de manera rápida, decidir el impacto de los diferentes procesos o funciones, y el tiempo de parada admisible en cada uno de ellos.

Representación de los costes de un incidente analizados en el BIA

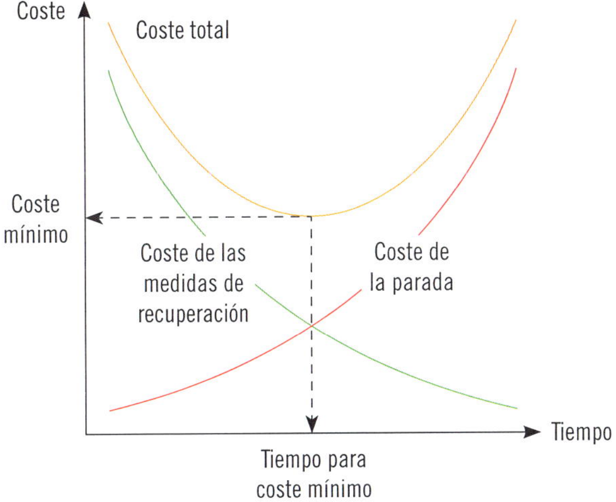

El coste de la parada, normalmente aumentará con el tiempo, de manera escalonada o gradual, como en la imagen. El coste de las medidas de recuperación se comporta al revés, de manera que las medidas que proporcionan una recuperación muy rápida, normalmente serán más caras que las que recuperan el proceso en más tiempo. Sumando ambos costes, se obtendrá una curva característica en "U", cuyo mínimo indicará el coste mínimo del incidente, y el tiempo de recuperación del proceso (RTO).

Aplicación práctica

El proceso crítico de una empresa es la venta por internet. El BIA determina que el impacto de una parada es de 100 € a la hora.

El personal de seguridad considera tres posibles estrategias para restablecer el servicio:

a. Con un plazo de puesta en marcha de 7 días, disponer un servidor nuevo en el que montar las copias de seguridad. El importe es de 2000 €.
b. Con un plazo de 3 días, alquilar un servidor alojado por terceros para montar las copias de seguridad. El contrato mínimo es por un mes, con un importe de 1000 €.
c. Con un plazo de 5 días, arreglar el servidor averiado. El importe de la reparación es de 100 €.

Seleccionar la mejor opción.

Continúa en página siguiente >>

<< Viene de página anterior

SOLUCIÓN

Es necesario evaluar el coste de cada solución.

- Coste solución A:

  Coste parada = 24x7x100 = 16.800 €.
  Coste recuperación = 2.000 €.
  Coste total = 18.800 €.

- Coste solución B:

  Coste parada = 24x3x100 = 7.200 €.
  Coste recuperación = 1.000 €.
  Coste total = 8.200 €

- Coste solución C:

  Coste parada = 24x5x100 = 12.000 €
  Coste recuperación = 100 €.
  Coste total = 12.100 €.

La solución de coste mínimo para restablecer el servicio es la solución B, que además es la que proporciona el menor RTO.

Restablecido el servicio, la empresa dispone de un mes para restablecerlo por completo, entendiendo como tal volver a disponer de un servidor en propiedad:

- Dispone de 25 días para repararlo (coste solución total = 8.200 + 100 = 8.300 €).
- Dispone de 23 días para comprar uno nuevo (coste solución total = 8.200 + 2.000 = 10.200 €).

3. Valoración de los requerimientos de confidencialidad, integridad, y disponibilidad de los procesos de negocio

La fiabilidad o seguridad, se apoya en tres aspectos o **principios de seguridad** esenciales:

- **La confidencialidad,** es decir, que la información solo esté accesible para quien esté autorizado a ello.
- **La integridad,** es decir, que la información sea exacta y completa, de manera que solo pueda modificarla quien esté autorizado a ello.
- **La disponibilidad,** es decir, que la información esté accesible cuando sea necesario.

Estos aspectos resumen los objetivos de seguridad. Es habitual referirse a ellos como la **triada de la seguridad o CIA.** Es necesario evaluar los requisitos de confidencialidad, integridad y disponibilidad de los procesos de la empresa, a fin de determinar cuáles son las salvaguardas óptimas. Por ejemplo si en el proceso de nóminas la confidencialidad de estas es alta, la misma salvaguarda sencilla frente al borrado de información mantener una copia sincronizada en un servidor externo accesible vía FTP. Sin embargo, si para el proceso de nóminas, la confidencialidad de estas es alta, resultaría la misma salvaguarda no válida.

Nota

FTP son las siglas de *File Transfer Protocol,* que es un protocolo de comunicaciones para la transferencia de archivos entre sistemas conectados a una red TCP *(Transmission Control Protocol),* basado en la arquitectura cliente-servidor. Permite que desde un equipo cliente se pueda conectar a un servidor para descargar archivos desde él, o para enviarlos, independientemente del sistema operativo utilizado en cada equipo.

3.1. Procesos

La definición de proceso depende del ámbito en que se emplee el término. Así, un proceso de negocio representa al conjunto de trabajos que se realizan para generar un producto o servicio. En un proceso, desde el punto de vista de la información, intervendrán tres elementos únicos: **personas, equipos (que incluyen aplicaciones) e información.**

Definición

Proceso
Conjunto de las fases sucesivas de un fenómeno natural o de una operación artificial.

Las posibles relaciones entre tres estos elementos son múltiples. En el ámbito del procesamiento automático de la información, se encontrarán **personas** que manejan **equipos** con una **información de entrada,** para generar una **información de salida o resultado.**

Si el proceso de negocio fuera la fabricación de un producto, desde la perspectiva de la seguridad de la información, se llegaría hasta la información de los sistemas informáticos de control de las máquinas de fabricación.

Si el proceso es la entrega de un servicio, desde la perspectiva de la seguridad de la información, el proceso termina en el conjunto de información que es necesario para la prestación satisfactoria del servicio.

Un proceso tiene valor por su resultado, es decir, por la información que genera. Una primera aproximación para valorar los requisitos de seguridad de un proceso, es valorar los requisitos de información que entrega. El siguiente apartado cubre este enfoque sencillo.

Pueden existir situaciones en las que no se conozca, o no se pueda valorar la información resultante; en este caso habrá que emplear otro enfoque, que se tratará en posteriores apartados de este capítulo.

Actividades

4. Determine qué elementos intervienen en los siguientes procesos de una librería:
   - Venta de libros
   - Pedidos de material

3.2. Valoración CIA de la información

No toda la información tiene la misma importancia en una empresa. En consecuencia, es necesario clasificarla, valorándola según diferentes aspectos, para posteriormente asignar unos recursos u otros a su protección.

El responsable de clasificar la información es su propietario. En general, esta clasificación debe revisarse, al menos anualmente. Para dicha clasificación, puede ayudar exponer a los propietarios que la información:

- Es un elemento concreto, definido, independiente de cómo se almacena o conserva.
- Es valiosa para la empresa, y no se puede reemplazar sin coste, esfuerzo, tiempo, u otros recursos.
- Forma parte de la empresa, sin ella la empresa sufre un daño.

Desde la perspectiva de la seguridad la información se clasifica en:

- **Confidencial:**
  - Su difusión sin control supone incumplimientos legales.
  - Su difusión sin control supone incumplimientos de las normativas o reglamentos a los que la empresa se sujeta.
  - Si se difunde sin control o se hace pública, genera un daño **grave/desastroso** para la empresa, financiera/económicamente o en su imagen.

  Para su gestión, son recomendaciones básicas comúnmente aceptadas:

  - El acceso a esta información debe hacerse siempre en base a la "necesidad de conocer".
    Los permisos de acceso a la información, deben concederse a personas exclusivamente, basándose en la **necesidad de conocer** por sus funciones. De lo anterior, se deduce que una persona solo tendrá acceso al mínimo conjunto de información que necesite para realizar su trabajo.
  - La difusión de la información requiere siempre de la autorización del **propietario,** normalmente el responsable o jefe del área o departamento donde se ejecuta el proceso.
  - La difusión a terceros exige siempre un acuerdo de confidencialidad firmado, previo al acceso.

  Ejemplo: contratos con clientes, datos de carácter personal según la legislación nacional de protección de los individuos aplicable, información sobre nuevos productos o servicios, información contable, etc.

- **Interna:**
  - Su difusión sin control no genera un daño grave para la empresa.
  - Si se difunde sin control o se hace pública, genera un daño **bajo** para la empresa, financiera/económicamente, o en su imagen.

Para su gestión, comúnmente se acepta:

- Acceso libre para los empleados o personal interno de la empresa.

Ejemplo: circulares internas, políticas de diversos aspectos, material formativo, etc.

- **Público:**
  - La no disponibilidad no tiene ninguna consecuencia.
  - Su difusión no genera **ningún** daño ni pérdida a la empresa, ni económicamente, ni en su imagen.

Para su gestión, comúnmente se acepta:

- Esta información debe ser calificada expresamente para difusión pública, o por el área o responsable de comunicación de la empresa, o por el área de ***marketing,*** si se trata de información comercial.

Ejemplo: notas de prensa, presentaciones comerciales, catálogos de productos o servicios, publicidad comercial, etc.

Nota

Ejemplos de informaciones concretas que pueden intervenir en un proceso son: bases de datos o un conjunto de formularios/registros impresos, correos electrónicos o correspondencia impresa, documentos digitales o impresos, imágenes digitales o impresas, código fuente de programas, etc.

Actividades

5. Piense ejemplos de información confidencial, interna, y pública que podría encontrar en un despacho de abogados.

A continuación, se exponen indicaciones habituales que ayudarán a determinar los requisitos de seguridad de la información en sus 3 dimensiones habituales. En líneas generales, el nivel viene dado por el daño que una degradación de una propiedad genera en la empresa.

Confidencialidad

La confidencialidad está relacionada con la autorización de difusión. Una difusión no autorizada puede presentar un daño mayor o menor. Dependiendo de este daño, se categoriza la confidencialidad de la información en:

Requerimientos de confidencialidad para la información	
Nivel alto	Información confidencial, muy sensible o privada, de máximo valor para la empresa, y autorizada a ser accesible solo a individuos concretos reconocidos. La difusión no autorizada tendría un impacto **grave/desastroso,** por ejemplo por las repercusiones legales, por la pérdida económica derivada, por la ventaja concedida a la competencia, o por la pérdida de imagen.
Nivel medio	Información interna, propiedad de la empresa, que no debe tener difusión pública. Un incidente de seguridad tendría un impacto **moderado.**
Nivel bajo	Información pública, no sensible, dispuesta para difusión pública. Una difusión no autorizada no debería tener **ningún** daño, o este sería muy bajo.

Por ejemplo, puede tener nivel de confidencialidad alto la documentación de una estrategia de *marketing,* la información de un proceso de adquisición empresarial, o la información de precios ofrecidos a un cliente. Puede tener un nivel de confidencialidad medio un directorio telefónico, o un organigrama de la empresa. Habitualmente, tendrán confidencialidad baja las notas de prensa, o la información publicada en la web de la empresa.

Recuerde

La información clasificada como pública debe ser calificada expresamente para difusión pública, o por el área o responsable de comunicación de la empresa, o por el área de *marketing*, si se trata de información comercial.

Integridad

La integridad se refiere a la completitud y exactitud de la información. La integridad se pierde cuando se realizan cambios no autorizados. Los criterios para determinar los requisitos de integridad de la información, podrían ser como los siguientes:

Requerimientos de integridad para la información	
Nivel alto	No puede existir ninguna degradación de la integridad. La degradación tiene un impacto **grave/desastroso.**
Nivel medio	Una degradación de la información, bien en su completitud o en su precisión, o en ambos, tendría un impacto **moderado.**
Nivel bajo	La completitud o precisión de la información puede degradarse con un impacto **ninguno/bajo** en el proceso.

Disponibilidad

La disponibilidad se refiere a que la información esté disponible cuando se necesite. Los criterios para determinar los requisitos de disponibilidad de la información podrían ser como los siguientes. Los periodos indicados son meramente orientativos, y se espera que difieran de una empresa a otra:

Requerimientos de disponibilidad para la información	
Nivel alto	La información se necesita de manera continua, en condiciones de 24x7. La indisponibilidad tiene un impacto **grave/desastroso.**
Nivel medio	La información puede no estar disponible por un periodo de uno o dos días. La indisponibilidad tiene un impacto **moderado.**
Nivel bajo	La información puede no estar disponible por un periodo de hasta 7 días. La indisponibilidad tiene un impacto **ninguno/bajo.**

Actividades

6. Clasifique la siguiente información del proceso de venta de libros de una librería, y valore justificadamente sus requisitos de seguridad:

    - Base de datos con direcciones de domicilios, teléfonos e histórico de compras de clientes, categorizados por intereses o aficiones.
    - Inventario.

3.3. Valoración de los procesos a partir de sus componentes

El apartado anterior da un enfoque sencillo para evaluar los requisitos de seguridad de un proceso, haciéndolos coincidir con los requisitos de su información resultante.

Como ya se mencionó, en ocasiones esto no será posible o conveniente. En estos casos pueden determinarse los requisitos de seguridad del proceso a partir de los requisitos de seguridad de sus componentes. Si se recuerda, un proceso puede observarse como **la combinación de unas personas, una**

información de entrada, y unos sistemas de procesamiento para generar una información de salida.

Los requisitos de seguridad para los procesos pueden observarse entonces como una combinación de los requisitos de seguridad de las personas, de los sistemas, y de la información que intervenga.

A la hora de agregar los requisitos de los componentes, existen varias opciones. Por ejemplo, si la valoración es cuantitativa, pueden sumarse los niveles en cada dimensión; si la valoración es cualitativa, también pueden sumarse, estableciendo unas normas previas (dos niveles **bajo** equivalen a un nivel **moderado,** o dos niveles **graves** equivalen a un **desastroso).**

Una opción sencilla cuando se realizan valoraciones cualitativas, es emplear para el proceso el nivel máximo de sus componentes; tanto para la C, como para la I y la A. Por ejemplo, en un proceso en el que intervenga una información con requisitos (M, M, B), un sistema *hardware* con requisitos (M, A, B), y una persona con requisitos CIA de valores (A, M, B), se podría tener una clasificación de seguridad para el proceso de (A, A, B).

Ejemplo de posibles componentes en la función de venta de una librería

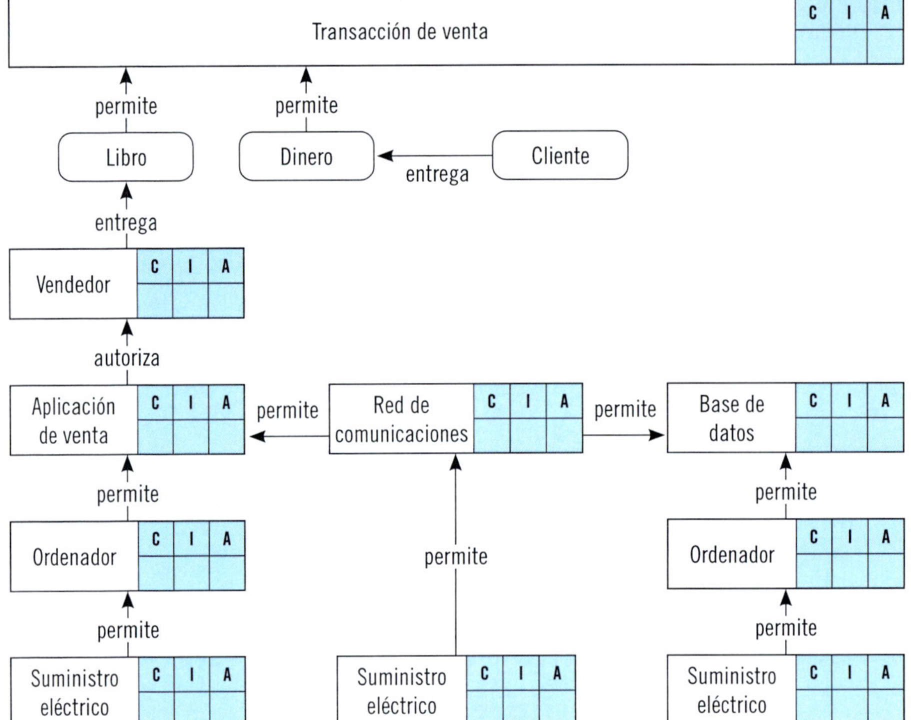

Cada elemento va añadiendo sus requisitos CIA según se asciende hasta el proceso final. Si las relaciones que se emplea son en sentido contrario ("necesita" en lugar de "permite"), se puede realizar el proceso inverso, y propagar los requisitos CIA del proceso hacia sus integrantes.

Aunque se trate de aspectos de la información independientes, en ocasiones se necesita combinar los valores de C, I y A, para obtener un único valor de seguridad para el proceso. Si la valoración es cuantitativa, puede emplearse la suma, que puede ser no ponderada (S = C + I + A), o ponderando cada dimensión, para otorgarles diferentes pesos, por ejemplo: S = [(3 x C) + (2 x I) + A)] / 6.

Si la valoración es cualitativa, habitualmente se simplifica en elegir como representante de seguridad del proceso el valor máximo que se alcance en alguna de sus dimensiones.

4. Determinación de los sistemas de información que soportan los procesos de negocio y sus requerimientos de seguridad

En el apartado anterior se dieron las pautas para determinar los requerimientos de seguridad de la información. Los otros elementos que pueden intervenir en un proceso son las personas y los sistemas. En este apartado se profundizará en sus requerimientos de seguridad.

4.1. Valoración CIA de las personas

La información es manejada por personas, y resulta importante tener identificadas a dichas personas, que serán empleados de la empresa, o externos (proveedores, clientes, visitas, y otros).

El responsable de identificar las personas que acceden a la información de un proceso, es el responsable de dicho proceso; y puede coincidir habitualmente con el responsable o jefe del área o departamento que desempeña dicho proceso en la empresa.

Nota

Se pueden emplear formularios similares a los usados en el BIA, o reuniones con los dueños de los procesos, para identificar a todas las personas que intervengan en dichos procesos.

La valoración para cada persona que intervenga en el proceso se evalúa en las tres dimensiones de la seguridad: (C, I, A).

Confidencialidad

Los requisitos de confidencialidad para cada individuo atienden, por tanto, a la clasificación de la información del proceso **(confidencial, interno, o públi-**

co), a la que tenga restringido su acceso. Se clasifican en 3 niveles, y pueden asignarse de acuerdo a la mejor descripción de las necesidades del proceso.

Requerimientos de confidencialidad para las personas	
Nivel alto	Cuando las personas acceden a información calificada como **confidencial** o crítica para la empresa. Un incidente de seguridad causado por una persona con un requisito de confidencialidad **alto** tendría un impacto **grave/desastroso** en el proceso.
Nivel medio	Cuando las personas acceden a información calificada como **interna.** Un incidente de seguridad tendría un impacto **moderado** en el proceso.
Nivel bajo	Cuando las personas acceden a información calificada como **pública.** Un incidente de seguridad tendría una repercusión **ninguna/bajo** en el proceso.

Integridad

Los requisitos de integridad para las personas atienden al nivel de la información que pueden modificar en el proceso, y a la capacidad para modificar completamente o no dicha información.

Requerimientos de integridad para las personas	
Nivel alto	Cuando las personas modifican información calificada como **confidencial** o crítica para la empresa. Un incidente de seguridad causado por una persona tendría un impacto **grave/desastroso** en el proceso.
Nivel medio	Cuando las personas pueden modificar completamente información calificada como **interna** e información calificada como pública. Un incidente de seguridad tendría un impacto **moderado** en el proceso.
Nivel bajo	Cuando las personas tienen restricciones para modificar la información calificada como **interna** e información calificada como pública. Un incidente de seguridad tendría una repercusión **ninguno/bajo** en el proceso.

Disponibilidad

Los requisitos de disponibilidad para las personas atienden al daño que genera al proceso el que la persona no esté disponible.

Requerimientos de disponibilidad para las personas	
Nivel alto	Cuando la no disponibilidad de la persona tendría un impacto **grave/desastroso** en el proceso.
Nivel medio	Cuando la no disponibilidad de la persona tendría un impacto **moderado** en el proceso.
Nivel bajo	Cuando la no disponibilidad de la persona tendría un impacto **ninguno/bajo** en el proceso.

4.2. Valoración CIA de sistemas físicos, programas y servicios de soporte

En esta categoría se deben clasificar los componentes que intervienen en el proceso, al margen de las personas y de la información. Se clasifican aquí los requisitos para los equipos físicos (*hardware*, incluyendo ordenadores, equipos de comunicaciones y soportes de almacenamiento (CD, discos duros extraíbles, etc.), para las aplicaciones o programas (*software*, incluyendo sistemas operativos y aplicaciones), e incluso para los servicios de soporte necesarios, como el suministro eléctrico, la climatización, o el alojamiento.

Actividades

7. Piense la valoración CIA que podría tener el único administrador de la red de ordenadores de un despacho de abogados.

Nota

Los soportes de almacenamiento son una pieza esencial de un sistema de información, y en concreto, del sistema de copias de seguridad. Si la información tiene un nivel alto de confidencialidad, tan importante es conservarlos libres de accesos no permitidos, como destruirlos de manera irrecuperable al finalizar su periodo de vigencia, porque las copias no pueden almacenarse indefinidamente. Si la información tiene un nivel de integridad alto, las copias deben protegerse de modificaciones, ya que en caso de restaurarlas se introducirá información alterada; para ello puede servir conservar el *hash* de la información guardada, que se empleará como elemento de verificación de la copia antes de restaurarla.

Confidencialidad

Los requisitos de confidencialidad de los sistemas atienden al servicio que prestan, y heredan la confidencialidad de la información procesada o almacenada por el sistema.

Requerimientos de confidencialidad para los sistemas	
Nivel alto	Cuando la información procesada, almacenada, o el servicio prestado, tiene un nivel de confidencialidad **alta.**
Nivel medio	Cuando la información procesada, almacenada, o el servicio prestado, es de confidencialidad **media.**
Nivel bajo	Cuando la información procesada, almacenada, o el servicio prestado, es de confidencialidad **baja.**

Integridad

Los requisitos de integridad de los sistemas heredan la integridad de la información procesada o almacenada por el sistema, y además, reflejan la confianza o fiabilidad (predictibilidad) de los servicios prestados por el sistema en el proceso.

Requerimientos de integridad para los sistemas	
Nivel alto	La confianza y fiabilidad de los servicios prestados es alta. La información procesada o almacenada tiene un nivel de integridad **alto.**
Nivel medio	La confianza y fiabilidad de los servicios prestados es media. La información procesada o almacenada tiene un nivel de integridad **medio.**
Nivel bajo	La confianza y fiabilidad de los servicios prestados es baja. La información procesada o almacenada tiene un nivel de integridad **bajo.**

Disponibilidad

Los requisitos de disponibilidad heredan la clasificación de disponibilidad de la información del proceso, y se basan en el impacto que tendría para el proceso que estos no estuviesen disponibles.

Requerimientos de disponibilidad para los sistemas	
Nivel alto	La información procesada o almacenada tiene un nivel de disponibilidad **alto.** Cuando la no disponibilidad de los sistemas tendría un impacto **grave/desastroso** en el proceso.
Nivel medio	La información procesada o almacenada tiene un nivel de disponibilidad **medio.** Cuando la no disponibilidad de los sistemas tendría un impacto **moderado** en el proceso.
Nivel bajo	La información procesada o almacenada tiene un nivel de disponibilidad **bajo.** Cuando la no disponibilidad de los sistemas tendría un impacto **ninguno/bajo** en el proceso.

La siguiente es una enumeración sencilla de los posibles elementos que intervienen en un proceso de negocio:

- **Equipos *hardware* de procesamiento:** servidores, estaciones de trabajo críticas, estaciones de trabajo, ordenadores portátiles, dispositivos móviles como *tablet*-PC, PDA, *smartphones,* e impresoras.

- **Equipos de comunicaciones de red:** *router, switcher, firewalls,* líneas de comunicaciones, centralitas telefónicas, faxes, terminales telefónicos fijos, y móviles.
- **Programas:** sistemas operativos, aplicaciones y utilidades, y códigos fuente de programas.
- **Soportes de información:** soportes con *backup* de sistemas operativos y aplicaciones, soportes con *backup* de código fuente de programas, y soportes con *backup* de datos (bases de datos y archivos).
- **Servicios de soporte:** sistema eléctrico y de alimentación ininterrumpida, aire acondicionado, y elementos de fijación (armarios de *rack* y otra mecánica).

Actividades

8. Clasificar los requisitos de seguridad para los elementos que intervienen en los siguientes procesos de una tienda de ropa:

    - VENTA: personas (vendedor); sistemas (TPV, impresora, datáfono, aplicación de venta e inventario, y su base de datos).
    - INVENTARIO: personas (vendedor); sistemas (PDA, red wifi para descargar datos, ordenador, aplicación de venta e inventario y su base de datos).

4.3. Herramientas de ayuda para determinar los componentes

Para determinar los sistemas de información que intervienen en un proceso, puede servir de ayuda partir de una narrativa del mismo, o una **descripción textual.** Habitualmente, esta descripción puede solicitarse por escrito, por ejemplo en un formulario de un BIA, o recogerse en el transcurso de una entrevista o reunión mixta.

Cuando el proceso es complejo, conviene dividirlo en fases o subprocesos. Para intentar asegurar la completitud en la narrativa de cada fase o subproceso, puede ayudar preguntarse si se encuentran respondidos siete aspectos fundamentales: ¿qué, quién, cuándo, cómo, dónde, por qué y para qué?

Partiendo de la narrativa, se enumeran en listas independientes los elementos de cada tipo que intervengan en cada categoría: personas, sistemas, e información de entrada. Esta enumeración es importante, porque constituye una forma elemental del inventario básico de los activos de información del proceso.

Posteriormente, cada uno de estos elementos se relaciona con los demás mediante una acción que puede resumirse en un verbo (genera, autoriza, procesa, transmite, etc.).

De esta manera, se puede ordenar de manera jerárquica la dependencia de los componentes, y su progreso, hasta el resultado final. Gráficamente, la estructura se aproximará a la de un árbol invertido donde las hojas serán los componentes, los nodos intermedios serán resultados o hitos (generalmente coincidentes con subtareas o subprocesos), y en la raíz o punto más alto del diagrama, se encontrará el resultado o información de salida del proceso.

Nota

La dependencia jerárquica a modo de árbol, se emplea en el análisis de riesgos MAGERIT, al evaluar el "impacto repercutido" y el "riesgo repercutido" a partir de los impactos / riesgos de los elementos de los que depende un subproceso (nodo intermedio del árbol de dependencia invertido).

Aplicación práctica

El proceso crítico de una empresa es la venta por internet. Resumidamente, un comprador accede desde internet a la web de venta *online,* alojada en un servidor ubicado en la sede de la empresa. El servidor se comunica a través de un *firewall* con una base de datos interna, que solo sabe administrar una persona del departamento de informática. La venta tiene interrupciones breves, como sucede durante los trabajos de mantenimiento en la base de datos, que se advierten en la página web. Los elementos del servicio y sus valoraciones CIA (bajo = 1, medio = 2, alto = 3) son:

Información
Base de datos (M, A, M): la información es interna, por lo que la confidencialidad es media. La integridad es alta, porque no puede haber errores en las ventas. La disponibilidad es media, porque se admiten interrupciones.

Sistemas
Servidor web (M, A, A): la información que recibe es interna, siendo su confidencialidad media. Su integridad es alta, porque se deposita mucha confianza en este equipo. La disponibilidad es alta, porque la web debe estar disponible para advertir que no hay venta.

Firewall (M, A, M): la información que procesa tiene un nivel de confidencialidad medio, el servicio que presta tiene un nivel de confianza alto, y se admiten interrupciones, al igual que la información que protege.

Personas
Administrador de base de datos (M, M, A): la información que maneja es interna, de manera que confidencialidad e integridad serán medias. La disponibilidad es elevada, porque sin base de datos y sin su mantenimiento no hay negocio.

Determinar los requisitos CIA del proceso, a partir de sus componentes:

Continúa en página siguiente >>

<< Viene de página anterior

SOLUCIÓN

El siguiente diagrama representa el proceso de venta, e incluye la valoración para cada componente, y el resultado agregado para el proceso (8, 11, 10), de manera que la **integridad** es el principal requisito.

Valoración de los requisitos de seguridad de un proceso de venta online muy sencillo. La integridad es la dimensión más exigente, seguida de la disponibilidad

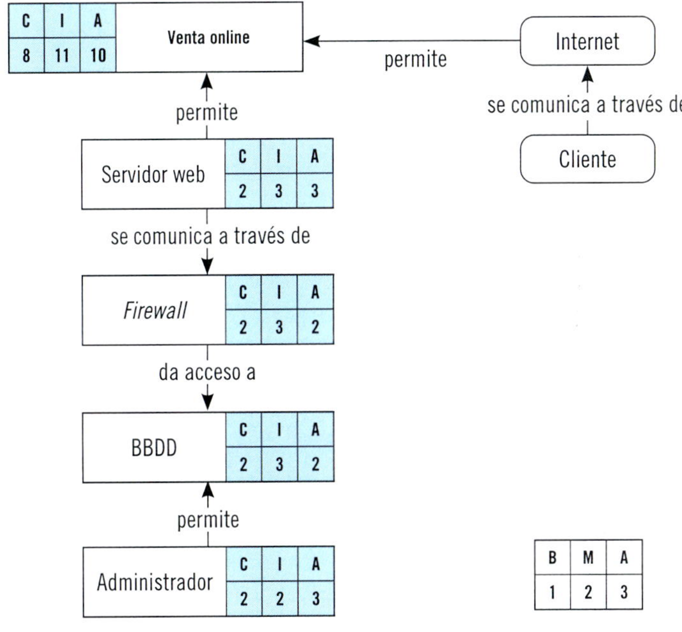

5. Resumen

El objetivo de un SGSI es asegurar la continuidad del negocio, minimizando los riesgos y maximizando el retorno de la inversión en seguridad, a la vez que se permiten nuevas oportunidades para la empresa. Para ello, hay que conocer los riesgos mediante un proceso de análisis y gestión de riesgos (que se analizará en profundidad en el siguiente capítulo). Este análisis puede emplearse como punto de partida para realizar el BIA, o análisis del impacto en el negocio que tendría un incidente de seguridad que detuviera la actividad. Si se carece del análisis de riesgos, como sucede al comenzar a implantar por primera vez un SGSI, el BIA se puede realizar mediante la propia información que se recoja en formularios, y que permitirá determinar cuáles son los procesos o funciones principales de la empresa donde focalizar los esfuerzos en las salvaguardas.

El resultado de un BIA es muy valioso, porque permite conocer la actividad de la empresa, ordenando la criticidad de sus funciones y procesos. También permite conocer el coste de una interrupción, y recoge los requisitos de punto objetivo de recuperación. A partir de todo ello, el BIA ayuda a determinar las estrategias o métodos de recuperación, y las salvaguardas o contramedidas que se aplicarían. La determinación que realiza el BIA de cuáles son los procesos de negocio principales soportados por los sistemas de información, permite iniciar un posterior estudio más detallado de los requisitos de seguridad para estos procesos.

Los requisitos de seguridad serán calificaciones, números, o grados, alcanzados en cada una de las dimensiones de la seguridad. A saber: la confidencialidad (que a la información solo acceda quien esté autorizado), la integridad (que la información solo pueda modificarla quien esté autorizado), y la disponibilidad (que la información esté cuando se necesita). Los requisitos de seguridad del proceso de negocio pueden obtenerse evaluando los requisitos de la información resultante del proceso. Otro método para evaluar los requisitos de seguridad de un proceso, es analizar los componentes del proceso, y valorar los requisitos de seguridad de cada componente. Una vez dispuestos jerárquicamente, los requisitos de seguridad se agrupan de manera ascendente, mediante alguna fórmula o método definido.

Las categorías en que se valore la confidencialidad, la integridad y la disponibilidad, así como la formula o método de agregación de los requisitos de los componentes de un proceso, no es especialmente relevante. Estos indicadores no persiguen comparar dos empresas sino que persiguen comparar la evolución de la misma empresa en diferentes instantes del tiempo. Por lo tanto, lo importante es que estos criterios se definan por escrito, y se apliquen con homogeneidad a lo largo del SGSI, porque solo así se podrá reconocer la tendencia de mejora en la seguridad obtenida por cada iteración del mismo (planificación, ejecución, medida y corrección).

Ejercicios de repaso y autoevaluación

1. **Complete la siguiente oración:**

   En el BIA se estudian cuáles son los procesos o ______ ________ del negocio, que dependan en cualquier medida de los sistemas de información.

2. **Indique qué tres resultados básicos entrega el BIA:**

   ____
   ____
   ____
   ____

3. **Indique si las siguientes afirmaciones son verdaderas o son falsas.**

   a. Para realizar un BIA, basta pasar unos formularios a los responsables de departamento, para que evalúen la importancia de su función última, y determinen cuánta información podrían perder.

      ☐ Verdadero
      ☐ Falso

   b. El BIA es una herramienta para estudiar la continuidad del negocio.

      ☐ Verdadero
      ☐ Falso

   c. El BIA asegura que el RTO será el que indiquen los dueños de los procesos de negocio críticos.

      ☐ Verdadero
      ☐ Falso

4. Marque la respuesta correcta:

a. El RTO siempre será mayor que el RPO, porque no se puede adivinar la información futura de la empresa.
b. El RTO representa el periodo de tiempo del que se pierde información.
c. El tiempo total que pierde la empresa es la suma del RPO y el RTO.

5. Determine la opción que elegiría, en base a una criterio de máxima integridad:

a. Una salvaguarda que asegura que la información sea exacta y completa.
b. Una contramedida que proporciona una RTO alta a un precio bajo.
c. Un método de recuperación de precio alto, que proporciona un RTO muy bajo, y un RPO moderado.

6. Enumere cuatro aspectos que pueden considerarse a la hora de evaluar el daño que un incidente de seguridad causa en una función de la empresa:

____

____

____

____

7. Determine la fórmula más aproximada:

a. Proceso = seguridad + personas + sistemas.
b. Proceso = información + personas + equipos.
c. Proceso = seguridad + información + personas.

8. Seleccione la opción más adecuada:

a. El dueño de la empresa debe poder acceder a toda la información.
b. El acceso a la información solo debe proporcionarse a quien desempeñe el rol de consultor en los procesos críticos de negocio.
c. Los permisos de acceso a la información siempre debe ser los mínimos necesarios.

9. Complete las siguientes definiciones:

a. La información ___________ difundida sin control, puede suponer incumplimientos legales.
b. La información ___________ siempre requiere de esta calificación, expresa por el área o responsable de comunicación de la empresa.
c. La información ___________ puede ser accedida libremente por todo el personal de la empresa, incluso los no empleados.

10. Califique las dimensiones de seguridad, según nivel alto, medio, o bajo:

a. De disponibilidad, si se precisa siempre.
b. De confidencialidad, como un listado de teléfonos de la empresa.
c. De integridad, en una base de datos en la que se admite hasta un 10 % de registros erróneos sin ningún impacto.
d. De confidencialidad, como la información que se ha publicado en la web.

11. Si los requisitos CIA de dos componentes de un proceso son (4, 4, 5) y (3, 2, 6), determine los requisitos CIA del proceso total, en los siguientes casos:

a. Si se agregan.
b. Si se emplea el más alto.
c. Si los procesos se agregan, las tareas del proceso implican que su integridad sea el doble de importante, y se busca un único valor de la seguridad.

12. Indique si las siguientes afirmaciones son verdaderas o falsas:

a. Los requisitos de confidencialidad para una persona dependen de cómo sea de reservado.

- ☐ Verdadero
- ☐ Falso

b. Los requisitos de integridad de una persona dependerán de si acepta o no sobornos.

- ☐ Verdadero
- ☐ Falso

c. Los requisitos de disponibilidad de una persona dependerán de que siempre tenga un móvil encendido.

☐ Verdadero
☐ Falso

13. Indique tres servicios de soporte básico que puedan ser componentes de un proceso en el que intervengan sistemas de información:

____
____
____
____

14. Elija una contramedida para subsanar el riesgo de integridad de las copias de seguridad de la información:

a. Almacenarlas comprimidas.
b. Guardar las copias protegidas por contraseña o cifradas.
c. Guardar el *hash* de la información para verificar la copia antes de restaurarla.

15. Identifique las curvas de la siguiente imagen:

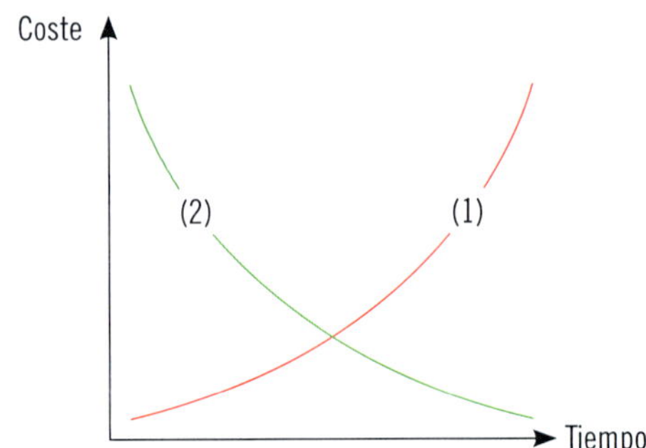

Capítulo 3

Gestión de riesgos

Contenido

1. Introducción
2. Aplicación del proceso de gestión de riesgos y exposición de las alternativas más frecuentes
3. Metodologías comúnmente aceptadas de identificación y análisis de riesgos
4. Aplicación de controles y medidas de salvaguarda para obtener una reducción del riesgo
5. Resumen

1. Introducción

Para garantizar la seguridad de la información, en sus dimensiones CIA, será necesario dedicar unos medios y unos esfuerzos para conseguirlo. Esta aplicación debe racionalizarse, de manera que se empleen medidas proporcionales a los riesgos existentes. Para racionalizar esta dedicación de recursos y esfuerzos, se emplean métodos de análisis y gestión de riesgos (AGR) en dos pasos: **hay que medir los riesgos (análisis) para decidir cómo afrontarlos (gestión).**

El análisis de riesgos (AR), según se define en el método MAGERIT, **es el proceso sistemático para estimar la magnitud de los riesgos a que está expuesta una organización.**

La gestión de riesgos (GR), según se define en el método MAGERIT, **es la selección e implantación de salvaguardas para conocer, prevenir, impedir, reducir, o controlar los riesgos identificados.**

El AGR no será un fin en sí mismo, sino que será una actividad continua, a realizar en los ciclos de ejecución de un SGSI. Primero, porque el SGSI siempre se podrá mejorar, y el AGR es la herramienta para racionalizar dónde dedicar los recursos en cada etapa. En segundo lugar, porque los sistemas informáticos son, por su propia naturaleza, dinámicos, y están expuestos a continuos cambios y nuevas amenazas.

El AGR es una tarea principal para la gestión de la SI, que no debe supeditarse a otras, más bien al contrario, ordena el resto de tareas que se realicen. El AGR es **la herramienta que permite ejercitar una protección responsable de los activos de información de la empresa.**

Por simplicidad el AGR se suele acortar a **Gestión de riesgos,** pero en ningún caso este nombre corto supone eliminar la etapa inicial de análisis de riesgos. No debe existir gestión sin análisis, y esta unión es la que permite usar el término dando por hecho que incluye su necesaria etapa previa de análisis. La diferencia la procurará el contexto, pero se respetará el empleo de las siglas AR, GR y AGR para especificar tareas concretas, y el término con mayúscula inicial **Gestión de riesgos** para referirse al conjunto, o AGR.

2. Aplicación del proceso de gestión de riesgos y exposición de las alternativas más frecuentes

Será recomendable realizar un AGR en todas las empresas que dependan de los sistemas de información y comunicaciones para el cumplimiento de su misión. Conviene además, realizarlo antes de emprender cambios profundos, como desplegar nuevos servicios, o realizar inversiones de renovación tecnológica. Hacerlo antes, permite que las medidas de seguridad que haya que adoptar se incorporen y se consideren desde el comienzo, es decir, que la seguridad forme parte del diseño. Si por el contrario, la seguridad se aporta a posteriori, conllevará posiblemente un sobrecoste y un sobresfuerzo. Y en ningún caso procede esperar que surja un incidente de seguridad para iniciar un AGR: es preferible prevenir a recuperar, o a corregir.

Recuerde

La primera etapa del AGR es una etapa de análisis, cuyos resultados pueden resultar valiosos, o ayudar para el diseño de ampliaciones del sistema, o la gestión del cambio en modificaciones importantes. Además, si se amplían o si se modifican los equipos informáticos, el cambio representa la entrada en juego de nuevas amenazas, que traducidas a riesgos deben gestionarse adecuadamente, por ejemplo, mediante planes de acción temporales.

Será necesario realizar un AGR cuando la empresa quiera obtener determinadas certificaciones de cumplimiento de normas (v.g. ISO 27001).

Será necesario realizar un AGR por precepto legal, por ejemplo, para conducir una auditoría de seguridad, o para definir el marco de cumplimiento de una ley. Así, la **Ley Orgánica 3/2018** del 5 de diciembre de **Protección de Datos de Carácter Personal y Garantía de Derechos Digitales (LOPDGDD),** establece que el responsable del fichero deberá adoptar las medidas de índole técnico y organizativo necesarias para garantizar la seguridad de los datos de carácter personal, que eviten su alteración, pérdida, tratamiento, o acceso no autorizado, habida cuenta del estado de la tecnología, la naturaleza de los datos almacenados, y los riesgos a que están expuestos, ya provengan de la acción humana, o del medio físico o natural. Adicionalmente, el Esquema Nacional de Seguridad (ENS), regulado por el Real Decreto 311/2022, de 3 de mayo, establece los principios y requisitos necesarios para proteger adecuadamente la información en los sistemas que utilizan las Administraciones Públicas. Este esquema obliga a la existencia de un documento de seguridad que recoja las medidas adoptadas, algo que difícilmente puede abordarse sin un AGR actualizado y acorde a las exigencias actuales.

Proceso de Gestión del riesgo, y su relación con una auditoría, orientada a obtener una certificación de cumplimiento de una norma

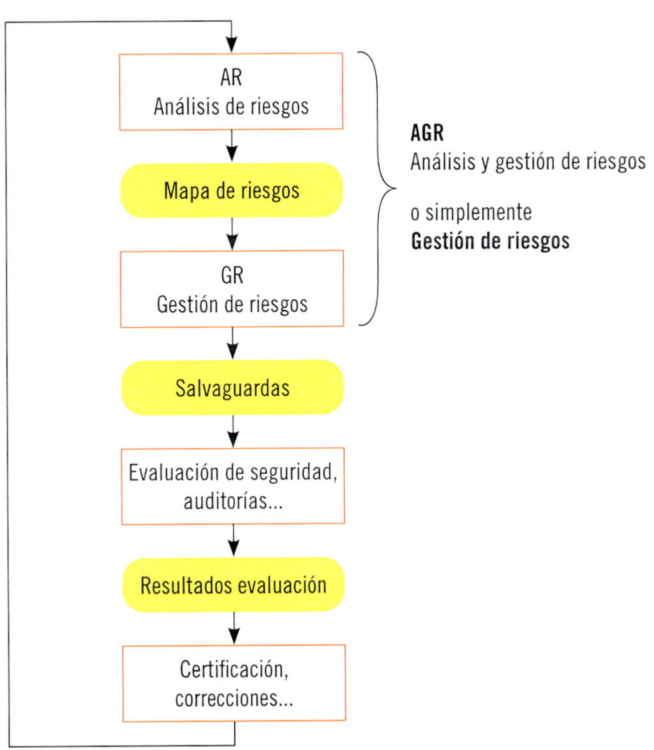

Realizar un AGR puede ser muy costoso; requiere de la intervención de diferentes personas en la empresa, y del acuerdo de un criterio homogéneo para cuantificar los riesgos. La homogeneidad es fundamental, porque resulta difícil decidir por dónde empezar (un BIA puede responder esta pregunta), y los criterios para decidirlo deben mantenerse posteriormente. La solución es sencilla: primero, lo más importante, es decir, donde haya máximo impacto (daño posible) y máximo riesgo (daño probable). Por lo tanto, si no se aplica un criterio homogéneo de valoración, se equivocarán las decisiones sobre qué es más importante, y no se empezará por ello. Por ejemplo, puede participar la Dirección, los responsables de seguridad de la Información, los dueños o responsables de los procesos o funciones críticas de la empresa, y un representante de los usuarios. Como criterio de valoración puede decidirse dar máximo valor a la confidencialidad de la información, y a la imagen corporativa de la empresa, apoyada en la máxima defensa de la privacidad de los datos de los clientes.

Actividades

1. En una empresa de proyectos de ingeniería trabajan 7 personas: 2 dueños de la empresa, 2 técnicos que elaboran proyectos (uno de los cuales se encarga del sistema informático de la empresa), 1 comercial, 1 delineante y 1 administrativo. Proponga el equipo que debe participar en un AGR, y formule un criterio para valorar homogéneamente los riesgos.

Como se mencionó en la introducción, el AGR consta de 2 fases: en la primera (AR), se mide el riesgo, y en la segunda (GR), se decide qué hacer con el riesgo. Para la primera fase existen diferentes métodos, que difieren en las fórmulas empleadas para calcular los riesgos, o en otros detalles técnicos no esenciales; estos métodos se estudiarán en el epígrafe 3 de este capítulo.

La segunda fase, la gestión o tratamiento de riesgos, es el proceso de seleccionar e implementar medidas para modificar el riesgo. Entre las alternativas para tratar el riesgo, existen, en general, las siguientes acciones:

- **Mitigar el riesgo:** la empresa puede optar por aplicar contramedidas que reduzcan el impacto de un incidente, o aplicar contramedidas para reducir la probabilidad de la amenaza.
- **Evitar el riesgo:** la empresa puede decidir eliminar los activos o servicios bajo riesgo. Puede interpretarse como una forma de mitigación extrema.

- **Transferir el riesgo:** la empresa puede mitigar el riesgo propio, trasladándoselo a otros. Por ejemplo, puede compartir el activo o función bajo riesgo con otra empresa, o subcontratar la función completamente a terceros, o contratar pólizas de seguros con empresas aseguradoras.
- **Aceptar el riesgo:** la empresa decide no hacer nada. Esta medida siempre debe autorizarla la Dirección de la empresa.

Recuerde

Aunque el analista de riesgos conozca los criterios de aceptación del riesgo, y pudiera concluir que, en base a los mismos, los riesgos serían aceptados, siempre corresponde a la Dirección de la empresa la decisión final de aceptar o no el riesgo.

El analista sí puede, y debe, presentar un informe, concluyendo que en base al criterio de aceptación de riesgos de la empresa, los riesgos detectados se pueden aceptar; pero no puede tomar la decisión, y obrar en consecuencia (en este caso no haciendo nada).

La decisión de adoptar una acción u otra se tomará atendiendo a diversos criterios, entre los cuales estarán estos 4 aspectos:

- **Requisitos legales** o regulatorios, tanto de ámbito nacional como internacional. Estos requisitos **siempre deben cumplirse.**
- **Requisitos operacionales,** como normas que deba cumplir la empresa.
- **Objetivos de la empresa,** como los derivados de su estrategia.
- **Rentabilidad de la acción,** comparando el coste de la acción frente al beneficio o daño probable que evita.

La seguridad total no existe, de manera que (salvo que se eviten todos los riesgos, que probablemente conllevaría detener toda actividad de la empresa), siempre sobrevivirá un determinado nivel de riesgo, que finalmente la empresa aceptará. Evaluar este “apetito de riesgo” de la empresa, es un paso previo importante. La aplicación sistemática de este proceso de Gestión de riesgos permite repartir las inversiones en seguridad, minimizando el riesgo residual total de la empresa.

Los pasos generales de un proceso clásico y simplificado de Gestión de riesgos, aunque pueden variar ligeramente dependiendo de la metodología concreta que se aplique, son los siguientes:

- **AR (análisis de riesgos):**
  - Identificar los activos y sus relaciones de dependencia.
  - Identificar las amenazas y sus vulnerabilidades.
  - Estimar el impacto (daño posible), y la probabilidad del mismo.
  - Estimar el nivel de riesgo de la ocurrencia de la amenaza.
  - Estimar el coste de mitigar el riesgo (incluyendo evitarlo o transferirlo).
- **GR (gestión de riesgos):**
  - Identificar los criterios de aceptación de riesgo (regulatorios, normativos, objetivos de la empresa, y rentabilidad).
  - Determinar, según esos criterios, si el riesgo calculado en AR es aceptable, o si debe mitigarse.
  - Identificar las medidas de seguridad necesarias, y evaluar la reducción de riesgo que aportan (plan de acción).
  - Seleccionar las medidas que se implementarán (comparación de coste vs. beneficio).
  - Estimar el nivel de riesgo residual.
  - Adoptar las medidas según sean:
    - Medidas proactivas (preventivas).
    - Medidas reactivas (continuidad y recuperación).
    - Aceptar el riesgo residual si se cumplen los criterios de aceptación (no hacer nada).
  - Evaluar la efectividad de las medidas (vulnerabilidades corregidas, amenazas evitadas en impacto y/o frecuencia), para volver a iniciar el AR.

Actividades

2. Proponga soluciones que mitiguen, eviten, o transfieran los riesgos de inundación, corte de suministro eléctrico, robo de información por boicot interno, y error lógico de una aplicación de contabilidad interna.

3. Metodologías comúnmente aceptadas de identificación y análisis de riesgos

El proceso de Gestión de riesgos se inicia midiendo los riesgos. Se empleará para ello un modelo de ocurrencia del incidente de seguridad, como el visto en el capítulo 1, es decir, deben existir unos activos que resulten vulnerables a unas amenazas.

Algunas técnicas para determinar los activos y la representación de su valor en términos de seguridad (confidencialidad, integridad y disponibilidad) se vieron en el capítulo 2.

Con todas las herramientas ya vistas, procede ahora analizar en detalle, y de manera completa algunos los métodos de análisis de riesgos, comenzando por el análisis de riesgo de la metodología MAGERIT.

3.1. Magerit

El Consejo Superior de Administración Electrónica, dentro del Ministerio de Administraciones Públicas, publicó en 2006 una Metodología de Análisis y Gestión de Riesgos de los Sistemas de Información (MAGERIT).

Sabía que...

MAGERIT tuvo una primera versión en 1997, que fue revisada en la versión 2 de 2006, a la que se hace referencia.

Se organiza en tres volúmenes:

MAGERIT v2, I – Método

MAGERIT v2, II – Catálogo de Elementos

MAGERIT v2, III – Guía de Técnicas

Actualmente, existe una versión 3, que mantiene la estructura de la versión 2, y donde se ha aligerado el texto, se han eliminado algunas partes poco usadas, y se ha cambiado el nombre de algunos procesos, para mayor alineación con ISO.

Como reconoce en su propia introducción, el gran reto de los métodos de análisis de riesgo, es la complejidad del problema al que se enfrentan, ya que hay muchos elementos que considerar, y si no se es riguroso, las conclusiones serán poco fiables. Se trata, por lo tanto, de encontrar una aproximación metódica que no deje lugar a la improvisación, ni dependa de la arbitrariedad del analista. Como también señala este método, el temor a lo desconocido es el principal origen de la desconfianza, de manera que un AGR busca **conocer para confiar: conocer los riesgos para poder afrontarlos y controlarlos.**

El método pretende ser exhaustivo, en cuanto a recoger todo tipo de activos, todo tipo de activos de seguridad, y todo tipo de situaciones. En la práctica, se pueden encontrar las siguientes situaciones frecuentes:

- Si el sistema es simple o reducido, o solo se requiere una primera aproximación, puede bastar un planteamiento informal.
- Que solo se requiera el estudio de los ficheros afectados por la legislación LOPDGDD.
- Que solo se requiera el estudio de las garantías de confidencialidad.

- Que solo se requiera el estudio de la disponibilidad de los servicios, por ejemplo, para desarrollar un plan de contingencia.

Siempre es recomendable seguir un enfoque constructivo centrándose en un ámbito reducido e ir ampliándolo en la medida de las necesidades.

FASE 1. Análisis de riesgos

Se trata de ejecutar 5 pasos sencillos, para obtener una lista de los riesgos que soporta el sistema de información:

- **Paso 1:** determinar los **activos** y su valoración de C, I y A
- **Paso 2:** determinar las **amenazas,** cuánto degradan la C, I y A de un activo, y con qué frecuencia o probabilidad aparecen.
- **Paso 3:** determinar las **salvaguardas** existentes y su eficacia (cuánto evitan la degradación C, I, y A de un activo, y cuánto reducen la frecuencia de la amenaza).
- **Paso 4:** determinar el **impacto,** o medida del daño posible al activo por la materialización de una amenaza.
- **Paso 5:** determinar el **riesgo,** o medida del daño probable al activo (impacto ponderado por la tasa de ocurrencia de la amenaza).

Actividades

3. Representar en un diagrama los pasos a realizar en la fase 1 de aplicación de la metodología MAGERIT. Señalar qué información se obtiene como resultado de cada fase.

La siguiente imagen muestra estos conceptos relacionados para un sistema en el que no hay ninguna salvaguarda:

Elementos del análisis de riesgos, sin salvaguardas

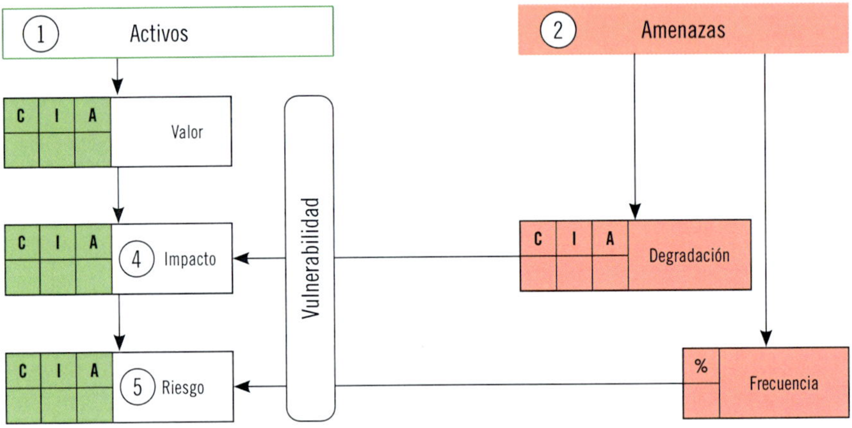

Los "activos" tienen un "valor", y unas "vulnerabilidades", que permiten que las "amenazas" produzcan una "degradación", cuantificada en un daño o "impacto", que se producirá con cierta "frecuencia", generando así un "riesgo" constante o continuo.

Habitualmente, se analiza el sistema en ausencia de salvaguardas, para obtener el riesgo potencial o teórico al que está expuesto el sistema sin ninguna protección; esto consiste en realizar los pasos 1, 2, 4, y 5, como se muestra en la imagen anterior. Posteriormente, se añaden las salvaguardas, o paso 3, de lo cual se obtiene el riesgo real, como se verá en el epígrafe 4.

FASE 1. Paso 1: activos

Para MAGERIT, por definición, los activos son los recursos del sistema de información o relacionados con este, necesarios para que la organización funcione correctamente, y alcance los objetivos propuestos por su Dirección.

El activo esencial es la **información,** o **datos (D),** y alrededor se encuentran también las siguientes familias de activos (la abreviatura se empleará más adelante, al resumir las amenazas):

- Los **servicios (S),** que se prestan gracias a los datos, y que se necesitan para los mismos.
- Las **aplicaciones (SW),** que manejan dichos datos.
- Los **equipos informáticos (HW),** que ejecutan las aplicaciones, y entregan los servicios y los datos.

- Los **soportes de almacenamiento (SI),** que almacenan los datos.
- El **equipamiento auxiliar (AUX),** que complementa a los equipos.
- Las **redes de comunicaciones (COM),** que intercambian los datos.
- Las **instalaciones (L),** donde residen los equipos y las redes.
- Las **personas (P),** que explotan u operan los elementos anteriores.

Para cada activo, se tendrán unas amenazas y unas salvaguardas. Además, los activos guardan unas relaciones de dependencia, de manera que los activos superiores (la información, y los servicios), dependen de activos inferiores (los equipos, las instalaciones, y las personas), hasta el punto de que un activo superior se ve afectado por un incidente en un activo inferior. La dependencia se establece formalmente, haciendo que los requisitos de seguridad de los activos superiores se reflejan en los requisitos de seguridad de los activos inferiores, ya que un incidente de seguridad en los activos inferiores provoca un perjuicio a los activos superiores. Es frecuente organizar la dependencia de los activos en capas, según:

- Capa 4: las **funciones y procesos de la organización** (objetivos, bienes, y servicios producidos).
- Capa 3: la **información y los datos.**
- Capa 2: el **sistema de información** propiamente dicho (aplicaciones, equipos, soportes, equipamiento auxiliar, y redes de comunicaciones).
- Capa 1: el **entorno** que se precisa (equipamiento y suministros eléctricos de climatización y de comunicaciones, el personal, y otros, como el edificio o el mobiliario).

Nota

Para analizar un sistema complejo, e intentar comprenderlo en su conjunto, hay que realizar una reflexión sobre cuáles son sus componentes, y cómo están relacionados entre ellos. Para ello, es habitual enumerar los elementos que se comprenden como integrantes del sistema, para posteriormente agruparlos en categorías o grupos, según algún criterio de agrupación. Por último, hay que definir un criterio de relación, y representar las relaciones entre elementos gráficamente, mediante flechas, arcos o conectores.

Por ejemplo, los elementos se pueden agrupar según el nivel de complejidad o de cercanía al producto/servicio final, lo que permite representar verticalmente (de mayor a menor) los grupos, a modo de capas, o niveles del sistema. El criterio de relación puede ser "depende de", o "se necesita para". Así, se forma un diagrama en capas (que agrupen elementos de mayor a menor complejidad de arriba abajo), con conexiones que reflejan la dependencia que los elementos superiores (más complejos), tienen de los elementos inferiores (menos complejos).

Según el caso, se pueden incluir capas superiores, para considerar otros activos de mayor envergadura, o subdividir en más capas los activos. Por ejemplo, puede existir una capa 5, que incluya activos como: credibilidad, conocimiento acumulado, imagen de la empresa, o intimidad de las personas.

La siguiente imagen muestra las capas anteriores, incluyendo las categorías de activos que corresponden a cada capa, y sus dependencias más habituales (que podrían diferir entre empresas y/o servicios específicos).

Dependencias de los activos en el modelo de 4 capas estándar de MAGERIT

Capa	Activos
(4) **Funciones de la organización**	Objetivos · Servicios · Bienes
(3) **Información**	Claves · Datos · Metadatos
(2) **Sistema de información**	Aplicaciones · Equipos · Soportes almacenamiento · Equipamiento auxiliar · Redes
(1) **Entorno**	Climatización · Comunicaciones · Energía · Edificios · Mobiliario · Personas

Un activo superior, como un servicio entregado por la empresa (capa 4), depende de una información (capa 3), procesada por unas aplicaciones (capa 2), ejecutadas por unos equipos (capa 2), y almacenada en unos soportes (capa 2), que resultan accesibles gracias a unas redes (capa 2), que operan en unas condiciones de climatización (capa 1), suministro eléctrico (capa 1), y con unas facilidades de comunicaciones, (capa 1) sustentadas por un mobiliario, y unos edificios (capa 1), operados por unas personas (capa 1).

Actividades

4. Realice una representación gráfica en 4 etapas del servicio de impresión digital en una imprenta pequeña.

Valoración de los activos

Para la seguridad de la información, la valoración de los activos no se corresponde a lo que cuesta; el valor habrá que averiguarlo. El valor de un activo puede ser propio o acumulado. El valor acumulado es el que van heredando los activos inferiores de los superiores, que dependen de ellos. En un árbol de dependencias, donde los activos superiores dependen de los inferiores, es imprescindible valorar los activos superiores, que son importantes por sí mismos. Así, el valor suele asignarse a los servicios finales y/o a la información, que permiten caracterizar funcionalmente una empresa. Este valor se acumula en los activos inferiores, que pueden además agregarse valor a sí mismos por su valoración propia; es decir, el valor de los activos inferiores queda subordinado al valor de sus elementos superiores. El valor se debe establecer en las dimensiones básicas de **confidencialidad, integridad, y disponibilidad.** A estas dimensiones, el método MAGERIT propone añadir hasta otras dos dimensiones de valoración adicionales, a saber:

- **La autenticidad,** midiendo el perjuicio que causaría no saber exactamente quién ha hecho cada cosa, es decir, ¿quién hace qué?, distinguiendo:
  - En el uso de un servicio, o autenticidad del usuario.
  - En el acceso a los datos, o autenticidad de quién accede para consultar los datos o para modificarlos.
- **La trazabilidad,** es decir, ¿quién hace qué y cuándo? en dos aspectos:
  - En el uso de un servicio, midiendo el perjuicio que causaría no saber exactamente quién ha usado un servicio.
  - En el acceso a datos, midiendo el perjuicio que causaría no saber exactamente quién ha accedido a unos datos, y qué ha hecho con ellos.

Definición

Trazabilidad
Posibilidad de identificar el origen y las diferentes etapas de un proceso de producción y distribución de bienes de consumo.

Dependiendo de la empresa, del servicio, o de la fase en que se realice el AGR, las dimensiones de seguridad que se estudien podrán ser todas, o solo algunas. Es decir, hay que fijarlas, para ir concretando el ámbito del análisis.

Fijadas las dimensiones de interés, la valoración de los activos en cada una de estas dimensiones admitirá diferentes criterios. En el caso de la disponibilidad, se precisa una atención especial, porque esta dimensión tiene carácter temporal: no es lo mismo que los servicios no estén disponibles durante 4 horas, a que no lo estén durante 4 días. Si se quiere emplear un tiempo único, con el que referirse a la disponibilidad sin más, se puede emplear un análisis BIA, como el visto en el capítulo anterior.

En MAGERIT, se propone determinar el valor de un activo como **el coste que supondría salir de una incidencia que destrozara el activo.** Para ello, se pueden considerar, entre otros, los siguientes factores:

- Coste de reposición (adquisición e instalación).
- Coste de mano de obra invertida en recuperar el activo.
- Lucro cesante o pérdida de ingresos.
- Capacidad de operar (confianza usuarios y proveedores).
- Sanciones por incumplimiento de ley u obligaciones contractuales.
- Daño a otros activos propios o ajenos.
- Daño a personas.
- Daños medioambientales.

Es conveniente dar una descripción escrita y cerrada de cuáles serán los criterios de valoración, y los factores a considerar para el criterio, porque independientemente de los que se decidan, deben aplicarse con homogeneidad y con relatividad, para que la valoración de diferentes activos produzca resultados comparables.

En cuanto a las técnicas para dar los valores, se pueden emplear formularios, entrevistas, o reuniones, de manera similar a las técnicas empleadas en el BIA.

La siguiente imagen resume lo visto respecto a la valoración de activos:

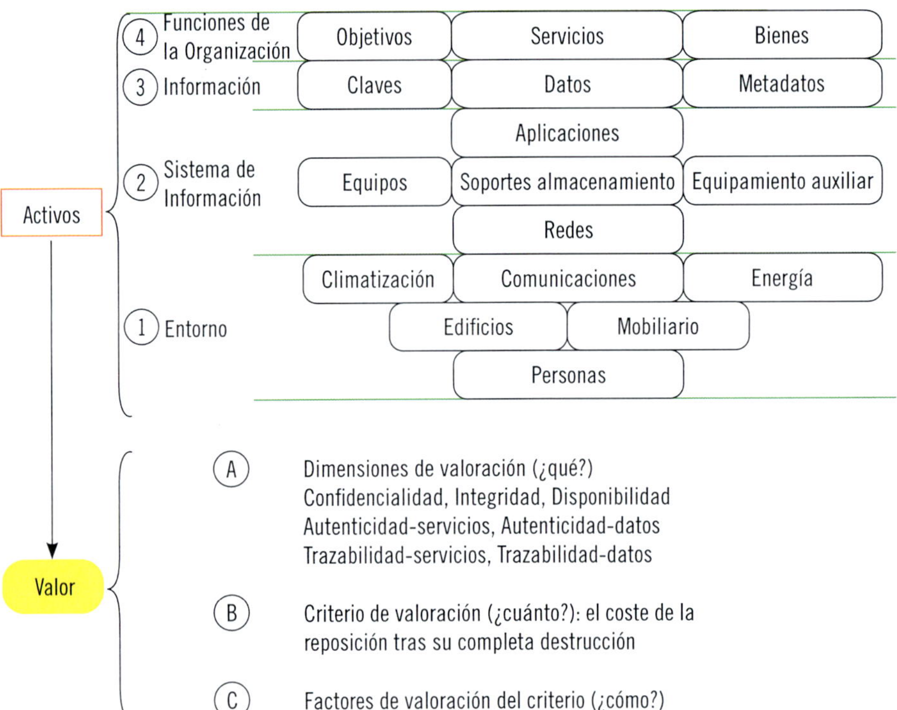

FASE 1. Paso 2: amenazas

El siguiente paso consiste en analizar las amenazas para los activos considerados. Esto supone reflexionar sobre qué cosas pueden ocurrirle al activo que puedan causarle daño. Es el paso más complejo y costoso.

¿Cuáles son las amenazas?

No existe un listado completo siempre válido. El analista de riesgos, debe construir en cada caso la lista de amenazas de interés, basándose en su experiencia, y en el alcance del AGR que esté realizando.

Sabía que...

Existen catálogos de amenazas publicados y de libre acceso, muchos incluidos en las diferentes metodologías de análisis de riesgos, o en normas de seguridad de la información:

- El método MAGERIT incluye un catálogo de amenazas.
- La norma ISO 13335-4:2000 incluye un catálogo de amenazas y de salvaguardas para ellas.
- El ISF *(Information Security Forum),* en su publicación anual *The 2013 Standard of Good Practice for Information Security,* también incluye una amplia lista de amenazas.
- La *Federal Office for Information Security (BSI)* alemana, entrega un catálogo de amenazas elementales, para aplicar su metodología IT-Grundschutz, (BSI-Standard 100-2)".

Disponer de un catálogo amplio puede ser de ayuda, pero no es garantía de éxito. Al contrario, suele ser contraproducente, porque produce la dispersión del esfuerzo, dedicándose a analizar amenazas poco relevantes para el sistema a proteger. Es mejor táctica aplicar una buena metodología de manera continua a un conjunto reducido de amenazas, hasta integrar esta gestión de la seguridad en los trabajos necesarios y habituales de la empresa. Posteriormente, podrá ampliarse el espectro de amenazas cubiertas sin mayor esfuerzo. Este suele ser el procedimiento exitoso.

No todas las amenazas afectan a todos los activos, ni lo hacen de la misma manera. Existe una relación entre la amenaza, el activo afectado, la dimensión del valor afectado, y la degradación ocurrente.

Algunas de las amenazas que se emplean en MAGERIT v2, ya se introdujeron en el capítulo 1. La referencia completa usada en este método se incluye en su volumen "MAGERIT v2. II-Catálogo de elementos". Las amenazas se agrupan en 4 categorías.

A continuación, se resume esta lista, indicando para cada amenaza la familia de activos a los que dañará habitualmente, así como las dimensiones dañadas ordenadas de mayor a menor relevancia.

AMENAZA	FAMILIA DEL ACTIVO									DIMENSIÓN VALOR						
DESASTRES NATURALES	**S**	**D**	**SW**	**HW**	**COM**	**SI**	**AUX**	**L**	**P**	**C**	**I**	**A**	**A.S**	**A.D**	**T.S**	**T.D**
Fuego				X	X	X	X	X				1			2	3
Daños por agua				X	X	X	X	X				1			2	3
Desastres naturales				X	X	X	X	X				1			2	3
DE ORIGEN INDUSTRIAL	**S**	**D**	**SW**	**HW**	**COM**	**SI**	**AUX**	**L**	**P**	**C**	**I**	**A**	**A.S**	**A.D**	**T.S**	**T.D**
Fuego				X	X	X	X	X				1			2	3
Daños por agua				X	X	X	X	X				1			2	3
Desastres industriales				X	X	X	X	X				1			2	3
Contaminación mecánica				X	X	X	X					1			2	3
Contaminación electromagnética				X	X	X	X					1			2	3
Avería de origen físico o lógico			X	X	X	X	X					1			2	3
Corte del suministro eléctrico				X	X	X	X					1			2	3
Condiciones inadecuadas de temperatura y/o humedad				X	X	X	X					1			2	3
Fallo servicios de comunicaciones					X							1				
Interrupción de otros servicios y suministros esenciales							X					1				
Degradación de los soportes de almacenamiento de la información						X						1			2	3
Emanaciones electromagnéticas				X	X			X		1						

Continúa en página siguiente >>

<< Viene de página anterior

AMENAZA	**FAMILIA DEL ACTIVO**									**DIMENSIÓN VALOR**						
ERRORES Y FALLOS NO INTENCIONADOS	**S**	**D**	**SW**	**HW**	**COM**	**SI**	**AUX**	**L**	**P**	**C**	**I**	**A**	**A.S**	**A.D**	**T.S**	**T.D**
Errores de los usuarios	X	X	X								1	2				
Errores del administrador	X	X	X	X	X					3	2	1	4	5	6	7
Errores de monitorización	X	X	X												1	2
Errores de configuración	X	X	X	X	X					3	2	1	4	5	6	7
Deficiencias en la organización									X			1				
Difusión de *software* dañino			X							3	2	1	4	5	6	7
Errores de re-encaminamiento	X		X		X					1	2		3		4	
Errores de secuencia	X		X		X						1					
Escapes de información		X	X		X					1						
Alteración de la información		X									1					
Introducción información incorrecta		X									1					
Degradación de la información		X									1					
Destrucción de la información		X										1				
Divulgación de información		X								1						
Vulnerabilidades de los programas			X							3	1	2				

Continúa en página siguiente >>

<< Viene de página anterior

AMENAZA	**FAMILIA DEL ACTIVO**									**DIMENSIÓN VALOR**						
Errores de mantenimiento/ actualización de programas			X								1	2				
Errores de mantenimiento/ actualización de equipos				X								1				
Caída del sistema por agotamiento de recursos	X			X	X							1				
Indisponibilidad del personal									X			1				
ATAQUES INTENCIONADOS	**S**	**D**	**SW**	**HW**	**COM**	**SI**	**AUX**	**L**	**P**	**C**	**I**	**A**	**A.S**	**A.D**	**T.S**	**T.D**
Manipulación de la configuración	X	X	X	X	X					2	1	7	3	4	5	6
Suplantación de la identidad del usuario	X		X		X					1	4		2	3		
Abuso de privilegios de acceso	X		X	X	X					1	2					
Uso no previsto	X		X	X	X	X	X	X				1				
Difusión de *software* dañino			X							3	2	1	4	5	6	7
Reencaminamiento de mensajes	X		X		X					1	2		3		4	
Alteración de secuencia	X		X		X						1					
Acceso no autorizado	X	X	X	X	X	X	X	X		1	2		3			
Análisis de tráfico					X					1						
Repudio	X														1	

Continúa en página siguiente >>

<< Viene de página anterior

AMENAZA	**FAMILIA DEL ACTIVO**									**DIMENSIÓN VALOR**						
Interceptación de información (escucha)		X	X	X	X					1						
Modificación de la información		X									1					
Introducción de falsa información		X									1					
Corrupción de la información		X									1					
Destrucción de la información		X										1				
Divulgación de la información		X								1						
Manipulación de programas			X							1	2		3	4	5	6
Denegación de servicio	X			X	X							1				
Robo				X	X	X	X			2		1				
Ataque destructivo				X	X	X	X	X				1				
Ocupación enemiga				X	X	X	X	X		2		1				
Indisponibilidad del personal									X			1				
Extorsión									X	1	2		3	4	5	6
Ingeniería social									X	1	2		3	4	5	6

Nota:

S: servicios, SW: aplicaciones, HW: equipos informáticos, SI: soportes de almacenamiento, AUX: equipamiento auxiliar, COM: redes de comunicaciones, L: instalaciones, P: personas.

C: confidencialidad, I: integridad, A: disponibilidad, A.S: Autenticidad en el servicio, A.D: Autenticidad en los datos, T.S: trazabilidad en el servicio, T.D: trazabilidad en los datos.

Las dimensiones se ordenan de mayor a menor daño, por ejemplo, según criterio de daño mitad. Por ejemplo, si: A = 1, I = 2, C = 3, se puede estimar que el daño mayor es en la disponibilidad, que el daño en la integridad es el 50 % del daño en la disponibilidad, y que el daño en la confidencialidad es el 50 % del daño a la integridad.

Actividades

5. Para los elementos dados en la actividad anterior, enumere todas las amenazas que podrían presentarse.
6. Dentro de cada categoría (desastre natural, desastre industrial, errores no intencionados, y ataques intencionados), señalar el 20 % de amenazas que se estimen más relevantes.

De las amenazas, se deberá calcular la degradación que producen, y la frecuencia con que aparecen. Como se verá, estos datos son imposibles de calcular, o hacerlo con precisión supondría un esfuerzo desproporcionado a la finalidad del AGR. La solución es emplear aproximaciones proporcionales al objetivo del análisis de riesgos, que, normalmente, se concretan en usar valoraciones cualitativas.

Degradación

La degradación **mide el daño causado por un incidente si ocurriera.** Se debe estimar para cada activo, y para cada dimensión de valor del activo. Este trabajo suele ser extenso, y exige reflexionar sobre múltiples combinaciones. En la mayoría de las ocasiones, resultará imposible dar un valor preciso.

Por ejemplo, para un activo como un ordenador, y una amenaza de incendio, la degradación en la confidencialidad e integridad será nula, pero máxima en la disponibilidad. Para un activo como una aplicación, y una amenaza de un programa malintencionado, la degradación en confidencialidad e integridad puede ser mediana o baja, y puede ser alta en la disponibilidad. Para un activo como una base de datos, y una amenaza de error de usuario, la degradación en confidencialidad puede ser nula, alta en integridad, y mediana en disponibilidad.

Caracterizar el daño que una amenaza puede causar en un activo, es prácticamente imposible, o extremadamente complejo. Se necesita simplificar, empleando valores porcentuales, que representen cuánto se ve afectado el valor de la dimensión del activo: **completamente, algo, o nada.** Así, por ejemplo se pueden encontrar:

Valoración cualitativa *"la dimensión se ve..."*	**Degradación**	**Dato para MAGERIT**
Totalmente degradada	Completa	100 %
Algo afectada	Parcial	10 %
Prácticamente nada afectada	Inexistente	1 %

Independientemente de lo anterior, siempre conviene registrar por qué se asigna un valor de degradación a una combinación dada. Será necesario revisar estas calificaciones si los resultados de riesgo final son muy altos, o si se necesita justificar una propuesta de fuerte inversión económica en salvaguardas de seguridad.

Otra reflexión habitual, que puede servir de ayuda es el hecho de que las amenazas intencionadas producirán normalmente una degradación muy alta, porque están dirigidas, y hay una intención concreta de causar ese daño. Sin embargo, cuando no son intencionales, por ejemplo, en errores y fallos humanos, la degradación no tiene por qué ser total. En general, los desastres, naturales o industriales, producirán una degradación total.

Actividades

7. Seleccione una amenaza de cada categoría (desastre natural, desastre industrial, errores no intencionados, y ataques intencionados). Para cada amenaza, imagine tres incidentes con degradaciones completas, parciales o inexistentes.

Frecuencia de la amenaza

Introduce el carácter temporal o la posibilidad de ocurrencia de una amenaza, ya que esta puede acarrear una degradación completa en el valor del activo, pero ser de muy improbable materialización. Otras amenazas, como los errores de usuario, pueden producir menor degradación, pero ser mucho más frecuentes.

Nuevamente, la dificultad para determinar con qué frecuencia ocurrirá una amenaza es muy alta; por ejemplo, es imposible (o mucho más costoso que el propio AGR) determinar con qué frecuencia ocurre un incendio. En su lugar, habrá que usar e interpretar informaciones relativas y/o parciales. Así, si un edificio lleva 10 años construido, y nunca ha tenido un incendio, se podría pensar que la frecuencia de incendio es menor a 1 cada 10 años. Sin embargo, la afirmación anterior distará mucho de la realidad, porque el número de experimentos observados solo ha sido de uno, con lo cual, las conclusiones pueden contener mucho error. En cualquier caso, es preciso emplear algún dato para proseguir. Conviene recordar en este punto, que más allá de la validez de un dato empleado, un AGR se ejecuta repetidas veces con criterios homogéneos, para guiar las medidas de mejora de la seguridad. En la práctica, interesa la tendencia de reducción del riesgo residual entre ejecuciones; no el valor absoluto del riesgo en sí.

Sabía que...

Para realizar AGR exhaustivos, que contemplen todas las amenazas, se suelen constituir equipos de trabajo específicos, para analizar tanto la degradación como la frecuencia.

En estos entornos, se dedican muchos recursos a la seguridad de la información, y se emplean técnicas especializadas, o tradicionalmente usadas en otros ámbitos (como HAZOP, *Hazard and Operability)*, ejecutadas por profesionales de diferentes sectores de la empresa, y con dilatada experiencia.

Retomando la estimación de la frecuencia, MAGERIT propone entender la frecuencia como el número de ocurrencias anuales. De esta forma, si un incidente ocurre 5 veces en un año, su frecuencia sería 5. Es importante entender que, emplear como frecuencia la tasa anual, acaba conduciendo a calcular el riesgo anual, o pérdidas anuales probables. Para simplificar, como en el caso de la degradación, MAGERIT propone emplear datos correspondientes a valoraciones cualitativas:

Valoración cualitativa *"la amenaza sucede..."*	**Frecuencia**	**Dato para MAGERIT**
A diario	Muy frecuente (MF)	100
Mensualmente	Frecuente (F)	10
Una vez al año	Normal (N)	1
Cada varios años	Poco frecuente (PF)	1/10

Actividades

8. Seleccione una amenaza de cada categoría (desastre natural, desastre industrial, errores no intencionados, y ataques intencionados). Para cada amenaza, imagine tres incidentes con frecuencias muy frecuentes o frecuentes, normales, y poco frecuentes.

FASE 1. Paso 4: impacto

Una vez que se conocen nuestro sistemas (activos jerarquizados con valores en varias dimensiones), y se han caracterizado sus enemigos (amenazas con degradación y frecuencia), resulta inmediato deducir el impacto. El impacto es **la medida del daño sobre el activo por la materialización de la amenaza.** Se calcula para cada activo, para cada amenaza, y para cada dimensión. Para su cálculo, bastará calcular el porcentaje de la degradación de la amenaza:

Impacto = Valor x Degradación

Por ejemplo, si un activo tiene un valor CIA = (5, 8, 6), y se conoce una amenaza con una degradación CIA = (100 %, 0 %, 50 %), el impacto de la amenaza en el activo será (5, 0, 3), que es el daño que causa en el valor.

No se debe confundir el impacto, que es daño o valor perdido, con el valor que tendría el activo tras la amenaza:

Valor final = Valor inicial – Impacto

En el ejemplo anterior, tras la materialización de la amenaza, el valor del activo sería: (5, 8, 6) – (5, 0, 3) = (0, 8, 3).

El impacto también se puede calcular de una manera cualitativa, a partir de las siguientes combinaciones tabuladas.

IMPACTO		**DEGRADACIÓN AMENAZA**		
		1 %	10 %	100 %
Valor	Muy alto (MA)	M	A	MA
	Alto (A)	B	M	A
	Medio (M)	MB	B	M
	Bajo (B)	MB	MB	B
	Muy bajo (MB)	MB	MB	MB

Actividades

9. Seleccione un activo de valor muy alto, uno de valor medio, y uno de valor muy bajo. A continuación, para cada uno, imagine amenazas con degradación completa, parcial, o inexistente, calculando los impactos resultantes.

Es frecuente que el valor del sistema de información se centre en los servicios e información (activos de capa 4 y 3), mientras que las amenazas suelen materializarse sobre los medios (activos de capa 2 y 1). Resulta de interés detenerse a analizar la relación que guarda el impacto a raíz de esta jerarquía de activos. Surgen así dos conceptos, que se describen a continuación.

Impacto acumulado

Es **el impacto producido sobre el valor acumulado de un activo, a raíz de sus amenazas.** Nótese que se emplea su valor total o acumulado, es decir, el procedente de sus activos superiores y el suyo propio.

Facilita determinar las salvaguardas a aplicar a los medios.

Impacto repercutido

Es **el impacto en un activo a consecuencia de su valor propio (no del acumulado), y de las amenazas a las que están expuestos sus activos inferiores.**

Nótese que se calcula sobre los activos que tienen valor propio.

Facilita valorar las consecuencias de incidencias técnicas sobre la misión del sistema de información, de cara a decidir el nivel de riesgo que se acepta.

Agregación de impactos

Cuando se precise agregar impactos, se debe observar que:

- Se pueden agregar impactos repercutidos sobre diferentes activos.
- Se pueden agregar impactos acumulados sobre diferentes activos que no dependan entre ellos, ni de ningún activo superior común (o se sobrevalorarían los activos superiores comunes).
- En general, puede agregarse el impacto de diferentes amenazas sobre un mismo activo, pero conviene considerar en qué medida las amenazas son independientes, y pueden ser concurrentes.
- Puede agregarse el impacto de una amenaza en diferentes dimensiones.

FASE 1. Paso 5: riesgo

Conocido el impacto y la frecuencia con que ocurre una amenaza, derivar el riesgo es inmediato. El riesgo crece con la frecuencia y con el impacto. Se calcula para cada activo, para cada amenaza, y en cada dimensión.

La frecuencia de la amenaza introduce el carácter temporal o la posibilidad de ocurrencia de una amenaza. En MAGERIT, se mide como el número de ocurrencias al año, de forma que una ocurrencia representa una frecuencia normal. De esta manera, el riesgo equivale a las pérdidas anuales previstas, lo que es un periodo idóneo para su incorporación directa en balances económicos o presupuestos anuales.

Medir las pérdidas anuales esperadas es un criterio idóneo para presupuestar anualmente el coste del riesgo.

La función creciente para ambas variables que se suele elegir, es el producto, por simplicidad.

Riesgo = Impacto x Frecuencia

No obstante, podrían emplearse otras funciones cuantitativas, o simplemente valoraciones cualitativas, como las derivadas de la siguiente tabla:

RIESGO		FRECUENCIA			
		Poco frecuente 0.1	Normal 1	Frecuente 10	Muy frecuente 100
Impacto	Muy alto (MA)	A	MA	MA	MA
	Alto (A)	M	A	MA	MA
	Medio (M)	B	M	A	MA
	Bajo (B)	MB	B	M	A
	Muy bajo (MB)	MB	MB	B	M

Actividades

10. Continuando con los ejemplos de la actividad anterior, seleccione un incidente con impacto muy alto, uno con impacto medio, y uno con impacto muy bajo; suponiendo que las amenazas tuvieran frecuencia muy frecuente, normal, y poco frecuente, para calcular así los riesgos resultantes.

Al igual que en el caso del impacto, conviene detenerse en estudiar el riesgo en su relación con la jerarquía de activos, lo que origina **un riesgo acumulado y un riesgo repercutido.**

Riesgo acumulado

Es el riesgo producido por el impacto acumulado de un activo, a raíz de la frecuencia de su amenaza.

Al calcularse sobre los activos que soportan el peso del sistema, facilita determinar las salvaguardas a aplicar a los medios.

Riesgo repercutido

Es el riesgo en un activo a consecuencia de su impacto repercutido, y de la frecuencia de la amenaza.

Se calcula sobre los activos que tienen valor propio, por lo que facilita valorar las consecuencias de incidencias técnicas sobre la misión del sistema de información, de cara a decidir el nivel de riesgo que se acepta.

Agregación de riesgos

Cuando se precise agregar riesgos, se debe observar que:

- Se pueden agregar riesgos repercutidos sobre diferentes activos.
- Se pueden agregar riesgos acumulados sobre diferentes activos que no dependan entre ellos, ni de ningún activo superior común (o se sobrevalorarían los activos superiores comunes).
- En general, puede agregarse el riesgo de diferentes amenazas sobre un mismo activo, pero conviene considerar en qué medida las amenazas son independientes, y pueden ser concurrentes.
- Puede agregarse el riesgo de una amenaza en diferentes dimensiones.

Tras la ejecución de estos pasos (fase 1, paso 1, paso 2, paso 4, y paso 5), se dispone del riesgo máximo potencial, que es al que está expuesto el sistema si no hay ninguna salvaguarda. Este análisis, aunque parezca irreal, es importante, porque dará la línea base de máxima inseguridad del sistema de información.

La siguiente iteración en el AGR, consiste en tener en cuenta las salvaguardas o contramedidas que ya estén instaladas en el sistema (fase 1, paso 3). Este punto se detallará en el epígrafe 4.

Aplicación práctica

Para el cálculo de riesgo de un servicio, se tomará el ejemplo de un servicio de "cálculo de nóminas", con valoración (CIA = muy alto, muy alto, bajo), formado por los activos: nóminas, aplicación de cálculo de nóminas, servidor, electricidad, y asesor Laboral. El valor que estos activos tienen aislados no es relevante frente al del servicio, y se considera que las degradaciones se acumulan.

Por su frecuencia, se desea realizar una primera aproximación al análisis de riesgos para la amenaza de errores de configuración (el servidor se detiene una vez al mes, y es necesario reiniciarlo para que opere).

Por la degradación, se quiere analizar la amenaza de divulgación de la información (supondría un daño máximo, por la pérdida de confianza de los clientes, aunque su frecuencia es "muy poco frecuente", por tratarse de ataques muy aislados, que suceden una vez cada varios años).

Determinar el riesgo del servicio, justificando las valoraciones que se estime oportuno realizar.

SOLUCIÓN

Se aplicará MAGERIT, en la fase 1, de análisis de riesgos.

Fase 1. Paso: 1 activos. La jerarquía de los activos y su valor se conoce por el enunciado, y es el del servicio para todos los activos, porque estos por si solos no aportan valor relevante. Todos los activos valen: (5, 5, 2)

Continúa en página siguiente >>

<< Viene de página anterior

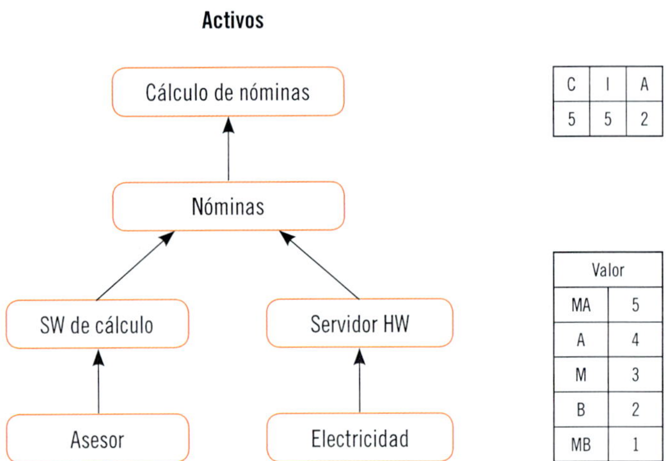

Fase 1. Paso 2: amenazas.

- Amenaza 1: Error de configuración. Se trata de un error no intencionado, que de acuerdo al catálogo de MAGERIT, afecta al servicio, a las nóminas, al software de cálculo, y al servidor, de mayor a menor relevancia en las dimensiones: disponibilidad, integridad y confidencialidad. La degradación que produce es **parcial** (el sistema se recupera reiniciando, y no se ha destacado otra información adicional), lo que se valora según las tablas vistas en el 10 %. Según la tabla de amenazas MAGERIT, las dimensiones se ven afectadas en orden C=3, I=2, A=1; considerando que cada dimensión se ve afectada en la mitad que su anterior más prioritaria, la degradación CIA sería (2,5 %, 5 %, 10 %). La frecuencia con que aparece es **frecuente** (el servicio se detiene 1 vez al mes), e igual en todas las dimensiones: 10
- Amenaza 2: divulgación de la información. Se trata de un error intencionado, que solo afecta a las nóminas en su confidencialidad. La degradación que produce es **completa** (tratándose de un ataque intencionado, se considera que la cantidad y calidad de la información sustraída es **total, o muy relevante),** pero solo en la dimensión C, por lo que la degradación será: (100 %, 0 %, 0 %). La frecuencia con que aparece, según el enunciado, es **muy poco frecuente,** lo que se valora según las tablas vistas en 1/10.

Fase 1. Paso 4: impacto.

El impacto se calcula para cada activo, para cada amenaza, y en cada dimensión, como el producto "Valor x Degradación", obteniendo la siguiente tabla de valores:

Continúa en página siguiente >>

<< Viene de página anterior

Activo	Amenaza 1: error configuración			Amenaza 2: divulgación		
V = (5,5,2)	C (2,5 %)	I (5 %)	A (10 %)	C (100 %)	I (0 %)	A (0 %)
Servicio	0,125	0,25	0,2	-	-	-
Nóminas	0,125	0,25	0,2	5	0	0
Software	0,125	0,25	0,2	-	-	-
Hardware	0,125	0,25	0,2	-	-	-
Asesor	-	-	-	-	-	-

Por ejemplo: para el servicio, el valor en C es 5, y la degradación en C es del 2,5 %; por lo tanto, el impacto en C es el 2,5 % de 5, es decir 0,125.

Se calcula el impacto repercutido sobre el servicio, consecuencia del valor propio del activo, y de las amenazas a que están expuestos sus activos inferiores. Como se indica en el enunciado, el criterio es el de sumar las degradaciones de los activos dependientes (aunque bien podría haberse indicado otro, como usar la degradación máxima), obteniéndose un impacto repercutido:

Activo	Amenaza 1: error configuración			Amenaza 2: divulgación		
V = (5,5,2)	C (7,5 %)	I (15 %)	A (30 %)	C (100 %)	I (0 %)	A (0 %)
Servicio	0,375	0,75	0,6	5	-	-

Fase 2. Paso 5: riesgo.

El riesgo total sobre el servicio será el riesgo repercutido, derivado del impacto repercutido sobre el servicio, y la frecuencia de las amenazas:

Activo	Amenaza 1: error configuración			Amenaza 2: divulgación		
V = (5,5,2)	C(10)	I (10)	A (10)	C (0,1)	I (0,1)	A (0,1)
Servicio	3,75	7,5	6	0,5	-	-

Continúa en página siguiente >>

<< Viene de página anterior

Al emplear tasas anuales para la frecuencia, los riesgos que se obtienen deben interpretarse como **riesgos anuales, o pérdidas probables en un año.** En el ejemplo, para la integridad (7,5), y la disponibilidad (6), a lo largo del año se esperan pérdidas superiores al propio valor máximo del activo en esas dimensiones (5 y 2 respectivamente). Esto es así, debido a la elevada tasa de ocurrencia de la amenaza, que siendo mensual, multiplica el impacto por 10 (aunque realmente debiera multiplicarse por 12, que es el número de ocurrencias en el año, esta diferencia no es relevante: lo importante realmente es emplear siempre el mismo criterio para comparar).

Se suman ahora los valores de las dos amenazas:

Activo	Amenazas 1 y 2: error configuración y divulgación		
V = (5,5,2)	C	I	A
Servicio	4,25	7,5	6

Pese a que dimensiones diferentes obedecen a propiedades de la información diferentes, MAGERIT permite agregarlas, dando como valor último del riesgo: 17,75. Si el valor del servicio es 12 (C+I+A), las pérdidas probables esperadas en un año por las amenazas estudiadas son de 17,75, es decir, del 148 % de la valoración del activo en seguridad de la información (empleando muy alto = 5, alto = 4, medio = 3, bajo = 2, muy bajo = 1).

Aunque resulta difícil no hacer una interpretación del valor anterior, es importante recordar que, **por sí solo, este dato no tiene ningún significado.** El único significado procederá de la comparación frente a otro riesgo calculado de la misma manera, es decir, con un criterio homogéneo. Por ejemplo, frente a otro servicio de la empresa, o frente al mismo servicio después de aplicar salvaguardas.

3.2. Otras metodologías comúnmente aceptadas

Existen muchísimas metodologías de evaluación de riesgos. Se introducen muy brevemente cinco, adicionales a MAGERIT, por su amplia difusión, aplicación, y abundantes recursos formativos de libre acceso y distribución; estas se describen a continuación:

ISO 27005

Forma parte de la familia de normas ISO 27000, dedicadas a la seguridad de la información, y complementa la ISO 27001 y la ISO 27002. Está basada en normas ISO anteriores, como la ISO 13335-3 y la ISO 13335-4, así como en la norma BS 7799-3. La Gestión de riesgos se recoge en 6 cláusulas:

- **Cláusula 7:** establecimiento del contexto, que define los objetivos y alcance del proceso.
- **Cláusula 8:** valoración de riesgos, que fija cómo conocer, valorar y priorizarlos, en tres partes: identificación de riesgos, estimación de riesgos, y evaluación de riesgos.
- **Cláusula 9:** tratamiento de riesgos, que define la estrategia para tratar cada uno de los riesgos, reduciéndolo, aceptándolo, evitándolo, o transfiriéndolo.
- **Cláusula 10:** aceptación de riesgos.
- **Cláusula 11:** comunicación de riesgos a los interesados.
- **Cláusula 12:** monitorización y revisión de riesgos, que consiste en la actualización con los cambios internos o externos que afectan a la valoración.

La norma ISO/IEC 27032 ha absorbido gran parte de las normativas anteriores, enfocándose en ciberseguridad y protección del ciberespacio. Esta norma ofrece un enfoque integral para abordar las amenazas en el entorno digital moderno, proporcionando directrices para abordar los riesgos de seguridad en la interconexión entre las redes de internet, sistemas de información y servicios en la nube. Incluye medidas preventivas y protocolos para mitigar amenazas como ataques de ingeniería social, *malware* avanzado y vulnerabilidades en plataformas de colaboración en línea. Además, la ISO/IEC 27032 fomenta la colaboración entre sectores públicos y privados, reconociendo que la protección del ciberespacio es una responsabilidad compartida.

OCTAVE

Son las siglas de *Operationally Critical Threat, Asset and Vulnerability Evaluation.* El método está desarrollado por la Universidad de Carnegie Mellon, y define un conjunto de criterios, para poder emplear métodos más flexibles según la empresa. Existen tres métodos muy comunes que cumplen esos criterios de compatibilidad: el método OCTAVE original, el OCTAVE-S para pequeñas empresa, y el OCTAVE-Allegro, especialmente centrado en los activos de información.

Los criterios son bastante generales, e incluyen: que las medidas sean adaptables a las necesidades, que el proceso de análisis esté definido, sea continuo y tenga visión de futuro, y que el proceso se centre en un conjunto reducido de riesgos críticos.

Los resultados se dividen en diferentes fases: una fase **organizativa** (activos críticos y sus requerimientos, amenazas, y prácticas de seguridad habituales), una fase **tecnológica** (componentes clave y vulnerabilidades), y una tercera y última fase **estratégica,** o de desarrollo del plan de riesgos.

CRAMM

Es una metodología de la Agencia Central de Cómputo y Telecomunicaciones del Reino Unido, que data de los años 80. El modelo es muy similar al visto:

- Una fase de análisis en la que se estudian los activos, las vulnerabilidades, y las amenazas para generar unos riesgos.
- Una fase de gestión, que incluye unas contramedidas, una implantación, y por último una fase de auditoría.

Sabía que...

La CCTA *(Central Computer and Telecommunications Agency),* se integró en la OGC *(Office of Government Commerce),* y es autora de numerosas normas y metodologías que sirven de referente en el área de las TIC, como:

- Metodología de desarrollo de proyectos PRINCE *(PRojects IN Controlled Environments).*
- Gestión de servicios ITIL *(Information Technology Infrastructure Library).*

Uno de los puntos fuertes es que define más de 400 activos, cerca de 40 amenazas, 25 tipos de impacto, varios tipos de medida de riesgo, y más de 3500 salvaguardas.

ISO/IEC 27005

La norma ISO/IEC 27005:2022 establece un marco completo para la gestión de riesgos en sistemas de información. Su proceso consta de las siguientes fases, alineadas con las prácticas actuales descritas en este capítulo:

- **Método de análisis:** incluye tareas preparatorias, caracterización de activos, identificación de amenazas, cálculo del riesgo inherente, evaluación del impacto y selección de salvaguardas.
- **Evaluación de riesgos:** análisis detallado de los riesgos residuales después de aplicar las salvaguardas.
- **Tratamiento de riesgos:** definición de un plan de seguridad y aprobación de las medidas a implementar para mitigar los riesgos.

FAIR

Pretende aprovechar metodologías del análisis de riesgos en otros ámbitos empresariales, aumentando la precisión en el uso de los conceptos, y el detalle del análisis. Incide especialmente en la naturaleza probabilística del análisis de riesgos, y con ello, en la imposibilidad de obtener resultados con el nivel de precisión que se maneja en otros ámbitos.

Así, por ejemplo al analizar la frecuencia de una amenaza, contempla que el contacto pueda ser aleatorio, habitual, o intencionado; o divide la magnitud de las pérdidas en factores principales (pérdidas de activos en valor y/o volumen, y pérdidas de amenazas como la competencia o la acción), y factores secundarios, (factores de pérdida como la temporalidad, la diligencia, o la respuesta, la detección, los competidores, los medios de comunicación, los grupos de interés, etc.).

4. Aplicación de controles y medidas de salvaguarda para obtener una reducción del riesgo

Del análisis de riesgos visto en el epígrafe anterior, se obtiene el riesgo en completa ausencia de salvaguardas o medidas, es decir, el riesgo máximo teórico que es posible encontrar. Se busca reducirlo, y para ello, el procedimiento habitual es introducir salvaguardas o contramedidas que controlen el riesgo, actuando sobre las amenazas (bien reduciendo la degradación que introducen, bien su frecuencia de aparición), como se representa en la siguiente imagen.

Elementos del análisis de riesgos, con salvaguardas

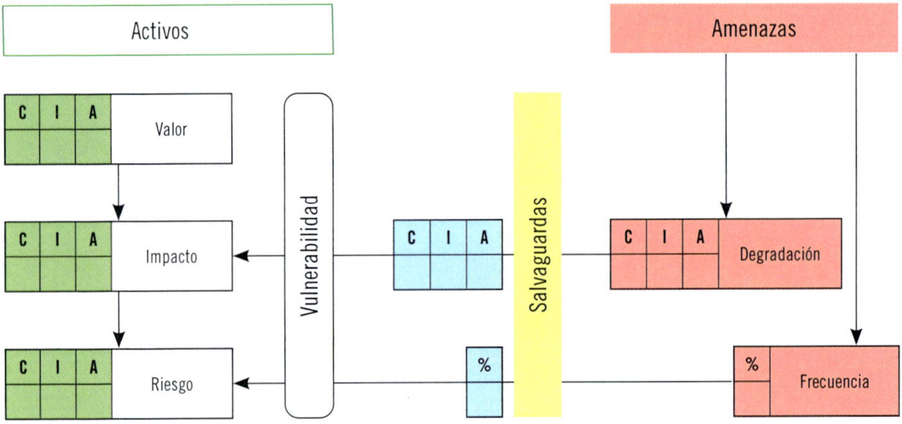

Las "salvaguardas" o bien reducen la degradación que produce una "amenaza", reduciendo por lo tanto su "impacto", o bien reducen la "frecuencia" con que ocurren, reduciendo por lo tanto el "riesgo".

4.1. Riesgo tras la introducción de salvaguardas

La aplicación de controles reduce el riesgo, y esto debe poder evaluarse. Para ello, se completa la última parte del análisis de riesgos, contemplándolos.

FASE 1. Paso 3: salvaguardas o contramedidas

Las salvaguardas o contramedidas **son los procedimientos o mecanismos tecnológicos que reducen el riesgo.** Al igual que las amenazas, no existe una lista completa de contramedidas. El profesional de SI deberá seleccionarlas en cada caso de AGR y empresa concreta. El método que se está estudiando incorpora un amplio catálogo de salvaguardas para los activos, en "MAGERIT v2. II – Catálogo de elementos".

Nota

Existen metodologías y documentación que recogen miles de controles o salvaguardas, como por ejemplo:

- El método **CRAMM,** introducido en el epígrafe anterior.
- La asociación sin ánimo de lucro ISF *(Information Security Forum)* publica anualmente un documento, *The standard of good practice for Information Security* (SOGP ISF), que recoge más de 3.000 salvaguardas, o controles para reducir las amenazas.
- La norma **IT-Grundschutz,** publicada por la Oficina Federal Alemana de Seguridad de la Información, recoge también un catálogo exhaustivo de salvaguardas y controles, y es un material que constituye una verdadera enciclopedia de seguridad. La última versión disponible en inglés es de 2005.
- **ISO 27002,** introduce 133 controles o contramedidas, agrupadas en diferentes categorías (entre corchetes se indica el número de salvaguardas de cada categoría): Política de Seguridad [2], Organización de la Seguridad de Información (SI) [11], Gestión de Activos [5], Seguridad de Recursos Humanos [9], Seguridad Física y Ambiental [13], Gestión de las comunicaciones y operaciones [32], Control de acceso [25], Adquisición desarrollo y mantenimiento de los sistemas de información [16], Gestión de incidentes en la SI [5], Gestión de la continuidad del negocio [5], y Cumplimiento [10].

Las salvaguardas intervienen reduciendo el riesgo de dos maneras: limitando el daño causado, y/o reduciendo la frecuencia de las amenazas.

Limitando el daño causado

Se aplican cuando la amenaza se materializa, limitando sus consecuencias. Por ejemplo, pueden reducir la degradación, o pueden ayudar a detectar la materialización de la amenaza, para frenar el avance de la degradación. Incluso pueden consistir en facilitar la pronta recuperación del sistema, una vez que la amenaza ha destruido el activo.

Al igual que sucedía con la valoración de la degradación de las amenazas, valorar la eficacia de una salvaguarda es una tarea compleja, donde buscar la precisión nos aleja del objetivo del AGR. La eficacia será una valoración del profesional de SI, cuyo criterio de cálculo siempre debe quedar escrito para consultas futuras, que permitan una valoración homogénea en el tiempo.

Así, como indicadores para medir la eficacia de una contramedida, se pueden valorar cada uno de los siguientes aspectos, que solo cumpliría una contramedida con eficacia del 100 %:

- Es teóricamente idónea.
- Está perfectamente desplegada, configurada, y mantenida.
- Se emplea siempre.
- Existen procedimientos claros de uso en caso de incidencias.
- Los usuarios están formados y concienciados.
- Existen controles que avisan de posibles fallos.

En el extremo opuesto, con una eficacia del 0 %, estarían las que pueden eliminarse o apagarse sin repercusión alguna en el sistema.

Reduciendo la frecuencia de las amenazas

Son las medidas preventivas. Idealmente, llegan a impedir completamente que la amenaza se materialice. Estimar la reducción en la frecuencia es nuevamente tarea muy compleja, por lo que se emplearán valores cualitativos para estimar la nueva ocurrencia de la amenaza con la contramedida aplicada.

Por ejemplo, si la contramedida reduce la frecuencia de "diario" a "anual", la frecuencia ha pasado de ser 100 a ser 1.

Analizadas las salvaguardas, resulta muy rápido estimar el nuevo riesgo del sistema, a partir de la nueva degradación mejorada **(nuevo impacto residual),** y de la frecuencia mejorada **(nuevo riesgo residual).**

Revisión del paso 4: impacto residual

Si las salvaguardas son 100 % eficaces, eliminan completamente la degradación que producirían las amenazas, y el impacto residual sería despreciable.

En la realidad, existirán normas imprecisas, procedimientos incompletos, salvaguardas inadecuadas, y otros factores, que hacen que el sistema de información permanezca sometido a un impacto residual. El cálculo es sencillo, ya que lo único que varía es la degradación de la amenaza que se ve mejorada por la eficacia de la contramedida:

Degradación mejorada = Degradación x (100 – Eficacia Contramedida)

Impacto Residual = Valor x Degradación mejorada

Impacto Residual = Impacto x (100 – Eficacia Contramedida)

El impacto residual puede calcularse nuevamente, acumulado sobre los activos inferiores, o repercutido sobre los activos superiores. También puede agregarse siguiendo las mismas reglas ya vistas en el paso 4.

Revisión del paso 5: riesgo residual

Si las salvaguardas son 100 % eficaces, eliminan completamente la frecuencia de las amenazas, y el riesgo residual sería despreciable. En la realidad, el sistema de información permanece sometido a un riesgo residual. El cálculo es sencillo, porque solo ha cambiado la degradación de la amenaza, considerada para calcular el impacto residual, y se ha mejorado la frecuencia de la amenaza, reduciéndola.

Se deben repetir los cálculos con este nuevo impacto y frecuencias, de manera que:

Riesgo Residual = Impacto Residual x Frecuencia mejorada

Aplicación práctica

Continuando el AGR de la aplicación práctica anterior, calcular el riesgo residual tras introducir las siguientes salvaguardas:

- **Un procedimiento de gestión de cambios y configuración, que se espera que logre reducir a la cuarta parte los errores del sistema**
- **Un mecanismo de encriptación de los datos personales de las nóminas, mediante claves diferentes para cada cliente.**

Justificar las valoraciones realizadas.

SOLUCIÓN

La primera salvaguarda, está orientada a mitigar el riesgo de los errores de configuración, reduciendo la frecuencia a la cuarta parte, es decir, al 25 %: antes era de 10 y tras la salvaguarde será de 2,5. No es preciso realizar ninguna consideración adicional.

La segunda salvaguarda, al emplear contraseñas diferentes para cada cliente, permite esperar que la fuga de información sea menor, y no afecte a todos los clientes a la vez, por lo que parece justificado suponer que la reducción es en la degradación de la amenaza sobre el activo nóminas. La reducción significa que se pasa del nivel de degradación **completa** (100 %) que se tenía, al nivel inmediatamente inferior de degradación, es decir **parcial** (10 %).

El impacto repercutido es:

Activo	Amenaza 1: error configuración			Amenaza 2: divulgación		
V = (5,5,2)	C (7,5 %)	I (15 %)	A (30 %)	C (10 %)	I (0 %)	A (0 %)
Servicio	0,375	0,75	0,6	0,5	-	-

Continúa en página siguiente >>

<< Viene de página anterior

El riesgo repercutido es:

Activo V = (5,5,2)	Amenaza 1: error configuración			Amenaza 2: divulgación		
	C(2,5)	I (2,5)	A (2,5)	C (0,1)	I (0,1)	A (0,1)
Servicio	0,94	1,87	1,5	0,05	-	-

Se agregan ahora los valores de las amenazas:

Activo V = (5,5,2)	Amenazas 1 y 2: error configuración y divulgación		
	C	I	A
Servicio	0,99	1,87	1,5

Si se agregan las diferentes dimensiones, se encuentra que el riesgo residual, tras aplicar estas contramedidas es de: 4,36

Frente a 17,75 en ausencia de ellas, las salvaguardas logran reducir a la cuarta parte el riesgo de pérdida esperable en un año, lo que resulta lógico, porque están perfectamente orientadas a reducir al 25 % los errores de configuración, que eran el principal riesgo del sistema.

4.2. Gestión del riesgo residual

Si el riesgo residual es despreciable, o admisible para las normas de aceptación de la empresa, se ha terminado. En caso contrario, es preciso reducirlo aún más.

Recuerde

La aceptación del riesgo residual solo puede hacerla la Dirección de la empresa. Es trabajo del analista señalar su posibilidad, pero solo el máximo responsable de la empresa puede autorizar la aceptación del riesgo.

Un riesgo residual no despreciable precisa ser interpretado más allá de su simple valor numérico. Por ejemplo, si el valor es similar al riesgo potencial (sin considerar ninguna salvaguarda), se puede concluir que las salvaguardas aplicadas no sirven; no significa que no se haya hecho nada, sino que hay cosas fundamentales sin hacer. Retrocediendo en las amenazas o sumandos del riesgo, se obtendrá la lista de cosas por corregir, que debe derivar en un informe de tareas o **informe de insuficiencias.**

Al igual que existen catálogos de amenazas, los hay de las contramedidas para dichas amenazas; MAGERIT lo incorpora, si bien no es especialmente extenso, frente a otras normas (CRAMM, SOGP ISF, IT- GRUNDSCHUTZ, ISO 27002).

MAGERIT concreta que la aplicación de salvaguardas debe realizarse de manera ordenada, siguiendo 5 etapas (que terminan con los dos últimos pasos de una GR genérica, vistos al final del epígrafe 2: adoptar las medidas seleccionadas, y evaluar la efectividad:

- Debe existir una política de organización que determine los responsables de cada cosa.
- Hay que establecer unos objetivos claros, para decidir si la amenaza ha sido conjurada.
- Hay que establecer unas instrucciones paso a paso (un procedimiento) de lo que hay que hacer.
- Hay que desplegar las salvaguardas.
- Hay que desplegar los controles que permitan saber que las salvaguardas están funcionando como se había previsto.

Aunque se verá más extensamente en el próximo capítulo, conviene introducir algunas ideas sencillas sobre las tareas que restan para terminar el AGR.

Selección de medidas a aplicar

Las medidas deseables son **preventivas,** pero no siempre será posible o su coste asumible. Inmediatamente después, conviene disponer de contramedidas **de detección,** ya que en ningún caso debe permitirse que un ataque pase inadvertido. Posteriormente, conviene aplicar las medidas **reactivas de emer-**

gencia, que paren y limiten el incidente; y por último, las medidas **reactivas de recuperación,** para regresar a donde se debe estar, con un plan de continuidad adecuado.

Por su naturaleza, las salvaguardas pueden ser de tipo **técnico** (aplicaciones, equipos, y comunicaciones), **físicas** (aplicadas para proteger el entorno y los equipos), **organizativas** (de prevención y gestión de incidencias) y la **política de personal** (contratación, formación, organización, plan de reacción y por último, medidas disciplinarias).

Para la selección se debe considerar también un criterio económico, porque no resulta proporcionado aplicar contramedidas cuyo coste supere al del activo a proteger. Procede, por lo tanto, realizar una valoración del coste de la seguridad (coste de las salvaguardas, según la protección que aporten), y del coste de la inseguridad (coste del riesgo residual), para varias alternativas, de manera que se elija la que represente un coste total mínimo.

Teóricamente, existiría una curva como la siguiente, en la que el coste de las salvaguardas se dispara, para alcanzar niveles muy altos de seguridad, y el coste del riesgo residual se reduce mucho, con poca seguridad que se aplique. Esta curva, no se puede calcular, y pretende reflejar conceptualmente el equilibrio que el analista de riesgos debe realizar para seleccionar una salvaguarda u otra. En la realidad, a lo sumo, se podrán trazar rectas, si existen y se conocen varias alternativas.

Actitud de la Dirección

La Dirección debe determinar el nivel de impacto y riesgo que está dispuesta a asumir. Dicho de otra manera, debe asumir la responsabilidad derivada del informe de insuficiencias, u ordenar que se mitiguen los riesgos inaceptables.

Los requisitos que intervendrán en la determinación de este umbral de riesgo serán al menos los 4 ya introducidos en el capítulo 2: **requisitos legales, operacionales o normativos, requisitos para el logro de los objetivos de la empresa y requisitos económicos.**

Representación conceptual del equilibrio económico para elegir una salvaguarda

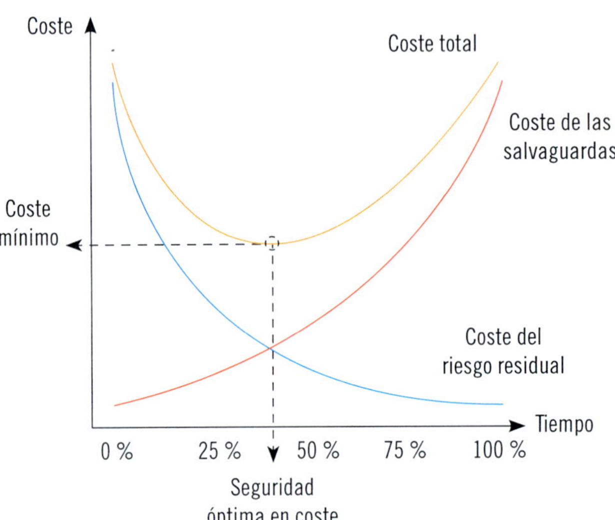

Revisión del riesgo introducido por las salvaguardas

Es frecuente olvidar que las salvaguardas, sobre todo las técnicas, introducen indirectamente en los sistemas de información nuevos riesgos, porque los activos a los que protegen pasan a depender de ellas, y porque las propias salvaguardas están sujetas a amenazas. Las contramedidas pueden verse como subsistemas de soporte que repercuten riesgo hacia los equipos superiores que protegen.

Es preciso iterar el AGR, para que el riesgo residual del sistema con las contramedidas añadidas (es decir, restando el riesgo que quitan pero sumando el que las propias salvaguardas pueden aportar) sea inferior al riesgo residual previo a la adición de la salvaguarda. Esta diferencia es la protección efectiva que aportan.

5. Resumen

La inversión de esfuerzo en seguridad de la información debe realizarse según un método de análisis y gestión de riesgos. MAGERIT es una norma española, que cumple perfectamente este cometido, y cuyo análisis consta de 5 pasos: evaluación de activos (1), evaluación de amenazas (2) en términos de la degradación que permita calcular el impacto (4) y de la frecuencia que determine el riesgo (5). El paso (3) es considerar las contramedidas, y se realiza habitualmente después, para medir la mejora que aportan. En cada una de estas fases se aplican fórmulas o métodos de cálculo cuantitativos o cualitativos (por ejemplo, valoraciones tabuladas), ya que algunas variables son de imposible cálculo, o muy complejo. Lo importante, es que los criterios aplicados se pongan por escrito, y se apliquen de manera homogénea entre sistemas y anualidades del AGR. MAGERIT aporta una clasificación de los activos, y una metodología para ordenar sus dependencias jerárquicas, e introduce los conceptos de impacto acumulado y repercutido, y de riesgo acumulado y repercutido. También aporta un catálogo de amenazas, incluida la naturaleza del activo afectado, y la prioridad de la dimensión de seguridad afectada, (añadiendo las dimensiones de trazabilidad y la autenticidad, que pueden usarse o no según el fin del AGR).

Tras el análisis del riesgo residual, se debe gestionar, mitigándolo, evitándolo, transfiriéndolo, o aceptándolo (lo que solo compete a la Dirección). Si la opción es mitigar, se eligen contramedidas según su efecto en la reducción del riesgo, debiendo ser prioritariamente **preventivas, de detección y reactivas** (primero de emergencia, y después de recuperación). En la evaluación económica, se perseguirá el equilibrio entre el coste de la seguridad (o de las salvaguardas, creciente cuanto más seguridad se quiera), y el coste de la inseguridad (o del incidente de seguridad, decreciente cuanto mayor seguridad haya en el sistema).

Para la aplicación de salvaguardas, MAGERIT propone un procedimiento ordenado, que exige: una política organizativa, unos objetivos definidos para saber si el riesgo se logra reducir, y unas instrucciones paso a paso de cómo poner en marcha las salvaguardas elegidas, para a continuación aplicarlas y evaluar su eficacia.

Ejercicios de repaso y autoevaluación

1. **Complete la siguiente oración:**

   Por simplicidad, el análisis y gestión de riesgos se suele acortar a ____________ de ____________, pero en ningún caso este nombre corto supone eliminar la etapa inicial de análisis de riesgos.

2. **Indique dos situaciones en las que conviene realizar un AGR, y una en la que sea obligatorio:**

   ____
   ____
   ____
   ____

3. **Enumere las cuatro decisiones que se pueden adoptar frente a los riesgos detectados:**

   ____
   ____
   ____
   ____

4. **Marque la opción correcta:**

   a. La decisión sobre qué hacer con los riesgos, vendrá dada exclusivamente por la rentabilidad de la acción, buscando el mínimo coste total.
   b. En la decisión sobre qué hacer con los riesgos, los requisitos legales siempre deben cumplirse.
   c. En la decisión sobre qué hacer con los riesgos, entre otros, pueden intervenir los requisitos legales, los requisitos operacionales, los objetivos de la empresa, y la rentabilidad de la acción.
   d. En la decisión sobre qué hacer con los riesgos, solo se tendrá en cuenta el riesgo residual alcanzado.

5. Determine la opción que elegiría cuando un riesgo es despreciable, comparado con el criterio de aceptación de riesgos de la empresa:

a. No hacer nada.
b. Mitigar el pequeño riesgo residual que presenta para lograr evitarlo.
c. Corresponde a la Dirección de la empresa autorizar la aceptación del riesgo.
d. Esperar a que el riesgo crezca para poder tratarlo convenientemente.

6. Seleccione la afirmación más adecuada, acorde con el método MAGERIT:

a. Conocer para asegurar: conocer los riesgos para poder afrontarlos y reducirlos.
b. Conocer para confiar: conocer los riesgos para poder afrontarlos y controlarlos.
c. Conocer para ocultar: esconda sus riesgos para reducir las amenazas.
d. Conocer para desconfiar: cuanto más se conoce el sistema, aparecen más vulnerabilidades.

7. Determine los pasos habituales del análisis de riesgos en MAGERIT:

a. Paso 1, paso 2, paso 4, paso 3, paso 5.
b. Paso 1, paso 2, paso 3, paso 4, paso 5.
c. Paso 1, paso 2, paso 4, paso 5, paso 3.
d. Paso 1, paso 2, paso 5, paso 3, paso 4.

8. Complete la siguiente frase:

El activo esencial es la ______________ o ______________, y alrededor se encuentran también otras familias de activos.

9. Indique los nombres de las capas en que puede organizar los activos que contribuyen a la entrega de un servicio que emplea sistemas de información.

____
____
____
____

10. Indique si las siguientes afirmaciones son verdaderas o falsas:

a. MAGERIT recoge todas las amenazas que puede enfrentar un SI:

☐ Verdadero
☐ Falso

b. MAGERIT no incluye un catálogo de amenazas. En su lugar debe emplearse ISO 27002 y el buen juicio profesional del analista para determinar las idóneas:

☐ Verdadero
☐ Falso

c. MAGERIT incluye un conjunto de amenazas, agrupadas en cuatro categorías, señalando las familias de activos habitualmente dañadas, y las dimensiones que se verán dañadas de mayor a menor relevancia:

☐ Verdadero
☐ Falso

11. ¿Qué dato emplearía en MAGERIT para las siguientes valoraciones? Indique verdadero o falso:

a. Una degradación de 0,1, si la amenaza daña parcialmente.

☐ Verdadero
☐ Falso

b. Una frecuencia de 10, si ocurre una vez al año.

☐ Verdadero
☐ Falso

c. Una degradación del 0,1 %, si la amenaza apenas daña el activo.

☐ Verdadero
☐ Falso

d. Una frecuencia de 100, si la amenaza sucede casi a diario.

- ☐ Verdadero
- ☐ Falso

12. Defina las siguientes magnitudes:

a. El impacto repercutido.
b. El riesgo acumulado.
c. El impacto acumulado.
d. El riesgo repercutido.

13. Indique cuáles de las siguientes operaciones se pueden realizar al considerar una jerarquía de activos en un AGR:

a. Puede agregar impactos (riesgos) de diferentes amenazas sobre un mismo activo.

- ☐ Verdadero
- ☐ Falso

b. Puede agregar impactos repercutidos sobre diferentes activos.

- ☐ Verdadero
- ☐ Falso

c. Puede agregar riesgos acumulados sobre diferentes activos.

- ☐ Verdadero
- ☐ Falso

d. No puede agregar impactos (riesgos) en diferentes dimensiones.

- ☐ Verdadero
- ☐ Falso

14. Marque cuáles de las siguientes fórmulas son válidas:

a. Riesgo residual = Impacto repercutido x frecuencia mejorada.
b. Impacto residual = Impacto x (100 – eficacia de la salvaguarda).
c. Riesgo residual = Impacto residual x frecuencia mejorada.

15. Identifique las curvas de la siguiente imagen:

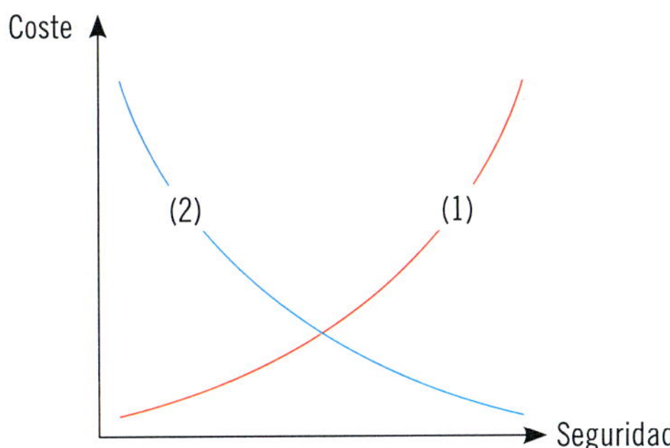

Capítulo 4

Plan de implantación de seguridad

Contenido

1. Introducción
2. Determinación del nivel de seguridad existente de los sistemas frente a la necesaria, en base a los requerimientos de seguridad de los procesos de negocio
3. Selección de medidas de salvaguarda para cubrir los requerimientos de seguridad de los sistemas de información
4. Guía para la elaboración del plan de implantación de las salvaguardas seleccionadas
5. Resumen

1. Introducción

En el capítulo 1 se estudiaron los conceptos fundamentales relacionados con la seguridad de la información (SI), los activos, las amenazas, el impacto, el riesgo, y su necesidad de gestionarlo mediante un enfoque global, materializado en un conjunto de procesos y tareas, denominado **Sistema de Gestión de la Seguridad de la Información.**

En los capítulos 2 y 3 se entró en profundidad en herramientas muy importantes dentro del SGSI (Sistema de Gestión de la Seguridad de la Información), como el análisis de impacto (BIA, *Business Impact Analysis),* que permite aproximarse al negocio, para conocer sus procesos y activos con una perspectiva orientada a la Gestión de riesgos (AGR, Análisis y Gestión de Riesgos). Se trata de métodos que deben adecuarse en su profundidad y extensión al estado de madurez en la ejecución del SGSI, pues se corre el riesgo de que un excesivo análisis impida la materialización de estas mejoras en forma de salvaguardas.

En este capítulo se aborda la materialización de las mejoras. Para ello, dentro del marco de un SGSI, se analiza con mayor profundidad cuáles son los requisitos deseados de SI para la empresa, y cuáles las condiciones de SI existentes. La diferencia, el *gap* o salto de seguridad entre ambas situaciones, es lo que debe corregirse, mediante una implantación de contramedidas que debe ser ordenada, para asegurar la consecución de los objetivos del SGSI: establecer, implementar, operar, monitorear, revisar, mantener, y mejorar la seguridad de la información.

2. Determinación del nivel de seguridad existente de los sistemas frente a la necesaria, en base a los requerimientos de seguridad de los procesos de negocio

La norma **ISO 27001** describe los requisitos del establecimiento y administración de un SGSI (Sistema de Gestión de la Seguridad de la Información) en 4 etapas cíclicas, que encierran una evaluación continua de "¿dónde queremos estar?" frente a "¿dónde estamos?", es decir, cuáles son los requisitos de seguridad deseados frente a los existentes.

Fase SGSI	Ciclo *Deming*	Preguntas	Conceptos claves de SI
Establecimiento	Planear	¿Dónde queremos estar?	Requisitos de Seguridad
Implementación y operación	Hacer	¿Cómo llegamos?	Implantación de salvaguardas
Monitorear y revisar	Verificar	¿Dónde estamos? ¿Hemos llegado?	Medida de eficacia de salvaguardas
Mantener y mejorar	Corregir	¿Cómo modificar el rumbo?	Medidas correctivas y lecciones aprendidas

Fases de un SGSI, y su relación con las fases del ciclo de mejora continua de Deming, con las preguntas esenciales que se responden con algunos conceptos claves.

2.1. Determinación de los requisitos de seguridad

Para una empresa es esencial identificar sus requisitos de seguridad. En el capítulo 2, se estudió en detalle cómo determinar los requisitos de seguridad de los procesos de negocio de la empresa en sus dimensiones CIA *(Confidentiality, Integrity, Availability)*, o confidencialidad, integridad y disponibilidad, mediante dos técnicas sencillas:

- Un método de valoración CIA de los procesos, coincidente con la valoración CIA de su información crucial.
- Un sistema constructivo que, partiendo de las valoraciones CIA de los activos integrantes de un proceso, repercutía el valor, de manera ascendente a los procesos de negocio de las capas superiores.

Actividades

1. Practique el método constructivo de valoración CIA de un proceso a partir de sus integrantes, modelando, de manera sencilla, un servicio de compra *online*, con pago contrarreembolso.

Agregando procesos se podría llegar a tener una valoración de los requisitos de seguridad resumida en sus coordenadas CIA. Sin embargo, esto no es suficiente, y se precisa atender a otras fuentes de información para estudiar los requisitos de seguridad de la empresa de una manera completa, más amplia. Según define la norma **ISO 27002** existen 3 fuentes principales de requerimientos de seguridad, que deben documentarse por escrito, para poder estudiar más adelante la seguridad existente respecto a estos requisitos:

- Una fuente deriva de evaluar los riesgos para la organización, tomando en cuenta la estrategia general, y los objetivos de la empresa. Aquí se recurre a un AGR, identificando las amenazas para los activos, siempre bajo la perspectiva de la estrategia y objetivos de la empresa, por ejemplo, según se desprenda de un BIA, y teniendo en mente que el AGR debe ser proporcional a sus fines.
- Otra fuente son los requisitos legales, reguladores, estatutarios, o los requisitos incluidos o derivados de los contratos contraídos por la empresa con sus socios comerciales, proveedores, y clientes. Se incluyen aquí incluso las normas o buenas prácticas del ambiente social y cultural en que se halle la empresa.

  Esto se traduce habitualmente en una recopilación de cuestiones concretas a cumplir, por ejemplo:

  - Cumplir la LOPDGDD para archivos de nivel "BAJO".
  - Cumplir un reglamento específico.
  - Cumplir la norma **ISO 27000.**
  - Cumplir los puntos referentes a privacidad de la información del código de buenas prácticas para el sector de la empresa.

Recuerde

Los procesos de una empresa se ordenaban por su criticidad. Este valor (u otro que se determine cómo calcular, pero siempre de manera homogénea y documentada), permite aunar de manera ponderada los requisitos CIA de los procesos, para obtener unos requisitos CIA totales de la empresa. Otro criterio más sencillo es, simplemente, sumar las valoraciones CIA.

Cada uno de estos requisitos se traducirá en valoraciones de activos, en el propio diseño del sistema de información, cuya jerarquía define la valoración de los activos, e incluso, en un conjunto de contramedidas a aplicar. La traducción de los requisitos debe plasmarse por escrito, y siempre que sea posible, buscar su traducción para el AGR. Lo más frecuente, es que los requisitos se traduzcan en una serie de contramedidas a adoptar, o de condiciones a chequear.

Las contramedidas introducen en muchos casos nuevos activos y nuevas amenazas, por lo que su inclusión requiere una nueva revisión del AGR.

- La última fuente para recopilar los requisitos, procede del conjunto particular de principios, objetivos, y requerimientos comerciales que el sistema de información debe cumplir para sostener las operaciones de la empresa. Esto da cabida a requisitos cualitativos, que conviene controlar: introduciéndolos en el AGR siempre que sea posible, o como contramedidas particulares, por ejemplo, en listas de chequeo.

  También caben métricas o fórmulas, que plasmen criterios específicos de la empresa traducidos al AGR, por ejemplo:

  - que el presupuesto en seguridad de la información sea la mitad de las pérdidas máximas esperables.
  - que el nivel de riesgo repercutido a los 3 servicios más críticos del negocio no supere una cantidad.
  - que las pérdidas anuales previstas (coste de incidentes sufridos en un periodo de tiempo, en base a la pérdida económica y el coste de restablecimiento) sea inferior a una cantidad.

Los requisitos de seguridad procedentes de estas 3 fuentes, se deben mantener actualizados, con una evaluación metódica de los riesgos de seguridad, o revisando preguntas inmediatas (listas de chequeo) que puedan responderse a raíz del mismo.

Recuerde

En el epígrafe 2 del Capítulo 3, se vieron cuatro posibles actitudes que puede adoptar la empresa ante el riesgo: mitigarlo, evitarlo, transferirlo, y aceptarlo (siempre decisión de la Dirección).

Además, se indicó que una opción u otra se tomará atendiendo al menos a estos 4 aspectos:

- Requisitos legales o regulatorios, tanto de ámbito nacional como internacional.
- Requisitos operacionales o normas.
- Objetivos de la empresa, como los derivados de su estrategia.
- Rentabilidad de la acción, comparando el coste de la acción frente al beneficio o daño probable que evita.

Los dos primeros aspectos (leyes y normas), se emplean como segunda fuente para establecer los requisitos de seguridad. Los dos últimos aspectos (objetivos y rentabilidad), están incluidos en la primera y última fuente de información empleada para establecer los requisitos de seguridad. No es casual que los criterios para decidir que el sistema tenga una seguridad determinada (requisitos de seguridad), sean esencialmente los mismos que para decidir qué el sistema tenga una inseguridad determinada (gestión del riesgo).

Actividades

2. Piense en un ejemplo de requisitos de seguridad para la disponibilidad de los sistemas de un proveedor de *hosting,* basándose en una evaluación de riesgos, y en las penalizaciones económicas según el acuerdo de nivel de servicio (SLA, *Service Level Agreement),* incluido en los contratos con sus clientes.

2.2. Determinación del nivel de seguridad existente

La determinación del nivel de seguridad existente formalmente se lleva a cabo en la fase III "Monitorear y revisar SGSI" (ver epígrafe 4.1) que incluye las siguientes tareas, específicamente orientadas a evaluar, ¿dónde estamos?:

- Tarea 2: efectuar revisiones periódicas de la eficacia del SGSI (incluyendo el cumplimiento de la política y objetivos del SGSI, y revisión de los controles de seguridad), tomando en cuenta los resultados de las auditorías de seguridad, los incidentes de seguridad, las mediciones de efectividad, las sugerencias, y la retroalimentación de todas las partes interesadas.
- Tarea 3: medir la efectividad de los controles, para verificar que los requisitos de seguridad se han cumplido.
- Tarea 4: revisar las evaluaciones de riesgos a intervalos planeados, y revisar el nivel de riesgo residual y riesgo aceptable identificado. Se tomarán en cuenta los cambios en la organización, la tecnología, los objetivos y procesos de negocio, las amenazas identificadas, la efectividad de los controles implementados, y los eventos externos, tales como cambios legales o regulatorios, cambios en las obligaciones contractuales, y cambios en el clima social.
- Tarea 5: realizar auditorías internas del SGSI a intervalos planeados.

Por lo tanto, para determinar el nivel de seguridad existente, hay que estudiar y analizar información procedente básicamente de 4 fuentes:

- Auditorías basadas en riesgo, que implican realizar un AR.
- Registros de incidentes de seguridad.
- Mediciones de efectividad de las salvaguardas.
- Sugerencias y retroalimentación de los interesados.

La información anterior debe emplearse para evaluar los requisitos de seguridad establecidos en el epígrafe anterior, que como se vio quedaban recogidos en el valor de los activos, en la estructura del sistema, y muy frecuentemente, en la aplicación de un conjunto de contramedidas concreto, o en el cumplimiento de métricas particulares de la empresa. Lo habitual será haber definido métricas de requisitos particulares, y evaluarlas para saber el grado de cumplimiento. Incluirán probablemente resultados del AGR, de manera que lo importante es aplicarlas de manera homogénea, documentándolas por escrito, y manteniéndolas en el tiempo, para observar la tendencia en el cumplimiento de los requisitos y no su valor absoluto.

Por ejemplo, además de las vistas en el epígrafe anterior, se podrían usar las siguientes métricas particulares para valorar el nivel de SI existente:

- Conteo de "no conformidades" en una auditoría **ISO 27001.**
- Conteo de casos en que la operativa de la empresa se aleja de la legislación aplicable.
- Conteo del número de casos de incumplimiento de cláusulas de contratos referentes a obligaciones de seguridad de la información.
- Conteo del número de casos en que la operación del sistema de información impide el logro de objetivos comerciales de la empresa.

Las diferencias entre el nivel de seguridad existente y el nivel requerido, servirán para elaborar un **informe de insuficiencias** (usando terminología habitual en auditoría), que será el punto final del AR.

Nota

La aplicación de MAGERIT se puede recoger en 6 documentos; los cinco primeros se elaboran en el AR, y el último corresponde al GR:

- Modelo de valor, que recoge el trabajo de valorar los activos de la empresa, así como las dependencias entre ellos (paso 1).
- Mapa de riesgos, donde se incluyen las amenazas a que están expuestos los activos de la empresa (paso 2).
- Estado de riesgo, donde se recoge todo lo usado para valorar el impacto y el riesgo (pasos 4 y 5).
- Evaluación de salvaguardas, donde se recoge la evaluación de la eficacia de las salvaguardas existentes, en relación al riesgo que afrontan (paso 3, revisión de pasos 4 y 5).

Continúa en página siguiente >>

<< Viene de página anterior

- Informe de insuficiencias, que refleja la ausencia de salvaguardas necesarias o la debilidad de las existentes, recoge las insuficiencias que parece oportuno subsanar para reducir el riesgo del sistema. Este documento marca el punto y final del AR.
- Plan de seguridad, que recoge el conjunto de proyectos (programas) que permiten materializar las decisiones sobre la GR. Se apoya en todos los documentos anteriores, sin repetirlos, y recoge la información necesaria para llevar a cabo la implantación de las salvaguardas seleccionadas.

Aplicación práctica

Los requisitos de seguridad de una empresa son de integridad media en una escala de baja, media y alta. Ante un borrado accidental o intencionado, las contramedidas adoptadas son un sistema de copias de seguridad diarias, y un sistema de contraseña para acceder a los ordenadores. El sistema de copias debe realizar bien al menos 3 copias por semana, y las contraseñas deben ser personales.

En una revisión del nivel de seguridad existente, se encuentra que se están realizando bien 1 de cada 3 copias, y en el registro de incidentes se encuentran inicios de sesión de usuarios ausentes durante sus vacaciones.

Para preparar un informe de insuficiencias, se pide que a partir de esta información, se redacten de la manera más breve posible: (A) los requisitos de seguridad y salvaguardas adoptadas, y (B) el nivel de seguridad que aportan las salvaguardas.

SOLUCIÓN

Informe de insuficiencias

A. Requisitos de seguridad

Integridad: **media.**
Salvaguarda 1: copias de seguridad, con eficacia al menos 3 de 7 (42 %).
Salvaguarda 2: contraseñas individuales.

Continúa en página siguiente >>

<< Viene de página anterior

B. Nivel de seguridad existente

Salvaguarda 1: **insuficiente,** por tener eficacia 1 de 3 (33 %).
Salvaguarda 2: **insuficiente,** porque no impiden su divulgación.
Las dos salvaguardas resultan insuficientes, no dotando al sistema de la integridad media de sus requisitos.
Integridad no alcanzada, inferior a media: **baja.**

3. Selección de medidas de salvaguarda para cubrir los requerimientos de seguridad de los sistemas de información

A continuación, se presentan varios criterios para la selección de salvaguardas. La **norma ISO 27002** no da muchos detalles sobre la selección, sino más bien sobre los objetivos que deben alcanzarse. Por otro lado, en MAGERIT (Metodología de Análisis y Gestión de Riesgos de los Sistemas de Información), se encuentran criterios más precisos, que resultan perfectamente válidos para la selección de salvaguardas **ISO 27002.** Por este motivo, se estudiarán primero las técnicas de MAGERIT, después las de **ISO 27002,** y por último, se introducirán otras referencias, incluidos catálogos de salvaguardas.

3.1. Selección de controles en MAGERIT

En MAGERIT, la aplicación de contramedidas es un proceso ordenado, que resumidamente consiste en (1) determinar responsables, (2) establecer objetivos para saber que la amenaza ha sido tratada, (3) dar procedimientos paso a paso de cómo ejecutar la contramedida, (4) ejecutar la contramedida, y (5) evaluar si todo está funcionando según lo previsto. Lo más abierto es el paso 3, que conlleva seleccionar las salvaguardas. En esta selección resultará muy valiosa la experiencia, aunque en la práctica, las situaciones más habituales están perfectamente documentadas, y basta elegir de entre un catálogo en función de la magnitud del riesgo. MAGERIT define un criterio general, y un criterio basado en pérdidas y ganancias.

Nota

Los criterios de selección de las salvaguardas pueden variar con los años a lo largo de la vida de la empresa, por ejemplo, debido a los cambios tecnológicos que se produzcan, o la estrategia de la empresa. Por lo tanto, para una correcta ejecución, seguimiento, y revisión de la seguridad de la información en la empresa, es muy importante que los criterios de selección queden suficientemente registrados y documentados.

Criterio general de selección

Prioritariamente, deben elegirse controles **preventivos** (que buscan impedir incidentes o ataques). En la práctica, no todo es previsible, ni resultará económicamente razonable, por lo que es necesario disponer de elementos que detecten el inicio del incidente lo antes posible: estos son los controles **de detección** (que buscan reaccionar con presteza para dar la alarma). Seguidamente, intervendrían las medidas **de emergencia** (que buscan parar y limitar el incidente), y por último, las medidas de **recuperación** (que buscan regresar a donde se debe estar).

Además de la anterior precedencia de prioridades, debe perseguirse un equilibrio entre las contramedidas **técnicas** (usadas en aplicaciones, equipos, y comunicaciones), las contramedidas **físicas** (protección del entorno, de las personas, y de los equipos), las contramedidas **organizativas** (de prevención y gestión de incidencias), y las medidas de **política de personal** (que es el eslabón más delicado: política de contratación, formación permanente, reporte de incidencias, plan de reacción, y medidas disciplinarias).

La protección integral de un sistema requiere una combinación de controles, debiendo la solución final:

- Estar equilibrada en los diferentes aspectos (fases de intervención y naturaleza de la contramedida).
- Tener en cuenta las salvaguardas adecuadas a la amenaza.

- Tener en cuenta las salvaguardas adecuadas para cada tipo de activos, y para la dimensión de cada activo.

Criterio general de selección de contramedidas

Son preferibles las salvaguardas de prevención a las de detección, emergencia o recuperación; pero deben existir para todas las fases del incidente de seguridad, y estar preferiblemente equilibradas en su naturaleza (técnicas, físicas, organizativas o de personal).

Es importante **elegir las contramedidas más fáciles de usar.** El caso ideal lo constituyen las contramedidas "transparentes", en las que el usuario no debe hacer nada, o en su defecto, cuanto menos tenga que hacer mejor. Esto se debe a que una contramedida compleja añade la amenaza de su uso indebido.

Por último, debe tenerse en cuenta durante la selección, que una vez diseñada la solución **debe mantenerse actualizada,** en especial las salvaguardas técnicas que varían rápidamente: con el avance tecnológico, con la obsolescencia de las tecnologías existentes, con el cambio en los tipos de activos a considerar, con la evolución de las amenazas, y con la evolución de catálogos de salvaguardas.

Actividades

3. Revise las medidas de seguridad vistas en el capítulo 1 (epígrafes 4.1, 4.2, 4.3 y 4.4), y clasifique, según los criterios generales vistos, las medidas que podrían reducir el riesgo de evasión de información por robo de un disco duro externo convencional.

Criterio de pérdidas y ganancias

Es de sentido común no aplicar contramedidas que sean más valiosas que aquello que se protege. Hay que buscar el equilibrio entre el coste de las pérdidas por un incidente, y el coste de la ganancia en seguridad que lo evite. El equilibrio se alcanza cuando ambos costes sean mínimos. Por ello:

- **Ganancias:** se deben realizar valoraciones del coste de la seguridad o contramedidas, frente al nivel de protección que logran (lo que resulta difícil de cuantificar, como se vio en el capítulo anterior). Existen en general tendencias crecientes y exponenciales (que reflejan que inicialmente se logra mucha seguridad con poca inversión, y que posteriormente, incluso pequeños incrementos de la seguridad son cada vez más caros).
- **Pérdidas:** el coste de la inseguridad o riesgo, decrece exponencialmente (reflejando que el riesgo desciende inicialmente muy rápido con pequeñas medidas, para posteriormente precisar muchas medidas para reducirlo un poco).

La situación anterior es teórica, y puede resultar complejo representar la curva en "U" del coste, frente al grado de seguridad que se alcanza. En la práctica, se estudia el coste frente al tiempo (por ejemplo, para 5 años), y para diversos escenarios (E0, E1,... En), en los que se aplican un conjunto de contramedidas de las que se evalúa su coste anual:

- E0: situación en la que no se aplica ninguna contramedida.
- E1: situación en la que se aplica un conjunto de contramedidas C1.
- ...
- En: situación para un conjunto de contramedidas Cn.

Para calcular el coste anual de las contramedidas, se contempla en **positivo** la mejora de productividad de carácter recurrente (que puede ser negativo si la organización pierde productividad, por ejemplo, si se introduce un proceso de clasificación de la información) y la mejora de capacidad de la organización para prestar nuevos servicios, o tener mejores condiciones con los proveedores también de carácter recurrente. A este coste se le resta, y se considera en **negativo** el riesgo residual, que permanece en el sistema de carácter recurrente, el coste de las contramedidas de carácter puntual, y el coste anual de mantenimiento de carácter recurrente.

Por ejemplo, dado el riesgo de un sistema de información (E0 = 10), se estudian 3 posibles conjuntos de contramedidas y se obtienen los siguientes costes para los primeros 5 años: E1 = {-30, -40, -50, -60, -70}, E2 = {-45, -40, -35, -30, -25}, E3 = {-55, -40, -25, -10, 5}. La representación de estos costes ayuda a interpretar su significado, siendo el caso óptimo el E3. En el escenario E0 (sin contramedidas,) el gasto se acumula año tras año en una cantidad igual al riesgo estimado. En el escenario E1 hay un desembolso inicial, que no se recupera en los siguientes años. En el escenario E2, de mayor desembolso inicial, se obtiene rentabilidad (se supera la curva E0) en el año 4. Por último, en el caso E3, que es el de mayor inversión inicial, se obtiene rentabilidad en el año 3, e incluso se obtienen beneficios operativos en el año 5.

Criterio de pérdidas y ganancias.
Representación del coste a 5 años de diferentes conjuntos de contramedidas

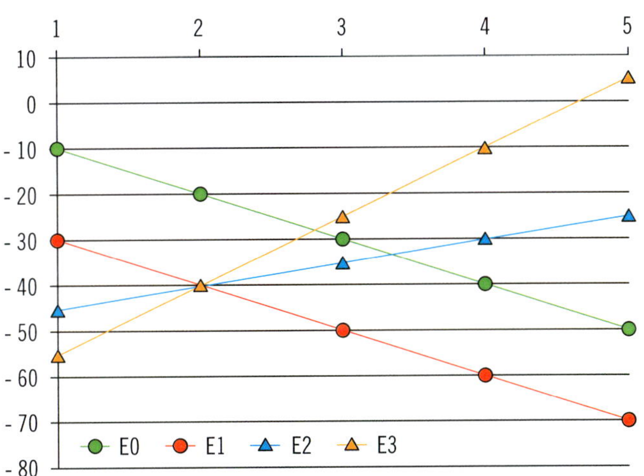

Actividades

4. Para proteger un activo frente a un riesgo de pérdida anual de valor 50, determinar si se elegiría una medida A, cuyo coste inicial es 100, y con un coste de mantenimiento anual de 25, o una medida B, cuyo coste inicial es 200, y que, libre de mantenimiento, aporta un beneficio anual de 25.

Catálogo de salvaguardas de MAGERIT

MAGERIT clasifica las salvaguardas en 4 tipos (medidas organizativas o procedimientos, política de personal, seguridad física de los locales y áreas de trabajo, y soluciones técnicas en *hardware-software*-comunicaciones). MAGERIT también agrupa las salvaguardas según el tipo de activo al que defiende, encontrando servicios (capa 4), la información o los datos (capa 3), las aplicaciones, equipos, y las comunicaciones (en capa 2), y el entorno y las personas (capa 1); existiendo controles que afectan a todas las capas.

La siguiente tabla resume los controles de referencia incluidos en "MAGERIT v3. II- Catálogo de Elementos", que aunque en él aparecen agrupadas en 16 categorías, aquí se han agrupado en 42 contramedidas (6 generales, 6 para los servicios, 8 para la información, 4 para las aplicaciones, 6 para los equipos, 6 para las comunicaciones, 5 para el entorno y 1 para el personal). En algunas salvaguardas, se indica entre paréntesis la dimensión de la seguridad afectada (C: confidencialidad, I: integridad, D: disponibilidad, A-S: autenticidad en el uso del servicio, A-D: autenticidad en el uso de los datos, T-S: trazabilidad en el uso del servicio, T-D: trazabilidad en el uso de los datos).

Recuerde

Al contrario que otras normas de referencia en SI, MAGERIT no presenta un catálogo con una cantidad fija de salvaguardas. Aquí han resultado 42 porque algunos controles

Continúa en página siguiente >>

<< Viene de página anterior

amplios, como los referidos a ciclos de vida de los activos, podrían desglosarse en sus componentes. Por ejemplo, se toma como una única salvaguarda el control del ciclo de vida de las aplicaciones, pero podrían considerarse otras 5: control de especificación, control del desarrollo, control de aceptación y puesta en marcha, control de explotación y gestión de cambios, control de homologación y certificación.

TIPO DE ACTIVO	SALVAGUARDAS
Todos	- Organización de la seguridad: responsables y comités. - Política corporativa de Seguridad de la Información. - Gestión de privilegios: adjudicación, revisión y terminación. - Procedimientos de escalado y gestión de incidencias. - Procedimientos de continuidad de las operaciones: planes de emergencia y recuperación. - Auditorías, registros, certificaciones y acreditaciones del sistema.
Servicios	- Control del ciclo de vida de los servicios: especificación, desarrollo, despliegue, operación y terminación del servicio. - Control de los servicios externalizados u *outsourcing,* mediante cierre de la relación contractual, especificando: acuerdo de nivel de servicio, y si la disponibilidad es un valor; compromiso de secreto, y si la confidencialidad es un valor; identificación y calificación del personal encargado, procedimientos de escalado y resolución de incidencias, procedimiento de terminación y duración en el tiempo de las responsabilidades asumidas, asunción de responsabilidades, y penalizaciones por incumplimiento. - Controles de acceso (A-S) basados en contraseñas, certificados digitales, y dispositivos o características biométricas. - Registros de actuaciones (T-S). - Registros de incidencias (T-S). - Plan de continuidad (A).
Información	- Organización de la información: documento de seguridad en caso de datos de carácter personal, clasificación de la información, gestión de claves. - Control de acceso (A-D). - Firma electrónica (A-D). - Registro de actuaciones (T-D). - Registro de incidencias (T-D). - Copias de respaldo (D). - Cifrado (C), de carácter preventivo. - Marcado (C), facilita la persecución.

Continúa en página siguiente >>

<< Viene de página anterior

TIPO DE ACTIVO	SALVAGUARDAS
Aplicaciones	- Control del ciclo de vida del SW *(software):* especificación funcional y no funcional, desarrollo seguro y protección del código fuente, aceptación y puesta en operación, explotación incluida gestión de cambios/ configuración/ incidencias, homologación/ certificación/ acreditación. - Protección frente a código dañino (I) como virus, troyanos o puertas traseras. - Control de acceso (A-S, A-D). - Registro de actuaciones (T-S, T-D).
Equipos	- Control de la seguridad física: inventario, control de entradas y salidas, destrucción, homologación/ certificación/ acreditación. - Configuración de equipos internos y de equipos que salen de los locales. - Mantenimiento (I) con protección frente a código dañino y detección de intrusión. - Registro de intrusiones. - Gestión de privilegios. - Control de acceso.
Comunicaciones	- Control del ciclo de vida: planificación de la capacidad, adquisición, y mantenimiento, configuración de la segregación de redes de los *router* y de los cortafuegos, gestión de claves si se emplea cifrado, detección de intrusión con monitorización de uso. - Plan de continuidad (D). - Garantías de integridad (I). - Cifrado (C). - Control de acceso (A-S). - Registro de actuaciones (T-S).
Seguridad Física	- Protección frente a accidentes naturales (terremotos, riadas, incendios, tormentas, etc.). - Protección frente a accidentes industriales (incendio, inundación, contaminación mecánica como polvo o vibraciones, contaminación electromagnética). - Protección frente a emanaciones electromagnéticas. - Protección del recinto (edificios, locales, y áreas de trabajo) con un mínimo anuncio de la actividad que se realiza, mediante barreras físicas, y mediante protección del cableado. - Control de acceso de las entradas/salidas de personas/equipos/soportes de información.
Personal	- Control del ciclo de vida del personal: especificación del puesto de trabajo, selección del personal, condiciones contractuales, como la responsabilidad en seguridad de la información, y formación continua.

Recuerde

Magerit organiza los activos en 4 capas:

- Capa 4: funciones y procesos (objetivos, bienes y servicios producidos).
- Capa 3: información y datos.
- Capa 2: el sistema de información (aplicaciones, equipos, soportes, equipamiento auxiliar, redes de comunicaciones).
- Capa 1: el entorno (equipamiento y suministros eléctrico de climatización y de comunicaciones, el personal y otros como el edificio o el mobiliario).

Actividades

5. Revise las salvaguardas de MAGERIT, y clasifique, según los criterios generales vistos, las medidas que podrían reducir el riesgo de evasión de información por robo de un disco duro externo convencional.

Protección básica según MAGERIT

MAGERIT es un método muy adecuado para el análisis y gestión de riesgos. Por contrapartida, puede ser laborioso, y requerir muchos esfuerzos, incluida el emplear valoraciones subjetivas que no son del analista de riesgos. Si hay que ser prácticos y efectivos, conviene realizar aproximaciones sucesivas. Se empieza por un análisis de alto nivel, identificando rápidamente lo más crítico: los activos de gran valor, las vulnerabilidades que se manifiestan, o simplemente, las recomendaciones básicas que procedan de la experiencia de los demás. También se puede realizar un BIA, si no hay riesgo de que se alargue y perjudique el objetivo de marcar las prioridades. Todo lo anterior es imperfecto, pero cabe confiar que lleve en la dirección adecuada, y sobre todo, permite arrancar la ejecución cíclica de un SGSI basado en AGR. Las recomendaciones que MAGERIT da como protección básica, persiguen precisamente esto:

orientarse rápidamente hacia el objetivo de controlar los riesgos, desplegando rápidamente sistemas razonablemente protegidos, cuando no hay tiempo para un análisis de riesgos completo.

Las **medidas de protección básica** constituyen una "línea base" de seguridad, que debe tenerse en todos los sistemas de información, salvo que se demuestre que no son pertinentes en algún caso particular. Conllevan medidas que podrían calificarse de puro sentido común, y por tanto, **absolutamente necesarias; sin excepción.** Una vez alcanzada esta línea base, puede progresarse, con mayor confianza, a niveles más elaborados y específicos para cada subsistema.

Las **medidas de protección básica** proceden de catálogos de contramedidas recogidos en normas internacionales como **ISO 27002,** normas nacionales, normas del sector, etc.

Sabía que...

Existe un extenso catálogo de criterios de seguridad y salvaguardas, del Ministerio de Administraciones Públicas "Criterios de seguridad, normalización y conservación de las aplicaciones utilizadas para el ejercicio de potestades", de 2004. Este catálogo emplea como referencias la Ley Orgánica 3/2018 de protección de datos de carácter personal y garantía de los derechos digitales y la norma ISO 27002. Adicionalmente, el Esquema Nacional de Seguridad (ENS), regulado por el Real Decreto 311/2022, de 3 de mayo, recoge el conjunto de salvaguardas y controles que deben aplicarse a los sistemas de información, según su clasificación en alto, medio o bajo. Esta normativa establece las medidas necesarias para garantizar la seguridad de los sistemas de información en las Administraciones Públicas, adaptándose a los desafíos tecnológicos actuales.

Las medidas de protección básica permiten una implantación rápida, sin apenas esfuerzo, y permite alcanzar un nivel homogéneo frente a organizaciones parecidas. Por contrapartida, se puede proteger al sistema frente a amenazas que no padezca, y quedar desprotegido frente a amenazas reales, además de, que en general, no se sabe lo que se hace, ni si es o no lo más adecuado. MAGERIT señala las siguientes doce medidas esenciales, cuya evaluación constituye una primera valoración del grado de seguridad del que goza un sistema de información.

En base a la tipificación de los activos	- Si hay datos de carácter personal alto, deben cifrarse. - Si hay datos de clasificación confidencial, deben etiquetarse y cifrarse. - Si se tienen una red local conectada al exterior, se tiene que poner un cortafuegos en el punto de conexión. - Cumplir legislación/normativa específica, realizando una "vacunación preventiva" (antivirus, o medida similar) de activos de seguridad importantes.
En base al valor de los activos	- Si se tienen todos los datos de operaciones en soporte informático, se tienen que hacer copias de seguridad. - Si se tienen equipos informáticos, se tienen que mantener al día con las actualizaciones del fabricante. - Hay que realizar mantenimiento de los activos valiosos, sin entrar en muchas precisiones de qué podría pasarles.
En base a las amenazas	- Si se trata de un sistema de la Administración Electrónica, o son sistemas de comercio electrónico (compras y ventas), hay que registrar cuidadosamente quién hace qué en cada momento (para enfrentar las incidencias con los usuarios, acopiando evidencias de quien debería pagar los perjuicios) y disponer medidas para evitar fraudes. - Establecer la responsabilidad de la disponibilidad de la información (información correcta cuando haga falta) en el responsable de seguridad de la información.
En base a las vulnerabilidades	- Si se tiene una red de equipos antiguos y se conecta a internet, se debe instalar un cortafuegos. - Si se tiene una aplicación en producción, se debe mantenerla al día, aplicando mejoras y corrigiendo los defectos anunciados por el fabricante. - Hay que aplicar medidas de protección a los sistemas de información que se sabe son vulnerables.

3.2. Selección de controles en ISO 27002

En la norma **ISO 27001** se especifica que los controles deben asegurar que se reduzcan los riesgos a un nivel aceptable, según:

- Los requerimientos y restricciones de la legislación y regulaciones nacionales e internacionales.
- Los objetivos organizacionales.

- Los requerimientos y restricciones operacionales.
- El coste de implementación y operación en relación a los riesgos que se están reduciendo manteniéndolo proporcional a los requisitos de la empresa.
- La necesidad de equilibrar la inversión en implementación y operación de las contramedidas, con el daño probable resultado de las amenazas.

No se establece con precisión cómo seleccionarlos, pero sí que deben alcanzar los puntos anteriores, por lo tanto, un criterio de selección posible sería **valorar cada salvaguarda en esos 5 aspectos, y elegir las mejor posicionadas.** La norma establece con más generalidad, en su apartado 0.5, que la selección de controles depende de las decisiones de la empresa, basadas en el criterio de aceptación del riesgo, las opciones de tratamiento del riesgo, el enfoque general para la gestión del riesgo en la empresa, así como las regulaciones y legislaciones nacionales e internacionales.

Como en otras normas y metodologías, se emplea el concepto de "línea base de seguridad", que en **ISO 27001** se denomina **punto de inicio de la seguridad de la información.** Estos son unos principios guías, aplicables a la mayoría de las organizaciones, y a su implementación se le otorga la consideración de **controles esenciales** y de **práctica común para la seguridad de la información.**

Actividades

6. Compare los controles de "línea base" (esenciales y de práctica común) de ISO 27002 y de MAGERIT. Agrupar en una sola lista las salvaguardas de ambos métodos, que sean coincidentes o similares, de manera que quede un conjunto unificado de las contramedidas básicas de ambos métodos.

Los controles esenciales, y de práctica común, sirven para la mayoría de empresas y situaciones, y constituyen un punto de Inicio de la SI. No reemplazan la selección basada en la evaluación del riesgo, de manera que deben ser considerados de acuerdo a los riesgos específicos que enfrenta una empresa. La norma **ISO 27002:2023** define los controles para el desarrollo de un SGSI, agrupados en 14 dominios y 35 objetivos de control. Se recomienda encarecidamente prestar atención a estas categorías, que dan una visión completa de los ámbitos actualmente aceptados para la aplicación de salvaguardas en seguridad de la información. A continuación, se da el listado resumido de los 114 controles de estos 35 objetivos:

Dominio 5. Políticas de Seguridad

OBJETIVOS	CONTROLES
5.1 Directrices de la Dirección en seguridad de la información	5.1.1 Conjunto de políticas para la seguridad de la información
	5.1.2 Revisión de las políticas para la seguridad de la información

Dominio 6. Aspectos Organizativos de la Seguridad de la Información

OBJETIVOS	CONTROLES
6.1 Organización interna	6.1.1 Asignación de responsabilidades para la seguridad de la información
	6.1.2 Segregación de tareas
	6.1.3 Contacto con las autoridades
	6.1.4 Contacto con grupos de interés especial
	6.1.5 Seguridad de la información en la gestión de proyectos
6.2 Dispositivos para movilidad y teletrabajo	6.2.1 Política de uso de dispositivos para movilidad
	6.2.2 Teletrabajo

Dominio 7. Seguridad ligada a los Recursos Humanos

OBJETIVOS	CONTROLES
7.1 Antes de contratación	7.1.1 Investigación de antecedentes
	7.1.2 Términos y condiciones de contratación
7.2 Durante la contratación	7.2.1 Responsabilidad de gestión
	7.2.2 Concienciación, educación y capacitación en seguridad de la información
	7.2.3 Proceso disciplinario
7.3 Cese o cambio de puesto de trabajo	7.3.1 Cese o cambio de puesto de trabajo

Continúa en página siguiente >>

<< Viene de página anterior

Dominio 8. Gestión de Activos

OBJETIVOS	CONTROLES
8.1 Responsabilidad sobre los activos	8.1.1 Inventario de activos
	8.1.2 Propiedad de los activos
	8.1.3 Uso aceptable de los activos
	8.1.4 Devolución de activos
8.2 Clasificación de la información	8.2.1 Directrices de clasificación
	8.2.2 Etiquetado y manipulado de la información
	8.2.3 Manipulación de activos
8.3 Manejo de los soportes de almacenamiento	8.3.1 Gestión de soportes extraíbles
	8.3.2 Eliminación de soportes
	8.3.3 Soportes físicos en tránsito

Dominio 9. Control de Accesos

OBJETIVOS	CONTROLES
9.1 Requisitos de negocio para el control de accesos	9.1.1 Política de control de accesos
	9.1.2 Control de acceso a las redes y servicios asociados
9.2 Gestión de acceso de usuario	9.2.1 Gestión de altas/bajas en el registro de usuario
	9.2.2 Gestión de los derechos de acceso asignados a usuarios
	9.2.3 Gestión de los derechos de acceso con privilegios especiales
	9.2.4 Gestión de información confidencial de autenticación de usuarios
	9.2.5 Revisión de los derechos de acceso a los usuarios
	9.2.6 Retirada o adaptación de los derechos de acceso
9.3 Responsabilidades del usuario	9.3.1 Uso de información confidencial para la autenticación
9.4 Control de acceso a sistemas y aplicaciones	9.4.1 Restricción del acceso a la información
	9.4.2 Procedimientos seguros de inicio de sesión
	9.4.3 Gestión de contraseñas de usuario
	9.4.4 Uso de herramientas de administración de sistemas
	9.4.5 Control de acceso al código fuente de los programas

Continúa en página siguiente >>

<< Viene de página anterior

Dominio 10. Cifrado	
OBJETIVOS	CONTROLES
10.1 Controles criptográficos	10.1.1 Política de uso de los controles criptográficos
	10.1.2 Gestión de claves

Dominio 11. Seguridad Física y Ambiental	
OBJETIVOS	CONTROLES
11.1 Áreas Seguros	11.1.1 Perímetro de seguridad física
	11.1.2 Controles físicos de entrada
	11.1.3 Seguridad de oficinas, despachos y recursos
	11.1.4 Protección contra amenazas externas y ambientales
	11.1.5 El trabajo en áreas seguras
	11.1.6 Áreas de acceso público, carga y descarga
11.2 Seguridad de los equipos	11.2.1 Emplazamiento y protección de equipos
	11.2.2 Instalaciones de suministro
	11.2.3 Seguridad de cableado
	11.2.4 Mantenimiento de equipos
	11.2.5 Salida de equipos fuera de las dependencias
	11.2.6 Seguridad de los equipos y activos fuera de las instalaciones
	11.2.7 Reutilización o retirada de dispositivos de almacenamiento
	11.2.8 Equipo informático de usuario desatendido
	11.2.9 Política del puesto de trabajo despejado y bloqueo de pantalla

Dominio 12. Seguridad en la Operativa	
OBJETIVOS	CONTROLES
12.1 Responsabilidades y procedimientos de operación	12.1.1 Documentación de procedimientos de operación
	12.1.2 Gestión de cambios
	12.1.3 Gestión de capacidades
	12.1.4 Separación de entornos de desarrollo prueba y producción
12.2 Protección contra código malicioso	12.2.1 Controles contra el código malicioso
12.3 Copias de seguridad	12.3.1 Copias de seguridad de la información

Continúa en página siguiente >>

<< Viene de página anterior

12.4 Seguridad en los archivos de sistema	12.4.1 Registro y gestión de eventos de actividad
	12.4.2 Protección de los registros de información
	12.4.3 Registro de actividad del administrador y operador del sistema
	12.4.4 Sincronización de relojes
12.5 Control del *software* en explotación	12.5.1 Instalación de *software* en sistemas en producción
12.6 Gestión de la vulnerabilidad técnica	12.6.1 Gestión de las vulnerabilidades técnicas
	12.6.2 Restricciones en la instalación de *software*
12.7 Consideraciones de las auditorías de los sistemas de información	12.7.1 Controles de auditoría de los sistemas de información

Dominio 13. Seguridad en las telecomunicaciones

OBJETIVOS	CONTROLES
13.1 Gestión de la seguridad en las redes	13.1.1 Controles de red
	13.1.2 Mecanismos de seguridad asociados a servicios en red
	13.1.3 Segregación de redes
13.2 Intercambio de información con partes externas	13.2.1 Políticas de intercambio de información
	13.2.2 Acuerdos de intercambio
	13.2.3 Mensajería electrónica
	13.2.4 Acuerdos de confidencialidad y secreto

Dominio 14. Adquisición, desarrollo y mantenimiento de los sistemas de información

OBJETIVOS	CONTROLES
14.1 Requisitos de seguridad de los sistemas de información	14.1.1 Análisis y especificación de los requisitos de seguridad
	14.1.2 Seguridad de las comunicaciones en servicios accesibles por redes públicas
	14.1.3 Protección de las transacciones por redes telemáticas
14.2 Seguridad en los procesos de desarrollo y soporte	14.2.1 Política de desarrollo y soporte
	14.2.2 Procedimientos de control de cambios en los sistemas
	14.2.3 Revisión técnica de las aplicaciones tras efectuar cambios en el sistema operativo
	14.2.4 Restricciones a los cambios en los paquetes de *software*

Continúa en página siguiente >>

<< Viene de página anterior

14.2 Seguridad en los procesos de desarrollo y soporte	14.2.5 Uso de principios de ingeniería en protección de sistemas
	14.2.6 Seguridad en entornos de desarrollo
	14.2.7 Externalización del desarrollo del *software*
	14.2.8 Pruebas de funcionalidad durante el desarrollo de los sistemas
	14.2.9 Pruebas de aceptación
14.3 Datos de prueba	14.3.1 Protección de los datos utilizados en pruebas
Dominio 15. Relaciones con suministradores	
OBJETIVOS	CONTROLES
15.1 Seguridad de la información en relación con suministradores	15.1.1 Política de seguridad de la información para suministradores
	15.1.2 Tratamiento del riesgo dentro de acuerdos de suministradores
	15.1.3 Cadena de suministro en tecnologías de la información y comunicaciones
15.2 Gestión de la prestación del servicio por suministradores	15.2.1 Supervisión y revisión de los servicios prestados por terceros
	15.2.2 Gestión de cambios en los servicios prestados por terceros
Dominio 16. Gestión de Incidentes en la Seguridad de la Información	
OBJETIVOS	CONTROLES
16.1 Gestión de Incidentes de seguridad de información y mejoras	16.1.1 Responsabilidad y procedimientos
	16.1.2 Notificación de los eventos de seguridad de la información
	16.1.3 Notificación de puntos débiles de seguridad
	16.1.4 Valoración de eventos de seguridad de la información y toma de decisiones
	16.1.5 Respuestas ante incidentes de seguridad
	16.1.6 Aprendizaje de los incidentes de seguridad de información
	16.1.7 Recopilación de evidencias
Dominio 17. Aspectos de Seguridad de la Información en la Gestión de la Continuidad del negocio	
OBJETIVOS	CONTROLES
17.1 Continuidad de la seguridad de la información	17.1.1 Planificación de la continuidad de la seguridad de la información
	17.1.2 Implementación de la continuidad de la seguridad de la información
	17.1.3 Verificación, revisión y evaluación de la continuidad de la seguridad de la información
17.2 Redundancias	17.2.1 Disponibilidad de instalaciones para el proceso de la información

Continúa en página siguiente >>

<< Viene de página anterior

Dominio 18. Cumplimiento	
OBJETIVOS	CONTROLES
18.1 Cumplimiento de los requisitos legales y contractuales	18.1.1 Identificación de la legislación aplicable
	18.1.2 Derechos de la Propiedad Intelectual (DPI)
	18.1.3 Protección de los registros de la organización
	18.1.4 Protección de datos y privacidad de la información personal
	18.1.5 Regulación de los controles criptográficos
18.2 Revisiones de seguridad de la información	18.2.1 Revisión independiente de la seguridad de la información
	18.2.2 Cumplimiento de políticas y normas de seguridad
	18.2.3 Comprobación de cumplimiento

La norma **ISO 27001** marca que debe existir un documento que proporcione un resumen de las decisiones referentes a la selección de salvaguardas y tratamiento del riesgo. Este documento se denomina **declaración de aplicabilidad,** y debe incluir al menos lo siguiente:

- **Controles seleccionados.** Incluir los objetivos de control y los controles seleccionados, así como los motivos para seleccionarlos.
- **Controles existentes.** Incluir los objetivos de control y los controles actualmente implementados.
- **Controles excluidos.** Se deben enumerar expresamente los objetivos de control y los controles, excluidos de los propuestos en el anexo A de la norma **ISO 27001** (es decir, los recomendados por la norma **ISO 27002,** justificando por qué se excluyen.

Actividades

7. Plantee resumidamente cómo sería la declaración de aplicabilidad en lo referente al objetivo de control 13.1.1, suponiendo que existe un cortafuegos que permite la segregación de redes (control 13.1.3).

3.3. Otros controles

Existen muchos catálogos de controles que se emplean como referencias en el ámbito de la SI, entre las que destacan por su amplia aceptación:

- **"IT-Grundschutz", de la *Federal Office for Information Security* (BSI).** Detalla 127 amenazas y 928 salvaguardas, divididas en 6 categorías: infraestructuras (62), organización (340), personal (51), *hardware & software* (255), comunicaciones (124), y planes de contingencia (96). El catálogo de controles "IT-Grundschutz" es de libre descarga desde la dirección: https://www.bsi.bund.de /EN / Topics / ITGrundschutz. La versión en inglés está actualizada a 2005.
- **ENISA *(European Union Agency for Network and Information Security).*** Dispone de documentación de libre descarga para la gestión de riesgos en pequeñas empresas. En concreto, edita un entregable en español, denominado "Paquete informativo para PYME", de febrero de 2007, con dos ejemplos de evaluación de riesgos, que incluyen un catálogo de 70 salvaguardas, divididas en controles organizativos y controles para los activos. Para descargar el catálogo de controles de ENISA, se puede obtener la versión española en la dirección: http://www.enisa.europa.eu/activities/ risk-management /current-risk/ risk-management-inventory/downloads. También existe una guía de aplicación reducida: *Risk Management & IT Security for Micro and Small Business.*
- **ISF *(Information Security Forum).*** Publica anualmente el manual *Standard of Good Practice for Information Security,* que incluye un catálogo de salvaguardas, agrupadas en unas 20 dominios y 97 categorías. Tiene la consideración de estándar de facto.

Además de los catálogos anteriores, existen **normas y marcos de trabajo** que incluyen conjuntos completos de salvaguardas y medidas de seguridad. A continuación, se resumen las principales referencias en el sector de la SI.

NIST *(National Institute of Standards and Technology,* U.S. Dp. *of Commerce)*

Su manual *An Introduction to Computer Security: The NIST Handbook,* incluye salvaguardas, agrupadas en:

- Controles de gestión (política de seguridad en computadores, proyectos y programas de gestión seguridad, gestión del riesgo, etc.).
- Controles de operación (personal, contingencias y desastres, gestión de incidentes, formación y educación, seguridad física, etc.).
- Controles técnicos (identificación y autenticación, control de acceso lógico, auditorías, encriptación).

COBIT *(Control Objectives for Information and Related Technology)*

Técnicas de gestión de las TIC, que incluyen la gestión de la SI. Publicado por ISACA (*Information Systems Audit and Control Association),* COBIT respalda la gestión y gobierno de las tecnologías de la información, para asegurar que las TIC están alineadas con la empresa. Está orientado al control, y define 34 procesos con más de 200 controles, que tienen entre sus objetivos proteger y asegurar los sistemas de información.

Reglamento de desarrollo de la LOPDGDD. Reglamento Europeo de Protección de Datos (Reglamento (UE) 2016/679 de 27 de abril de 2016)

El responsable y el encargado del tratamiento de los datos personales deben aplicar medidas técnicas y de organización que permitan alcanzar un nivel de seguridad adecuado a los riesgos previsibles. El artículo 32 del reglamento incluye en las medidas: *la seudonimización y el cifrado de datos personales; la capacidad de garantizar la confidencialidad, integridad, disponibilidad y resiliencia permanentes de los sistemas y servicios de tratamiento; la capacidad de restaurar la disponibilidad y el acceso a los datos personales de forma rápida en caso de incidente físico o técnico; un proceso de verificación, evaluación y valoración regulares de la eficacia de las medidas técnicas y organizativas para garantizar la seguridad del tratamiento.*

ENS (Esquema Nacional de Seguridad)

El ENS, regulado actualmente por el Real Decreto 311/2022, de 3 de mayo, establece la política de seguridad en la utilización de medios electrónicos. Está constituido por principios básicos y requisitos mínimos que garantizan la protección de los sistemas de información y la continuidad de los servicios esenciales. Aunque se dirige principalmente a las Administraciones Públicas, su contenido es de utilidad general para otros sectores.

El ENS incluye un conjunto de medidas organizativas, técnicas y procedimentales adaptadas a las características de cada sistema de información, clasificándolos según los niveles de seguridad bajo, medio y alto, dependiendo del impacto potencial de un incidente en la organización. Los niveles se definen de la siguiente manera:

- **Nivel bajo,** cuando un incidente suponga un **perjuicio limitado** sobre las funciones de la organización, sus activos, o los individuos afectados. Se entenderá por perjuicio limitado (1) la reducción de forma apreciable de la capacidad de la organización para atender eficazmente con sus obligaciones corrientes, aunque estas sigan desempeñándose, (2) el sufrimiento de un daño menor por los activos de la organización, (3) el incumplimiento formal de alguna ley o regulación, que tenga carácter de subsanable, (4) causar un perjuicio menor a algún individuo, que aún siendo molesto pueda ser fácilmente reparable, y (5) otros de naturaleza análoga.
- **Nivel medio,** cuando un incidente suponga un **perjuicio grave** sobre las funciones de la organización, sus activos o los individuos afectados. Se entenderá por perjuicio grave (1) la reducción significativa la capacidad de la organización para atender eficazmente a sus obligaciones fundamentales, aunque estas sigan desempeñándose, (2) el sufrimiento de un daño significativo por los activos de la organización, (3) el incumplimiento material de alguna ley o regulación, o el incumplimiento formal que no tenga carácter de subsanable, (4) causar un perjuicio significativo a algún individuo, de difícil reparación, y (5) otros análogos.
- **Nivel alto,** cuando un incidente suponga un **perjuicio muy grave** sobre las funciones de la organización, sus activos o los individuos afectados. Se entenderá por perjuicio muy grave (1) la anulación de la capacidad de la organización para atender a alguna de sus obligaciones fundamentales y que éstas sigan desempeñándose, (2) el sufrimiento de un daño muy grave, e incluso irreparable, por los activos de la organización, (3) el incumplimiento grave de alguna ley o regulación, (4) causar un perjuicio grave a algún individuo, de difícil o imposible reparación, y (5) otros análogos.

Sabía que...

El Centro Criptológico Nacional (CCN) proporciona guías para la implementación de diferentes aspectos del Esquema Nacional de Seguridad. En concreto, la serie 800 de las guías del CCN que se pueden descargar desde la dirección:

https://www.ccn.cni.es/

El ENS es una norma **concisa y completa,** que da criterios muy sencillos para proteger los sistemas de información, según el nivel de los requisitos, eligiendo controles de entre 4 salvaguardas organizativas, 31 de tipo operativo, y 41 medidas de protección de carácter técnico.

Actividades

8. Consulte el ENS y localice su conjunto de principios básicos de seguridad a modo de "línea base". Busque también cuáles son las demás salvaguardas o medidas de seguridad que incorpora, y cómo fija que se apliquen según los requisitos del sistema.

4. Guía para la elaboración del plan de implantación de las salvaguardas seleccionadas

En el epígrafe 1 se presentaban las fases de un SGSI incluyendo las preguntas "¿dónde queremos ir?" y "¿dónde estamos?". Este "movimiento" o modificación de la posición CIA del sistema de información, se lleva a cabo implantando las salvaguardas o controles seleccionados. La implantación de estas salvaguardas se realiza de manera planificada, y se debe recoger en un documento. En ISO 27001 se definen algunos documentos a considerar, mientras que en MAGERIT se define el **plan de seguridad.**

4.1. Plan para el tratamiento del riesgo en ISO 27001

La siguiente imagen muestra las fases de un SGSI con las tareas de cada etapa. Nótese la tarea "1.10 Declaración de aplicabilidad", y la tarea "2.1 Plan para el tratamiento del riesgo".

Fases de un SGSI: (1) establecimiento, (2) implementación y operación, (3) monitoreo y revisión, y (4) mantenimiento y mejora

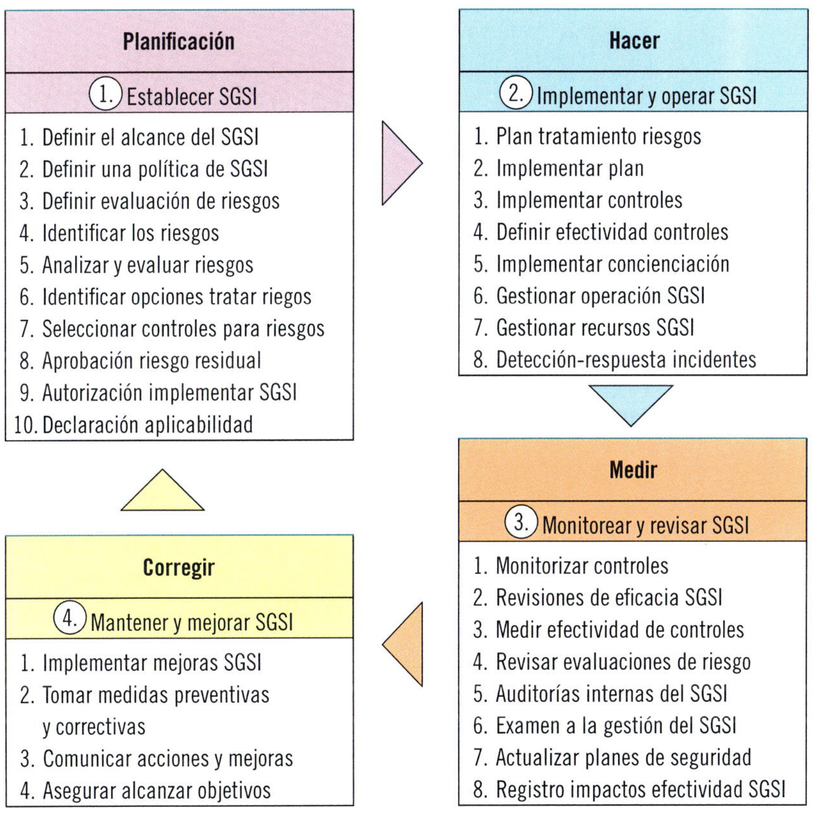

La **norma ISO 27001** establece en su punto "4.2.1 Establecimiento del SGSI", apartado "j", que la empresa deberá preparar una **declaración de aplicabilidad,** que incluya los objetivos de control seleccionados y por qué, los objetivos de control existentes, y por último, los objetivos de control excluidos, y por qué. Este documento incluye parte de la información necesaria para implantar las salvaguardas, porque establece las contramedidas elegidas y por qué, pero no es completo. Con un carácter más orientado a la implantación, la **norma ISO 27001** establece en su punto "4.2.2 Implementar y operar el SGSI", que la empresa deberá realizar un **plan de tratamiento de riesgos:**

- Formular un plan de tratamiento de riesgos que identifique:
    - La acción.
    - Los recursos.
    - Las responsabilidades.
    - Las prioridades de la gerencia para manejar los riesgos SI.
- Implementar un **plan de tratamiento de riesgos,** a fin de alcanzar los objetivos de control identificados, lo cual incluye:
    - Considerar la financiación.
    - Considerar la asignación de funciones y responsabilidades.
- Implementar los controles seleccionados para cumplir los objetivos de control.
- Definir cómo medir la efectividad de los controles o grupos de controles seleccionados, y cómo deben utilizarse estas mediciones para evaluar la eficacia del control de manera comparativa y reproducible.

Definición

Control
Comprobación, inspección, fiscalización, intervención. /.../ Regulación, manual o automática, sobre un sistema.

Efectividad
Capacidad de lograr el efecto que se desea o se espera.

También es de aplicación la norma **ISO 27003,** que guía la implantación de un SGSI apoyándose en la construcción de un documento de mucha mayor envergadura, el "Plan del proyecto SGSI". Dentro de esta norma los procesos 9.2 y 9.3 se dedican al diseño de contramedidas, respectivamente en la seguridad organizacional y en la seguridad física y de las TIC. Estos procesos dan unas pautas de la información que se debe recoger de cada control, que resultan muy valiosas para su implantación.

El plan de implantación de las salvaguardas según se recoge en ISO 27001, y con los detalles de ISO 27003, puede ser un documento con la siguiente estructura y contenido:

1. APLICACIÓN DE CONTROLES ISO 27002 (DECLARACIÓN DE APLICABILIDAD)

- Objetivos de control y controles seleccionados y los motivos o criterios de selección aplicados
- Objetivos de control y controles actualmente implementados
- Objetivos de control y controles excluidos y justificación de la exclusión

2. PLAN DE TRATAMIENTO DE RIESGO

2.1 Acción a ejecutar: conjunto 1 de objetivos de control y controles

- Descripción de la acción
- Prioridad de riesgos de SI para gerencia, que apoya ejecutar la acción
- Recursos necesarios para la acción
- Consideraciones de financiación
- Funciones y responsables en la ejecución de la acción
- Medidas de eficacia de controles
- Para cada control, aspectos del diseño de los controles para su implantación:
    - Descripción detallada del control
    - Nombre de la persona responsable del diseño y la implantación
    - Prioridad de la implantación
    - Periodo de tiempo en que el control debe estar implantado
    - Tareas o actividades para implementar el control, detallados paso a paso
    - Recursos concretos para la implantación de este control
    - Persona a quien se debe informar que el control se ha implantado

2.2 Acción a ejecutar: conjunto 2 de objetivos de control y controles

...

Actividades

9. Para cada contramedida de las enumerados en la actividad 7, cortafuegos y VPN, y en un escenario ficticio de propia elección, escribir de manera muy resumida cómo podría ser el punto séptimo de la acción a ejecutar de un plan de tratamiento de riesgos, de acuerdo con los controles ISO 27002.

4.2. Plan de seguridad en MAGERIT

Recoge el conjunto de proyectos (programas) que permiten materializar las decisiones sobre la GR. Se apoya en los documentos del AR (modelo de valor, mapa de riesgos, estado de riesgos, evaluación de salvaguardas, informe de insuficiencias), sin repetirlos, y recoge la información necesaria para llevar a cabo la implantación de las salvaguardas seleccionadas. La guía para elaborar este plan de seguridad, puede ser:

1. MARCO DE REFERENCIA

- Política de seguridad de la empresa
- Relación de normas, legislación y procedimientos internos aplicables

2. RESPONSABLES Y RESPONSABILIDADES

3. PROGRAMAS DE SEGURIDAD

3.1 Programa de Seguridad 1

- Objetivo genérico
- Prioridad o urgencia, con referencia al informe de insuficiencias del AR
- Periodo de ejecución, desde su arranque hasta su puesta en operación
- Salvaguardas a implantar: se recogen aquí los trabajos de apoyo, la selección de estas salvaguardas frente a otras, detallando:
  - Los escenarios de impacto y riesgo que se tratan
  - Los activos afectados
  - Las amenazas afrontadas
  - La valoración de los activos
  - La valoración de las amenazas
  - Niveles de impacto y riesgo residual una vez queden en operación.
  - Los indicadores de eficacia y eficiencia que permitan conocer en cada momento la calidad del desempeño de la función de seguridad y su función en el tiempo
- Responsables de la ejecución, deben incluirse parejas "tarea – nombre de responsable final"
- Estimación de costes financieros, incluyendo:
  - Los costes de adquisición
  - Los de contratación de servicios
  - Los de desarrollo de soluciones llave en mano y las comparaciones entre alternativas
  - Los costes de formación
  - Los de explotación
  - El impacto en la productividad de la empresa.

Continúa en página siguiente >>

<< Viene de página anterior

Deben concluirse los costes de implantación inicial y de mantenimiento en el tiempo. Las estimaciones pueden ser precisas en programas sencillos, o simplemente orientativos en casos más complejos. En este último caso, se deben desarrollar los detalles últimos por medio de una serie de tareas, que en líneas generales corresponden a (1) estudio de oferta de mercado de productos y servicios y (2) coste de un desarrollo específico, propio o subcontratado.

- Estimación de recursos, que incluya la relación de tareas y actividades a afrontar como:
  - Cambios de normativa y desarrollo de procedimientos
  - Soluciones técnicas (programas, equipos, comunicaciones, locales)
  - Planes de despliegue
  - Planes de formación

3.2 Programa de Seguridad 2

...

El contenido es muy parecido a la guía elaborada con las normas **ISO 27000.** En ambos casos, el detalle será más o menos exhaustivo, pero siempre debe aplicarse un criterio de proporcionalidad, de manera que la elaboración del plan no comprometa la implantación consecuente del mismo.

En caso de necesitar una versión más reducida, resulta común a ambas guías, y por lo tanto imprescindible, detallar: lo que se hace (descripción de los controles y medida de su eficacia), quién lo hace (responsable), cuándo se hace (periodo de ejecución), cómo se hace (actividades y procedimientos paso a paso), por qué se hace (perspectiva de riesgo previo y residual), y cuánto cuesta hacerlo (recursos y costes financieros).

Sabía que...

En periodismo se emplea la regla de las 6W para recoger la información que debe tener una noticia: ¿qué?, ¿quién?, ¿cuándo?, ¿cómo?, ¿dónde? y ¿por qué? *(what?, who?, when? , how?, where?, why?).* Existe una 7W: ¿para qué? *(what for?).*

Aplicación práctica

Un plan de implantación incluye varios programas. En uno de ellos, se encuentra:

- **Objetivo: asegurar la confidencialidad alta de los datos de usuario, que forman parte del servicio de "puesto de trabajo en red". Los datos se guardan en carpetas de datos proporcionadas por el sistema operativo.**
- **Salvaguarda 1: restringir el uso de los puertos USB, para evitar la evasión de información de los datos, que se guardan en carpetas de datos del sistema de ficheros**

Continúa en página siguiente >>

<< Viene de página anterior

En base exclusivamente a esta información, se pide:

- **Determinar los sistemas implicados en el plan de implantación, según la clasificación MAGERIT de división en capas.**
- **Analizar los requisitos de seguridad de cada sistema implicado.**
- **Enunciar la salvaguarda a aplicar en términos de activo, amenaza, riesgo y contramedida**

SOLUCIÓN

Sistemas implicados. Según el enfoque de MAGERIT de división en capas:

CAPA 4 (Servicio): servicio de puesto de trabajo en red.
CAPA 3 (Información): datos de usuario de red.
CAPA 2 (Aplicaciones): sistema operativo con carpetas de datos.
CAPA 1 (Soporte): Estación de trabajo con puerto USB, persona.

Análisis de los requisitos de seguridad. Según el enfoque de dependencia jerárquica entre activos, los requisitos que se indican son C=alta, y se propagan hacia los activos inferiores, acumulándose a su valor propio (que es nulo, al no tener otra información en el enunciado):

Servicio de puesto de trabajo en red: C=alta.
Datos de usuario: C=alta.
Sistema operativo con carpetas de datos: C=alta.
Estación de trabajo, persona: C=alta.

Describir las medidas a aplicar.

Activo: "información".
Amenaza: "evasión de información".
Riesgo: alto en la confidencialidad.
Salvaguarda: restringir puerto USB.

5. Resumen

La intervención en SI pasa primero por analizar los requisitos que debe tener la empresa. Los criterios para esto son **las leyes, las normas, los objetivos, y la rentabilidad.** Estos criterios subyacen en las 3 fuentes de información que se usan para acotar estos requisitos: un AGR, el conjunto de regulación y normativa que se debe cumplir, y los objetivos (incluidos los comerciales), que el sistema de información deba cumplir para sostener las operaciones. Esta labor no es sencilla, y deben dedicarse recursos proporcionales, y un enfoque constructivo de mejora reiterada. Es decir, los requisitos pueden ser en una o en todas las dimensiones CIA (u otras), y pueden fijarse para el proceso más crítico, para dos, o para todos. Los requisitos pueden incluir una lista de chequeo de resultados o controles específicos para la empresa.

Una vez determinado el perfil de SI requerido, procede conocer de qué situación parte la empresa. Aquí se trata de evaluar la SI de la empresa, y nuevamente, no es tarea sencilla resumirlo en un número o una palabra. Las herramientas son los informes de auditorías basadas en riesgo que puedan existir (y que incluirán un AR que exprese el riesgo residual), un registro de incidentes de seguridad debidamente entendido e interpretado, las mediciones de efectividad de los controles implantadas, y las opiniones o recomendaciones de los interesados, que puedan ser relevantes.

La diferencia entre requisitos deseados y grado de cumplimiento de los mismos, es la mejora o diferencia que se debe lograr. Para ello, se aplicarán unas contramedidas dirigidas a tener mayores niveles CIA, o por ejemplo, al cumplimiento de un requisito legal específico, que logre que se responda positivamente a todas las preguntas de una lista de chequeo.

La selección de estas medidas es un trabajo de diseño, donde aplican criterios generales y otros específicos de pérdidas y ganancias. Siempre, ante la duda, pueden emplearse un conjunto de medidas mínimas, o línea base de partida, y con frecuencia se encontrará que, bien aplicada, podría ser suficiente en la mayoría de empresas y casuísticas.

Para la aplicación de este conjunto de salvaguardas mínimo, u otros que se decidan añadir, el trabajo debe ordenarse en torno a un **plan de implantación.** Este documento tiene componentes comunes para la óptica de ISO 27002, o para la perspectiva MAGERIT. Se trata de establecer, primero, un marco de referencia (el conjunto de controles ISO o una política de seguridad junto a unas leyes y normas en MAGERIT), y en segundo lugar, un conjunto de planes de acción, que agrupen los paquetes de salvaguardas o medidas a implantar.

Para cada programa o plan de acción, debe darse: una descripción y objetivo, una prioridad, un periodo de ejecución, unos recursos, unas tareas a realizar, el detalle de la financiación, unos responsables, y una medida de la eficacia, que afecte a uno o varios de los controles a implantar.

Ejercicios de repaso y autoevaluación

1. Empareje las siguientes términos, correspondientes a diferentes aspectos de cada fase de un SGSI:

a. Establecimiento.
b. Monitorear y revisar.
c. Corregir.
d. Implementación y operación.
e. ¿Cómo modificar el rumbo?
f. Implantación de salvaguardas.
g. Planear.
h. ¿Dónde estamos?

2. Si el nivel de seguridad CIA de un proceso es (4,5,1), y el nivel requerido es (1,8,1), el informe de insuficiencias concluirá que...

a. ... el nivel de seguridad existente (4+5+1=10) cumple los requerimientos de seguridad de la empresa (1+8+1=10).
b. ... hay un déficit de 3 puntos en la integridad existente (5) frente a la requerida (8). Por tanto, integridad no alcanzada, inferior a 8: 5.
c. ... debe invertirse en mejorar la integridad.
d. No se indicará nada, porque no se alcanzan los valores de riesgo máximo admisibles.

3. Una fuente para los requisitos de seguridad de una empresa es:

a. El resultado de una auditoría de seguridad del cumplimiento de la norma ISO 27001.
b. El presupuesto de seguridad.
c. Los principios, los objetivos, y los requerimientos comerciales que el sistema de información debe cumplir para sostener las operaciones de la empresa.
d. Un método de valoración CIA de un proceso, coincidente con la valoración CIA de su información crucial.

4. Elija la secuencia temporal de intervención de los controles:

a. Organizativos, prevención, de detección física, emergencia, y recuperación.
b. Primero los de detección, luego los de emergencia, luego los de recuperación, y por último, los de prevención, para evitar que se repitan.
c. Preventivos, correctivos, y adaptativos o perfectivos.
d. Preventivos, de detección, de emergencia, y de recuperación.

5. Bajo unos criterios generales, elija que conjunto de salvaguardas resulta óptimo:

a. Medidas físicas y técnicas, para la detección y recuperación, pero muy difíciles de operar.
b. Medidas preventivas, de detección y recuperación, organizativas y técnicas, de complejidad moderada, y con un programa de actualizaciones periódicas.
c. Una aplicación de detección y recuperación integrada, que se ejecuta sola, y apenas necesita intervención humana cuando se activa, pero sin actualizar ni revisar desde hace años.
d. Las más económicas que cumplan la legislación vigente.

6. ¿A qué tipo de activo aplican las siguientes salvaguardas, según el método MAGERIT?

- Registro de intrusiones.
- Control de acceso de las entradas/salidas de personas y equipos.
- Protección frente a código dañino (virus, troyanos, etc.).

7. Según ISO 27001, e ISO 27002, los controles esenciales son los siguientes:

a. La protección de datos y privacidad de la información, los derechos de propiedad intelectual, y la protección de los registros de la empresa.
b. El marco regulatorio, los objetivos organizacionales, los requerimientos y restricciones de operación, un costo de implementación en relación al riesgo que se reduce proporcional a los requisitos de la empresa, y el equilibrio entre coste de implementación y el riesgo.
c. 114 controles, 14 dominios y 35 objetivos de control.
d. No existen unos controles esenciales, porque dependen del sector de actividad de cada empresa.

8. Indique qué controles deben incluirse en una declaración de aplicabilidad:

____

____

9. Complete la siguiente frase:

El Esquema Nacional de Seguridad establece la política de seguridad en la utilización de medios electrónicos, y está constituido por __________ __________ y __________ __________ para una adecuada SI.

10. Indique a qué fase de un SGSI pertenecen las siguientes tareas:

- Identificar los riesgos.
- Tomar medidas preventivas y correctivas.
- Revisar evaluaciones de riesgo.
- Definir efectividad controles.
- Analizar y evaluar los riesgos.
- Plan de tratamiento de riesgos.
- Detección y respuesta a incidentes.
- Seleccionar controles para riesgos.

11. Según ISO 27001, el plan de tratamiento de riesgos, debe identificar:

____

____

12. Los procesos de la norma ISO 27003, que dan pautas sobre la información que se debe recoger de cada control o salvaguarda, lo que resulta muy valioso para su implantación, son:

a. La revisión del marco legislativo, las normas y requisitos operacionales, los principios, y objetivos (incluidos los comerciales) que debe cumplir el sistema de información para sostener las operaciones de la empresa.
b. El análisis y gestión de riesgos, la elaboración de una declaración de aplicabilidad, y una auditoría que concluya en un informe de insuficiencias.

c. El diseño de contramedidas en la seguridad organizacional, y el diseño de contramedidas en seguridad física y de las TIC.
d. Los mismos que se marcan en la norma 17799:2005.

13. Enumere el contenido recomendado para cada acción a ejecutar dentro del plan de tratamiento de riesgo, según las normas ISO 27000:

____
____
____
____
____
____
____

14. Enumere el contenido recomendado de cada programa de seguridad, según MAGERIT:

____
____
____
____
____
____
____

15. A la vista de las siguientes curvas de comparación de pérdidas y ganancias, elija la mejor opción:

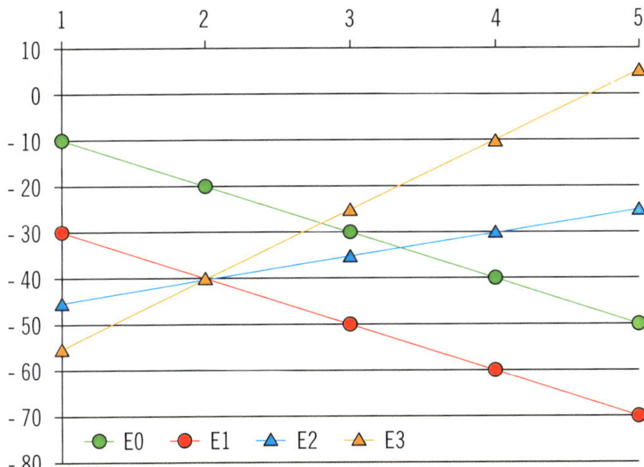

Capítulo 5

Protección de datos de carácter personal

Contenido

1. Introducción
2. Principios generales de protección de datos de carácter personal
3. Infracciones y sanciones contempladas en la legislación vigente en materia de protección de datos de carácter personal
4. Identificación y registro de los ficheros con datos de carácter personal utilizados por la organización
5. Elaboración del documento de seguridad requerido por la legislación vigente en materia de protección de datos de carácter personal
6. Resumen

1. Introducción

La primera fuente para determinar los requisitos de seguridad, el primer criterio para elegir salvaguardas, y el primer objetivo que estas deben alcanzar, es el cumplimiento de la legislación que afecte a la empresa.

Entre los principios de seguridad básicos o esenciales, tanto indicados por MAGERIT, como indicados por ISO 27002, se encuentran los referentes a la protección de datos y privacidad de la información; con referencia expresa al cumplimiento de leyes sobre datos personales (control 15.1.4 de ISO 17799). También se debe cumplir con el Reglamento General de Protección de Datos (RGPD) o Reglamento (UE) 2016/679, en vigor en la Unión Europea, que establece lineamientos específicos para la protección de datos personales y es aplicable a cualquier entidad que trate datos de residentes en la UE, independientemente de su ubicación geográfica.

La Constitución Española de 1978 (CE), establece en su artículo 18.4 que "la ley limitará el uso de la informática para garantizar el honor y la intimidad personal y familiar de los ciudadanos, y el pleno ejercicio de sus derechos". En la Unión Europea, en materia de protección de datos, la Directiva 95/46/CE3 fue adoptada en 1995 con un doble objetivo: defender el derecho fundamental a la protección de datos, y garantizar la libre circulación de estos datos entre los estados miembros. Dando cumplimiento a la CE, y a los compromisos internacionales, España promulgó la Ley Orgánica 15/1999 de protección de datos de carácter personal (LOPD) y con posterioridad después del R. D. 2016/679 del parlamento europeo y del consejo también denominado R. D. de protección de datos europeo, nació la LOPDGDD (Ley Orgánica de Protección de Datos Personales y Garantía de los Derechos Digitales), Ley Orgánica 3/2018, también conocida como LOPDGDD 3/2018 que es una norma extensa y práctica.

2. Principios generales de protección de datos de carácter personal

El objeto de la LOPDGDD, según indica su artículo 1, es "Adaptar el ordenamiento jurídico español al Reglamento (UE) 2016/679 relativo a la protección de las personas físicas en lo que respecta al tratamiento de sus datos personales y a la libre circulación de estos datos, y completar sus disposiciones". Además, en el mismo artículo apartado b también tiene como objeto garantizar los derechos digitales de la ciudadanía conforme a la Constitución en su artículo 18.1.

Por lo que podemos deducir que la LOPDGDD tiene como objetivo principal adaptar la LOPDGDD al RGPD europeo.

2.1. Ámbito de aplicación y conceptos fundamentales

Para emplear el marco de seguridad legal que aporta la LOPDGDD, es fundamental conocer su terminología, de manera suficientemente precisa para no incurrir en errores que deriven en incumplimientos legales. De manera resumida, se trata de proteger los datos sobre una persona (el afectado o interesado) recogidos con su consentimiento, que se almacenan junto a otros en un fichero para ser procesados (el tratamiento de los datos); en este proceso también se define un responsable del fichero, y un encargado del tratamiento. A continuación, se exponen estos conceptos de manera más detallada y precisa, con referencias a los artículos de la ley que los definen:

- Se definen los **datos de carácter personal** (artículo 4-1 del RGPD 2016/679), como cualquier información concerniente a personas físicas, identificadas o identificables. De acuerdo con la Directiva 95/46/CE, "se considerará identificable toda persona cuya identidad pueda determinarse, directa o indirectamente, en particular mediante un número de identificación o uno o varios elementos específicos, característicos de su identidad física, fisiológica, psíquica, económica, cultural, o social"; además dice: "[...] para determinar si una persona es identificable, hay que considerar el conjunto de los medios que puedan ser razonablemente utilizados por el responsable del tratamiento o por cualquier otra persona, para identificar a dicha persona;[...]". Es decir, que los datos amparados son todos aquellos que identifiquen o permitan la identificación de la persona.
  Se considera información de carácter personal, la información numérica, alfabética, gráfica, fotográfica, acústica, o de cualquier otro tipo, susceptible de recogida, tratamiento o transmisión, concerniente a una persona física identificada o identificable. La cuestión para decidir si una información es personal o no, consiste en decidir si la información,

por sí misma o combinada, permite conocer datos de una persona concreta, bien por estar directamente identificada a través de algún dato, o bien porque pueda llegar a ser identificada por otro medio. La información personal es, por lo tanto, cualquier información, por intrascendente que pueda parecer, referente a una persona física, de la cual se pueda conocer quién es su titular.

- Un **fichero** (artículo 4-6 del RGPD 2016/679) es un conjunto de datos de carácter personal, sin importar la forma o modalidad de su creación, almacenamiento, organización y acceso.
- El **afectado o interesado** es la persona física titular de los datos que sean objeto del tratamiento.
- El **consentimiento** (artículo 4-11 del RGPD 2016/679) es toda manifestación de voluntad, libre, inequívoca, específica e informada, por la que el interesado consiente el tratamiento de datos personales concernientes.
- Se define el **tratamiento de los datos** (artículo 4-2 del RGPD 2016/679) como las operaciones y procedimientos técnicos de carácter automatizado o no, que permitan la recogida, grabación, conservación, elaboración, modificación, bloqueo y cancelación, así como las cesiones de datos que resulten de comunicaciones, consultas, interconexiones, y transferencias.
- El **responsable del fichero o tratamiento** (artículo 4-7 del RGPD 2016/679) es la persona física o jurídica, de naturaleza pública o privada, u órgano administrativo, que decida sobre la finalidad, contenido, y uso del tratamiento.
- El **encargado del tratamiento** (artículo 4-8 del RGPD 2016/679), es la persona física o jurídica que, solo, o conjuntamente con otros, trate datos personales por cuenta del responsable de tratamiento.
- **Elaboración de perfiles** (artículo 4-4 del RGPD 2016/679) son todas aquellas operaciones que consisten en utilizar los datos personales para sacar datos característicos de una persona física.

Tras una larga introducción, el primer artículo de la LOPDGDD indica que la intención de dicha ley es adaptar lo dispuesto en el RGPD al ordenamiento jurídico español. Pero con una serie de limitaciones que encuentran en el artículo 2.2.

1. Esta ley orgánica no será de aplicación:

   a. A los tratamientos que aparecen en el artículo 2.2 del RGPD europeo:

      i. Los tratamientos de datos personales en una actividad que no se encuentre dentro de la aplicación de la Unión Europea.
      ii. Cuando los realice una persona física por motivos personales.
      iii. Por parte de las autoridades cuando se deba a infracciones penales.

2. A los tratamientos de datos de personas fallecidas.
3. A los tratamientos relacionados con materias clasificadas.

El artículo 3, aclara los derechos de las personas en caso de su fallecimiento. Esta opción no estaba reflejada en marcos normativos anteriores. Por lo tanto, la nueva situación queda reflejada en el artículo 3 de la siguiente manera:

Datos de las personas fallecidas. Nos indica que las personas vinculadas familiarmente o de hecho al igual que sus herederos podrán dirigirse al responsable o al encargado del tratamiento con el fin de solicitar el acceso a los datos personales del fallecido, y en su caso su rectificación o eliminación.

Actividades

1. Ponga ejemplos de informaciones que puedan considerarse datos de carácter personal en los siguientes ámbitos: características personales, circunstancias sociales, datos académicos y profesionales, detalles del empleo, información comercial, datos económico-financieros y de seguros, y transacciones de bienes.

2.2. Principios de protección y derechos de las personas

La LOPDGDD fija múltiples obligaciones para proteger los datos de carácter personal (DCP); las más esenciales se pueden resumir en dos categorías: (a) cómo deben ser los datos y cómo proteger esta información, y (b) qué derechos tienen las personas sobre sus datos.

Calidad y seguridad de los datos (artículo 5 y 6 del RGPD)

En el RGPD se establece que solo se podrán recoger aquellos datos de carácter personal que sean estrictamente necesarios para la finalidad del tratamiento al que se les va a someter, y donde el responsable del fichero debe velar por la confidencialidad, integridad, y disponibilidad de esta información.

Concretamente, sobre la **calidad,** el RGPD dicta que los DCP deben ser adecuados, pertinentes y limitados a lo necesario en relación con los fines para los que son tratados (artículo 5-c). La ley dispone que deben ser puestos al día, y mantenerse exactos, para coincidir con la situación del afectado, y que si resultan inexactos, deben cancelarse. También se cancelarán cuando dejen de ser necesarios para el fin con que se registraron, y no se conservarán en forma que permitan la identificación del interesado durante un periodo superior al necesario.

Sabía que...

No se considera incompatible el tratamiento posterior con fines estadísticos, históricos o científicos. También, excepcionalmente, en estos casos, y previa determinación del procedimiento, podrá decidirse el mantenimiento íntegro del conjunto de datos más allá del periodo previsto.

Sobre la seguridad, el RGPD dicta que al tener en cuenta los costes de aplicación de medidas de seguridad, será el encargado de tratamiento el que se encargará de aplicar las medidas técnicas y organizativas apropiadas para garantizar el nivel de seguridad adecuado al riesgo, que en su caso incluya entre otros (artículo 32 RGPD):

- Cifrado de datos personales.
- Garantizar la confidencialidad, integridad, disponibilidad y resiliencia.
- Capacidad de restaurar la disponibilidad.
- Procesos de verificación, evaluación y valoración de las medidas técnicas y organizativas necesarias para garantizar la seguridad.

Además, indica que el responsable del tratamiento deberá tomar las medidas necesarias para garantizar que cualquier interesado tenga acceso a datos personales solo pueda tratarlos siguiendo las instrucciones del responsable.

La LOPDGDD y el RGPD no detallan qué medidas se deben adoptar para mantener la seguridad en los datos. Pero sí establecen que no basta con simplemente cumplir el RGPD. Las empresas deben demostrar que lo hacen de acuerdo con el requisito de «responsabilidad proactiva», que implica cumplir algunas obligaciones bastante onerosas de llevanza de registros. En concreto, deben:

- Mantenerse registros que detallen las actividades de tratamiento:
  - Las peticiones de acceso de los interesados.
  - Las violaciones de seguridad.
  - La forma de obtención de los consentimientos.
  - Las evaluaciones de impacto relativas a la protección de datos.

Derechos de las personas

La LOPDGDD reconoce la existencia para las personas físicas de una serie de derechos sobre sus datos personales y describe cual es la información que deben recibir las empresas que vayan a realizar tratamiento con sus datos, incluyendo los fines que van a darles a esos datos. En muchos casos, dicha información consiste en una serie de declaraciones de privacidad. El RGPD amplía esta protección y otorga más derechos que deben comunicarse a los interesados. En concreto, debe informarles de que tienen los siguientes derechos (entre otros):

1. A la queja ante las autoridades de control, como la Agencia Española de Protección de Datos.

2. A la retirada del consentimiento al tratamiento de sus datos personales.
3. Al acceso a sus datos personales, así como a su rectificación o supresión («el derecho al olvido») por parte de la empresa y por terceros que hayan tenido acceso a ellos.
4. Al conocimiento de la existencia de cualquier tratamiento automatizado de los datos personales (incluida la elaboración de perfiles).
5. A la oposición a ciertos tipos de tratamiento, como por ejemplo el *marketing* directo o las decisiones basadas únicamente en un tratamiento automatizado.
6. A ser informado de cuánto tiempo se conservarán los datos personales.
7. A conocer los datos de contacto de los delegados de protección de datos designados.

Además, las personas físicas tienen el derecho a que, en su nombre, organizaciones sin ánimo de lucro ejerzan derechos y presenten reclamaciones de forma colectiva.

Aunque la LOPD siempre ha requerido que el consentimiento de las personas para la recogida de sus datos sea libre, el RGPD exige que sea confirmado mediante un consentimiento explícito o una declaración afirmativa clara. Es decir, el interesado debe marcar el consentimiento y no debe estar prefijado por defecto.

Además, el consentimiento no podrá ser general, es decir, un consentimiento dado por una persona a una empresa para cierta gestión no sirve para otros tratamientos de datos personales.

Esto quiere decir que hay que expresar consentimientos independientes para cada operación de tratamiento.

Por último, las personas tienen derecho a retirar su consentimiento en cualquier momento y esta operación debe ser sencilla.

La Ley Orgánica de Protección de Datos y Garantía de los Derechos Digitales (LOPDGDD) también establece la obligación de informar al interesado sobre qué vías tiene para ejercer sus derechos. Algunos de estos derechos son:

el derecho de acceso, rectificación, supresión, limitación del tratamiento, portabilidad y oposición (también llamados ARSULIPO).

Como se ha mencionado anteriormente, las personas tienen derechos de acceso, rectificación, supresión, limitación del tratamiento, portabilidad y oposición, cuyo objetivo último reconocido por el Tribunal Constitucional es garantizar a la persona un poder de control sobre sus datos personales, lo que solo es posible y efectivo, imponiendo a terceros los mencionados deberes de hacer:

- Derecho de acceso (artículo 15 RGPD 2016/679), para obtener gratuitamente información de sus DCP, sobre su origen, finalidad del tratamiento que se está realizando, y comunicaciones realizadas o previstas. El responsable del fichero podrá denegar el acceso en circunstancias muy específicas.
- Derecho de rectificación (artículo 16 RGPD 2016/679), por el que el afectado tiene derecho a que se modifiquen sus DCP por ser inexactos o incompletos, y que el responsable tendrá la obligación de hacer efectivo en 10 días. Si los datos hubieran sido cedidos previamente, el responsable del fichero deberá notificar al cesionario la rectificación, y el cesionario deberá realizarla también en un plazo de 10 días.
- Derecho de supresión o derecho al olvido (artículo 17 RGPD 2016/679), por el que el afectado tiene derecho a que se supriman los datos para revocar el consentimiento previamente prestado; o como consecuencia de una rectificación, de aquellos DCP que resulten inadecuados o excesivos. El responsable deberá cancelar en 10 días. La cancelación dará lugar al bloqueo, conservándose a disposición de Administraciones, Jueces, y Tribunales, para la atención de posibles responsabilidades nacidas del tratamiento, durante el plazo de prescripción de estas. Cumplido el plazo, deberá procederse a la supresión.
- Derecho de oposición (artículo 21 RGPD 2016/679), es el derecho del afectado a que no se lleve a cabo el tratamiento de sus datos, o se cese cuando no sea necesario su consentimiento, o en ficheros para actividades publicitarias o prospección comercial, o cuando la finalidad del tratamiento sea adoptar una decisión sobre el afectado basado solo en un tratamiento automatizado.
- Derecho de supresión (artículo 15), conocido como derecho al olvido, se refiere a la cancelación y oposición del tratamiento de datos en internet.

- Derecho a la limitación del tratamiento (artículo 16), este derecho se basa en la suspensión y conservación en el caso que el interesado impugne la exactitud de los datos tratos, se oponga al tratamiento, se crea que el tratamiento es ilícito, o los datos ya no sean necesarios para el fin con el que se recogieron, se puede aplicar la limitación del tratamiento de los mismos hasta que se afirme cualquiera de las impugnaciones.
- Derecho a la portabilidad (artículo 17), el interesado puede solicitar que el trámite lo realice otro Responsable de tratamiento.

Por último, los afectados ante incumplimientos de la LOPDGDD pueden reclamar a la Agencia Española de Protección de Datos (AEPD), en concreto cuando se les deniegue el ejercicio de los derechos ARSULIPO. La AEPD deberá entonces dictar resolución expresa de **tutela de derechos,** en el plazo de seis meses, dando cumplimiento al **derecho a ser indemnizados** que tienen las personas cuando sufran daño de sus bienes o derechos. Además, los ciudadanos tienen derecho a no verse sometidos a una decisión con efectos jurídicos que se base únicamente en un tratamiento de datos destinados a evaluar aspectos de su personalidad. Para protegerse de esto, los afectados tienen **derecho a la impugnación de valoraciones,** o decisiones privadas que impliquen una valoración de su comportamiento, cuyo único fundamento sea un tratamiento de DCP que ofrezca una definición de su personalidad.

2.3. Comunicación y acceso por terceros

La LOPDGDD establece que los DCP solo podrán ser comunicados o cedidos a un tercero, cuando concurran dos circunstancias:

- Con el previo consentimiento del afectado, para fines directamente relacionados con las funciones legítimas del cedente y del cesionario
- Sin el previo consentimiento del interesado, cuando la cesión esté autorizada en una ley, cuando se trate de datos recogidos de fuentes accesibles al público, cuando el tratamiento responda a una relación jurídica que implique necesariamente la conexión de dicho tratamiento con ficheros de terceros, cuando la comunicación que tenga que efectuarse tenga por destinatario al Defensor del Pueblo, al Ministerio Fiscal, a los Jueces o Tribunales o al Tribunal de Cuentas, cuando la cesión sea

entre Administraciones con fines estadísticos, históricos, o científicos, o cuando la cesión de DCP relativos a la salud sea necesaria para solucionar una urgencia, o realizar estudios epidemiológicos.

El consentimiento para la comunicación es revocable, y será nulo cuando la información facilitada al afectado no le permita conocer la finalidad a que destinarán los DCP cuya comunicación autoriza.

El consentimiento del interesado es toda manifestación de voluntad, libre, inequívoca, específica e informada, mediante la que el interesado consienta el tratamiento de datos personales que le conciernen.

No se considera comunicación el **acceso de un tercero**, cuando resulte necesario para la prestación de un servicio al responsable del tratamiento. La realización de tratamientos por cuenta de terceros debe estar regulada por contrato escrito, que establecerá que el encargado del tratamiento únicamente tratará los datos conforme a las instrucciones del responsable del tratamiento, que no los utilizará con un fin distinto al recogido en el contrato, ni los comunicará, ni conservará. Cumplida la prestación contractual, los DCP deben ser destruidos o devueltos al responsable del tratamiento, incluyendo todos los soportes o documentos en que consten. En caso de que el encargado del tratamiento destine los DCP a otra finalidad, los comunique, o utilice más allá del contrato, será considerado responsable del tratamiento, respondiendo de las infracciones en que hubiera incurrido personalmente.

2. Enumere 5 derechos fundamentales de las personas incluidos en la LOPDGDD.

3. Infracciones y sanciones contempladas en la legislación vigente en materia de protección de datos de carácter personal

El régimen sancionador se recoge en el título IX de la LOPDGDD (artículo 70-78). Se fija que los responsables de ficheros, del tratamiento y encargados del tratamiento, estarán sujetos al régimen sancionador según las infracciones sean leves, graves o muy graves.

3.1. Infracciones

A. **Infracciones consideradas leves:**

I. El incumplimiento del principio de transparencia de la información.
II. La exigencia de pago de un canon por facilitar al afectado la información a la que tiene derecho.
III. No atender las solicitudes de ejercicio de los derechos de los interesados.
IV. No cumplir con la obligación de informar al afectado de los destinatarios a los que haya comunicado los datos personales.
V. La falta de formalización de los responsables del tratamiento del acuerdo que fije las obligaciones con relación al tratamiento de datos.
VI. No poner a disposición de los afectados los aspectos del acuerdo sobre el tratamiento de datos.
VII. La notificación incompleta o tardía.
VIII. El incumplimiento de la obligación de documentar cualquier violación de seguridad.

IX. No publicar los datos de contacto del delegado de protección de datos.

B. **Infracciones graves:**

I. El tratamiento de datos personales de un menor de edad sin su consentimiento.
II. La no atención reiterada de los derechos del interesado.
III. La falta de adopción de medidas técnicas que resulten apropiadas para aplicar la ley y que garanticen que solo serán tratados los datos personales para el fin específico del tratamiento. Así como no implementar las medidas de seguridad necesarias.
IV. Encargar el tratamiento de datos a un tercero sin la previa formalización de un contrato.
V. No disponer de un registro de actividades.
VI. No cooperar con las autoridades de control.
VII. Utilización de un sello o certificación en materia de protección de datos que no haya sido otorgada por una entidad de certificación.

C. **Infracciones muy graves:**

I. El incumplimiento de los requisitos sobre la validez del consentimiento.
II. La utilización de los datos para una finalidad que no sea compatible con la finalidad para la que fueron recogidos.
III. El tratamiento de datos relativos a condenas e infracciones penales o medidas de seguridad conexas.
IV. La omisión del deber de informar al afectado acerca del tratamiento de sus datos.
V. La vulneración del deber de confidencialidad.
VI. La exigencia del pago de un canon al interesado.
VII. La transferencia internacional a un destinatario que se encuentre en un país que no cumpla con las garantías del reglamento.
VIII. No facilitar el acceso del personal de la autoridad de protección de datos.

Actividades

3. Clasifique las siguientes infracciones:

- Un trabajador, copia DCP que usa en su propio beneficio cuando abandona la empresa en la que trabajaba.
- Una empresa ha declarado un fichero en la AEPD, y recopila DCP de los formularios de contratos de servicio que hace a sus clientes, sin informarles de ello.
- Una empresa vende bases de datos DCP sin solicitar consentimiento a los afectados.
- Una empresa ha recibido instrucción de la AEPD de cesar un tratamiento ilícito de los DCP que guarda en sus bases de datos, pero está segura de que no se están usando esos datos, por lo que desoye el requerimiento de la AEPD, pensando que es un error.
- El responsable de seguridad de la información no está aplicando una medida obligatoria para el cumplimiento de la LOPDGDD, que consiste en realizar copias de respaldo semanales de los DCP.

3.2. Sanciones

Como las infracciones, la LOPDGDD establece tres tramos para las sanciones de carácter económico, y determina unos criterios para determinar exactamente la cuantía, según las circunstancias que puedan influir en la infracción. También se definen unos criterios, para reducir el importe de las multas.

Sabía que...

Las sanciones recogidas por la LOPDGDD 3/2018 y por lo tanto por el RGPD son:

- Infracciones leves: hasta 40.000 €
- Infracciones graves: desde 40.001 € a 300.000 €
- Infracciones muy graves: desde 300.001 € hasta 20.000.000 €

Cuantías económicas

Se multarán de 900 a 40.000 € las infracciones leves, de 40.001 € a 300.000 las infracciones graves y desde 300.001 hasta 20.000.000 € las infracciones consideradas muy graves.

Las sanciones se graduarán atendiendo a los siguientes criterios:

- El carácter continuado de la infracción.
- La relación de la actividad del infractor con el tratamiento de datos.
- La posibilidad de que la conducta del afectado hubiera inducido a la infracción.
- Que la empresa haya absorbido a una empresa infractora.
- Si afecta o no a los derechos de los menores.
- Si disponía, aunque no fuera necesario de un delegado de protección de datos.
- Cualquier otro dato relevante que determinaría el nivel de ilegalidad.

Sabía que...

Existen ficheros de titularidad pública y privada, definidos:

- Ficheros de titularidad pública: los ficheros de los que sean responsables los órganos constitucionales, o con relevancia constitucional del Estado, o las instituciones autonómicas con funciones análogas a los mismos, las Administraciones Públicas territoriales, así como las entidades u organismos vinculados o dependientes de las mismas, y las corporaciones de derecho público, siempre que su finalidad sea el ejercicio de potestades de derecho público.
- Ficheros de titularidad privada: los ficheros de los que sean responsables las personas, empresas, o entidades de derecho privado, con independencia de quién ostente la titularidad de su capital, o de la procedencia de sus recursos económicos, así como los ficheros de los que sean responsables las corporaciones de derecho público, en cuanto dichos ficheros no se encuentren estrictamente vinculados al ejercicio de potestades de derecho público que a las mismas atribuye su normativa específica.

Actividades

4. Indique las multas que corresponderían a las infracciones clasificadas en la actividad anterior.

4. Identificación y registro de los ficheros con datos de carácter personal utilizados por la organización

Es imprescindible saber exactamente qué tipo de datos personales está almacenando y tratando la empresa. Para ello el RGPD clasifica los distintos tipos de datos personales en datos de carácter especial, datos relativos a condenas y el resto de los datos personales.

Dependiendo del tipo de datos que la empresa almacene y qué operación realice la empresa con ellos, deberá tomar una serie de medidas de seguridad u otras. Al contrario que en la ley LOPD de 1999, no se establecen unas medidas específicas para cada tipo de datos. De hecho, en el artículo 25 del RGPD se establece que: "El responsable del tratamiento aplicará las medidas técnicas y organizativas apropiadas con miras a garantizar que el tratamiento de datos sólo se realice con los fines específicos" y además en el artículo 32 del mismo se establece: "El encargado del tratamiento deberá aplicar medidas técnicas y organizativas apropiadas para garantizar un nivel de seguridad adecuado al riesgo".

Esto quiere decir que es el encargado de tratamiento el responsable de implementar todas las medidas de seguridad necesarias para garantizar la seguridad de los datos y la finalidad del tratamiento.

En este contexto el RGPD basa su concepto de seguridad en el análisis de riesgos y dependiendo del resultado habrá que implementar unas medidas de seguridad u otras.

En España, la AEPD pone a disposición del ciudadano una plataforma web denominada **FACILITA** que permite determinar de primera mano, dependiendo de qué tipo de datos personales se esté tratando o la finalidad para la cual se traten, hay que realizar un análisis de riesgos o no.

Herramienta Facilita de la AEPD

Los DCP pueden ser muy amplios, y determinar qué es un dato de carácter personal puede llegar a ser muy complicado en algunos casos. En el artículo 9, categorías especiales de datos se contempla la clasificación que realiza el RGPD.

Recuerde

En la LOPDGDD no es necesario realizar un registro de los ficheros que contienen DCP ni el documento de seguridad.

Actividades

5. Dirigirse a la herramienta Facilita de la AEPD y describid qué tipo de datos y operaciones debe realizar una empresa que se encarga de tratar datos sobre solvencia patrimonial y crédito.

4.1. Datos de carácter especial

Según el RGPD europeo en su artículo 9, los datos de categorías especiales son aquellos datos personales que revelen el origen étnico o racial, las opiniones políticas, las convicciones religiosas o filosóficas o la afiliación sindical. Además, también pertenecen a esta categoría los datos biométricos que se utilicen para identificar de forma unívoca a una persona física, datos relativos a la salud o vida y orientación sexual.

De este tipo de datos el RGPD y posteriormente LOPDGDD prohíbe el tratamiento de datos, excepto cuando ocurra una de las circunstancias siguientes:

- El interesado dio su consentimiento para el tratamiento de dichos datos.
- En el caso de que sea necesario para el derecho laboral y protección social.
- Para la protección del interesado.
- Fuera necesario para razones de interés en el ámbito de la salud pública.

4.2. Datos personales relativos a condenas e infracciones penales

Según el RGPD en su artículo 10, el tratamiento de datos personales relativos a condenas e infracciones penales o medidas de seguridad conexas, sólo podrá llevarse a cabo bajo la supervisión de las autoridades públicas.

4.3. Medidas de salvaguarda a implementar

Las medidas de seguridad a tomar según el RGPD se basan en la realización de un análisis de riesgos para garantizar la salvaguarda de los derechos y libertades de los interesados.

A grandes rasgos el artículo 32 del RGPD establece una relación de medidas técnicas y organizativas apropiadas para garantizar un nivel de seguridad adecuado al riesgo. Estas medidas son:

1. La seudonimización y el cifrado de datos personales. Entendiendo la seudonimización como todas las medidas técnicas y organizativas para garantizar que los datos personales no se puedan atribuir a una persona identificable. Este tipo de medidas se deberían tomar para los tratamientos de datos de alta sensibilidad, cómo los datos de menores o personas en situación de vulnerabilidad.
2. Garantizar la confidencialidad, integridad, disponibilidad y resiliencia de los sistemas de tratamiento de datos. Para esto, son necesarios sistemas de monitorización y la implementación de políticas internas de protección para los operadores. Esto indica que el sistema debe ser un sistema activo, en constante monitorización, observación y adaptándose a las nuevas realidades que se produzcan.
3. Tener capacidad para la restauración de la disponibilidad y el acceso a los datos personales de forma rápida. Una medida de básica de implementación de políticas de *backups* que garantice la recuperación de los datos en caso de incidente.
4. La evaluación continua de las medidas técnicas implementadas para la garantía de la seguridad del tratamiento.

Sabía que...

El RGPD establece que cada uno de los responsables deberá llevar un registro de las actividades efectuadas con los datos bajo su tutela, conteniendo una descripción de las medidas técnicas y organizativas que se encuentran reflejadas en el artículo 32 del RGPD.

Una empresa realiza encuestas para conocer la intención de voto. Entre los datos recogidos, están: el nombre, teléfono, y calle del domicilio. La calle se emplea para estudiar la distribución de la intención de voto por barrios. El nombre y el teléfono se emplean para llamar al azar a algunos encuestados, y confirmar que las encuestas son reales. Las encuestas se digitalizan, y se guardan en una base de datos de DCP, inscrito en la AEPD. Las encuestas en papel se destruyen con una destructora de documentos homologada.

Enumerar las medidas de seguridad que deben cumplirse, referentes al control de acceso al fichero DCP.

SOLUCIÓN

Los datos recabados se consideran datos de carácter especial debido a que guardan información referente a la ideología política de personas y están identificadas por su nombre, teléfono y domicilio.

Por lo tanto, el RGPD establece la necesidad de la realización de un análisis de riesgos y la necesidad del mantenimiento de una conducta proactiva. Estableciendo que:

- La seudonimización de la información en este caso no es posible porque tiene que estar vinculados los datos a los nombres, pero si proceder al cifrado de los datos personales que garanticen la confidencialidad.
- Garantizar la integridad, confidencialidad, disponibilidad y resiliencia en los sistemas de tratamiento.
- Garantizar la restauración de la disponibilidad mediante políticas de *backup*.
- Un proceso de evaluación continua que garantice esa conducta proactiva.

5. Elaboración del documento de seguridad requerido por la legislación vigente en materia de protección de datos de carácter personal

En la LOPD de 1999 se establecía en su artículo 88 que el responsable de los ficheros o tratamientos debían elaborar un documento de seguridad que recogía las medidas de índole técnica y organizativa, acordes a la normativa de seguridad vigente, que serán obligado cumplimiento para el personal con acceso a los sistemas de información.

En la actual LOPDGDD 3/2018, del 5 de diciembre, no se establece la obligatoriedad de la realización de dicho documento ni la inscripción de los mismos.

Se establece que las medidas de seguridad deberán ser las suficientes para la garantía de la seguridad de los datos tratados, además indica que las medidas deben ser "demostrables", es decir, que en cualquier momento hay que demostrar que se han aplicado las medidas de seguridad necesarias.

Recuerde

Las medidas de seguridad a aplicar debe determinarlas el encargado del tratamiento de forma que garantice la integridad, disponibilidad y confidencialidad de los datos tratados.

6. Resumen

Los requisitos de seguridad de un sistema deben, en primer lugar, asegurar el cumplimiento de la legislación vigente. Es de especial importancia la legislación sobre datos de carácter personal: en España la LOPDGDD y el reglamento en el que se basa esta, el RGPD europeo. La ley define datos de carácter personal, como toda información sobre una persona física identificada o identificable (siendo no identificable ante la dedicación de esfuerzos desproporcionados). En la LOPDGDD, los conceptos principales son el **fichero,** o conjunto de DCP, el **afectado** o titular de los DCP, y un **responsable del fichero,** que es quien decide sobre la finalidad y tratamiento de los datos.

La LOPDGDD define unos principios de seguridad para los afectados, o titulares de los datos, como son los principios de calidad de los datos, el derecho de información en la recogida, los derechos de acceso, rectificación, cancelación, y oposición, el derecho de consulta; y especialmente, a través de la **Agencia Española de Protección de Datos,** el derecho a ser indemnizados, y a impugnación de las valoraciones. La LOPDGDD también categoriza las infracciones en leves, graves y muy graves, dictando las franjas para las sanciones económicas en cada caso, así como los criterios para valorar la cuantía exacta, e incluso, reducir a la sanción inferior.

El cumplimiento de la LOPDGDD se inicia con la notificación a la AEPD (previa a la creación del fichero) de la solicitud de inscripción. La notificación contendrá información extensa para conocer la naturaleza del fichero. El RGPD categoriza los ficheros según la naturaleza de las medidas de seguridad que deben protegerlos. Estas salvaguardas se conocen como medidas de nivel básico, de nivel medio, y de nivel alto, y son acumulativas (es decir, a un fichero que les correspondan las medidas de nivel alto, hay que aplicar también las de nivel medio, y las de nivel básico). El RGPD establece como medida central la existencia de un documento de seguridad. Este documento tendrá un contenido mínimo, que se irá enriqueciendo según los ficheros a proteger, y según se vayan ejecutando las medidas de protección.

Ejercicios de repaso y autoevaluación

1. Elija la opción correcta:

a. La LOPDGDD limita el uso de la informática, para garantizar el honor y la intimidad personal y familiar de los ciudadanos y el pleno ejercicio de sus derechos.
b. La Directiva 94/46/CE3, en materia de protección de datos, garantiza la libre circulación de datos entre los estados miembros.
c. La Constitución Española establece que la ley limitará el uso de la informática, para garantizar el honor y la intimidad personal y familiar de los ciudadanos, y el pleno ejercicio de sus derechos.
d. La protección de datos de carácter privado no está regulada en manera alguna, y solo es una recomendación de la norma ISO 27000.

2. Empareje los opciones adecuadas:

1. Responsable del tratamiento.
2. Encargado del tratamiento.
3. Persona física o jurídica que trata los datos personales.
4. Persona física o jurídica, que decida sobre la finalidad, contenido, y uso del tratamiento.

3. Indique cuáles de entre los siguientes no son fuentes accesibles al público:

a. Una guía telefónica de edición anual, y difusión a todos los clientes de una empresa de telefonía.
b. Los diarios y boletines oficiales.
c. Un listado de una asociación de médicos, que incluye nombre, especialidad, y el domicilio.
d. Registro Mercantil.

4. **Indique, respondiendo sí o no, si las siguientes afirmaciones son objeto de la LOPDGDD:**

    a. Los datos de ciudadanos españoles de una empresa establecida fuera de la UE.
    b. Los datos de Fuerzas y Cuerpos de Seguridad referentes a investigaciones sobre organizaciones terroristas internacionales que puedan operan en España.
    c. Un listado con los datos de contacto particular de sus conocidos, aficionados a las apuestas deportivas de futbol, que incluye sus números de cuenta para transferirles los beneficios.

5. **Marque la opción correcta:**

    a. Los derechos ARSULIPO son los derechos de acceso, revocación, suplantación, limitación y supresión.
    b. Los DCP tienen los derechos ARSULIPO, que aseguran su acceso, rectificación, cancelación y oposición.
    c. Los derechos ARSULIPO son los mismos que los derechos ARCO.
    d. Los derechos ARSULIPO hacen referencia a los derechos de acceso, rectificación, supresión, limitación de tratamiento, portabilidad y oposición.

6. **Enumere la/s condición/es necesarias para que, con su consentimiento expreso, puedan comunicar sus DCP:**

____

____

7. **Enumere la/s condición/es necesarias para que, sin su consentimiento expreso, puedan comunicar sus DCP:**

____

____

____

____

____

____

____

8. Califique las siguientes infracciones:

a. Divulgar DCP no respetando el deber de secreto.
b. Obstaculizar el ejercicio de los derechos ARSULIPO.
c. No cumplir las medidas de seguridad del nivel reglamentario.
d. No cumplir el deber de información al recabar DCP de sus titulares, y no haber solicitado su inscripción en la AEPD.

9. Indique la sanción esperable si se comunica a terceros un fichero sin estar legitimado para ello, reconociendo de manera espontánea la infracción:

a. De 40.001 a 300.000, porque se trata de una infracción grave.
b. De 900 a 40.000, porque el reconocimiento espontáneo reduce la franja de sanciones a las de la categoría leve.
c. De 900 a 40.000, porque con el reconocimiento espontáneo la infracción pasa a ser de categoría leve.
d. Siempre que se reconozca la infracción, no habrá sanción alguna, por reducción.

10. ¿A qué tipos de datos corresponden aquellos que almacenan información sindical?

a. Datos no identificativos.
b. Datos de carácter especial.
c. Datos de carácter leve.
d. Datos relativos a condenas.

11. ¿A qué tipos de datos corresponden aquellos que almacenan información médica?

a. Datos no identificativos.
b. Datos de carácter especial.
c. Datos de carácter leve.
d. Datos relativos a condenas.

12. Realizar una copia de respaldo semanal de los DCP es una medida de nivel...

a. ... básico.
b. ... medio.

c. ... alto.
d. No es una medida.

13. Determinar si la siguiente frase es verdadera o falsa: "Deberá designarse uno o varios documentos de seguridad, para uno o todos los ficheros, encargados de coordinar y controlar las medidas de seguridad que se establezcan".

☐ Verdadero
☐ Falso

14. Elija la respuesta más adecuada sobre el procedimiento a seguir para realizar la inscripción de un fichero de DCP:

a. Se solicita la inscripción, se mandan los datos de los ficheros al Registro General de Protección de Datos, y por último, se espera hasta que la AEPD responda.
b. Siempre se debe notificar la solicitud de inscripción antes de la creación del fichero, y si no hubiera respuesta de la AEPD en 30 días, se sobreentiende que el fichero está inscrito.
c. No es necesaria ninguna inscripción desde la nueva LOPDGDD 3/2018.
d. Se rellena el formulario de la agencia en internet, abonándose las tasas de inscripción según el nivel de las medidas que se quieran aplicar.

15. Indique cuál de las siguientes herramientas están puestas a disposición del usuario por parte de la AEPD para averiguar qué medidas debemos tomar en el tratamiento de los datos.

a. NOTA
b. FACILICITA
c. ARCO
d. TAEPD

Capítulo 6

Seguridad física e industrial de los sistemas. Seguridad lógica de sistemas

Contenido

1. Introducción

La seguridad de la información (SI) debe abordarse desde una perspectiva integral, que abarque la seguridad física y la seguridad lógica. La protección de los activos debe realizarse frente a amenazas físicas (seguridad física, o SF), y frente a amenazas lógicas (seguridad lógica, o SL). La SF **se ocupa del conjunto de barreras físicas, procedimientos, y mecanismos de control, para proteger los activos de las amenazas físicas, en el entorno de la empresa y sus sistemas de información.** Las amenazas físicas se originan y proceden del hombre (in/voluntariamente), o de la naturaleza. La SL **se ocupa del conjunto de barreras lógicas, procedimientos, y mecanismos de control, para proteger los activos resguardados e íntegros, permitiendo el acceso lógico solo a los agentes autorizados para ello.**

SF y SL son una división clásica de la SI, y deben implantarse de forma equilibrada: ambas son necesarias y forman un todo (SI), es decir, la ausencia de una hace inútil la existencia de la otra. Así, una gestión que presta menos atención y recursos a la SF frente a la SL, en general no logra una SI óptima, porque la SL no reduce los riesgos de la SF; y viceversa.

Este capítulo se centra en aspectos prácticos de implementación de SF y SL, incluyendo las áreas de estudio y contramedidas más usuales, tomando como referencia lo que la norma ISO 27002 dicta, en los objetivos de control de su capítulo 9, dedicado a la seguridad física y ambiental, y en los objetivos de control de su capítulo 11, dedicado al control de acceso.

2. Determinación de los perímetros de seguridad física

Los fundamentos de la SI proceden de las ideas esenciales de la seguridad, que a su vez nacen de conceptos de origen militar en situaciones de batalla y de guerra. A continuación, se introducen algunos conceptos generales de seguridad física, para posteriormente concretar las medidas en SF que da la norma **ISO 27002** en el campo de la SI.

2.1. Conceptos generales de seguridad física

Los conceptos generales de SF se desarrollan en un escenario de guerra, contra un enemigo que pretende vulnerar las medidas de control y contención que tiene el objetivo atacado, para apoderarse de este. Esta perspectiva se materializa en los siguientes cuatro elementos, o categorías habituales de la seguridad física:

- Las **obstrucciones físicas,** que plantean un reto a quien pretenda traspasarlas. Por ejemplo, se puede pensar en bastiones, recintos fortificados, paredes reforzadas, puertas blindadas, candados, o cerraduras.
- Las **técnicas de vigilancia,** que alertan de cualquier movimiento percibido en el perímetro de acceso. Por ejemplo, se puede pensar en puestos avanzados de vigías, en trampas disimuladas, o sistemas de CCTV y de detección de movimiento.
- Los **sistemas de inteligencia,** que analizan la información de vigilancia, e incluso indagan más allá de sus límites, para obtener ventajas tácticas y operativas ante amenazas. Por ejemplo, se puede pensar en un consejo de expertos, que con la información de los vigías y otras consideraciones (geográficas, comerciales, etc.), dispongan la mejor defensa de los recursos existentes, y piensen en averiguar cómo procederá el asaltante, mediante espías que actualicen esta información.
- El **personal de seguridad,** que aporta la inteligencia humana, y efectividad operacional ante una amenaza, actuando y decidiendo frente a una alarma. Por ejemplo, el personal que rechazará al enemigo, los vigilantes de seguridad, los analistas de seguridad, y los operadores que revisan y chequean los sistemas e infraestructuras.

Definición

CCTV

Son las iniciales de "circuito cerrado de televisión", que es un sistema formado por un conjunto de cámaras de captación de vídeo, que habitualmente lo comunican (bien en formato

Continúa en página siguiente >>

<< Viene de página anterior

analógico, o de manera más frecuente en formato digital, mediante conexión a una red IP) a un servidor central que lo almacena, denominado videograbador. Este videograbador puede tener capacidad para decenas de cámaras, y además de grabar la señal de todas ellas, suele tener capacidad para entregarlas, ya adaptadas para su conexión en pantallas (locales o no), donde los operadores de seguridad pueden configurar diferentes parrillas de presentación, ampliar, realizar operaciones de seguimiento de personas, e interactuar con las cámaras, si estas admiten control remoto (giro, zoom o uso de infrarrojos).

La siguiente imagen resume estas cuatro categorías de seguridad física.

Categorías de diferentes elementos de seguridad física (obstrucción, vigilancia, inteligencia, y operación)

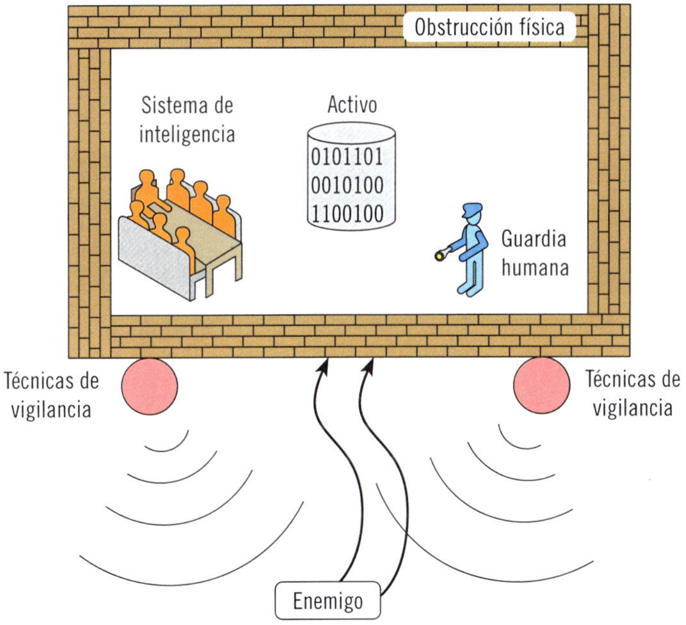

El elemento central de la seguridad es el **activo,** que debe estar siempre físicamente localizado, para aplicarle las categorías de seguridad física vistas. Concretando en el campo de la SI, los activos de información, por norma general, tendrán una arquitectura cliente-servidor, donde intervienen los siguientes elementos y ubicaciones:

- Un ordenador central o **servidor,** que aloja los datos (activos) y puede alojar también las aplicaciones empresariales. Habitualmente, estará localizado bien en las propias instalaciones de la empresa, o bien fuera de ella, si el alojamiento es alquilado. Las técnicas de virtualización confieren movilidad a los servidores virtuales, que pasan a ser datos ejecutados por uno o varios servidores físicos; por lo tanto, la ubicación de un servidor virtual, es la de los servidores físicos que pueden ejecutarlo. En cualquier caso, un servidor, físico o virtual, siempre debe estar localizado en un **centro de proceso de datos** (o CPD), que será un recinto dedicado específicamente a este fin, y donde habitualmente se hospedan o albergan múltiples servidores.
- Un **cliente,** que se conecta al servidor para acceder a los datos de éste, y que también puede albergar datos y aplicaciones. El cliente puede estar localizado en la empresa o fuera de ella, como en el domicilio del usuario. Cada vez más, existen clientes móviles, completamente deslocalizados, como son los ordenadores portátiles, o los teléfonos móviles (incluyendo productos comerciales conocidos como *tablet pc,* u ordenadores integrados en pantallas táctiles, y *smartphones,* o teléfonos móviles inteligentes).
- Una **red de comunicaciones** que conecta al cliente y al servidor, y por la que transitan los activos o datos. La red parte de la ubicación del servidor, y termina en la ubicación del cliente. Dependiendo de las ubicaciones de ambos elementos, se encontrará habitualmente un tramo privado confinado a las instalaciones de la empresa y de su propiedad, que constituye una red de área local (LAN), y en segundo lugar, un tramo público, que gracias al auge de internet, se expande a todo el planeta, y que constituye la red de área extensa (WAN), que resulta accesible desde las redes de comunicaciones públicas de acceso a abonados telefónicos, y las redes de telefonía móvil.

  Existen otras posibilidades, como el alquiler de líneas dedicadas, pero su uso es cada vez menos frecuente, por el abaratamiento de las conexiones públicas de alta velocidad, y la generalización de herramientas abiertas que aportan una seguridad suficiente.

Actividades

1. Represente gráficamente varios de los elementos anteriores (servidores, clientes y red de comunicaciones), constituyendo así un diagrama de red.
2. Busque el significado de las siglas LAN, MAN, WAN.

El perímetro físico a proteger sería el entorno físico de todos estos elementos, incluidas las redes o caminos por donde transita el activo. Esto resulta imposible, o desproporcionado en el caso de las redes WAN y el tránsito por internet; también resulta difícil aplicar medidas de SF a los clientes externos o en movilidad. En SF se suele priorizar el perímetro del servidor, alojado en el CPD, y posteriormente, el perímetro de los clientes internos, y de la red de comunicaciones interna a la empresa o LAN. Habitualmente, el CPD donde se aloja el servidor también alojará los equipos más importantes de la red de comunicaciones LAN (aunque la red se extienda hasta la toma de usuario), lo que refuerza aún más la práctica habitual de que el CPD sea el primer perímetro físico de defensa. La siguiente es una lista de las instalaciones que deberían considerarse incluir en el perímetro de SF, siempre bajo un criterio de proporcionalidad:

- La sala de computadoras o CPD.
- Los armarios de comunicaciones que pueda haber fuera del CPD.
- Los equipos de telecomunicaciones, incluyendo las conexiones de red externas.
- Él área de desarrollo o de programación.
- Las consolas y terminales de los operadores.
- Las bibliotecas de cintas, discos, CD, soportes USB, y otros medios de almacenamiento, incluidas las copias de seguridad, las salas donde se guarden estos soportes o sus suministros, y los emplazamientos externos, si las copias de respaldo se sacan de la empresa.
- Las estaciones de trabajo y computadores personales.
- Las fuentes de energía.
- Los sitios donde se guardan temporalmente los desechos.

- Los teléfonos y líneas telefónicas dedicadas.
- Los equipos portátiles, como ordenadores portátiles, *tablet-pc, smartphones,* impresoras, lectores de códigos de barra, etc.
- Las impresoras locales.
- La red de área local, en todas sus tomas y recorridos.
- La documentación del sistema y de la infraestructura.

Perímetros de seguridad en arquitectura cliente-servidor. El caso más habitual ocurrirá cuando el servidor de los datos se encuentre en el mismo domicilio de la empresa, y se pueda centrar la SF en su perímetro

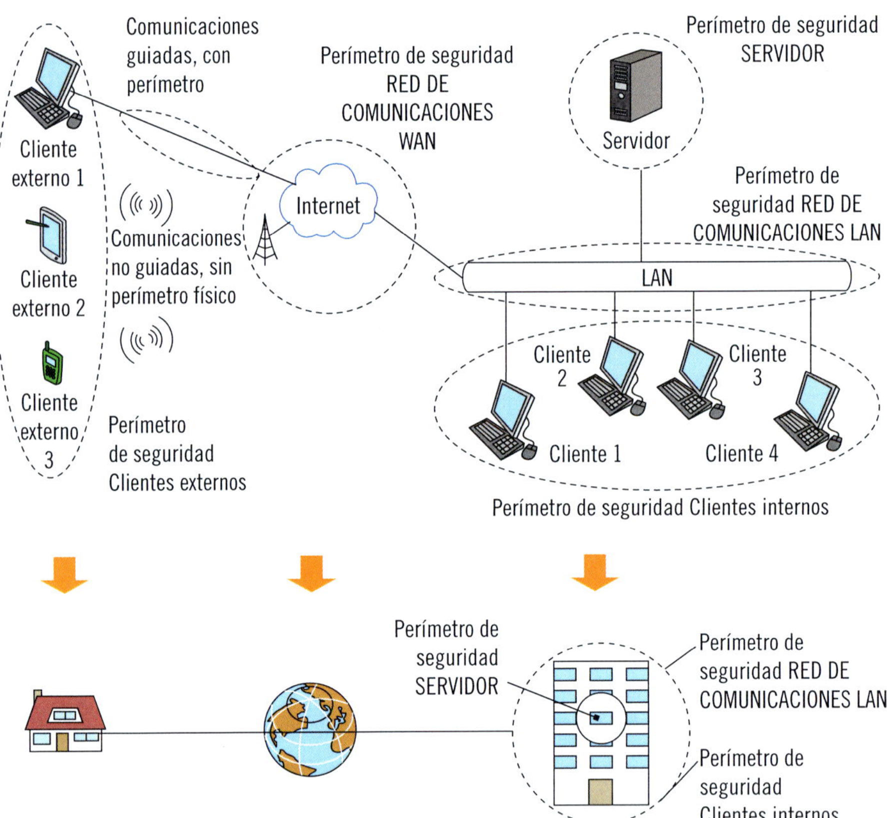

2.2. Norma ISO 27002

La primera parte del capítulo 11 ("Seguridad física y ambiental") de la norma ISO 27002, se dedica al establecimiento de áreas seguras, con el objetivo de evitar el acceso físico no autorizado a los locales de la empresa. Se establece que los sistemas de información deberían ubicarse en **áreas seguras,** protegidas por los perímetros de seguridad que se definan, con barreras de seguridad, y controles de acceso apropiados. Dicta seis controles:

- (11.1.1) Un perímetro de seguridad física mediante barreras, como paredes, rejas, u otros, que proteja las **áreas seguras** que contengan los sistemas de información, considerando que:
    - Los perímetros estarán claramente definidos, ubicados, y con fortaleza proporcional a los requisitos de seguridad de los activos.
    - Los perímetros del edificio o local deberán ser sólidos, sin áreas que permitan el ingreso no autorizado; las paredes deberán ser sólidas, y las puertas protegidas contra accesos no autorizados, mediante mecanismos de control (vallas, alarmas, relojes, etc.). Las puertas y ventanas deben asegurarse cuando queden desatendidas, y considerar aplicar protección externa a las ventanas, especialmente en el primer piso.
    - Se debería contar con una recepción o similar, para controlar el acceso al edificio, restringiéndose solo al personal autorizado.
    - Se debería contar con barreras físicas para prevenir el acceso no autorizado y la contaminación ambiental (polvo, humo, etc.).
    - Si hay puertas de emergencia, deberían contar con alarmas, y ser monitorizadas y probadas junto a las paredes, para evaluar su nivel de resistencia de acuerdo a la normativa y legislación que pudiera ser aplicable, en especial en materia contra incendios.
    - Se deberían contar con sistemas de detección de intrusos, según la normativa y legislación aplicable, probados de manera regular, y abarcando todas las puertas y ventanas. Las áreas no ocupadas deberían contar con alarma en todo momento.
    - Los sistemas de información de la empresa deberían estar físicamente separados de los manejados por terceros.

- (11.1.3) Asegurar oficinas y recintos, aplicando SF, teniendo en cuenta:
  - Los estándares y regulaciones de seguridad y sanidad.
  - Los medios claves para evitar el acceso público.
  - Los edificios deberían ser discretos, sin carteles obvios dentro ni fuera, que indiquen la presencia de sistemas de información.
  - Los teléfonos que identifiquen la ubicación de los sistemas de información no deberían ser públicos.
- (11.1.5) Para trabajar en las **áreas seguras:**
  El concepto de "área segura" es importante para entender adecuadamente lo que la norma **ISO 27002** establece para la SF. Se puede pensar en el **área segura** como el CPD exclusivamente. Esto es válido, si se trata de hacer un estudio de seguridad limitado exclusivamente al área más crítica, por ejemplo, para en un análisis inicial centrado en servidores. Sin embargo, el concepto de **área segura** es más amplio, y lo correcto es aplicar medidas a todas las áreas, y hacerlo de manera proporcional a la densidad de riesgo en cada área.
  - El personal debe estar al tanto de la existencia de **áreas seguras,** o de las actividades que se realicen en ellas, solo en base a la **necesidad de saber** para el ejercicio de sus funciones.
  - Evitar el trabajo no supervisado dentro de **áreas seguras.**
  - Las **áreas seguras** vacías deben estar cerradas bajo llave, y revisadas periódicamente.
  - No permitir equipo fotográficos o de vídeo, como los de los teléfonos móviles, si no están expresamente autorizados.
- (11.1.2) Controles de acceso físico (que se verán en el epígrafe 3).
- (11.1.6) Deben existir áreas de acceso público para la entrada/salida de mercancía (como se verá en el apartado 3).
- (11.1.4) Protección frente a amenazas externas, como fuego, inundación, terremotos, y explosiones (se verán en el epígrafe 4).

3. Imagine una oficina de una entidad bancaria, que alberga un pequeño CPD, con un servidor y un equipo de comunicaciones, al que se conectan un cajero automático, y 3 ordenadores en red para los empleados. Delimite los perímetros de seguridad.

3. Sistemas de control de acceso físico más frecuentes a las instalaciones de la organización y a las áreas en las que estén ubicados los sistemas informáticos

Se ha visto que el CPD es la primera área a proteger, porque alberga el servidor, y los elementos más críticos de comunicaciones; y a continuación la protección se debería ampliar a todo el domicilio de la empresa, que alberga el resto de la red de comunicaciones y los clientes internos, además de otras instalaciones. Desde el punto de vista de la SI, es prioritaria la SF del CPD, porque es la ubicación con mayor densidad de activos o valor en información; además, al ser más pequeño que el inmueble completo, ofrece menos superficie vulnerable, o lo que es lo mismo, es más fácil de proteger que el inmueble al completo.

A continuación, se presentarán los riegos y los controles de acceso físico para reducirlos.

3.1. Riesgos del acceso físico

La amenaza del acceso físico al CPD debe ser la primera preocupación en seguridad de información. Con acceso físico al servidor, se pueden materializar incidentes de seguridad de la máxima severidad.

Es muy importante destacar que **el riesgo existe siempre que haya acceso,** autorizado o no. Los actores de la amenaza serán:

- Empleados o personal subcontratado por la empresa, autorizados o no. Las circunstancias y motivaciones son tan extensas como los propios individuos, pero conviene siempre atender al menos a: personal descontento, sancionado recientemente o no, en proceso de despido, con problemas económicos o personales.
- Personal técnico de proveedores.
- Visitas.
- Personal antiguo, empleado o subcontratado por la empresa.
- Ladrones u otros delincuentes, en beneficio propio, o contratados por la competencia.

Tipos de incidentes por acceso físico

Con carácter involuntario o no intencionado, pueden surgir **accidentes,** como desenchufar un equipo o privarle de su climatización. Por ejemplo, si un técnico tiene que realizar un trabajo durante unas horas en un CPD, y tiene sensación de frío, podría apagar el equipo de aire acondicionado, pensando que esto no es grave durante unas horas, y que volverá a encenderlo cuando termine su trabajo. De manera no intencionada, apagar el aire acondicionado **siempre** provoca un accidente a los servidores y equipos del CPD, que se ven forzados a trabajar fuera de su temperatura óptima. El accidente generaría un daño gravísimo si el técnico olvidara volver a encender el equipo de clima.

Este caso involuntario, sucede con máxima probabilidad sobre los accesos autorizados, siendo improbables los accidentes sobre accesos no autorizados o intrusiones.

Nota

Si el CPD queda accidentalmente con acceso libre, pueden producirse accesos no autorizados o intrusiones, a raíz de los cuales se materialicen incidentes involuntarios. Esta intrusión es involuntaria, y se basa en el oportunismo.

Con carácter voluntario o intencionado, la situación es incluso peor, porque el **incidente intencionado** acarrea fácilmente la absoluta pérdida de seguridad de la información, siendo sustraída, corrompida, o borrada por completo; sin contar con que no ocurra además destrucción física de los activos tangibles, secuestro de los mismos, etc. Un incidente dirigido puede suponer graves perjuicios para la empresa, como problemas legales, pérdidas económicas, de reputación, y competitividad. A priori, no es más probable un acceso no autorizado o intrusión, que un acceso autorizado o sabotaje. Los principales riesgos son:

- Destrucción absoluta de la información y los equipos.
- Daño a los equipos.
- Sustracción de los equipos.
- Acceso y publicación de información confidencial.
- Modificación del sistema o de la información privada que guarden.
- Acceso no autorizado al sistema y su configuración, reduciendo su disponibilidad.
- Uso fraudulento del sistema o de la información privada.
- Secuestro o chantaje.
- Ejecución de aplicaciones maliciosas para espionaje y control remoto de los sistemas.

Actividades

4. ¿Qué dimensión CIA se ve más dañada en los riesgos anteriores?

El infractor más frecuente es el accidental, que produce el incidente sin saber lo que está haciendo, o por error humano. Los incidentes más frecuentes son los accidentes causados por empleados, personal subcontratado por la empresa, el personal técnico de proveedores, y las visitas.

3.2. Controles de acceso físico

Son de especial relevancia los siguientes controles generales, que deben considerarse en mayor o menor profundidad, con proporcionalidad a los riesgos de SI que afronte la empresa.

Todos son aplicables, tanto al CPD como a todo el inmueble de la empresa, pues a priori, en una primera aproximación, solo varía la extensión a proteger.

Área de recepción de personas

Conviene adecuar una zona para identificar y admitir o no a las personas que atraviesen (ingresando o abandonando) el perímetro de seguridad. Se debe permitir el acceso a las personas de una en una, tanto si son empleados como visitantes. Las áreas de recepción deberían incorporar barreras físicas, como puertas, tornos, u otros. Además, se produce el registro del intento de acceso, para el posterior servicio de inteligencia. Suelen ser ubicaciones idóneas para la presencia de guardias, que también desempeñan una función intrínseca de vigilancia del recinto.

Registro de entradas y salidas

Deberían existir procedimientos (automáticos o no), donde se registre la fecha y hora de cada movimiento a través del perímetro de seguridad, ingresando o abandonando el recinto. Por ejemplo, las barreras físicas de control electrónico, pueden registrar estos accesos de manera automática. También puede existir un libro de entrada y salida, donde cada persona firme.

Tratamiento de personal externo

El acceso de personal subcontratado, de proveedores o visitas, es decir, del personal ajeno a la instalación, requiere un tratamiento especial; así estas terceras personas deberían ser:

- Identificadas plenamente, por ejemplo, mediante documento oficial; convendría conservar registro del intento de acceso físico (fecha, hora, identidad, motivo del acceso, etc.).

- Controladas y vigiladas durante el acceso; y establecidas las condiciones o recorridos en los que deberá estar acompañado y escoltado; convendría conservar el registro del recorrido, acompañante, y tiempos empleados.

Personal de seguridad

Están ubicados en lugares estratégicos del perímetro más vulnerable, como son las entradas y salidas del mismo. También debe existir personal de guardia de libre movimiento, por ejemplo, para el desempeño de las funciones de acompañamiento o escolta.

Entradas de doble puerta

Por cada puerta solo puede pasar una persona. Tras acceder por la primera puerta, esta se cierra, quedando la persona atrapada y expuesta, por ejemplo, a una cámara de circuito cerrado de televisión, que registre el intento de acceso. A continuación, si se autoriza el acceso, la segunda puerta debe ser abierta, para que la persona ingrese a las instalaciones. Las entradas de doble puerta logran impedir que la persona autorizada entregue su llave a alguien que le sigue. Cuando el perímetro se atraviesa para abandonar el inmueble, las puertas intercambian su función, y permiten retener a la persona entre ambas puertas si su salida no está autorizada.

Puertas de control electrónico

En la recepción u otras zonas a proteger, se debería incluir una puerta validable por la propia persona, mediante algún proceso de autenticación (como puede ser portar una llave, una tarjeta magnética, etc.) o por otra persona (normalmente un guardia), que intervenga en la autenticación.

Cámaras de circuito cerrado de televisión (CCTV)

El empleo de cámaras permite monitorizar espacios grandes, y concentrar la atención en los puntos de entrada y salida más vulnerables. Además, de manera intrínseca, desempeñan una función de registro de los accesos. Deberían instalarse de manera disimulada, para no llamar la atención sobre el valor que protegen. Por el contrario y debido a su función de registro de la imagen, deberían instalarse de manera visible, como medida disuasoria de vandalismo u otros.

Alarmas contra robo

Sistemas eléctricos y electrónicos que permiten enviar una señal de alarma cuando se detecta un movimiento, cuando se abre una puerta o ventana, o cuando se produce una vibración.

Se deberían instalar de manera discreta, ya que si se ubican en el exterior de manera obvia, llaman la atención sobre el posible valor que están protegiendo.

Medidas constructivas en paredes y ventanas

Debe prestarse especial atención a que dispongan de una sólida construcción, evitándose paredes falsas o débiles.

Nota

Entre las medidas constructivas que debe tener un CPD, debe prestarse atención a que falsos techos y suelos técnicos no permitan la comunicación con recintos anexos, de forma que las paredes cierren completamente el recinto. En grandes salas y recintos, debe prestarse atención a los ductos de acometida, galerías de bandejas de cableado, canalizaciones de aire acondicionado, y otras instalaciones, que den acceso a patios, galerías u otros habitáculos.

En el CPD, las puertas y ventanas deben reducirse a las estrictamente necesarias, por lo que, en un recinto pequeño o mediano, debería haber exclusivamente una única puerta; y de existir ventanas, deberían estar convenientemente protegidas.

Actividades

5. Determine qué medidas de seguridad física de entre las mencionadas, suelen encontrarse en sucursales de bancos.

3.3. Norma ISO 27002

La norma ISO 27002 define, en la primera parte de su capítulo 11, dos controles (11.1.2 y 11.1.6) relacionados con el control de acceso físico, que recogen gran parte de lo ya enunciado:

- (11.1.2) Las **áreas seguras** deben protegerse mediante **controles de acceso físico,** para asegurar que solo acceda el personal autorizado:
  - Registrando fecha y hora del acceso de los visitantes autorizados, solo por propósitos específicos, e informándoles de las medidas de seguridad, y procedimientos de emergencia.
  - Todas las personas deberían llevar alguna identificación visible.
  - El acceso a áreas seguras se debería controlar especialmente, por ejemplo, mediante tarjetas y/o claves, y de manera que se pueda mantener registro de auditoría de los accesos.
  - El personal externo, o subcontratado por terceros, debería tener acceso solo cuando sea necesario, y de manera monitorizada y bajo autorización.
  - Los derechos de acceso a áreas seguras deberían revisarse y actualizarse regularmente, revocándose cuando sea necesario.
  - La monitorización de acceso mediante tecnología de identificación biométrica se está volviendo una práctica común en entornos de alta seguridad. Estos sistemas permiten mayor control sobre el acceso y registro automático de entradas y salidas, alineándose con las recomendaciones avanzadas de la ISO 27002:2022.
- (11.1.6) Las **áreas de entrada y salida de mercancía** deberían controlarse, porque son un punto de entrada para personal no autorizado. Si es

posible, deberían estar libres de vías de acceso a sistemas de información. Además de:

- El acceso desde fuera del edificio a esta área debe restringirse a personal identificado y autorizado.
- El área de acceso debería estar diseñada para que el personal de descarga no necesitara acceder a otras partes del edificio.
- Las puertas externas del área de carga deberían estar cerradas cuando se abren las puertas internas.
- Se debería revisar el material antes de trasladarlo al punto de uso.
- Se debería registrar el material que entra, según procedimiento interno.
- Se deberían separar las operaciones de entrada de material de las de salida de material.

Aplicación práctica

Como analista de seguridad, es necesario evaluar las medidas de control de ingreso a una empresa. Cuando se lleva a cabo una visita para inspeccionarla, ocurre lo siguiente. (1) Se accede desde la calle por una puerta siempre abierta, que desemboca en una recepción, donde hay una persona atendiendo una centralita telefónica. (2) Se indica a quién se viene a visitar. (3) El recepcionista llama a la persona visitada, y le pide que baje a recibir al visitante. Seguidamente, se le indica que aguarde solo hasta que baje, ya que el recepcionista debe ausentarse a repartir la correspondencia. (4) Mientras se espera, una persona que parece ser un empleado, entra desde la calle, atraviesa la recepción, y toma un ascensor.

Realizar las recomendaciones adecuadas, en base a los controles de acceso físico generales.

SOLUCIÓN

La situación descrita evidencia el completo déficit de acceso físico. Por ejemplo, la puerta de acceso está siempre abierta, la persona que está en recepción, y podría llevar a cabo este control, tiene asignadas otras tareas, como la atención telefónica, e incluso el reparto de correspondencia, abandonando la puerta (con lo que el sitio que queda completamente desprotegido). Tampoco parece existir un sistema de control de visitas, para saber si estas estaban previstas, o confirmar y registrar si la visita es autorizada o no.

Continúa en página siguiente >>

<< Viene de página anterior

Se debe considerar aplicar algunas de las siguientes medidas:

- Área de recepción de personas. Debe incorporar alguna barrera física, por ejemplo, puede aprovecharse la puerta de entrada, si fuera accionable por el recepcionista. También debe implantarse algún procedimiento de identificación, donde la visita aporte su DNI, o un documento de identificación similar.
- Registro de entradas y salidas. Se debe registrar la entrada y salida del visitante; puede bastar un libro donde se apunte el nombre, la persona visitada, y la fecha y hora de entrada. Conviene entregar una acreditación, como una simple tarjeta numerada al azar.
- Tratamiento de personal externo. Debe asegurarse que la visita permanezca acompañada en todo momento, de forma que el recepcionista debe aguardar hasta que la persona visitada llegue a recepción, o pedir que se acuerde otra hora de visita.

Además de estas medidas de aplicación inmediata, para una evaluación completa como analista, también debe considerar las siguientes:

- Guardias: la recepción es un sitio idóneo para su ubicación.
- Entradas de doble puerta: podría accederse al inmueble con un sistema de doble puerta, que asegure que solo entren personas de una en una.
- Puertas de control electrónico: podrían emplearse para acceder al inmueble, mediante un sistema de identificación electrónica.
- Cámaras de CCTV: podrían ubicarse enfocando el sentido de entrada y de salida de la recepción.
- Alarmas contra robo: recomendables para mejorar la protección del inmueble, especialmente en ausencia de personal.
- Medidas constructivas: conviene revisar su solidez.

3.4. Métodos de identificación de las personas

Para que una persona sea identificada, debe entregar algo, y los parámetros generalmente empleados son:

- **Algo que se tiene:** por ejemplo, una llave, un documento oficial, una tarjeta identificativa magnética, una tarjeta de radiofrecuencia, una tarjeta inteligente o *smartcard,* un archivo en una unidad de almacenamiento portátil USB, etc. El inconveniente de este mecanismo es que, con mayor o menor esfuerzo, el objeto podría ser copiado.

- **Algo que se sabe:** lo que conlleva alguna información que solo conoce y recuerda la persona, como una contraseña, un código de acceso, o la respuesta a una pregunta previamente conocida. El inconveniente de este mecanismo es que la persona puede revelar la información, u olvidarla.
- **Algo que se es:** esto conlleva medir algunas características físicas de la persona, lo que se conoce como **técnicas biométricas, o medir sus aptitudes.** La identificación consiste en tomar una medida con el lector biométrico, y compararla con el patrón (conocido y almacenado previamente) del individuo que dice ser, para verificar o no la concordancia. Se emplean como indicadores: la huella dactilar, la geometría de la mano, el reconocimiento de la voz repitiendo una o más frases, y patrones oculares del iris o de la retina.

Sabía que...

También se suele emplear la dinámica de la firma. Esto es un caso especial de "algo que se es" interpretado como "algo de lo que se es capaz". Se apoya en modular una emisión acústica con la firma, de forma que la secuencia sonora de emisión, generada por el proceso de escribir, constituya un patrón único de cada individuo.

Mecanismos de identificación de las personas, en base a algo que se posee, algo que se conoce, y algo que se es (o algo de lo que se es capaz)

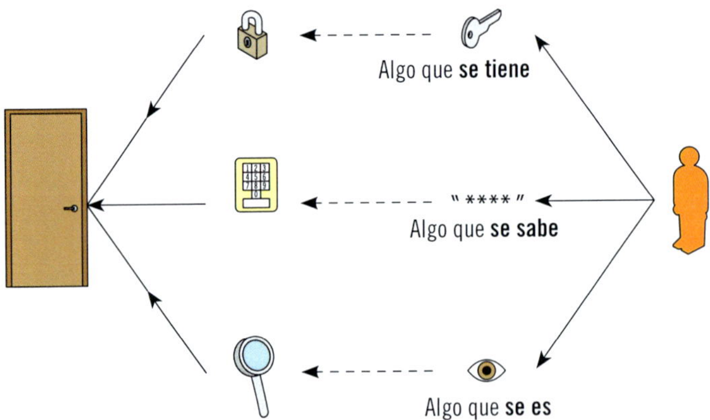

Actividades

6. Busque un método de autenticación que no se ajuste a algo que se tiene, que se sabe, o que se es/se es capaz.

4. Criterios de seguridad para el emplazamiento físico de los sistemas informáticos

Los criterios de seguridad del emplazamiento corresponden en primer lugar a su ubicación, si bien es probable que no se puedan modificar, o que no haya alternativas, porque la empresa ya esté establecida. Para reducir los riesgos del emplazamiento, se pueden disponer un conjunto de medidas ambientales, que intenten compensar la seguridad física del CPD.

Es recomendable realizar evaluaciones de riesgos periódicas en el emplazamiento físico del CPD (Centro de Procesamiento de Datos) y considerar factores adicionales como la resistencia a desastres naturales y el acceso restringido en situaciones de emergencia. Estas evaluaciones deberían alinearse con los principios de resiliencia ante eventos catastróficos, una recomendación incluida en las actualizaciones de normas recientes de seguridad.

4.1. Consideraciones en la localización del CPD

La ubicación del CPD encierra medidas de prevención muy valiosas; de hecho, una correcta elección en la localización del CPD, es una gran salvaguarda preventiva para muchas amenazas de origen natural, difíciles o costosas de compensar a posteriori.

A continuación, se presentan algunas recomendaciones sobre la localización, derivadas de revisar las amenazas naturales, y analizar qué consideraciones preventivas se pueden adoptar.

Frente a desastres naturales

El CPD debe ubicarse lejos de áreas con fenómenos naturales probables, como: terremotos, maremotos, erupciones volcánicas, huracanes, tornados, tormentas eléctricas, incendios, e inundaciones naturales.

Frente a desastres industriales

El CPD debe estar alejado de empresas con actividades potencialmente peligrosas, como industrias químicas, aeropuertos, o sus inmediaciones.

Frente a la amenaza de incendio

El CPD debe estar alejado de almacenes de productos inflamables o con elevado riesgo de incendio, gasolineras, refinerías, industrias químicas, almacenes de papel, talleres, hornos, etc.

El CPD debe estar alejado de las conducciones de gas y combustibles.

Frente a la amenaza de inundación

El CPD debe alejarse:

- Del cauce natural de ríos con caudal actual, o que lo tuvieran en el pasado.
- De rutas de evacuación de presas y pantanos.
- De zonas costeras inundables o de poca altitud.
- De tuberías de agua o depósitos de agua.

El CPD no debería situarse en sótanos ni en áticos, sino preferiblemente en las plantas intermedias del edificio.

Ubicando el CPD en plantas intermedias se logra reducir el riesgo de incendios e inundaciones. Generalmente, una planta 3,4,5 o 6 resultará óptima.

Frente a la amenaza de falta de suministro eléctrico

Debería ubicarse en emplazamientos donde haya suministro de energía por empresas y redes diferentes; y a ser posible, por rutas de distribución procedentes de dos subestaciones diferentes.

Norma ISO 27002

La norma **ISO 27002** define en su capítulo 11 el control 11.2.1, relacionado con la ubicación:

- (11.2.1) Se deberían ubicar los equipos para reducir amenazas, peligros ambientales, y oportunidades de accesos no autorizados:
  - Ubicarlos minimizando el acceso innecesario a áreas de trabajo.
  - Controlar la ubicación de los equipos que manejen información confidencial, de manera que se restrinja el ángulo de visión por personas no autorizadas; así como asegurar que los medios de almacenamiento evitan el acceso no autorizado.
  - Aislar los equipos que requieran protección especial del conjunto de equipos que requieran menos protección.
  - Controles que minimicen el riesgo de robo, fuego, humo, agua, o su falta, explosiones, vibración, polvo, contaminación química, interferencias eléctricas, interferencias en las comunicaciones, vandalismo, y radiación electromagnética.
  - Controles para evitar comer, beber, y fumar en la proximidad de los medios de procesamiento.
  - Monitorización de temperatura y humedad.

- Protección contra caída de rayos, así como filtros de protección en las líneas de entrada de energía y de comunicaciones.
- Protecciones para los equipos en ambientes industriales.
- Proteger equipos confidenciales de emisión de radiación electromagnética capturable.

4.2. Controles ambientales del CPD

Se deberían disponer las siguientes medidas de protección:

- Equipos de control de **temperatura y humedad,** y revisiones periódicas del CPD para verificarlo. Se pueden disponer sondas que registren los valores, que permitan la monitorización externa, e incluso que envíen alarmas.
- Los **detectores de agua** deben ubicarse en el suelo técnico, y cerca de los desagües, incluso aunque el CPD se ubique en plantas altas, porque el riesgo procede de cualquier escape de agua. Su ubicación debe marcarse en el suelo, y deberían producir una alarma sonora, audible por el personal de guardia y/o seguridad.
- Los **paneles de control de alarmas** deben estar separados de los sistemas antirrobo o de seguridad. Deberían estar ubicados en cajas herméticas, y en conformidad con los requisitos de temperatura del fabricante. Deben estar accesibles al cuerpo de bomberos, y en una habitación controlada, que impida el acceso de todo el mundo. Deberían permitir activar o desactivar zonas separadas dentro de las instalaciones.
- Deben **prohibirse actividades** dentro del CPD, como el consumo de comidas, bebida, y por supuesto fumar. Estas actividades pueden causar incendios, facilitan la acumulación de sustancias contaminantes, y facilitan el daño a los equipos especialmente por el vertido de líquidos. Esta prohibición debe ser pública, por ejemplo, mediante un letrero en la entrada.
- Planes documentados y probados de **evacuación durante emergencias.** Los planes de evacuación deben hacer énfasis en la seguridad humana, pero no dejar el CPD físicamente inseguro. Deberían existir procedimientos para un apagado controlado de los servidores en una situación de emergencia, si el tiempo lo permite.

- Controles ambientales para **incendios** (ampliados en un epígrafe posterior): empleo de detectores de humo, alarmas manuales, extintores de incendios, sistemas de supresión, revisiones de estos elementos por instaladores homologados, o por el cuerpo de bomberos. Además, las paredes, piso, y techo del CPD, deben ser a prueba de incendios, evitando su entrada o su propagación, si el origen del incendio es el propio CPD. Los materiales de oficina deben ser resistentes al fuego, y los materiales de limpieza, no inflamables. Los cables deben estar colocados en bandejas, paneles y conductos, también resistentes al fuego.
- Controles ambientales frente a **fallos eléctricos** de causa natural o no (ampliados en un epígrafe posterior): protectores de voltaje, sistemas de alimentación ininterrumpida, generadores, conmutadores de emergencia de energía, y suministro energético redundante desde dos subestaciones.
- Los sistemas de detección de fallos eléctricos y monitoreo de humedad y temperatura deben estar integrados a una consola centralizada de control, que permita a los operadores actuar rápidamente ante cualquier anomalía. Esta práctica facilita la respuesta proactiva ante cambios en el entorno del CPD.

Actividades

7. Dibuje sobre un papel cuadriculado un CPD con una hipotética distribución. Sobre este plano, añadir la ubicación de las medidas de control ambiental presentadas.

Norma ISO 27002

La norma ISO 27002 define en el capítulo 11 el control 11.1.4, relacionado con las medidas ambientales, así como los controles 11.2.3, 11.2.4, 11.2.5, 11.2.6 y 11.2.7:

- (11.1.4) Se deberían aplicar medidas contra el fuego, inundaciones, terremotos, explosiones, y otros desastres:

  - Los materiales peligrosos se deberían almacenar suficientemente lejos del **área segura,** que no debería emplearse para almacenar material de papelería.
    Recuerde: Se puede pensar en **área segura** como en el CPD (por ejemplo, si se trata de un estudio limitado exclusivamente al área más crítica), pero el concepto es más amplio, y con más generalidad deberían aplicarse medidas a todas las áreas, y aplicarlas de manera proporcional a la densidad de riesgo.
  - El equipo de reemplazo y los medios de respaldo (que contengan las copias de seguridad) deberían alejarse, para evitar el daño de un desastre que afecte al local principal.
  - Se debería disponer de equipo contra incendios, bien ubicado.

- (11.2.3) El cableado de energía y telecomunicaciones debería protegerse, según los siguientes criterios:

  - Los cables deberían ser subterráneos, o estar sujetos a una forma de protección adecuada.
  - El cableado de datos debería protegerse frente a intercepciones, por ejemplo, canalizándolo o evitando recorridos públicos.
  - Se deben separar cables de datos de los cables de energía, para reducir interferencias.
  - Se deben identificar los cables y los equipos, para evitar una manipulación incorrecta.
  - Se debe mantener una lista de conexiones, para reducir las posibilidades de error.
  - Para sistemas críticos, se pueden emplear tubos blindados, cajas con llave en los extremos, uso de rutas alternativas, uso de fibra óptica, uso de apantallamiento electromagnético, revisiones físicas en busca de equipos cercanos no identificados, y acceso controlado a paneles de conexiones, y/o recintos de cableado.

- (11.2.4) Los equipos se deben mantener, para asegurar su disponibilidad e integridad:

  - Según especificaciones del proveedor, y con las periodicidades dadas.
  - Solo el personal de mantenimiento debe repararlo y mantenerlo.
  - Registrar los errores reales o sospechados, así como los mantenimientos preventivos y correctivos.
  - Implantar controles de mantenimiento, considerando quien lo hace, y si es dentro o fuera de la empresa; así como revisar la información confidencial, y verificar la identificación del personal que lo ejecute.
  - Cumplir todos los requisitos de las pólizas de seguros.

- (11.2.5) Se deben considerar las medidas de seguridad a aplicar cuando los equipos operan fuera de la empresa:

  - Los equipos nunca deberían ser desatendidos en lugares públicos. Deberían llevarse como equipaje de mano en los viajes, y de manera disimulada.
  - Los equipos se deben proteger como indique el fabricante, por ejemplo, frente a fuertes campos electromagnéticos.
  - Para situaciones de trabajo en casa, se pueden emplear archivos protegidos con clave, controles de acceso a los ordenadores, y comunicaciones seguras con la oficina.
  - Se debe contar con una póliza de seguro adecuada para los equipos fuera de la empresa.

- (11.2.6) En la eliminación o reutilización del equipo, se deben chequear los medios de almacenamiento que incorpore, para asegurar que no haya datos confidenciales ni licencias de *software* antes de su eliminación.
- (11.2.7) El equipo, la información o el *software,* no debieran salir de la empresa sin autorización previa.

4.3. ANSI/ TIA 942- B del 2024, también llamada TIA942

La Asociación de la Industria de Telecomunicaciones (TIA), hizo pública en 2005 la norma TIA942, que es un estándar que marca las pautas para el diseño de las salas de un CPD. La norma fue revisada en 2013, y marca directrices y recomendaciones prácticas muy valiosas sobre cómo debe diseñarse y construirse un CPD, permitiendo medir la fiabilidad de su operación en términos de su disponibilidad anual.

La última versión es la ANSI/TIA-942-C, publicada en mayo de 2024. Esta actualización introduce mejoras significativas en el diseño y operación de los CPD, incluyendo el reconocimiento de nuevos tipos de medios de cableado y requisitos de conectividad, así como referencias actualizadas a documentación técnica relevante de otras organizaciones de desarrollo de normas. Además, se enfatiza la eficiencia energética y la sostenibilidad, con pautas para la implementación de prácticas responsables que permiten reducir el impacto ambiental de los centros de datos.

La norma se revisa cada 5.

Sabía que...

La disponibilidad de un CPD está clasificada por el *Uptime Institute,* que la norma TIA942 fija en 4 categorías que denomina *Tier,* de menor a mayor nivel:

- *Tier* 1, con disponibilidad del 99,671 %, es decir, una caída máxima de ~29 h/año.
- *Tier* 2, con disponibilidad del 99,741 %, es decir, una caída máxima de ~23 h/año.
- *Tier* 3, con disponibilidad del 99,982 %, es decir una caída máxima de ~1,5 h/año.
- *Tier* 4, con disponibilidad del 99,995 %, es decir, una caída máxima de ~50 min/año.

En la página web del *Uptime Institute* **(https://uptimeinstitute.com/tier-certification),** se pueden consultar los CPD certificados en cada país y de cada categoría.

Abarca criterios fundamentales, sobre el diseño y el uso del espacio en el CPD, la infraestructura de cableado, los niveles de fiabilidad del CPD, y las consideraciones ambientales. Las consideraciones ambientales se refieren a:

- **Supresión del fuego:** deben tener un sistema de supresión de incendios.
- **Niveles de humedad:** usando barreras de vapor y evitando ventanas.

- **Temperatura:** controlada por sistemas de refrigeración y de monitorización.
- **Arquitectura:** el CPD se debe proteger con sistemas de seguridad, puertas de seguridad, tarjetas de acceso, sistemas de vigilancia como cámaras de infrarrojos, y sensores de movimiento.
- **Energía eléctrica:** llevar un control del consumo de los equipos de informática y telecomunicaciones, así como de la carga térmica que generan los equipos del CPD.
- **Especificaciones mecánicas y de operación:** contar con personal capaz de maniobrar los sistemas de refrigeración, los de alimentación ininterrumpida, y en general todo el sistema eléctrico.

También son especialmente interesantes las consideraciones sobre el uso del espacio, que indican que al diseñar el CPD debe elegirse un lugar no restringido por elementos arquitectónicos que limiten su crecimiento (como ascensores o escaleras, muros, u otros), así como asegurar que el espacio reservado contemple amplias áreas vacías y libres, y que en el cálculo se considere que el CPD pueda experimentar expansiones futuras.

Actividades

8. Indague qué CPD certificados con la norma TIA942 existen en España.

5. Exposición de elementos más frecuentes para garantizar la calidad y continuidad del suministro eléctrico a los sistemas informáticos

La electricidad es, de entre todos, el componente vital de un centro de datos. Una anomalía en el suministro de energía, de solo una fracción de segundo, puede ocasionar un fallo en un servidor. La falta de suministro eléctrico es una amenaza particularmente común, y que como tal, debe ser atendida convenientemente. Sin suministro eléctrico, la disponibilidad de los sistemas es nula, y si el tránsito "suministro-ausencia-suministro" no está controlado, puede verse afectada la integridad de la información.

5.1. Anomalías en el suministro eléctrico

Las tormentas eléctricas y las tormentas solares son fenómenos naturales conocidos, con impacto directo en el suministro eléctrico de los sistemas informáticos.

Sabía que...

Las tormentas eléctricas son más frecuentes en verano, coincidiendo con el periodo de vacaciones más frecuente; es decir, con la época de menor disponibilidad del personal (contramedida) ante un incidente, lo que aumenta el riesgo de la amenaza. Las tormentas solares o tormentas geomagnéticas tienen un ciclo de 11 años. Comenzaron a registrarse en 1755, y en 2008 se inauguró el ciclo número 24, con máximo registrado en 2013-2014. Actualmente, en la etapa final del ciclo 25, iniciada en 2019, se considera una disminución paulatina en la actividad solar en los próximos años.

Otras circunstancias, como huracanes, incendios, accidentes industriales, o fuertes variaciones en la demanda de los consumidores, también pueden afectar al suministro. En la práctica, serán más frecuentes los incidentes por alguna deficiencia en la instalación eléctrica, algún componente defectuoso, un deficiente dimensionamiento de un cuadro de protección, o un cortocircuito (intencionado o no). Todas estas amenazas se traducen en las siguientes anomalías del suministro eléctrico:

- **Interrupciones del suministro:** conllevan la pérdida completa del suministro, y suelen afectar a áreas medianas (edificio), o grandes (una ciudad completa). Entre las causas más frecuentes están las tormentas eléctricas, y la propia incapacidad de suministro del proveedor.

- **Caídas de tensión:** el suministro eléctrico es muy inferior al esperado, generalmente por problemas de capacidad del proveedor, o por defectos en la instalación propia. Generan un daño irreversible a los equipos, que se ven forzados a trabajar por debajo de sus límites previstos, lo que se puede cuantificar en una reducción de su vida útil.
- **Picos y valles de tensión:** el suministro de energía alterna supera ampliamente sus máximos y sus mínimos. Genera un daño irreversible, acortando la vida útil y, en casos extremos, producirá su destrucción inmediata, e incluso su incendio. Son propensos a sufrir estas sobretensiones las líneas de mucho recorrido, tanto de suministro eléctrico, como de telefonía, que con grandes longitudes forman una extensa malla de interconexión entre diferentes edificios.
- **Interferencias electromagnéticas o ruido eléctrico:** generadas por tormentas geomagnéticas (solares), así como aparatos eléctricos o electrónicos; especialmente aquellos con grandes consumos y que incorporan bobinas, transformadores y reactancias, como motores, tubos fluorescentes, máquinas de aire acondicionado, o sistemas con relés, que conlleven bruscas variaciones de la corriente consumida.
- **Corriente estática:** se trata de corriente de muy poca intensidad pero altísimo voltaje, inducido o conducido por la persona, de manera que, aunque esta no sufra ningún daño, el ordenador sufre una descarga de miles de voltios, suficiente para destrozar sus componentes (memoria, disco duro, procesador, etc.). Frecuentemente olvidada, puede inducirse simplemente tocando con la mano la parte metálica del equipo, acarreando su destrucción completa.

5.2. Medidas para garantizar el suministro eléctrico

La instalación eléctrica de un CPD es una labor compleja, y que precisa de personal experto en instalaciones eléctricas. Sin entrar en demasiados detalles técnicos se presentan las medidas más habituales para las amenazas vistas:

- **Interrupciones del suministro:** para poder superar interrupciones breves, de segundos o incluso de algún minuto, se deben disponer sistemas de alimentación ininterrumpida (o SAI), capaces de mantener el suministro eléctrico durante un tiempo corto. Generalmente, la capacidad de

un SAI se dimensiona para que conceda una autonomía en el rango de minutos, fracciones de hora, o a lo máximo, de una hora. Sin embargo, este dimensionamiento suele exceder con mucho las necesidades de uso previsto, ya que los SAI no se emplean para proteger de interrupciones prolongadas (de bastantes minutos u horas).
Los SAI tienen como parámetros fundamentales, su capacidad (potencia) y su autonomía (tiempo):

- Su **capacidad** en "kilovoltios x amperio" o "KVA" permite calcular la potencia y corriente máxima que puede entregar. Por ejemplo, un SAI de 10 KVA, debería operar alimentando equipos informáticos de no más de 7.200 W de potencia, y nunca a más de 8.000 W.
  Una aproximación sencilla para calcular la potencia que debería entregar un SAI es:

  Potencia máxima (KW) = 0,8 · Capacidad del SAI (KVA)
  Potencia recomendada (KW) = 0,72 · Capacidad del SAI (KVA)

  Si bien un SAI de 10 KVA entrega hasta una corriente máxima de 43,5 A (que proceden de dividir 10000/230), su capacidad recomendada es bastante inferior, y sencilla de calcular:
  La demanda del CPD no debe exceder el 90 % de su capacidad máxima en KVA, es decir, un SAI de 10 KVA no debería operar entregando más de 9 KVA.
  Para la potencia real consumida, se usa un factor de corrección reactiva de la carga del CPD del 80 %, de manera que 9 KVA se traducen en 7,2 KW (que proceden de multiplicar 9 KVA x 0,8), o lo que es lo mismo, 31,3 A (que proceden de dividir 7200/230).

  Es importante observar que la potencia máxima que el SAI es capaz de entregar (lo que sucede cuando la demanda es del 100 %) sería de: 10 KVAx0,8 = 8 KW

  Si interesa calcular lo que el SAI consume de la red eléctrica, se suele emplear un rendimiento del 95 %. En el ejemplo, si se entregan 9 KVA, se consumen 9,47 KVA (que proceden de dividir

9 KVA/0,95), o lo que es lo mismo, consume de la red eléctrica 41,17 A (que proceden de dividir 9470/230).
El resultado final que se alcanza, es que el SAI consume 9470 VA (~41A) de la red eléctrica, para entregar 7200 W (~31A) a los equipos.

- Su **autonomía,** minutos u horas, para un suministro continuo a su capacidad máxima. Si la demanda es menor, su autonomía es mayor, no obstante, un criterio sencillo y seguro es suponer siempre esta autonomía máxima (aunque en la realidad pueda ser algo superior, por que el SAI no esté operando al 100 % de su capacidad). Para interrupciones prolongadas, es necesaria la existencia de generadores autónomos de electricidad, bien de carácter portátil, bien integrados en el edificio. En ambos casos, son equipos alimentados por combustible, que entran en funcionamiento una vez detectada la ausencia de electricidad. Como la entrada en funcionamiento puede ser lenta, y puede tardar segundos o minutos en operar de manera estable, se precisa nuevamente de un SAI, para asegurar que no haya interrupción.

- **Caídas de tensión:** se emplearán protectores de voltaje en los cuadros de protección eléctrica, además de la protección que da el SAI, reconstruyendo la onda de suministro senoidal de 230 W de tensión alterna (Vac), y de 50 hertzios (Hz) de frecuencia.
  Otra anomalía del suministro eléctrico es la variación en la frecuencia de la onda.
  Los SAI también logran corregir esto, dentro de unos márgenes. Una vez excedida la capacidad de corrección, por caída de tensión o variación de frecuencia, el SAI rechaza la entrada por completo, para protegerse a sí mismo.
- **Sobretensiones (picos y valles):** nuevamente, se integrarán protectores de voltaje, integrados en los cuadros de protección eléctrica del recinto, y también los SAI corregirán el suministro eléctrico, y protegerán a los equipos. Especial atención requieren los descargadores de gas, que junto a los pararrayos, protegen de los efectos de la caída de un rayo. Los descargadores son dispositivos empleados en los cuadros de protección, que

funcionan a modo de fusible, soportando corrientes de choque de miles de amperios, y tensiones de miles de voltios producidas por los rayos.

La norma española UNE 21186 «Protección de estructuras y edificaciones y zonas abiertas mediante pararrayos con dispositivos de cebado», trata la protección mediante pararrayos con dispositivo de cebado (dispositivos que garantizan una mayor altura del punto de impacto del rayo, aumentando así el área de cobertura, y facilitando la protección de grandes áreas, simplificando y reduciendo costos de instalación), contra los impactos directos del rayo en estructuras corrientes y zonas abiertas. Asimismo, contempla la protección contra los efectos del paso de la corriente del rayo por el sistema de protección.

- **Interferencias y ruido:** existen diversas medidas para minimizar este efecto, entre ellas, disponer de una buena conexión de toma de tierra (~5 ohms y siempre <10 ohms), que ofrezca un camino de baja impedancia para las interferencias. El sistema de tierra de datos debe ser diferente al sistema de toma de tierra general del suministro eléctrico y protección de las personas, y ambos estarán eléctricamente conectados. La norma UNE EN 50310 define cómo debe ser la puesta a tierra, y la norma UNE EN 50174-2, la compatibilidad electromagnética, en base al principio de que toda instalación tiene obligación de no interferir, y derecho a no ser interferida.

  También se emplean filtros específicos para interferencias, conocidas como los 50 Hz de la red eléctrica y sus múltiplos, transformadores que impiden el avance del impulso eléctrico a través de los conductores eléctricos, logrando un aislamiento completo, o el blindaje de dispositivos que deben ir correctamente conectados a tierra. Una medida constructiva para el CPD, suele ser colocar en la construcción de sus paredes, suelo y techo, una malla metálica conectada a tierra que haga las veces de **jaula de *Faraday*.**

  Para evitar que las interferencias electromagnéticas externas afecten a los equipos alojados en el CPD, así como para evitar que las propias interferencias electromagnéticas generadas por los equipos del CPD escapen del mismo, se suelen emplear **jaulas de *Faraday*.**

  Una jaula de *Faraday* es un recinto cerrado por paredes metálicas, lisas o malladas, para separar electromagnéticamente el interior del exterior. Constructivamente, se suele realizar incluyendo mallas metálicas conectadas entre sí, en todas las paredes que cierran el recinto, y usando una puerta metálica, o con un plano metálico en su interior.

Evitar que las interferencias propias abandonen el CPD es importante en entornos de alta seguridad, porque estas interferencias permiten extraer información sobre el CPD, e incluso podrían ser un eco muy atenuado de las comunicaciones electrónicas.

- **Cuadro eléctrico de protección:** un cuadro eléctrico bien dimensionado, identificado, y construido, es la primera contramedida frente a los problemas de suministro, aparte de la necesaria protección que debe aportar a las personas frente a descargas. Debe respetarse la normativa eléctrica específica, incluyendo las revisiones periódicas de la capacidad de protección, realizando maniobras de prueba.

El cuadro debe separar los circuitos de iluminación, los de aire acondicionado, los de alarmas u otros sensores, el circuito para los equipos informáticos de suministro en alterna, y el circuito para los equipos informáticos de corriente continua mediante fuentes de alimentación, si los hubiera. Los elementos de corte e interrupción (PIA) de cada circuito deben estar dimensionados correctamente. Para equipos informáticos, los elementos de protección diferencial (ID), serán de alta sensibilidad (30mA), instantáneos, de clase A, y superinmunizados para protección frente a armónicos frecuentes en este tipo de cargas. Conviene separar, además, circuitos de alimentación independientes para cada armario o bastidor de servidores, de manera que, si estos disponen de fuentes de alimentación redundantes, se pueda llevar cada fuente a un circuito diferente. Podrían incluso disponerse circuitos separados para cada regleta de bases de enchufe, y tanto las regletas, como los interruptores PIA e ID de su cuadro, deben estar identificados por parejas.

Actividades

9. Busque información comercial sobre sistemas de alimentación ininterrumpida de hasta 3 KVA, de hasta 10 KVA, y de mayor capacidad.

Norma ISO 27002

La norma ISO 27002 define en el capítulo 11 el control 11.2.2, relacionado con el suministro de electricidad, y otros servicios de soporte, como agua, desagüe, ventilación, calefacción, aire acondicionado, y comunicaciones:

- (11.2.2) Se deben proteger los equipos de fallos de energía y otros servicios de soporte, mediante:
  - Inspecciones regulares de las instalaciones.
  - Asegurar suministros eléctricos según indique el fabricante.
  - Uso de SAI, y un plan previsto en caso de fallo prolongado del suministro (como un generador, combustible, etc.).
    Habitualmente emplean baterías que se mantienen en carga constante, por lo que su entrada en funcionamiento es inmediata, garantizando la continuidad del suministro.
    Si se emplean baterías de plomo, es preciso asegurar la ventilación del recinto, bien de manera natural, o de manera forzada, ya que los ciclos de carga de estas baterías producen la emisión de gases tóxicos e inflamables, que deben evacuarse a la atmósfera de inmediato, ante el elevado riesgo de explosión por chispa eléctrica, si se acumulan.
  - Uso de fuentes de energía múltiples.
  - Colocar interruptores de energía cerca de las salidas de emergencia, para facilitar el apagado en caso de emergencia.
  - Alumbrado de emergencia en caso de fallo del suministro.
  - Suministro de energía estable para el aire acondicionado, y equipos contra incendios.
  - Alarmas en caso de fallo de los servicios de soporte.
  - Los equipos de telecomunicaciones se deben conectar por dos rutas al proveedor, para que un fallo no anule las comunicaciones. Los servicios de voz deben cumplir los requisitos legales de las comunicaciones de emergencia.
  - Establece la importancia de un diseño de suministro energético redundante y eficiente, incluyendo pruebas periódicas de los sistemas de alimentación ininterrumpida (SAI) y generadores de respaldo, para minimizar las interrupciones. Además, se recomienda implementar sistemas de monitoreo para detectar fluctuaciones en tiempo real.

Aplicación práctica

Estimar las medidas de protección eléctrica básica que debería incorporar un CPD que alberga 3 servidores (500 W cada uno), 3 estaciones de trabajo (250 W cada uno), y electrónica de red (250 W).

SOLUCIÓN

Se deben aplicar medidas de protección frente a las amenazas más habituales (interrupciones, caídas de tensión, sobretensiones, interferencias y ruido), sin olvidar un adecuado cuadro eléctrico.

- Para las interrupciones breves, se debe incorporar un SAI capaz de alimentar al CPD, que tiene un consumo total de: (3 × 500) + (3 × 250) + (250) = 2500 W. Siendo esta la potencia recomendada que debe entregar el SAI, la capacidad sería:

Capacidad SAI = 2500 / 0,72 = 3.500 KVA

Para las interrupciones prolongadas, se debe tener un grupo electrógeno o similar, de una capacidad no inferior a los 3500 KVA.

- Para las caídas de tensión, y para las sobretensiones (picos y valles), la protección del SAI es suficiente, pero pueden incluirse protectores en el cuadro eléctrico.
- Para protegerse de interferencias y ruidos, se deben revisar que las medidas de toma tierra de la instalación no superen los 10 ohm. Si se aprecian problemas, se deben añadir filtros en las frecuencias de los ruidos inducidos.
- Por último, el cuadro eléctrico de protección tiene que ser adecuado, y se debe revisar su instalación y los procedimientos de revisión periódica. Además, se debe revisar la documentación y diagramas que evidencien la separación de circuitos, y revisar que haya instalados elementos de protección diferencial, específicos para equipos informáticos (como elementos de alta sensibilidad y elementos superinmunizados).

6. Requerimientos de climatización y protección contra incendios aplicables a los sistemas informáticos

El segundo factor vital en un CPD, después del suministro eléctrico, es su clima, en términos de temperatura y humedad, lo que se trata en el primer punto de este epígrafe. Los equipos deben operar siempre en las condiciones marcadas por el fabricante, y excederlas conllevará la reducción acelerada de la vida útil, el malfuncionamiento, y la destrucción del equipo.

Por último, por su alto riesgo, debido a la elevada densidad de equipos electrónicos y fuerte consumo eléctrico, resulta especialmente importante la prevención de incendios, que se tratará en el segundo punto.

6.1. Climatización

Los equipos que se acumulan en un CPD (servidores, unidades de almacenamiento, equipos de comunicaciones) tienen un elevado consumo eléctrico, que conlleva una elevada disipación de calor. Además, la densidad de equipos que pueden alojarse en un CPD es cada vez mayor, dada la creciente tendencia a reducir el tamaño de los equipos. El resultado es que en el CPD se acumulará una elevada cantidad de calor, que se debe gestionar. Para controlar la **temperatura** existen dos consideraciones:

- Una medida esencial es disponer de **elementos de refrigeración,** sin los cuales no se puede mantener bajo control y de manera estable la temperatura. La temperatura central es importante, pero mantenerla estable de manera que haya pequeñas variaciones también es muy importante, porque los componentes electrónicos son muy sensibles a los cambios de temperatura, tanto más cuanto más bruscos sean.
  Para saber qué margen de temperaturas debe haber en el CPD, hay que revisar la documentación de todos los equipos que alberga. Siempre debe mantenerse un equipo funcionando en el margen de temperaturas indicado por el fabricante. Normalmente, existirán equipos con márgenes diferentes, por lo que habrá que intentar ajustarse al margen de temperatura común. Por ejemplo, si un servidor opera de 10° a 35°, y un equipo de comunicaciones de -5° a 30°, el margen de operación permitido debe ser de 10° a 30°.
  El margen de temperatura de operación debe estar contenido en el margen de temperatura común a todos los equipos, y conviene que sea muy estrecho, para minimizar los cambios. En un caso ideal, debe llegar a mantener una temperatura óptima constante. En el ejemplo, podría operarse en un margen de 18° a 22°, que está contenido en el margen común de 10° a 30°.

El margen de temperatura de operación vendrá dado por la temperatura óptima, que se programará en el equipo de refrigeración, y un margen de histéresis también normalmente programable. Conviene que este margen de histéresis sea pequeño, generalmente de algunos grados, pero no excesivamente pequeño, porque produciría el continuo arranque y parada del equipo de refrigeración, lo que constituye una amenaza al CPD más grave que un margen de temperatura de operación mayor.

Como norma general, suelen emplearse márgenes de Tª de operación, de 18º– 24º (o 21º ± 3º), o alguno más estrechos, como 20º ± 2 ºC.
Para determinar la temperatura óptima, pueden emplearse diferentes criterios:

- La media de las temperaturas óptimas de los diferentes equipos: en el ejemplo, la temperatura óptima de los servidores podría calcularse como el punto medio del intervalo (10º - 35º), es decir, 22,5º, y de la misma manera, la temperatura óptima del equipo de comunicaciones sería 12,5º; el conjunto podría tener una temperatura óptima de (22,5º + 12,5º)/2 = 17,5º.
- El punto central del margen de temperatura común: en el ejemplo, sería la temperatura media del margen de temperaturas común (10º - 30º) es decir, 20º.
- Calcular la temperatura óptima de los equipos más caros: si los equipos más caros fueran los servidores, se emplearía 22,5º.

- Una adecuada **circulación del aire,** que redundará en la eficiencia del equipo de refrigeración, tanto más cuanto mayor sea el CPD.
  Para separar el aire caliente del aire frío, y facilitar la circulación, se emplea el concepto de pasillos calientes y pasillos fríos. La norma **TIA 942** establece que los armarios de equipos se deben disponer formando pasillos. Los equipos deben disponerse enfrentando sus partes frontales, y enfrentando sus partes traseras. El aire frío procedente del suelo saldrá por agujeros en el suelo técnico (o suelo elevado) de los pasillos donde los equipos enfrentan los frontales **(pasillos fríos),** atravesará los equipos, saliendo caliente por su parte trasera donde se une **(pasillo caliente)** al aire caliente expulsado por la parte de atrás de los equipos del pasillo de al lado, y ascenderá hasta ser evacuado por el falso techo.

Los pasillos fríos guían los cables de energía, mientras que los pasillos calientes se emplean para los cables de datos. La siguiente imagen muestra, a la izquierda, la vista superior de un CPD con 15 armarios que definen 5 pasillos, y en la imagen de la derecha, un corte vertical de la estancia, que permite apreciar el flujo de aire desde el suelo al techo.

Disposición de armarios en CPD, conformando pasillos fríos y pasillos calientes. Los equipos siempre tienen los frontales enfrentados en los pasillos fríos, y también enfrentan sus partes traseras formando pasillos calientes

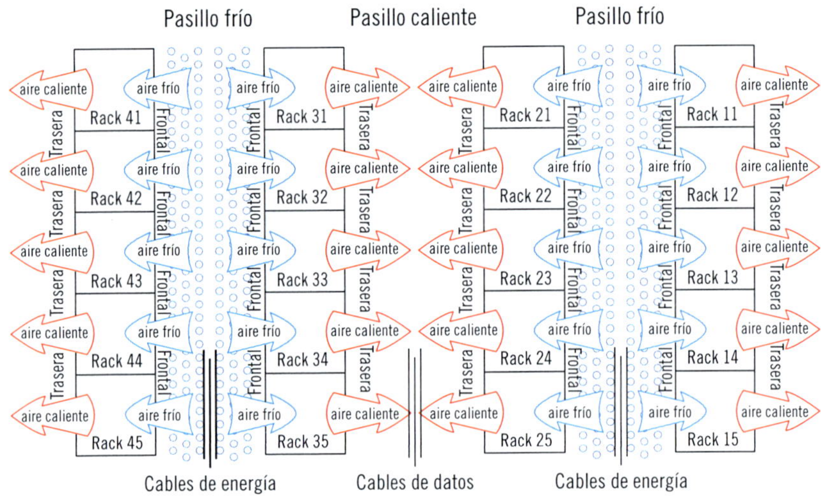

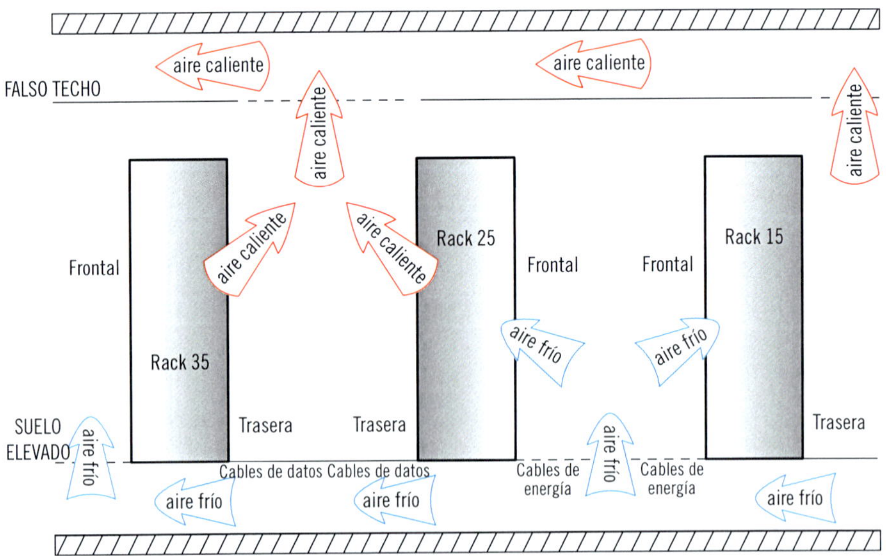

Actividades

10. Busque información comercial sobre sistemas de climatización para CPD, con y sin control de humedad.

No menos importante es controlar la **humedad relativa,** vinculada al calor emitido por los equipos y a su refrigeración, como se explica a continuación. La humedad debe mantenerse en unos niveles medios, y no conviene que sea muy alta, por el **riesgo de condensación.** Sin embargo, el mayor riesgo es debido a la deshumectación, que generalmente producen los equipos de refrigeración y aire acondicionado. Estos equipos reducen sistemáticamente la humedad relativa del aire, con el consecuente riesgo de facilitar la aparición de **electricidad estática,** que puede acarrear la rotura de algún componente electrónico, por ejemplo, por contacto humano con su chasis. Suelen ser rangos normales entre el 30 % y el 55 % de humedad relativa.

6.2. Protección contra incendios

La protección frente a incendios en un CPD presenta dos peculiaridades frente a otros recintos. En primer lugar, un CPD está ocupado mayoritariamente por material electrónico delicado, que debería evitar someterse a mecanismos de extinción que lo dañaran (como el polvo o algunos agentes químicos), así como agentes de extinción que redujeran muy bruscamente su temperatura (como la extinción por CO_2 o nieve carbónica), ya que el material electrónico puede quedar destruido por bruscos cambios de temperatura. En segundo lugar, los equipos del CPD están alimentados eléctricamente, y es posible encontrar fuego de origen eléctrico, lo que impide emplear agua, u otros agentes extintores conductores de la electricidad, como algunas espumas. Las medidas de protección que existen, son:

- Paredes, techos, y suelos a prueba de incendios, que cierren el recinto. No debe existir comunicación por suelos ni techos con los recintos cercanos. No deben permitir la entrada de fuego, ni propagarlo si se originara dentro.

- Puerta con suficiente grado de protección frente al fuego. No debe permitir la entrada de fuego, ni propagarlo si se originara dentro.
- Detectores de humo, que se deben situar en el falso techo, que es donde primero se acumulará el humo. Deberían estar conectadas a una alarma audible, y ser practicables para su mantenimiento.
- Alarmas de incendio manuales, localizadas en sitios estratégicos, generalmente cerca de puertas y salidas de emergencia. Deberían estar conectadas a una alarma audible.
- Extintores de incendio manuales. Para fuego tipo C, podrían emplearse agentes extintores físicos como el CO_2 (aunque no sean muy recomendables), o agentes extintores químicos, como polvos químicos (aunque tampoco sean muy recomendables). Hasta 1994, se fabricaron hidrocarburos halogenados (halones), que no conducen la electricidad, y no producen cambios inmediatos de temperatura, pudiéndose emplear en equipos electrónicos delicados. Dejaron de fabricarse, porque dañan el ozono de la atmósfera. En extintores portátiles, se empleaba el halón 1211 (CBrClF2), de precio elevado, y que no resulta tóxico para concentraciones inferiores al 7 %.

  El fuego de un incendio se clasifica en cuatro tipos, en función del combustible:

  - Fuego tipo A: es el que se produce en combustibles sólidos comunes, como madera, papeles, cartones, textiles, plásticos, etc. Dejan residuos en forma de brasas o cenizas.
  - Fuego tipo B: es el que se produce en combustibles líquidos inflamables, como gasolina, pinturas, gas licuado de petróleo, o algunas grasas lubricantes. No dejan residuos al quemarse.
  - Fuego tipo C: comúnmente denominados "fuego eléctrico", es el que se produce en equipos o instalaciones con carga eléctrica. Este es el caso de un fuego que se desarrolla en un CPD.
  - Fuego tipo D: se produce en metales, como virutas de aleaciones de aluminio, magnesio, u otros.

- Sistemas de extinción de incendio automático. Estos sistemas se activan de manera automática, cuando detectan una alta temperatura.

Los sistemas automáticos basados en agua (por ejemplo, empleando rociadores), no son adecuados, por la incompatibilidad eléctrica. Los adecuados para instalaciones de CPD son basados en gases presurizados que, una vez liberados, desplazan el oxígeno del aire, extinguiendo el fuego. Estos sistemas deben ser descargados manualmente, introduciendo por tanto una demora en la extinción, y pueden acarrear otras acciones, como el cierre de puertas, o el corte del suministro eléctrico. Deben conectarse a una alarma audible, con antelación a la liberación del agente extintor, para que el personal pueda abandonar el recinto. Se deben chequear al menos anualmente, y realizar pruebas, aunque sean parciales. En ningún caso debe emplearse CO_2, ya que este gas no sostiene la vida humana, por eso las instalaciones que puedan liberar CO_2 con presencia humana son ilegales.

Actividades

11. Retome el plano del CPD y compleméntelo, añadiéndole las medidas de protección contra incendios que aquí se enumeran. Añadir también los equipos de suministro eléctrico y de clima de los epígrafes anteriores.

7. Elaboración de la normativa de seguridad física e industrial para la organización

Las medidas para dotar un CPD de SF pueden ser costosas en términos económicos. Conviene recordar que la implantación de salvaguardas debe ser proporcional a los riesgos existentes, e ir precedida de un análisis de riesgos.

La normativa de SF e industrial de la empresa debería recoger al menos la legislación aplicable, las normas de referencia empleadas, y las medidas aplicadas.

A continuación, se propone un índice de los contenidos que deberían desarrollarse en una normativa apoyada en la norma ISO 27002.

Normativa de seguridad física

A. Legislación aplicable

- Reglamento de desarrollo de la LOPDGDD.
- Esquema Nacional de Seguridad (art. 17, medidas de protección de las instalaciones e infraestructuras).
- Norma básica de edificación sobre protección de incendios (NCB-CPI96).
- Reglamento de Infraestructuras Comunes de Telecomunicaciones (ICT).
- Reglamento electrotécnico de baja tensión (RBT).

B. Normas de referencia

- Interferencia electromagnética (EMI) y compatibilidad electromagnética (EMC).
- UNE EN 50174, de instalación del cableado.
- TIA568B, de estándar de cableado.
- TIA942, de diseño de *datacenter.*
- ISO 27001, para la gestión de la seguridad de información.

C. Medidas aplicadas en la empresa, acordes con la norma ISO 27002

C1 Perímetro de seguridad física (11.1.1).
C2 Controles físicos de entrada (11.1.2).
C3 Seguridad de las oficinas, despachos e instalaciones (11.1.3).
C4 Protección para amenazas externas y de origen ambiental (11.1.4).
C5 Trabajo en áreas seguras (11.1.5).
C6 Áreas de acceso público y de carga y descarga (11.1.6).
C7 Emplazamiento y protección de equipos (11.2.1).
C8 Instalaciones de suministro (11.2.2).
C9 Seguridad en el cableado (11.2.3).
C10 Mantenimiento de equipos (11.2.4).
C11 Seguridad de los equipos fuera de las instalaciones (11.2.5).
C12 Reutilización o retirada segura (11.2.6).
C13 Salida de materiales (11.2.7).

8. Sistemas de ficheros más frecuentemente utilizados

Comienza con este epígrafe el estudio de la Seguridad Lógica, complementando lo relativo a la Seguridad Física vista en los epígrafes 2 a 7.

Se presenta el concepto de fichero desde la base de su finalidad, que es almacenar información, es decir, recoger y delimitar el activo de información de la empresa.

Se verán las principales características de los sistemas de archivos más usuales: EXT3 (del inglés, *Third Extended Filesystem),* en entornos con sistema operativo *Linux* y NTFS (del inglés, *New Technology File System),* en entornos con sistema operativo *Microsoft Windows.* El sistema de archivos es un elemento **vital** para el sistema de información y su seguridad, porque limita cómo se dividirá en ficheros el activo de información, y cómo se gestionarán estas unidades elementales de valor.

8.1. Ficheros

De entre las múltiples acepciones de la Real Academia para el término información, se recoge aquí la definición de información como **comunicación o adquisición de conocimientos que permiten ampliar o precisar los que se poseen sobre una materia determinada.** Para poder almacenarla y transmitirla, la información (bien sean palabras, imágenes, vídeos, sonidos, o números) se debe traducir a números, mediante un proceso de **codificación.** Para poder entregar la información original, partiendo de su representación numérica o codificada, la codificación debe ser reversible, mediante el proceso de **decodificación.** Tanto la codificación como la decodificación, deben seguir mecanismos o convenciones conocidas por quienes se quieran intercambiar información.

Por ejemplo, la cadena de información textual "SEGURIDAD DE LA INFORMACIÓN" empleando la codificación ASCII se corresponde a la secuencia ordenada de números {83, 69, 71, 85, 82, 73, 68, 65, 68, 32, 68, 69, 32, 76, 65, 32, 73, 78, 70, 79, 82, 77, 65, 67, 73, 79, 78}. Estos números son los datos que representan la información original.

Sabía que...

El código ASCII *(American Standard Code for Information Interchange),* se crea en los años 60, para homogeneizar la codificación de los caracteres del alfabeto latino, incluyendo hasta 128 caracteres (para lo que empleaba 7 bits, y un octavo, que se usaba para corrección de errores).

Los caracteres ASCII más usuales son:

- Dígitos 0, 1, 2,..., 9: 48, 49, 50,...57.
- 26 mayúsculas A, B, C,..., Z: 65, 66, 67,...90.
- 26 minúsculas a, b, c,..., z: 97, 98, 99,...122.
- Espacio: 32, @: 64, *: 42, ".": 46, /: 47, \: 92.

Posteriormente, surgieron otros códigos más amplios, como el ISO-8859-1, que empleando 8 bits permitían codificar hasta 256 caracteres.

Los números que representan la información se llamarán **datos.** Una vez que se tiene la información traducida a datos, se puede automatizar su procesamiento, almacenarla, transmitirla, encriptarla, sacar una copia, etc.

Definición

Dato
Información dispuesta de manera adecuada para su tratamiento por un ordenador.

Los datos son números que se representan en **base 2,** o en código binario, ya que los medios donde se escriben o almacenan están optimizados para manejar solo dos posibles símbolos (habitualmente representados como 0 y 1), en conformidad y adecuación con los sistemas electrónicos digitales de lógica binaria, que posteriormente tratarán dichos datos.

Por ejemplo los datos {83, 69, 71, 85, 82, 73, 68, 65, 68, 32, 68, 69, 32, 76, 65, 32, 73, 78, 70, 79, 82, 77, 65, 67, 73, 79, 78} se almacenarán y tratarán como la secuencia binaria {01010011, 01000101, 01000111, 01010101, 01010010, 01001001, 01000100, 01000001, 01000100, 00100000, 01000100, 01000101, 00100000, 01001100, 01000001, 00100000, 01001001, 01001110, 01000110, 01001111, 01010010, 01001101, 01000001, 01000011, 01001001, 01001111, 01001110}.

De forma genérica, un **fichero** es **un conjunto de datos,** con al menos un nombre asociado. El nombre se necesita para poder distinguir un fichero de otro. Este conjunto de datos, además del nombre, necesitará tener otras muchas propiedades, como la fecha de creación, el propietario del fichero, información sobre quién puede leerlo, sobre quién puede modificarlo, o hacer operaciones de escritura en él, la fecha de la última escritura, etc. Todas estas propiedades son necesarias para poder organizar de manera eficaz un conjunto elevado, y generalmente creciente, de ficheros.

Un fichero contiene una secuencia de 0 y 1, que son la representación binaria de los datos numéricos que codifican la información del archivo. Las propiedades del fichero (nombre, propietario, permisos de acceso, fechas, etc.), también se codifican mediante 0 y 1, junto a su contenido, o no. La unidad elemental de información es 1 bit, y 8 bits forman 1 byte (1 B), que representa 1 carácter alfanumérico. El byte es habitualmente la unidad elemental del tamaño de los ficheros, siendo normal usar sus múltiplos: KB, MB, GB, y TB.

Nota

1 kilobyte (1 KB) = 1.024 B.

1 megabyte (1 MB) = 1.024 KB = 1.048.576 B.

1 gigabyte (1 GB) = 1.024 MB = 1.048.576 KB = 1.073.741.824 B.

1 terabyte (1 TB) = 1.024 GB = 1.048.576 MB.

Sabía que...

En una formato DIN A4 caben normalmente unas 400 palabras, y siendo la longitud media de las palabras en español de 5 caracteres se obtiene que en un DIN A4 caben normalmente unos 2000 caracteres. Es decir, se necesitan unos 2000 bytes, casi 2 KB, para almacenar 1 folio de texto impreso.

Los ficheros se almacenan en medios de almacenamiento, existiendo una amplia variedad de tecnologías, algunas de los cuales son:

- Medios magnéticos: discos duros (de un GB a varios TB), disquetes flexibles (3,5", desde 1,44 MB hasta 200 MB), cintas de *backup* (GB, TB).
- Medios ópticos: CD (de 650 a 900 MB/GB), DVD (4,7 GB/8,5 GB), HD-DVD (15 GB/30 GB), *Blue-ray* (27 GB/54 GB).
- Medios de estado sólido, o semiconductores: memorias ROM, PROM, EPROM, EEPROM (de un KB a varios MB), memorias *flash* USB (de varios MB a varios GB).

Los ficheros pueden tener diferentes propiedades, y se pueden diseñar diversos métodos para gestionar las propiedades y los propios ficheros. Por ejemplo, para almacenar la secuencia de 0 y 1, se puede guardar toda la secuencia seguida, o se puede escribir en bloques de 1024 símbolos, o de 2048, o de tamaño variable. Las respuestas a estas cuestiones definen lo que se denomina un **sistema de ficheros.** Un sistema de ficheros **es la especificación de todos los aspectos que resulten necesarios para administrar los ficheros en un medio de almacenamiento.** Diferentes sistemas de ficheros permiten diferentes funcionalidades, y por lo tanto, definen aspectos distintos. En todo caso, y desde la óptica de SI, el sistema de archivos debe entregar los medios para un almacenamiento seguro de la información, incluyendo los mecanismos para compartirla con seguridad.

Al fichero también se le denomina archivo, pudiéndose emplear ambos términos de manera intercambiable casi siempre. De la misma manera, al sistema de ficheros se le denomina comúnmente **sistema de archivos.**

Nota

Se empleará específicamente el término archivo para referirse al fichero resultante del proceso de archivado, es decir, de agrupar información en un solo fichero bajo algún criterio. Así, generalmente, se suelen archivar documentos con una fecha anterior a una dada en un único fichero o archivo; o se suelen agrupar diferentes ficheros relacionados con un mismo tema o proyecto, en un único archivo.

También se emplea específicamente el término archivo para referirse al fichero único que agrupa múltiples ficheros, comprimidos como un solo conjunto de información.

La compresión es una codificación de los datos según un algoritmo, que se puede revertir mediante el proceso inverso o de descompresión, de forma que la información así codificada, ocupa menos tamaño (bytes) que los archivos originales.

Actividades

12. Calcule cuántas páginas de información (2 KB) se pueden almacenar en un disco flexible de 3.5", en un CD-ROM convencional de 650 MB, en un DVD, y en un *Blue Ray* de doble densidad. ¿Cuántos libros de 400 páginas caben en cada caso?

8.2. Sistema de ficheros EXT4 del sistema operativo *Linux*

El primer sistema de archivos nativo de *Linux* es el EXT *(Extended File System),* y fue desarrollado en 1992 por Rémy Card, en la Universidad Pierre et Marie Curie. Posteriormente, en 1993, se introdujo la revisión EXT2, y más tarde la revisión EXT3, que añade a EXT2 la funcionalidad de registro en diario.

Por último, en el 2008 se introdujo por el equipo de desarrolladores EXT4 que agrega entre otras la funcionalidad *Extents.*

Nota

El uso de registro en diario, o *journaling,* consiste en emplear una zona del medio de almacenamiento como memoria de apoyo, para la operación de escritura en el sistema de archivos. Esta memoria de apoyo permite que la modificación de un archivo se realice en varias fases, lo que permite verificar si ha concluido correctamente. Si la escritura se realiza en un solo paso y este falla, no hay manera de conocer que ha habido un error.

EXT4 admite tres niveles de *journaling:*

- Usando el diario, que es la configuración más segura e introduce un bajo riesgo.
- Bajo pedido, donde el riesgo del sistema de archivos es medio.
- Funcionamiento de reescritura, que introduce un mayor riesgo.

Estructura

El sistema EXT4 está diseñado de una manera que permite acceder a otros sistemas de archivos. Para ello, la interfaz del sistema operativo que realiza las llamadas a las funciones de acceso a disco, realmente invoca a un sistema de archivos virtual (VFS), y es este quien accede realmente al sistema de archivos que existe en el medio de almacenamiento, (EXT4 por defecto en la mayoría de distribuciones de *Linux).* VFS permite que *Linux* acceda a distintos sistemas de archivos, a través de una única interfaz.

El sistema de archivos se divide en una zona de arranque o *boot,* y en varias zonas posteriores, que se denominan grupos. Cada grupo consta de seis elementos, los dos primeros (denominados superbloque y descriptores de grupo) se copian en todos los grupos, lo que aporta redundancia al sistema de ficheros, y hace que sea más robusto. Los cuatro elementos restantes del grupo son el mapa de bits de los bloques de datos, el mapa de bits de los nodos-i, la tabla de nodos-i, y los bloques de datos.

El sistema EXT4 es compatible y puede montarse como EXT3 siempre y cuando no se haya implementado *Extents.* El sistema *Extents* no es más que un conjunto de bloques físicos contiguos que reemplazan el tradicional sistema de bloques reduciendo la fragmentación.

Sabía que...

El sistema Ext4 es capaz de trabajar con volúmenes de hasta 1 Eb y ficheros de hasta 16 Tib.

Funciones

Los tipos de archivos que define son **archivos normales, directorios, archivos de dispositivo, tuberías o *pipelines*** (para la comunicación entre procesos), **y enlaces** (blandos o duros). Los nombres de los archivos pueden tener hasta 255 caracteres, sean cuales sean, pero se suelen evitar los caracteres especiales: ?, ¿, <, >, (,), [,], {, }, $, |, “, *, /, \. *Linux* trata los archivos como simples secuencias de bytes, de manera que son las aplicaciones quienes deben interpretar su significado. Además, es independiente del medio de almacenamiento, por lo que se emplean las mismas funciones para acceder a archivos de un disco duro, que para acceder a archivos de una unidad USB. Trata los dispositivos de entrada-salida como archivos, de manera que, por ejemplo, para imprimir un archivo *file01*, basta enviar *file01* al archivo que representa la impresora.

Posee una estructura jerárquica, en forma de árbol invertido (la raíz se llama “/”). Permite crear y borrar archivos, además de permitir que crezcan de manera dinámica (el usuario no tiene que definir un tamaño máximo, como en sistemas antiguos). Finalmente, el sistema de archivos protege los datos, porque cada archivo tiene una serie de derechos de acceso asociados, los cuales determinan y limitan los posibles accesos por parte de otras personas.

Seguridad

De cada archivo se registran las siguientes propiedades de alto nivel:

- **Derechos de acceso** (modo de protección del archivo o lista de control de acceso). Representado por 10 caracteres, el primero indica si es un directorio ("d"), un dispositivo ("c" de modo carácter, o "b" de modo bloque) o un archivo ordinario, "–". Los siguientes 9 caracteres indican 3 permisos (que solo puede cambiar el propietario del archivo o el administrador del sistema). A saber, los permisos del propietario, los permisos del grupo al que pertenece el propietario, y los permisos del resto de usuarios. Cada permiso está formado por tres caracteres: "r", para indicar derecho de lectura, "w", para indicar derecho de escritura, y "x", para indicar derecho de ejecución (o un "–" en cualquiera de ellos para negarlo).
  El administrador del sistema en entorno *Linux* se denomina superusuario o *root.* El modo de protección de un archivo se puede cambiar mediante el comando **chmod.**
- **Número de enlaces:** en *Linux,* un archivo puede aparecer en diferentes partes, manteniendo una sola copia física, lo que optimiza el uso del disco. Este número indica el número de copias que existen del archivo.
- **Propietario:** indica el nombre del dueño del archivo.
- **Grupo:** nombre del grupo al que está adscrito el propietario del archivo.
- **Tamaño en bytes.**
- **Fecha de última modificación:** cuándo fue creado o modificado.
- **Nombre del archivo.**

La siguiente imagen presenta esta información, en el formato largo habitual que la entrega el sistema operativo (los números indicados en cada uno de los 9 permisos se explicarán más adelante).

Ejemplo de información sobre el archivo file01 en un sistema de archivos EXT3. El entero que resume el modo de protección del fichero es (400+200+100) + (40+20) + (4)=764

	Permisos propietario			Permisos grupo			Permisos resto usuarios								
t	r	w	x	r	w	x	r	w	x	Enlaces	Propietario	Grupo del propiet.	Tamaño	Fecha	Nombre
Tipo de archivo (d. c. b)	Derecho de lectura del propietario (400)	Derecho de escritura del propietario (200)	Derecho de ejecución del propietario (100)	Derecho de lectura del grupo (40)	Derecho de escritura del grupo (20)	Derecho de ejecución del grupo (10)	Derecho de lectura del resto (4)	Derecho de escritura del resto (2)	Derecho de ejecución del resto (1)						

Ejemplo: datos del archivo "file01"

```
-rxwrw-r--    3    Juan    ventas    1578    feb 9 12:23    file01
```

El archivo "file01" es un fichero ordinario, que su propietario (Juan) puede leer, escribir y ejecutar, que el grupo (ventas) puede leer y escribir, y que el resto de usuarios solo pueden leer. Ocupa 1578 bytes, y fue modificado por última vez a las 12.23 del 9 de febrero.

8.3. Sistema de ficheros NTFS de sistemas operativos *Windows* de *Microsoft*

Con el sistema operativo *Windows NT,* que sentó la base del resto de sistemas operativos de *Microsoft,* este fabricante comenzó a aplicar un sistema de archivos llamado *New Technology File System* o NTFS, cuyas elevadas posibilidades lo mantienen plenamente vigente en los sistemas operativos de última generación de este fabricante. Algunas de sus características son similares a las del sistema de archivos HPFS, y representa una gran evolución frente al sistema FAT *(File Allocation Table),* que empleaba *Microsoft* con anterioridad. Las versiones más extendidas de este sistema de archivos han sido las versiones NTFS 3.0 *(Windows 2000),* NTFS 3.1 *(Windows XP* y *Windows 2003)* y NTFS 5.1 *(Windows 2008).*

```
C:\windows\system32>fsutil fsinfo ntfsinfo c:
Número de serie de volumen NTFS:          0x4c580569580552de
Versión NTFS:                     3.1
Versión LFS:                      2.0
```

Estas versiones reciben en ocasiones las denominaciones v4.0, v5.0,v5.1,v5.2 y v6.0 en relación con la versión de Windows en las que se implementaron. *Microsoft Windows* 10 sigue utilizando la versión de NTFS 3.1.

Estructura

NTFS emplea los siguientes conceptos para el almacenamiento en disco:

- **Sector:** es el espacio más pequeño que puede ocupar un archivo, y normalmente serán 512 bytes, o un múltiplo de esta cantidad.
- ***Cluster:*** es un conjunto de uno o más sectores contiguos. Es la unidad de alojamiento fundamental para NTFS, que no es capaz de manejar sectores individuales. Esto permite a NTFS emplear archivos muy grandes, así como discos de gran tamaño.
- **Volumen:** es una partición lógica del disco, consistente en uno o más *clusters.* Es el espacio usado por el sistema de archivos para alojar los ficheros. Un volumen consta de la información del sistema de ficheros, del conjunto de ficheros, y del espacio aún no alojado, o sobrante, del volumen donde se alojarán futuros ficheros. Un volumen puede ser una parte de un disco duro físico, un disco completo, u ocupar varios discos duros.

En el sistema de archivos NTFS, las propiedades de los archivos se almacenan también en archivos, por lo que la parte del control no está almacenada en ubicaciones prefijadas, sino en cualquier lugar, como cualquier otro archivo. Esto es así, salvo para el archivo *$Boot,* que es el único con una posición fija, y que se ubica al principio del volumen, en los primeros 16 sectores, comenzando en el primer sector del *cluster* 0. Normalmente, al final del volumen de datos se tiene una copia del primer sector del volumen, pues en caso de su pérdida el volumen sería inaccesible.

Actividades

13. Si tiene acceso a un ordenador, confirme el sistema de archivos que emplea su sistema operativo.

La estructura clave de NTFS es la MFT *(Master File Table)*, que es un archivo de nombre *$MFT*, que tiene como mínimo una entrada por cada archivo y directorio del sistema, y que indica dónde se puede encontrar cada archivo o directorio. La posición del fichero *$MFT* está definida en el archivo *$Boot*. Las primeras entradas de *$MFT* están reservadas para archivos del sistema especiales, y después vendrían las entradas para los ficheros del usuario. El sistema NTFS crea una copia del fichero *$MFT*, llamada *$MFTMirror*, que mantiene una copia del fichero *$MFT*, pero solo de sus primeras entradas; suele ubicarse sobre el centro del volumen para poder ser accedido en caso de que el fichero *$MFT* estuviera corrupto.

Estructura del sistema NTFS. Los principales elementos son los archivos $Boot y $MFT. Del primero se dispone una copia de su primer sector al final del volumen, y del segundo se dispone una copia de las primeras entradas, aproximadamente sobre la mitad del volumen

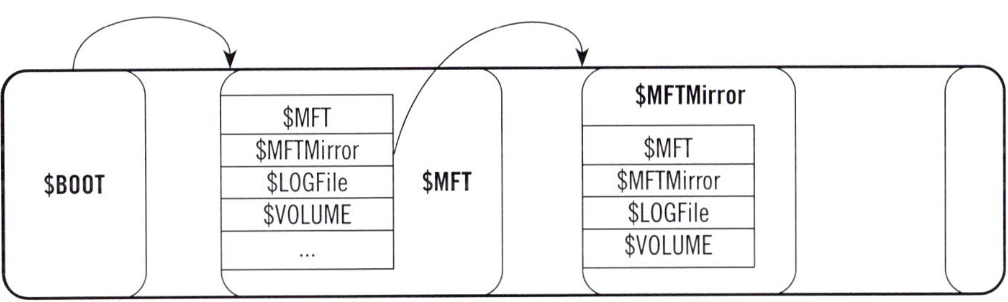

Funciones

Los principales objetivos del sistema NTFS son:

- Facilitar la recuperación en caso de fallo, lo que logra con las copias de los elementos críticos descritos antes.
- Eliminar el problema del tamaño de las particiones o unidades lógicas en que se segmenta los discos, en previsión de la aparición de discos de muy alta capacidad.
- Lograr un almacenamiento eficiente, y permitir nombres de archivos largos de hasta 255 caracteres (no limitado a los 8+3 del sistema FAT).
- Facilitar la indexación, lo que es posible, ya que se pueden definir palabras clave para el contenido del archivo, como si se tratara de propiedades personalizadas del fichero.
- Proporcionar un sistema robusto de control de acceso y de control de la seguridad, lo que se permite con las prestaciones que se verán a continuación.
- Permite que un archivo soporte distintos flujos de información, o que sea accedido por diferentes aplicaciones, con distintos atributos o propiedades, pero siempre con los mismos permisos de seguridad. Por ejemplo, un fichero de texto puede ser abierto por dos aplicaciones a la vez.
- NTFS soporta compresión de ficheros (con *cluster* de hasta 4KB) para ahorrar el uso de disco.
- NTFS soporta encriptación de los archivos, empleando una combinación de algoritmo simétrico y de clave pública, de manera que solo el propietario del fichero pueda acceder a él, presentando su certificado digital al sistema.

Seguridad

En el sistema de archivos NTFS, cada fichero y carpeta posee al menos:

- **Lista de control de acceso de permisos,** que enumera los permisos que los usuarios o grupos tienen sobre el archivo, o que se deniegan explícitamente. Puede contener un número indefinido de entradas, de manera que el sistema NTFS permite múltiples niveles de acceso a cada fichero o directorio. Un fichero puede heredar los permisos de acceso del directorio que lo contiene, de manera que cada archivo contendrá en realidad dos listas de control de acceso discrecional o DACL (del inglés, *discretionary access control list),* la DACL heredada y la DACL explícita.

- **Lista de control de acceso de auditoría,** que es una lista con las acciones que el sistema debe auditar sobre el acceso al fichero. La auditoría se materializa escribiendo en el registro del sistema la acción que se haya configurado auditar, de los usuarios o grupos de usuarios. Inicialmente, siempre está vacío.
- **Identificador del propietario,** que es un código conocido como SID, que identifica al propietario (inicialmente quien crea el fichero).
- **Tamaño en bytes.**
- **Fecha de creación, modificación, y último acceso.**
- **Nombre del archivo.**

Los permisos que se pueden configurar en las DACL de un fichero se dividen en dos categorías:

a. Permisos estándar, que son combinaciones predefinidas de permisos individuales bien sobre directorios (listar, leer, escribir, leer y Ejecutar, modificar, control total) o bien sobre ficheros (leer, escribir, leer y ejecutar, modificar, control total).
b. Permisos individuales, que controlan cada una de las acciones individuales que se pueden realizar sobre un fichero o directorio. Son los siguientes: atravesar carpeta/ejecutar archivo, leer carpeta/leer datos, leer atributos extendidos, crear ficheros/escribir datos, crear carpetas/anexar datos, escribir atributos, escribir atributos extendidos, borrar, leer permisos, cambiar permisos y tomar posesión.

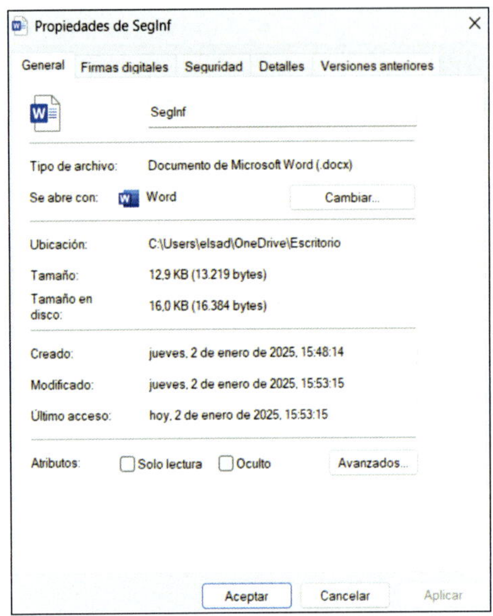

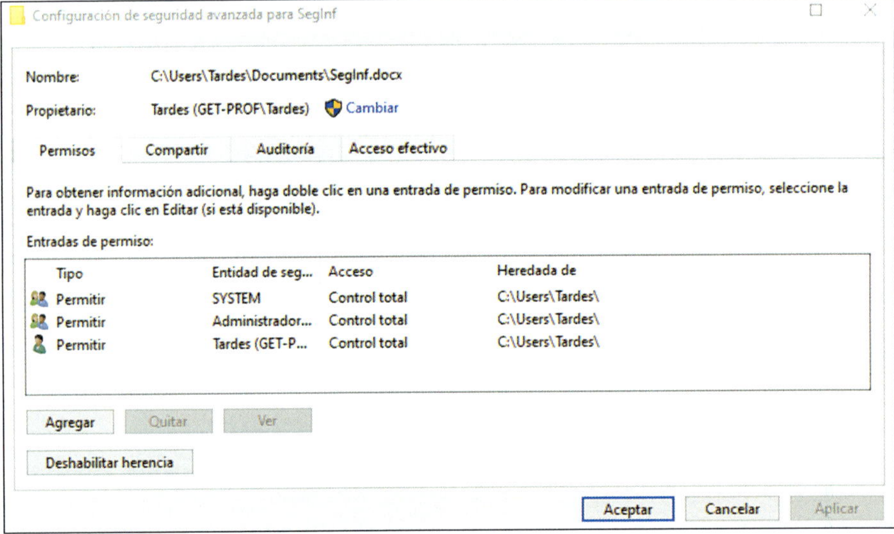

Seguridad del fichero NTFS "file01.txt" y su lista de control de acceso de permisos

Actividades

14. Si tiene acceso a un ordenador con sistema *Windows* y con sistema *Linux*, revise las características de seguridad de algunos ficheros.

9. Establecimiento del control de accesos de los sistemas informáticos a la red de comunicaciones de la organización

La SL se ocupa de las barreras, procedimientos, y mecanismos para mantener el resguardo e integridad de los activos físicos o lógicos de la empresa, de forma que solo se permita acceder lógicamente a ellos a las personas autorizadas para hacerlo.

La norma **ISO 27001** dedica su capítulo 9 por completo al control de acceso lógico, con los siguientes 4 objetivos:

- Requisitos del negocio para el control de acceso (9.1).
- Gestión del acceso de los usuarios (9.2).
- Responsabilidades de los usuarios (9.3).
- Control de acceso a sistemas y aplicaciones (9.4).

Nota

El objetivo 9.1 se tratará en el epígrafe 16. Los objetivos número 9.2 y 9.3 en el epígrafe 12. El objetivo 9.4 se tratará en este epígrafe.

Se trata de proteger frente a accesos no autorizados y ataques lógicos, y para ello, el principal elemento es el **control de acceso lógico** (CAL). Generalmente, los CAL están más relacionados con los mecanismos de seguridad implementados en el propio sistema de información, (sustentado por el sistema operativo y el sistema de ficheros empleado) que con la distribución de la información a través de redes (lo cual no quita que la arquitectura de red también deba asegurarse).

El CAL se ocupa de los procesos de identificación, autenticación, y autorización. Del correcto establecimiento de estos tres procesos se obtendrá una seguridad lógica adecuada, que asegure que solo los usuarios identificados y autenticados acceden a los recursos autorizados.

Actividades

15. Amplíe la información sobre el objetivo de control 11.7 de la norma ISO 17799:2005, dedicado al teletrabajo.

9.1. Identificación y autenticación

La **identificación** es el proceso por el que una persona dice quién es. La **autenticación** es el proceso por el que se comprueba que una persona es quien dice ser. La identificación y la autenticación protegen el acceso al sistema.

En la identificación, el usuario presenta al sistema su identidad, normalmente en la fase de inicio de sesión. Generalmente, el usuario presenta su nombre, estableciéndose como responsable de las acciones que con tal identificador pudiera llevar a cabo el sistema.

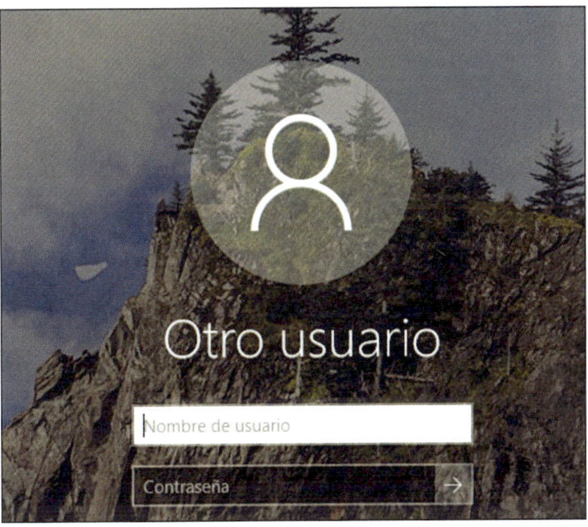

Identificación en sistemas Linux y Microsoft Windows

Definición

Identificar
Dar los datos personales necesarios para ser reconocido.

En la fase de autenticación, se debe verificar que el usuario identificado está considerado como válido por el sistema, para lo que debe demostrar que está en posesión de credenciales que permitan comprobar su autenticidad. Normalmente, se emplean sistemas basados en algo que solamente el usuario conoce (una contraseña), algo que el usuario posee (una tarjeta inteligente o *smartcard)* o algo que el usuario es (como los sistemas biométricos, que miden una huella, o la retina; aquí se suelen incluir mecanismos basados en la conducta, o en algo que el usuario es capaz de hacer, como una firma manuscrita o una prueba de voz).

Autenticación o autentificación
Verificación de la identidad de una persona o proceso.

Estos dos procesos permitirían discriminar exclusivamente quién puede acceder al sistema, pero no proteger sus elementos individuales. Para esto se precisa la autorización, que diferencia los recursos individualmente, y quién está autorizado a realizar qué cosa sobre ellos. La autorización protege el uso de los recursos del sistema.

9.2. Autorización

La **autorización** es el proceso por el que se comprueba si se puede llevar a cabo una acción sobre un recurso. Se trata de evaluar la concesión de privilegios a un usuario que tiene garantía de ser auténtico, según el estado actual del sistema. Generalmente, un usuario está autorizado a usar una parte de los recursos del sistema, o ninguna, según su función en la empresa. La autorización, además del recurso, puede incluir restricciones de tiempo, o de la acción concreta sobre el recurso. Existen varios modos de autorización:

- Control de acceso discrecional (DACL), en el que es el propietario del recurso el que determina quién puede acceder al mismo y qué acciones puede realizar. Es fundamental, por lo tanto, que todos los recursos tengan un propietario. Se deben emplear pautas de concesión, basadas en la **necesidad de conocer** o **de menor privilegio.**

- Control de acceso mandatorio (MAC), donde es el propio sistema quien protege los recursos. El sistema clasifica a usuarios y recursos en niveles de seguridad, mediante una etiqueta de seguridad asignada por el sistema, con diferentes niveles o categorías. Los recursos pertenecen a un nivel que se otorga mediante una etiqueta, que va desde el mínimo o desclasificado, hasta el máximo o alto secreto. Para que un usuario acceda a un recurso, basta comparar ambas etiquetas de seguridad.
  El sistema se apoya en reglas de clasificación, que son ejecutadas sin grados de libertad. Es, por lo tanto, un sistema muy rígido, que se emplea sobre todo en entornos militares o gubernamentales.
- Control de acceso basado en roles (RBAC), que intenta aunar los métodos anteriores: el sistema es quien tiene la autoridad para decidir el control de accesos, pero no emplea etiquetas, sino roles basados en los requisitos funcionales de la actividad que realiza la persona. Así, se asigna un rol a un usuario (esto solo lo puede hacer el administrador de seguridad), y al rol una serie de permisos y privilegios. Para actuar sobre un recurso, el usuario debe estar activo en un rol con privilegios sobre el recurso. Todos los usuarios disponen de privilegios para actuar sobre sus recursos, y se puede observar el principio de privilegio mínimo, asignando siempre el rol mínimo.

Como se vio en el epígrafe anterior, tanto NTFS *(Microsoft Windows)* como EXT3 *(Linux),* integran de manera nativa las funciones y campos de información necesarios para usar un sistema de control de acceso discrecional, porque permiten delimitar qué acciones (lectura, escritura, ejecución, etc.) pueden realizar los usuarios o los grupos de usuarios.

Actividades

16. Obtenga más información sobre el sistema de autorización MAC y RBAC.

9.3. Establecimiento del control de accesos

Para establecer un CAL, se precisan varios elementos, y lo primero es definir unos usuarios que puedan acreditar su identidad, mediante un secreto compartido solo con el sistema, de manera que el sistema pueda comprobar si tienen autorizado el acceso al recurso que solicitan.

Usuarios

Un usuario es **toda persona que puede hacer uso de cualquier recurso del sistema,** incluidos los mínimos o esenciales, como pueda ser usar exclusivamente el servicio de autenticación. La representación lógica del usuario en el sistema de información será un conjunto de información, que al menos consistirá en un nombre (o *login),* un identificador numérico único empleado por el sistema para referirse al usuario (este identificador es generado por el sistema de manera automática, y no debe poder cambiarse), y una información, que solo debe ser compartida por la persona y por el sistema, en base a la que poder realizar la autenticación. Esta entidad de usuario tendrá adicionalmente otra información, como puede ser la próxima fecha para cambiar la contraseña, la fecha de creación, el departamento de la empresa al que pertenece, el teléfono, el correo electrónico, su domicilio, su fecha de cumpleaños, etc. Toda esta información sobre el usuario, su ficha, se agrupa en lo que se denomina **cuenta de usuario.** En una red de empresa, los usuarios se gestionan mediante cuentas de usuario, que deben ser accesibles desde cualquier ordenador de la red, porque a priori, el usuario querrá hacer uso de los recursos del sistema desde cualquier ubicación.

La gestión de las cuentas de usuario debe realizarse de manera centralizada, proceso que se lleva a cabo en un servidor de cuentas de usuario o servidor de directorio, ya que al conjunto de cuentas se le suele denominar **directorio de usuarios** o simplemente directorio. Existen diversas soluciones tecnológicas que entregan este servicio de directorio, y existen normas internacionales que definen este servicio, siendo altamente recomendable que el servicio de directorio elegido sea compatible con el protocolo LDAP. De esta manera, una aplicación de terceros (por ejemplo, una aplicación de bases de datos) que implemente este protocolo, puede acceder a la información de los usuarios de la red, sin necesidad de emplear sus propios usuarios ajenos a los ya existentes de la red.

Nota

La serie de normas X.500 se crea para estandarizar los servicios de directorio en redes de ordenadores, inicialmente entendidos como conjuntos de direcciones electrónicas o de otro tipo, y se concibió inicialmente para dar soporte al servicio de correo electrónico X.400.

Existe un protocolo, LDAP *(Light Directory Access Protocol),* que es una versión más sencilla de X.500, y mucho más extendida, que acabó reemplazándolo. Se trata de un protocolo que pueden usar las aplicaciones para acceder a un servicio de directorio, a través de una red de ordenadores para recuperar información.

Habitualmente, el directorio almacena la información de autenticación del usuario, y es utilizado para autenticarse.

Servicio de directorio

Los servicios de directorio se extienden para contener no solo la información de las cuentas de usuario, sino la de otros elementos que las aplicaciones puedan necesitar conocer desde cualquier ubicación de la red. Por ejemplo, se almacenan los nombres de los propios ordenadores de la red, los nombres de las carpetas compartidas en un servidor de ficheros, los nombres de los servidores que prestan servicios de impresión, los nombres de los servidores de correo electrónico, y cualquier otra información para la gestión de la propia red, como algunas configuraciones de personalización de los usuarios o de los ordenadores.

En sistemas *Microsoft Windows,* la solución implementada se denomina **directorio activo** (AD por sus siglas de *Active Directory).* Cuando se instala el servicio de AD en un servidor, dicho servidor se convierte automáticamente en un **controlador de dominio,** y el resto de los ordenadores de la red pueden convertirse en sus clientes, recibiendo toda la información del AD. El conjunto de ordenadores que comparten un servicio de directorio se denomina **dominio.** Este es el modo de configurar una red de *Microsoft Windows* actual, frente al modo de **grupo de trabajo** usado en sistemas anteriores.

En sistemas *Linux* es muy frecuente emplear la solución OpenLDAP, que es una implementación de código abierto del protocolo LDAP, desarrollado desde finales de los años 90, partiendo de la implementación LDAP realizada en la Universidad de Michigan, disponible para diferentes sistemas operativos.

Servicio de autenticación

El ordenador donde resida la base de datos de usuarios y la información para su autenticación, es decir, el servidor del directorio, parece el sitio idóneo donde llevar a cabo la autenticación, que es una función crucial del CAL. Las aplicaciones que necesiten usar de los servicios de autenticación deben saber cómo iniciar una solicitud de autenticación, y cómo interpretar la respuesta cuando sea positiva o negativa, etc. Para ello, se definen los protocolos de autenticación, que gobiernan estas comunicaciones. Entre las alternativas de mayor difusión, se encuentra el protocolo *Kerberos,* del Instituto Tecnológico de Massachusetts (MIT), que permite que dos ordenadores demuestren su identidad mutuamente de manera segura, comunicándose a través de una red a priori insegura. Los sistemas *Microsoft Windows* emplean el protocolo *Kerberos,* y en *Linux*, OpenLDAP también lo admite.

Nota

Para la autenticación en *Linux,* se emplean de manera generalizada los procedimientos definidos en PAM *(Pluggable Authentication Module),* aportados por *Sun Microsystems.* PAM no es un modelo de autenticación en sí, sino un mecanismo que permite que las aplicaciones usen diferentes métodos de autenticación de una forma transparente. Gracias a ello, se pueden integrar las utilidades clásicas de *Linux* (como *login* o ftp), con mecanismos de autenticación centralizados en LDAP; es decir, se pueden usar con sistemas diferentes a la autenticación local por defecto del sistema (que al emplear archivos locales con contraseñas codificadas, presenta problemas para un sistema de autenticación cliente-servidor).

En cada intento de acceso a un fichero, se comprueba si el identificador del usuario (ya autenticado) está o no incluido en la ACL que el sistema de ficheros tiene definido, y qué acciones concretas puede realizar el usuario.

Resumen de los elementos que intervienen en el control de acceso lógico

CONTROL DE ACCESO LÓGICO. (1) Identificación + (2) Autenticación + (3) Autorización

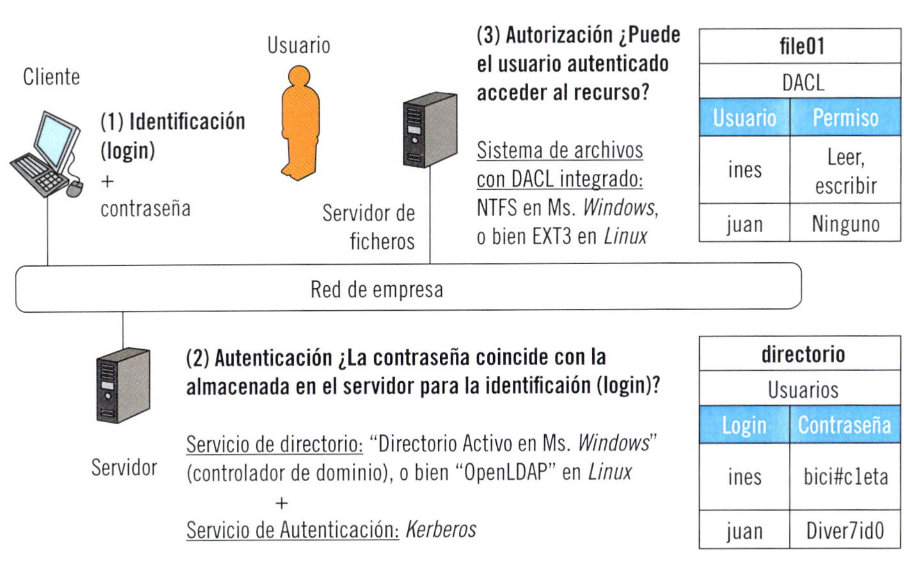

Actividades

17. Revise el control de acceso que se realiza en un ordenador cuando se inicia sesión, cuando se accede a un sistema externo de correo electrónico desde cualquier ubicación, o cuando se hace uso de un cajero automático.

Norma ISO 27002

La norma ISO 27002 incluye un objetivo para el control de acceso lógico a la información, que se presentará resumidamente a continuación, incluyendo las salvaguardas recomendadas para su cumplimiento.

El objetivo "9.1.2 Control de acceso a la red", establece que se debe evitar el acceso no autorizado a la red y, por lo tanto, a sus servicios. Para ello, se deben emplear siempre mecanismos de autenticación para los usuarios (y para las máquinas) de forma que el control del acceso de los usuarios sea obligatorio. Desde el punto de vista técnico, también se debe disponer de los interfaces adecuados entre la red de la organización e internet, que en la práctica, serán equipos dedicados a la función de pasarela de seguridad, como los cortafuegos (o *firewall)* que se verán en el capítulo 9. Para alcanzar este objetivo, se establecen 7 controles o salvaguardas:

- **Política sobre el uso de los servicios de red:** basada en que los usuarios solo tengan acceso a los servicios que les hayan sido específicamente autorizados. La política debe ser consistente con la **política de control de acceso,** y abarcará las redes y servicios disponibles, los procedimientos de autorización, los controles para proteger estos accesos, y los medios para tener acceso.
- **Autenticación de usuario para los usuarios remotos, o conexiones externas:** se puede emplear criptografía, dispositivos *hardware* (conocidos como *token)* o sistemas de desafío/respuesta. Entre los medios de acceso, se puede considerar el uso de redes privadas virtuales (VPN), o líneas privadas dedicadas. Especial atención requieren las redes inalámbricas, por las mayores oportunidades para una intercepción o inserción de tráfico.
- **Identificación del equipo automática:** es un medio válido para iniciar la autenticación de las ubicaciones desde donde se realizan las conexiones, por ejemplo, cuando es importante que la comunicación solo se pueda iniciar desde un equipo específico (es de utilidad entonces, que los equipos se identifiquen automáticamente). Es importante que la identificación permita conocer claramente a qué red se puede conectar el equipo, sobre todo cuando las redes sean de diferente confidencialidad. La identificación de la máquina, irá complementada con la autenticación del usuario del equipo.

- **Protección de puertos de diagnostico y configuración remota:** son habituales para las labores de administración o soporte a los usuarios. En general, se deben desactivar todos los puertos físicos y lógicos que no se necesiten específicamente (por ejemplo, un puerto USB, o el puerto lógico "21" de las comunicaciones TCP/IP de una red *Ethernet,* para impedir el uso del protocolo de transferencia de ficheros FTP).
- **Segregación de redes:** para separar usuarios y/o sistemas de información y/o servicios. Lo normal será establecer dominios lógicos separados, por ejemplo, la red interna de la red externa, o diferentes redes internas entre sí, delimitándose así diferentes perímetros de seguridad. Esto se puede implementar instalando una pasarela de seguridad (por ejemplo, un *firewall)* entre dos redes, que controle el acceso y flujo de información entre ellas. Especial atención precisan las redes inalámbricas, y su segregación, ya que los perímetros no están bien definidos; pudiendo emplearse métodos criptográficos, selección de distintas frecuencias, u otros.

  Entre las técnicas empleadas para la segregación de redes, se puede recurrir al uso de redes privadas virtuales (VPN, del inglés, *virtual private networks),* para separar grupos de usuarios y de ordenadores; o se pueden emplear técnicas de separación del tráfico de red, mediante redes de área local virtuales o VLAN (del inglés, *virtual local area network),* configuradas en equipos de comunicaciones, como conmutadores *(switcher),* o enrutadores *(router).*
- **Control de conexión de red:** especialmente en las redes compartidas, o que se extienden más allá de las fronteras físicas de la empresa, donde es especialmente relevante restringir las capacidades de conexión de los usuarios a la red. Por ejemplo, mediante pasarelas de seguridad, o *firewalls,* que empleen tablas o reglas predefinidas, para restringir el acceso al correo electrónico, a la transferencia de archivos, al acceso interactivo, al acceso a una aplicación, etc. Una medida sencilla y muy efectiva, consiste en vincular los derechos de acceso a la red con ciertos días u horas.
- **Control de rutas del tráfico de la red:** para asegurar que las conexiones de los ordenadores y los flujos de información sean los correctos, según la política de control de acceso de las aplicaciones comerciales. Nuevamente, es muy útil el empleo de pasarelas de seguridad, para validar las direcciones de red del origen y del destino de las comunicaciones en los puntos de control de redes internas-externas.

Actividades

18. Desde el punto de vista del cumplimiento del objetivo de control 11.4, justifique la selección de entre dos posibles *firewall:* un equipo que emplea un *router,* y un segundo equipo que permita el establecimiento de VPN.

Aplicación práctica

Ha ocurrido un incidente de seguridad, materializado mediante un acceso no autorizado a la red de la empresa, generando una denegación de servicio de los equipos de electrónica de red. La empresa carece de usuarios remotos, no emplea ningún sistema de diagnóstico o configuración remota, y solo tiene una red LAN interna, conectada a internet por un *firewall.*

Apoyándose en la norma ISO 27002, ¿qué aspectos de la empresa sería adecuado revisar?

SOLUCIÓN

De las 7 medidas que dispone el objetivo de control "9.1.2 Control de acceso a las redes y servicios asociados", no son aplicables las referente a usuarios externos ni a puertos de diagnóstico, por lo que solo es relevante revisar si están correctamente implantadas las siguientes medidas:

- Política sobre el uso de los servicios de red. Los usuarios solo deben tener acceso a los servicios específicamente autorizados.
- Identificación del equipo automático. Los equipos al conectarse a la red se identifican solos, sin que los usuarios pueden alterarlos.
- Segregación de redes, mediante el *firewall,* que debe aislar correctamente la LAN de internet.
- Control de conexión de red, mediante un *firewall* que controla y registra los servicios más usuales.
- Control de rutas del tráfico de la red, mediante el *firewall* que no debe establecer privilegios para ninguna dirección externa.

10. Configuración de políticas y directivas del directorio de usuarios

El directorio es el conjunto de información que permitirá gestionar de manera centralizada todos los aspectos de los elementos lógicos de la red de la empresa, especialmente las cuentas de usuario. Existen muchos aspectos que pueden interesar personalizar en el sistema para un usuario. Por ejemplo, si una cuenta de usuario está habilitada o no para iniciar sesión, o en qué horario puede hacerlo, o con qué frecuencia debe cambiar su contraseña.

Sería deseable que esta configuración pudiera aplicarse no individualmente a cada usuario, sino de manera más amplia, a un conjunto o grupo de usuarios. También sería deseable que estas configuraciones se pudieran gestionar de manera independiente a los usuarios a los que se les aplica. Por ejemplo, que se puedan guardar, que se puedan eliminar y dejen de aplicarse a los usuarios a los que afectaban, o que se pudieran modificar, y los cambios se reflejasen en los usuarios a los que se aplica esta configuración. El directorio activo (AD) permite lo anteriormente expuesto, extendiendo el servicio de directorio con el concepto de **políticas de grupo** (en inglés, GPO, *Group Policy Object).*

Las GPO son objetos del directorio activo (aunque también existen para los sistemas locales) que tiene como atributos cada una de las políticas (también denominadas **directivas)** que puede establecerse. Existen dos tipos de directivas, según afecten a los usuarios, o a los equipos (ordenadores).

Las GPO se configuran para aplicarlas sobre todo el dominio, o sobre un subconjunto de este, bien sea un sitio (que es una división del dominio generalmente con carácter geográfico), o bien sea una unidad organizativa (OU, del inglés *Organizational Unit).*

Nota

Los elementos de un dominio se organizan en una estructura jerárquica de árbol invertido. Un dominio se divide en sitios, y siempre debe existir al menos 1 sitio.

Cada sitio contiene unidades organizativas (OU), y siempre existen algunas OU del sistema por defecto.

Generalmente, se suelen crear OU para clasificar los usuarios y ordenadores según criterios funcionales, por ejemplo, puede crearse una unidad organizativa para cada departamento de la empresa.

Generalmente, las directivas se aplican a las OU, que son subconjuntos de elementos del directorio activo que facilitan la organización jerárquica de los elementos del directorio, y que puede contener tantos usuarios como equipos. Las directivas de usuario de la GPO se aplicarán a los usuarios contenidos en la OU cuando estos inician sesión en cualquier equipo del dominio; y las directivas de equipo se aplicarán a los equipos de la OU cada vez que estos se inicien.

Nota

Las políticas de grupo GPO, además de en los inicios de sesión, se aplican de forma periódica en intervalos aleatorios de 90 a 120 min. Así, se logra actualizar automáticamente el comportamiento cuando se hace algún cambio en las políticas. El administrador puede también forzar la aplicación de una GPO, para que cobre efecto con carácter inmediato.

Las GPO tienen herencia, y además tienen carácter acumulativo, de manera que a un usuario se le aplicarán todas las GPO que existan en el árbol invertido del dominio, hasta llegar a él, incluidas las GPO locales del ordenador donde inicie sesión. Estas directivas se aplican en el siguiente orden, y prevalecen las aplicadas en último lugar:

1. Directivas de usuario/equipo, de la GPO local definida en el ordenador cliente.
2. Directivas de usuario/equipo de las GPO del sitio.
3. Directivas de usuario/equipo de las GPO del dominio.
4. Directivas de usuario/equipo de las GPO de la OU.

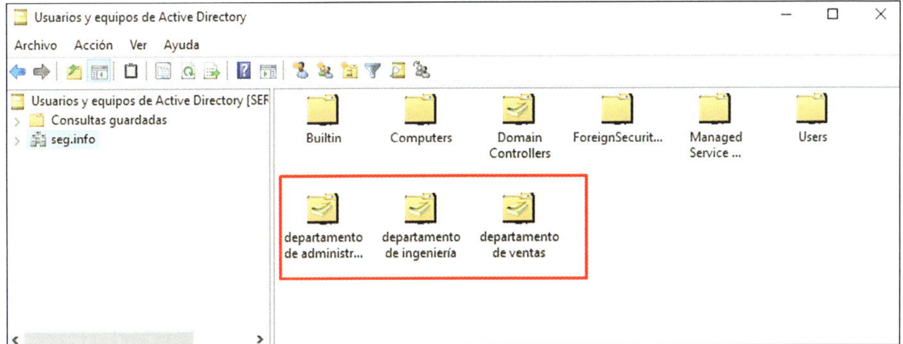

Exploración del directorio activo "seginf" donde se muestran 3 unidades organizativas personalizadas, el "departamento de administración", el "departamento de ingeniería" y el "departamento de ventas".

Las GPO aplican en el orden anterior, por el mero hecho de que un elemento esté en una ubicación u otra del directorio. Para el caso de las directivas de usuario, el control es incluso más granular, porque cada GPO admite DACL como si de un fichero se tratara, de manera que puede aplicarse solo a usuarios concretos.

Cada GPO contiene un árbol de políticas, que se divide en directivas de **configuración de equipo** y directivas de **configuración de usuario.** A su vez, cada directiva se subdivide en tres grupos:

- Configuración de *software,* que permite definir aspectos relacionados con la instalación automática del mismo.
- Configuración de *Windows,* que define parámetros del sistema operativo como los parámetros de seguridad, secuencias de comandos a ejecutar en el inicio de sesión, o parámetros de seguridad.

- Plantillas administrativas, que son las configuraciones que se guardan en el registro de *Windows,* relacionadas con el funcionamiento y apariencia del escritorio, y de muchos componentes del sistema operativo local.

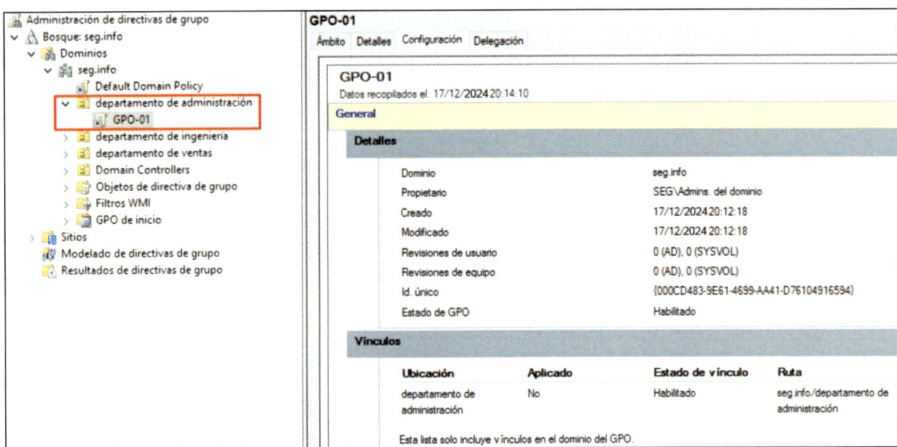

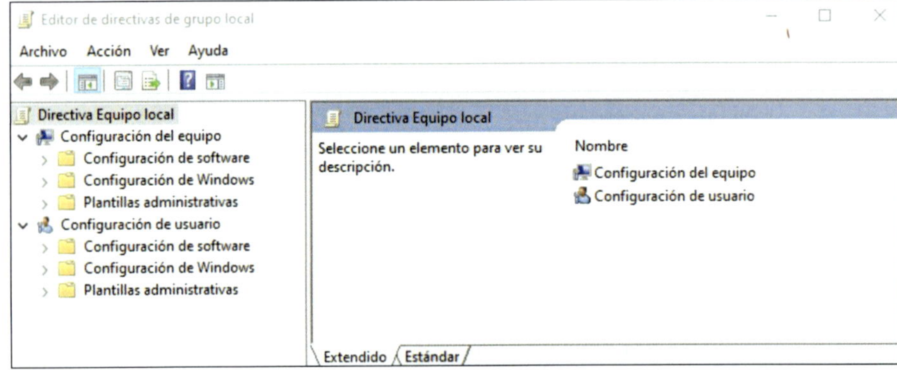

La política incluye dos partes diferenciadas ("configuración de equipo" y "configuración de usuario"), cada una de las cuales tiene 3 categorías ("Software", "Windows" y "Plantillas administrativas").

Actividades

19. Exponga una definición clara de qué permiten las políticas de grupo en relación a los usuarios y grupos de un directorio.

En muchos casos, se encontrará que una política existe tanto en la directiva de configuración de equipo como en la directiva de configuración de usuario, pero en cada caso significará cosas diferentes. Por ejemplo, en **Configuración de equipo\Configuración de Windows\Scripts,** se puede definir una secuencia de comandos que se ejecute al iniciar el ordenador, mientras que en **Configuración de usuario\Configuración de Windows\Scripts,** se define una secuencia de comandos que se ejecute cuando el usuario inicie sesión. Existen centenares de directivas de usuario y de equipo, a continuación, se describen algunas de especial interés.

Políticas de seguridad

Entre las políticas de seguridad más relevantes, se encuentran sin duda las referentes a las directivas de las contraseñas, las opciones de auditoría y la configuración de los registros que deben realizarse. A continuación se resumen brevemente:

- **Políticas de cuentas:** se pueden configurar los periodos de caducidad de las contraseñas, las condiciones de bloqueo de las cuentas, la configuración de *Kerberos,* etc.
- **Políticas locales:** se configuran aquí las opciones de auditoría, y asignación de derechos y privilegios de usuario
- **Registro de eventos:** se controla el registro de eventos del sistema, en las categorías del visor de sucesos para el registro de aplicación, el registro de seguridad, y el registro del sistema.

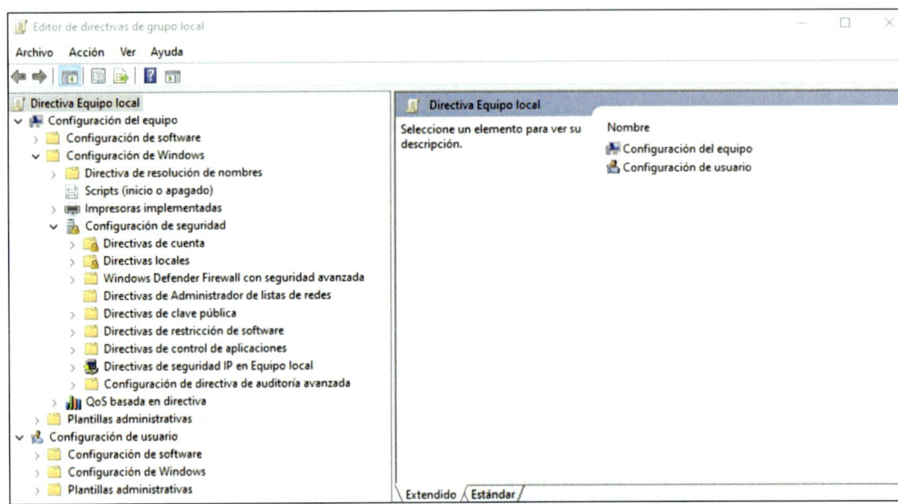

Categorías de la configuración de seguridad que se encuentran en Configuración del equipo\Configuración de Windows

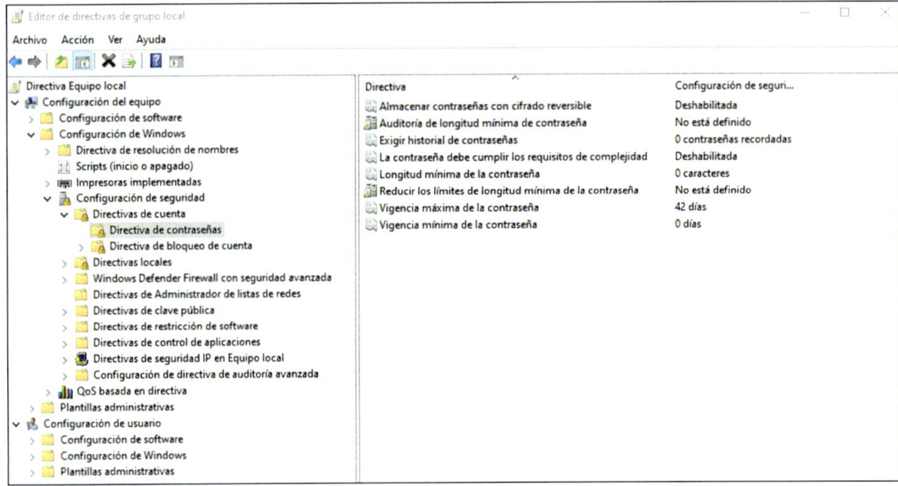

Continúa en página siguiente >>

<< Viene de página anterior

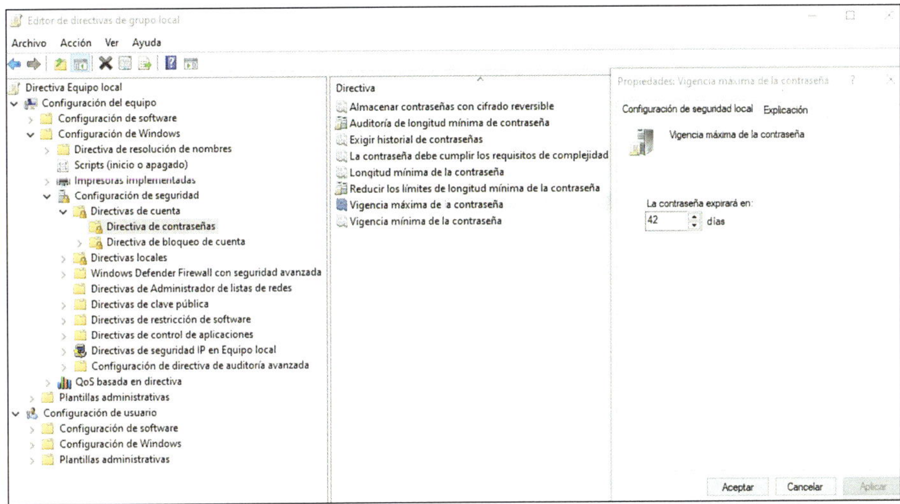

Directivas relacionadas con las condiciones de complejidad de la contraseña, y con el periodo máximo de vigencia

11. Establecimiento de las listas de control de acceso (ACL) a ficheros

Las listas de control de acceso para un fichero o directorio definen qué usuarios autenticados pueden acceder al fichero, y qué tareas pueden realizar. Normalmente los permisos de acceso se pueden establecer a nivel de un usuario concreto, o de un grupo de usuarios, lo que facilita enormemente la gestión de estos permisos.

11.1. ACL por usuario o por grupos de usuarios

Por ejemplo, si el fichero *file01* tiene configurado permiso de acceso de lectura para el grupo "revisores_contabilidad", y se quiere que un nuevo usuario también pueda acceder al mismo, habría dos posibilidades: agregar a la ACL del fichero el permiso de lectura para el nuevo usuario, o agregar el usuario al grupo de usuarios. La elección de una opción u otra (agregar usuarios directamente a la ACL, o agregar los usuarios a grupos existentes en la ACL) dependerá principalmente de lo diversificados que sean los permisos de acceso, pero en general, resulta más adecuada la segunda opción, es decir, **otorgar permisos de**

manera indirecta, mediante la inclusión o exclusión de los usuarios en los grupos. Sin embargo, cuando la diversificación de permisos es amplia, de forma que el número de grupos se hace comparable al número de usuarios, el empleo de grupos comienza a perder su utilidad.

20. Si solo existen 4 usuarios, calcule cuántos grupos diferentes puede formar de 2 y de 3 usuarios.

11.2. Propietario

Los sistemas de ficheros vistos, NTFS y EXT3, aplican el concepto de propietario. El propietario de un fichero es su creador, y habitualmente dispondrá de permisos funcionales completos. No obstante, incluso el propietario de un fichero puede carecer de otros permisos especiales; por ejemplo, puede carecer del privilegio de cambiar el propietario del mismo.

Es frecuente que estos permisos especiales, relacionados con la seguridad del sistema (por ejemplo, el **no repudio,** derivado de la incapacidad de no poder cambiar un propietario), estén exclusivamente limitados al administrador, o a un grupo de administradores.

11.3. Herencia

Los sistemas de ficheros NTFS y EXT3 pueden visualizarse como una estructura jerárquica en forma de árbol invertido. Estos sistemas incorporan el concepto de herencia, es decir, los ACL que se definen en los niveles superiores, se añaden automáticamente a los ACL de los elementos de niveles inferiores. La siguiente imagen ilustra lo anterior.

El mecanismo de herencia también puede interrumpirse en cualquier nivel de la jerarquía, de manera que los ACL dejarían de añadirse automáticamente a los elementos de niveles inferiores.

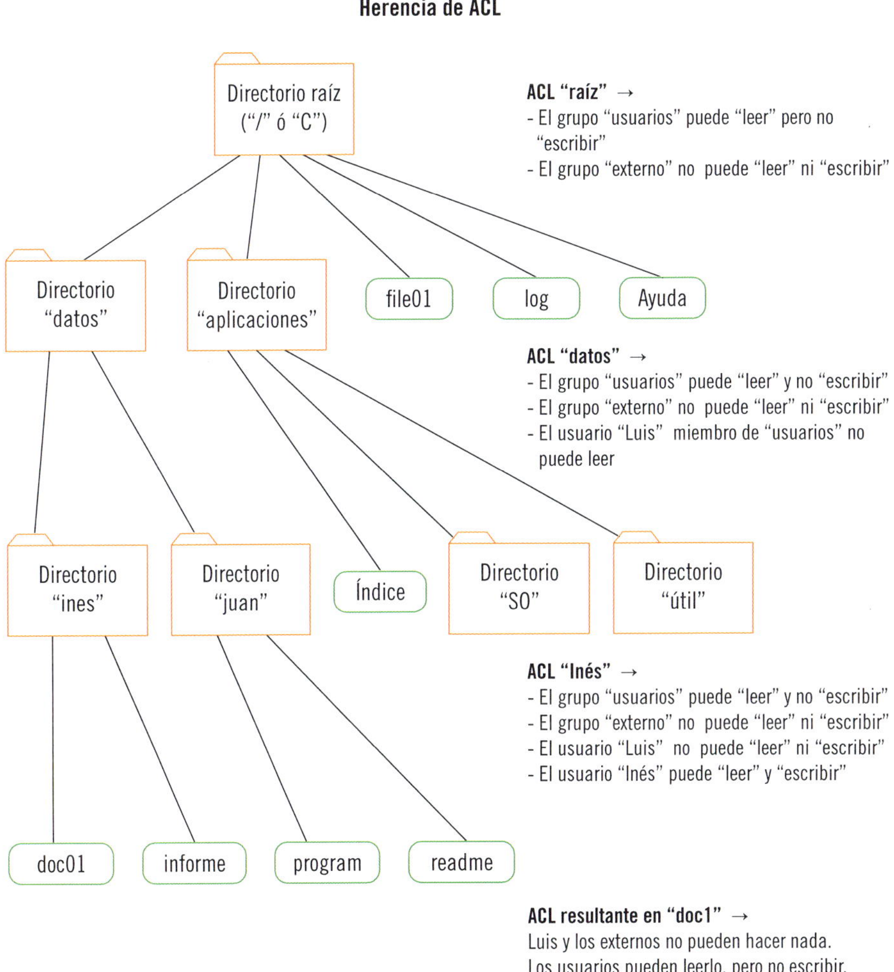

Aunando el concepto de propietario (usuario que puede modificar los permisos de los ficheros que crea), y el concepto de herencia (los permisos definidos para un directorio se copian automáticamente a los ficheros creados dentro del directorio), sobre un recurso compartido por red, se puede construir una versión mínima de un sistema de intercambio de archivos, que asegure la confidencialidad y la integridad de los datos. Sin embargo, conviene disponer de medidas de control adicionales, como la asignación de cuotas para que el exceso de consumo de un usuario no penalice al resto, ni suponga una amenaza de agotamiento de los recursos que podría conllevar a la detención del sistema.

Aplicación práctica

Una carpeta de ficheros que se llama "DATOS A" contiene dos carpetas, de nombres "DATOS A.1" y "DATOS A.2". A su vez, la carpeta "DATOS A.2" contiene dos carpetas, de nombres "DATOS A.2.1" y "DATOS A.2.2".

Los usuarios del sistema de ficheros compartido en red, deben poder acceder a la CARPETA "DATOS A", deben poder acceder a la carpeta "DATOS A.1", no deben poder acceder a la carpeta "DATOS A.2", deben poder acceder a la carpeta "DATOS A.2.1" y no deben poder acceder a la carpeta "DATOS A.2.2".

Indicar la configuración de ACL necesaria para permitir estos accesos, empleando exclusivamente la funcionalidad de herencia.

SOLUCIÓN

Se deben configurar permisos de acceso a 3 carpetas ("DATOS A", "DATOS A.1" y "DATOS A.2.1") y no resulta posible hacerlo de manera individual, como se indica en el enunciado, sino que debe realizarse empleando el mecanismo de herencia.

1. Se dan permisos con herencia a la carpeta "DATOS A" de manera que "DATOS A.1" y "DATOS A.2" tienen permisos, así como "DATOS A.2.1" y "DATOS A.2.2".
2. En "DATOS A.2" se debe cortar la herencia de permisos, de manera que "DATOS A.2" no herede los permisos de acceso, ni sus carpetas "DATOS A.2.1" ni "DATOS A.2.2".
3. Finalmente, en "DATOS A.2.1" se deben volver a dar permisos con herencia, para que los usuarios puedan acceder.

11.4. ACL en sistemas *Windows* (NTFS)

En sistemas *Windows* se emplea el comando **cacls,** que permite mostrar y modificar las listas de control de acceso de un fichero. También se pueden consultar y modificar los permisos de acceso mediante el interfaz gráfico, eligiendo la opción **propiedades** del menú contextual del fichero. Entre las principales funcionalidades del comando **cacls,** está configurar los permisos de manera recurrente (aplicarlo a una carpeta y a todos sus elementos), y conceder y denegar permiso directamente a un usuario.

La siguiente imagen muestra el resultado de ejecutar el comando **cacls** sobre un archivo *file01.txt,* y su equivalente mediante el interfaz gráfico.

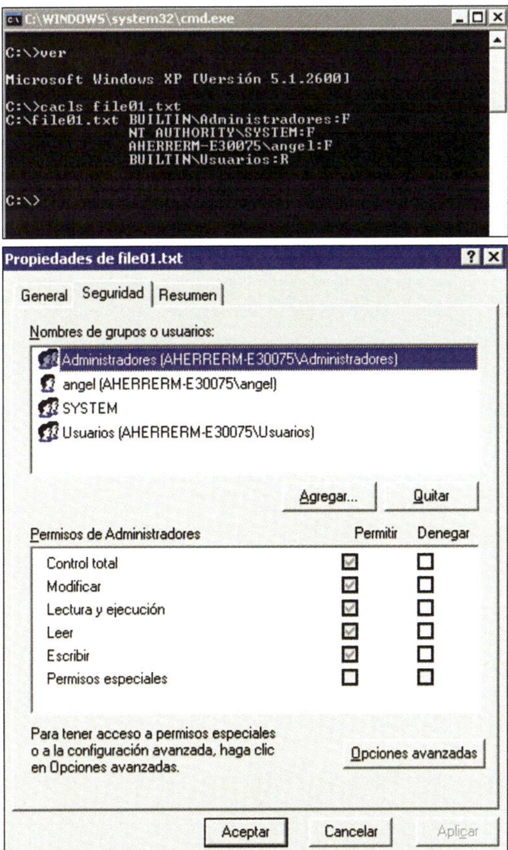

Establecimiento de ACL en Windows

Una de las principales dificultades del uso de las ACL es mantener documentados los permisos que se van otorgando a los ficheros. En este sentido, el comando **cacls** es de gran ayuda, porque permite consultar de manera automatizable los permisos de un medio de almacenamiento, e incluso reconstruirlos completamente.

Nota

Para ello, hay que pensar que cada permiso se configurará desde el comienzo, mediante una orden de comandos que se irá registrando como una línea añadida en un archivo de proceso por lotes ("hacer_acl.bat").

Se puede imaginar que se mantuviera un segundo archivo de proceso por lotes ("deshacer_acl.bat"), que borrara el permiso otorgado. Si en cada anotación de ambos archivos, se incluyera como comentario la fecha de la modificación, sería factible regresar el ACL del sistema a su configuración en cualquier fecha dada.

Si la intención del administrador es llevar un control eficiente, se debe seguir estrictamente un procedimiento claro de asignación y revocación de permisos, y siempre deben realizarse mediante línea de comandos que se guarden (así como su operación inversa). *Microsoft* dispone de la herramienta ampliada **xcacls,** que permite trabajar con permisos especiales, y está especialmente orientada a su uso en archivos de proceso por lote o archivos de secuencias de comando *(script).*

11.5. ACL en sistemas *Linux* (EXT3)

Los sistemas *Linux*, por defecto, incorporan un ACL que puede resultar poco práctico para la gestión diaria. Si, por ejemplo, se quieren dar permisos a dos usuarios, no queda más remedio que construir un grupo con el propietario y el usuario, para añadir al fichero los permisos del grupo creado. Los comandos básicos empleados son **ls –l,** para listar en formato largo, y ver los 9 caracteres que definen los permisos del usuario, de su grupo, y del resto; **chmod,** para cambiar los atributos de un fichero, y **chown,** para cambiar su propietario.

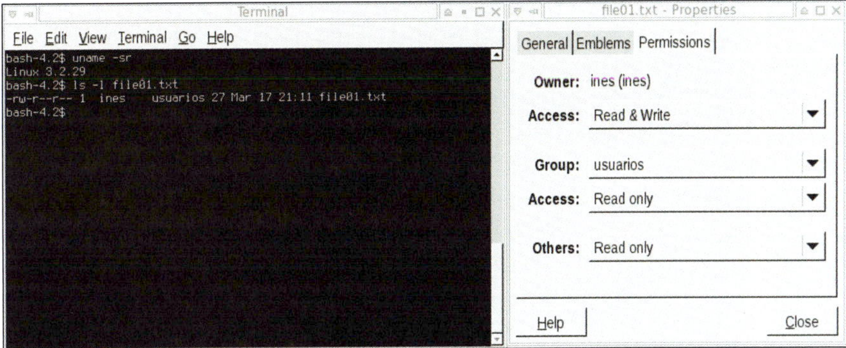

Consulta de ACL en Linux

En la práctica, una gestión planificada puede acometerse sin dificultad; en la realidad, los cambios posteriores derivados de altas, bajas de personal, suplencias, movimientos dentro de la empresa, u otros, pueden dificultar el tratamiento de usuarios individuales. Para ello, es habitual instalar los atributos extendidos en todos los sistemas *Linux* que deban implementar ACL, porque facilitan tanto la gestión de usuarios como la aplicación de la herencia. Los comandos que se aplican entonces son **getfacl** y **setfacl.** Siempre que se quiera realizar una administración de ACL, los permisos se deberían aplicar mediante comandos en archivos de proceso por lotes, incluidas las reversiones. Si bien la documentación en papel es posible, resulta más operativo, y sin posibilidad de error, una impresión del archivo, que una vez ejecutado restauraría los ACL.

Actividades

21. Si dispone de acceso a un sistema *Windows* o *Linux,* practique con los comandos cacls, xacls, chmod, getfacl y setfacl.

12. Gestión de altas, bajas y modificaciones de usuarios y los privilegios que tienen asignados

Como se introdujo en el epígrafe 3.1, el infractor más habitual es el accidental, que genera el incidente por error, o sin saber lo que está haciendo. Además de aplicar medidas de control de acceso a los ficheros para su protección, se debe mantener bajo control cuáles son los usuarios del sistema.

12.1. Usuarios en sistemas *Windows*

En una red *Windows,* con su información organizada en torno a un directorio activo, se emplea el concepto de **usuario global al dominio,** para representar lógicamente a las personas que podrían acceder a los recursos desde cualquier punto de la red. Los datos, almacenándose en el directorio activo, son conocidos por todos los ordenadores del dominio. Este concepto difiere del de **usuario local,** cuyo ámbito de acción se limita al del ordenador donde se cree el usuario. La gestión de usuarios es muy sencilla, desde el interfaz gráfico de *Windows,* empleando la herramienta administrativa **Usuarios y Equipos del directorio,** como se verá en las siguientes imágenes, que exponen el proceso de creación.

El resultado es un objeto del directorio, el **usuario,** que tendrá múltiples propiedades para caracterizarlo, y facilitar su gestión. Si se inspeccionan las propiedades de un usuario, se apreciarán múltiples fichas de información, de entre las que destaca la pestaña **general** (información del usuario), la pestaña **cuenta** (que incluye la identificación, el estado de la cuenta, y algunos parámetros sobre la contraseña), la pestaña **miembro de** (que permite modificar la pertenencia a grupos del usuario, y la pestaña **sesiones** (que establece configuraciones básicas sobre el inicio de sesión en servidores de *Microsoft* con el servicio *Terminal Server* -generalmente remotas-), los servidores de la empresa que se deban administrar mediante sesiones remotas).

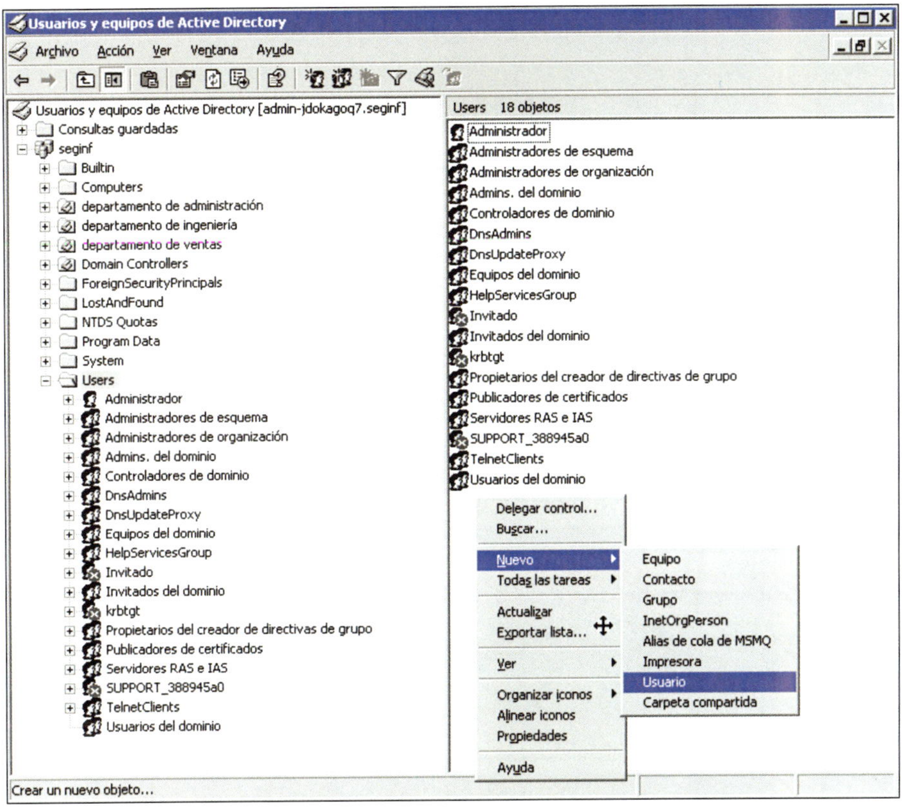

Usuarios y equipos de Active Directory
Archivo Acción Ver Ventana Ayuda
Usuarios y equipos de Active Directory [admin-jdokagoq7.seginf]
Consultas guardadas
seginf
Builtin
Computers
departamento de administración
departamento de ingeniería
departamento de ventas
Domain Controllers
ForeignSecurityPrincipals
LostAndFound
NTDS Quotas
Program Data
System
Users
Administrador
Administradores de esquema
Administradores de organización
Admins. del dominio
Controladores de dominio
DnsAdmins
DnsUpdateProxy
Equipos del dominio
HelpServicesGroup
Invitado
Invitados del dominio
krbtgt
Propietarios del creador de directivas de grupo
Publicadores de certificados
Servidores RAS e IAS
SUPPORT_388945a0
TelnetClients
Usuarios del dominio
Users 18 objetos
Delegar control...
Buscar...
Nuevo
Todas las tareas
Actualizar
Exportar lista...
Ver
Organizar iconos
Alinear iconos
Propiedades
Ayuda
Equipo
Contacto
Grupo
InetOrgPerson
Alias de cola de MSMQ
Impresora
Usuario
Carpeta compartida
Crear un nuevo objeto...

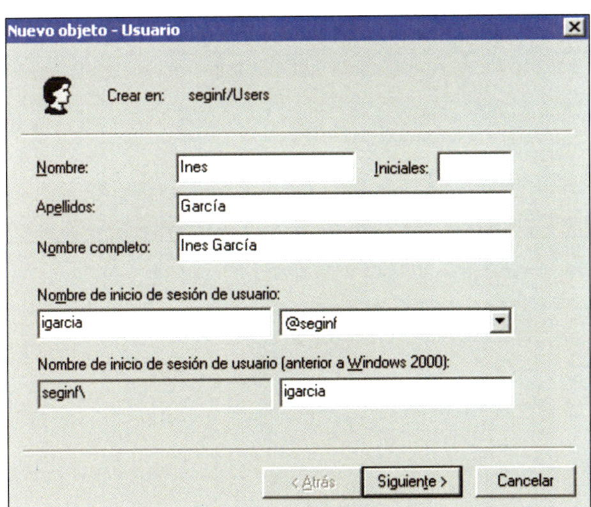
Nuevo objeto - Usuario
Crear en: seginf/Users
Nombre: Ines
Iniciales:
Apellidos: García
Nombre completo: Ines García
Nombre de inicio de sesión de usuario:
igarcia
@seginf
Nombre de inicio de sesión de usuario (anterior a Windows 2000):
seginf\
igarcia
< Atrás
Siguiente >
Cancelar

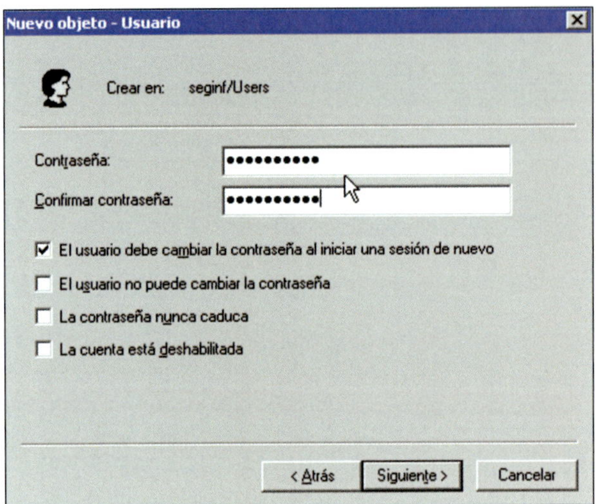

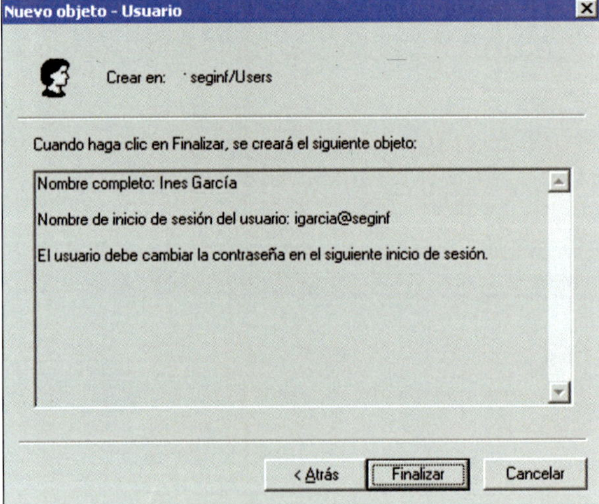

Herramienta de usuarios y equipos del directorio, y asistente para crear un nuevo usuario, que debe cambiar la contraseña en el siguiente inicio de sesión.

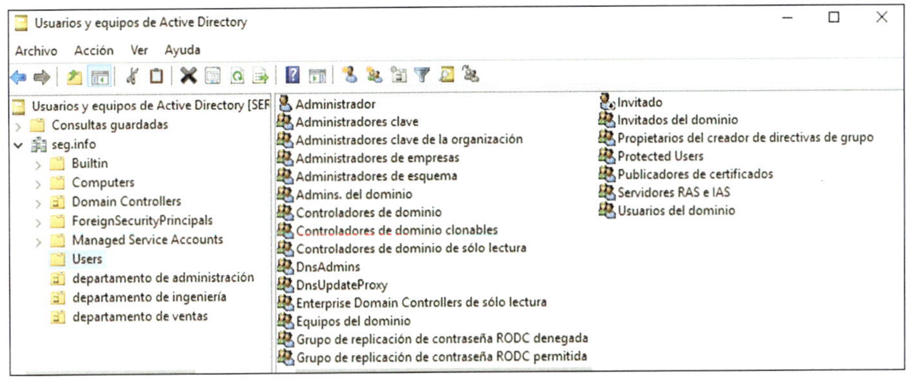
Usuarios y equipos de Active Directory
Archivo Acción Ver Ayuda
Usuarios y equipos de Active Directory [SER
Consultas guardadas
seg.info
Builtin
Computers
Domain Controllers
ForeignSecurityPrincipals
Managed Service Accounts
Users
departamento de administración
departamento de ingeniería
departamento de ventas
Administrador
Administradores clave
Administradores clave de la organización
Administradores de empresas
Administradores de esquema
Admins. del dominio
Controladores de dominio
Controladores de dominio clonables
Controladores de dominio de sólo lectura
DnsAdmins
DnsUpdateProxy
Enterprise Domain Controllers de sólo lectura
Equipos del dominio
Grupo de replicación de contraseña RODC denegada
Grupo de replicación de contraseña RODC permitida
Invitado
Invitados del dominio
Propietarios del creador de directivas de grupo
Protected Users
Publicadores de certificados
Servidores RAS e IAS
Usuarios del dominio

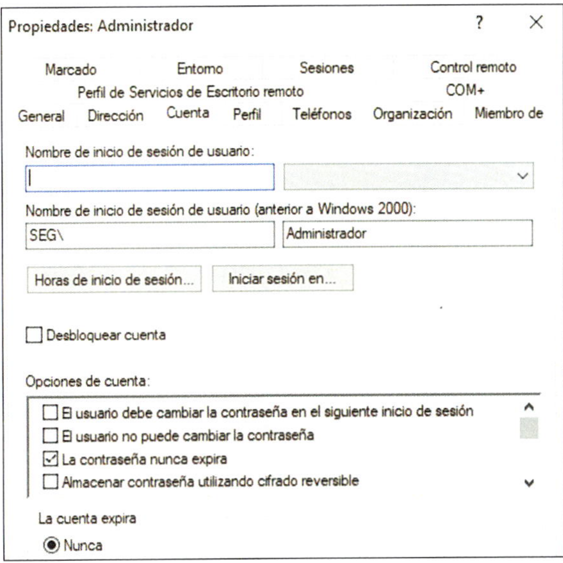
Propiedades: Administrador
Marcado
Entorno
Sesiones
Control remoto
Perfil de Servicios de Escritorio remoto
COM+
General
Dirección
Cuenta
Perfil
Teléfonos
Organización
Miembro de
Nombre de inicio de sesión de usuario:
Nombre de inicio de sesión de usuario (anterior a Windows 2000):
SEG\
Administrador
Horas de inicio de sesión...
Iniciar sesión en...
Desbloquear cuenta
Opciones de cuenta:
El usuario debe cambiar la contraseña en el siguiente inicio de sesión
El usuario no puede cambiar la contraseña
La contraseña nunca expira
Almacenar contraseña utilizando cifrado reversible
La cuenta expira
Nunca

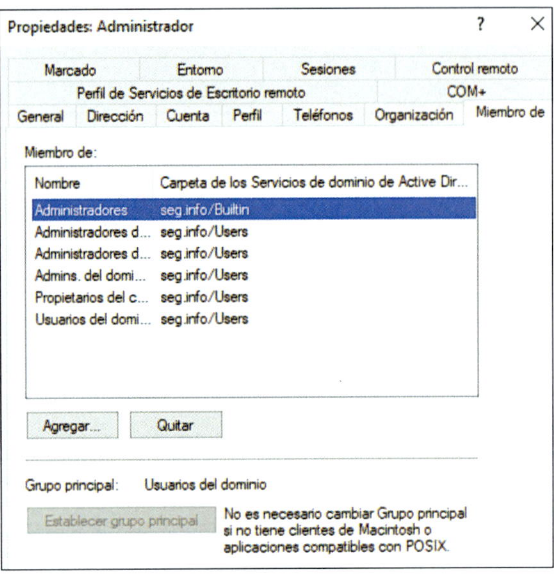

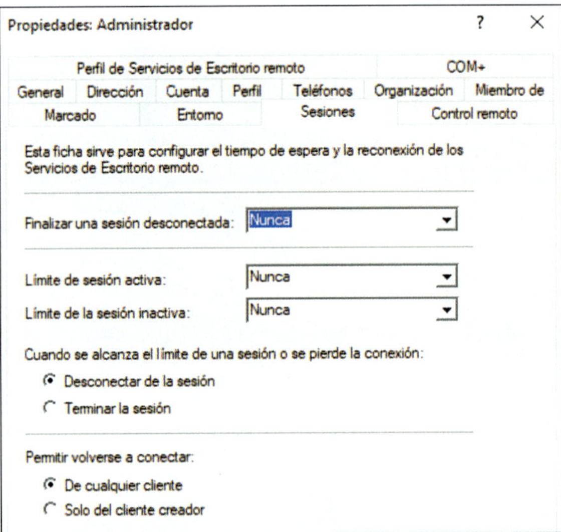

Propiedades del usuario recién creado

Por último, mediante la configuración del usuario se pueden introducir controles básicos como el horario de inicio de sesión o los equipos desde donde se puede iniciar la sesión del usuario.

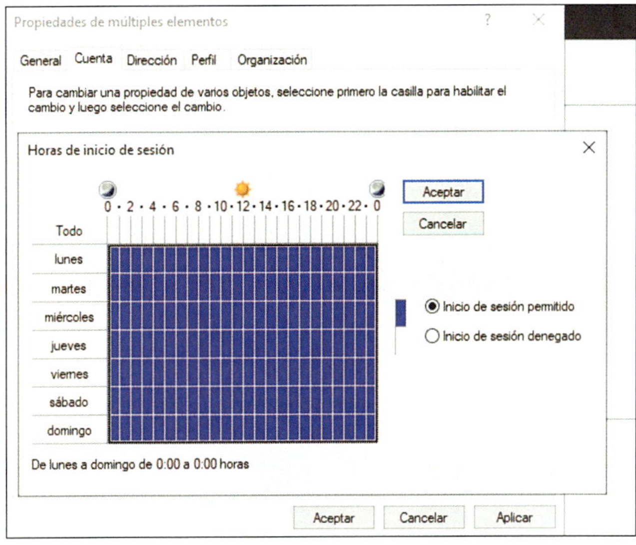

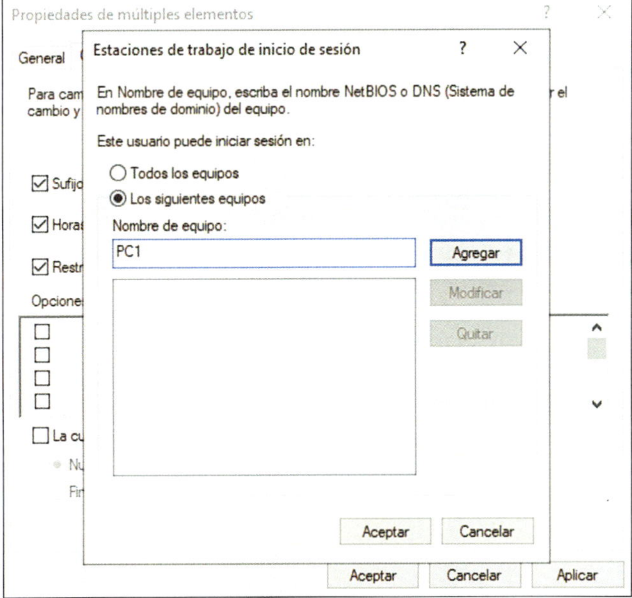

Limitación en la ficha ***cuenta*** *del horario y puesto de trabajo desde el que se puede iniciar sesión*

Actividades

22. Piense en las posibles desventajas de restringir el inicio de sesión de un usuario, en base a un horario, y en base a limitar el ordenador donde puede trabajar.

12.2. Usuarios en sistemas *Linux*

La creación de usuarios en *Linux* es igualmente sencilla. Dependiendo de la implementación LDAP, se emplearán unas herramientas o no. El administrador del sistema puede crear los usuarios y los grupos de usuarios.

Cada usuario debe pertenecer al menos a un grupo, y los usuarios de un grupo se clasifican en administradores del grupo (que pueden dar de alta y baja otros integrantes del grupo,) y miembros del grupo. El sistema incorporara los comandos estándar: **adduser,** para añadir un usuario; **userdel,** para borrar un usuario; **groupadd,** para añadir un grupo; y **chage,** para establecer los tiempos máximos y mínimos en que un usuario debe cambiar su contraseña.

La siguiente imagen muestra el asistente de creación de un usuario en un sistema *Linux.*

```
root@marte:~ # adduser
Username: ines
Full name: Ines Garcia
Uid (Leave empty for default):
Login group [ines]:
Login group is ines. Invite ines into other groups? []:
Login class [default]:
Shell (sh csh tcsh nologin) [sh]:
Home directory [/home/ines]:
Home directory permissions (Leave empty for default):
Use password-based authentication? [yes]: yes
Use an empty password? (yes/no) [no]: no
Use a random password? (yes/no) [no]: yes
Lock out the account after creation? [no]:
Username   : ines
Password   : <random>
Full Name  : Ines Garcia
Uid        : 1002
Class      :
Groups     : ines
Home       : /home/ines
Home Mode  :
Shell      : /bin/sh
Locked     : no
OK? (yes/no): yes
adduser: INFO: Successfully added (ines) to the user database.
adduser: INFO: Password for (ines) is: u9IOf1SL
Add another user? (yes/no): no
Goodbye!
root@marte:~ #
```

*Secuencia de creación de usuarios mediante el comando **adduser***

12.3. Gestión de usuarios

Como se ha visto, los sistemas incorporan herramientas para la adecuada gestión técnica. El problema más habitual es que el conjunto de usuarios debe mantenerse actualizado, lo que precisa de una regular supervisión humana además de unos claros y estrictos procedimientos de altas y bajas de usuarios.

Norma ISO 27002

La norma define 2 objetivos de control, directamente relacionados con la gestión de los usuarios, completando las medidas técnicas ya vistas.

El objetivo "9.2 Gestión de acceso de usuario" tanto para asegurar que pueden acceder los usuarios autorizados, como que no pueden acceder los no autorizados. Para ello, deben existir procedimientos formales en la asignación de derechos, que cubran desde el registro inicial, hasta el deregistro final de los usuarios, cuando no requieran el acceso. Para cumplir este objetivo, se proponen cuatro contramedidas:

- **Registro del usuario,** procedimentado y formal, para otorgar el acceso a los sistemas y servicios (altas), y para el deregistro o revocación de permisos (bajas). Entre las cuestiones prácticas, se incluye el emplear siempre identificadores únicos (no emplear usuarios comunes, salvo cuando sea necesario por razones empresariales documentadas), chequear que los permisos del usuario estén aprobados por el propietario del servicio, chequear que el nivel de acceso sea el adecuado para las necesidades de las funciones reales, entregar a los usuarios sus derechos y condiciones de acceso por escrito, que los usuarios firmen que entienden las condiciones de acceso, asegurar que los servicios no se inician hasta que se complete el proceso de autorización, mantener un registro formal de las personas que pueden usar un servicio, borrar o bloquear los permisos de los usuarios que abandonan la empresa o cambian de puesto, chequear el listado de usuarios en busca de cuentas obsoletas o redundantes, y asegurar que un usuario no tiene varios identificadores.
  Se debe informar del régimen sancionador por incumplimiento de las condiciones en los contratos de personal y de servicio.
- **Gestión de los privilegios de acción en el sistema,** por ejemplo, para la administración y mantenimiento, cuyo uso y asignación se debe restringir y controlar. Se deben mantener identificados los usuarios con privilegios en las diferentes partes del sistema (operaciones, gestión de bases de datos, así como en las aplicaciones empresariales principales). Los privilegios de acceso deben concederse solo en base a la **necesidad de saber** y en base a **evento por evento,** es decir, según la función que desempeña el usuario, y solo cuando lo necesite. Debe existir un proceso de autorización y registro, y no otorgar los privilegios hasta que se complete. Es una buena práctica asignar un identificador con privilegios diferente al empleado en el uso normal del sistema.
- **Gestión de claves secretas de los usuarios,** según un proceso formal, que incluya: que los usuarios firmen la obligación de mantener la confidencialidad de las claves, que cuando se proporcione a los usuarios una clave temporal, deban cambiarla inmediatamente, y se proporcione de manera segura, que se pueda verificar la identidad del usuario al entregar una clave temporal, que las claves secretas temporales sean individuales y difíciles de adivinar, que los usuarios reconozcan la recepción de claves secretas, que las claves nunca se almacenen de forma despro-

tegida, y que se deben cambiar las claves secretas predeterminadas por vendedores y fabricantes.

- **Revisión de los derechos de acceso del usuario,** que se debe realizar a intervalos regulares, por ejemplo, cada 6 meses y siempre ante ascensos o demociones o terminación de empleo, así como en movimientos del usuario de un área a otra. Los privilegios sobre el sistema se deben revisar con más frecuencia, por ejemplo, de manera regular cada 3 meses, para verificar que no se hayan obtenido privilegios no autorizados, registrando todos los cambios en las cuentas con privilegios.

El objetivo de control "11.3 Responsabilidades del usuario", persigue evitar accesos no autorizados que pongan en peligro la información, así como evitar el robo de la misma, o de los sistemas de procesamiento. Para ello, la cooperación humana es imprescindible, y los usuarios deben conocer su responsabilidad en mantener sus claves secretas, y en la seguridad de su equipo de usuario. Define tres contramedidas:

- **Uso de claves secretas,** que deben seleccionarse y mantenerse confidenciales correctamente, evitando registrarlas (en papel o en medios no protegidos ni aprobados). Deben cambiarse al menor indicio de posible peligro del sistema o de la clave, seleccionándose claves de calidad, con un largo mínimo suficiente, que cumplan:

  1. Fáciles de recordar.
  2. No basadas en nada fácilmente adivinable (nombre, teléfono, etc.).
  3. No emplear palabras incluidas en diccionarios.
  4. Libre de caracteres idénticos, ni todo numérico ni todo alfabético.

  Las claves deben cambiarse regularmente y no coincidir con las anteriores. Las claves temporales deben cambiarse en el primer uso. Las claves no deben escribirse en ningún proceso automatizado. Las claves individuales no deben compartirse, ni debe usarse la misma clave para fines empresariales y personales. Si los usuarios requieren claves para acceder a varios servicios, pueden emplear la misma en todos aquellos sitios y servicios con un nivel de protección razonable para almacenar la clave secreta; y no compartirla usándola también con servicios más débiles.

- **Equipo del usuario desatendido,** cerrando las sesiones cuando se abandone, o mediante salvapantallas reanudados por contraseña. Salir completamente de ordenadores y servidores cuando se termine la sesión, y asegurar los ordenadores y terminales mediante un seguro con clave o control equivalente, como el acceso con clave secreta cuando no está en uso. Deben considerarse medidas adicionales si se deja desatendido por un periodo de tiempo extendido.
- **Política de escritorio y pantalla limpio,** incluidos los papeles y medios de almacenamiento portátiles, para reducir el riesgo de acceso no autorizado, pérdida, o daño a la información durante y fuera del horario de trabajo normal. Debe considerarse la clasificación de la información y los requerimientos legales y contractuales. La información confidencial debe guardarse bajo llave cuando no se use y la oficina esté vacía (por ejemplo, en una caja fuerte). Los ordenadores deben dejarse apagados, o protegidos con mecanismos para asegurar pantalla y teclado, con mecanismos de autenticación del usuario, e incluso bajo llave, con claves secretas u otros. Se deben proteger especialmente los puntos de entrada y salida de correo y fax, así como evitar el uso no autorizado de fotocopiadoras, cámaras digitales, escáner u otros. La información confidencial debe retirarse inmediatamente de la impresora, y considerarse el uso de impresoras con clave, de forma que solo los creadores del documento pueden imprimirlo cuando están delante.

Actividades

23. De los tres aspectos clave en que se precisa de una colaboración responsable de los usuarios, uno de ellos es el uso de las claves. ¿Qué se entiende por claves de calidad en la norma ISO 17799:2005 en el objetivo de control "11.3 Responsabilidades del usuario"?

Aplicación práctica

Se ha producido un incidente de seguridad en el que se han empleado los datos de identificación y contraseña de una persona que abandonó la empresa hace varios meses. En el incidente no se han empleado privilegios algunos, sino que ha bastado el acceso normal que tuvo autorizado esa persona.

De acuerdo a la norma ISO 27002, ¿qué medidas conviene revisar, o poner en marcha urgentemente?

SOLUCIÓN

No se tiene información que indique que el infractor sea interno, de manera que el objetivo de control "9.3 Responsabilidades del usuario" puede no ser efectivo.

El objetivo de control que ayuda en esta situación es el "9.2 Gestión de acceso de usuario", cuyos controles para esta situación serían:

- Registro del usuario. Revisar si existe un procedimiento formal para bloquear las cuentas de usuario cuando el personal abandona la empresa. Revisar si existe un procedimiento de chequeo regular de las cuentas de usuario en busca de bajas omitidas.
- Revisión de los accesos de los usuarios, de manera periódica y siempre que haya un ascenso/democión/baja de personal o movimiento dentro de la empresa.
- Ni los controles sobre gestión de privilegios, ni sobre gestión de claves secretas parecen eficaces, porque no se han empleado privilegios, ni la persona pertenece ya a la empresa.

13. Requerimientos de seguridad relacionados con el control de acceso de los usuarios al sistema operativo

Se recomienda ajustarse a lo dispuesto por la norma ISO 27002, que incluye el objetivo "9.4 Control de acceso a sistemas y aplicaciones", para evitar el acceso no autorizado a los sistemas operativos, y fija que los medios y controles para ello deben ser capaces de: autenticar a los usuarios autorizados según la política de control de acceso, proporcionar medios de autenticación apropiados, registrar los intentos de acceso, tanto exitosos como fallidos, registrar el uso de los privilegios especiales del sistema, generar alarmas cuando se violen las políticas de seguridad, y restringir el tiempo de conexión de los usuarios. Para alcanzar este objetivo, establece seis controles:

- **Procedimientos para un registro seguro,** de manera que el acceso sea controlado. El procedimiento de registro del inicio de sesión debe divulgar el mínimo de información sobre el sistema, evitando proporcionar al usuario no autorizado ayuda innecesaria.
- **Identificación y autenticación de usuarios,** de manera que todos los usuarios tengan un ID de usuario único para su uso personal, junto a una técnica de autenticación que sustente dicha identidad. Deben tenerlo todos los usuarios, incluyendo especialmente el personal de soporte técnico, los operadores, los administradores de redes, los programadores de sistemas, y los administradores de bases de datos. Los ID deben permitir rastrear la actividad hasta la persona responsable. La actividad regular de los usuarios no debe realizarse usando cuentas con privilegios. No se deben compartir ID genéricos o para grupos de usuarios, y de hacerlo, debe existir autorización expresa de la Gerencia/Dirección, debiéndose considerar aplicar otros controles adicionales para mantener la responsabilidad. Solo deberían usarse ID genéricos si la actividad no necesita ser rastreada, o si hay otros controles adicionales (por ejemplo, la clave solo se emite para una persona a la vez). Cuando se necesiten medios de autenticación más fuertes, de acuerdo a la confidencialidad de la información que se quiera acceder, se debería considerar emplear alguna de las técnicas que se verá en el apartado 14.
- **Sistemas de gestión de claves,** que permita la aplicación de ID de usuario, y sus claves secretas para mantener la responsabilidad. Normalmente debe permitir al usuario cambiar su clave (salvo en aplicaciones donde la clave debe ser emitida por una entidad autorizada independiente), verificando que la clave es adecuada, y aplicando el cambio de clave. También debe ser capaz de obligar a cambiar una contraseña temporal tras el primer uso, guardarlas de manera separada a los datos, mantener almacenada información de las anteriores para evitar reutilizarlas, ocultarlas cuando se introducen, y mandarlas por la red en un formato protegido.
- **Uso de las utilidades del sistema,** que se debe restringir y controlar, ya que puede permitir adquirir más privilegios o evitar controles de acceso lógico. Para ello, pueden aplicarse sistemas de identificación/auten-

ticación/autorización a dichas utilidades, autorizándolas a un número mínimo de usuarios confiables, definiendo y documentando los niveles de autorización, limitando su disponibilidad en el tiempo, registrando el uso que se haga de ellas, y eliminando las que no se necesiten especialmente en ordenadores donde se empleen habitualmente otras aplicaciones de la empresa.

- **Cierre por inactividad,** de manera automática superado un tiempo dado, que proceda primero a borrar la pantallas, después a cerrar las aplicaciones, y por último la sesión, e incluso apagado del equipo. El tiempo dependerá de la confidencialidad de la información. El control también es especialmente práctico en equipos expuestos al público, para evitar accesos de usuarios no autorizados o ataques de denegación de servicio.
- **Limitar el tiempo de conexión,** proporcionando seguridad adicional a las aplicaciones de riesgo elevado o desde ubicaciones de alto riesgo, como equipos expuestos al público. Las restricciones pueden incluir rangos horarios predeterminados para tareas concretas (sesiones interactivas o transmisiones de archivos, etc.), restringir el tiempo de conexión al horario laboral normal, o considerar re-autenticaciones cada cierto tiempo. Una consecuencia de limitar el horario en que se produce la conexión, es que se reduce la ventana de tiempo posible para un intento no autorizado; mientras que el efecto de limitar la duración de la sesión, es que se logra evitar que los usuarios dejen la sesión iniciada para ahorrarse su autenticación.

Nota

Un buen procedimiento de registro e inicio de sesión, debe:

- No mostrar ninguna identificación del sistema hasta culminar satisfactoriamente el registro.
- Advertir que al ordenador solo deben tener acceso los usuarios autorizados.
- No proporcionar ayuda innecesaria al potencial usuario no autorizado.
- Validar la información después de tener toda la información que debe introducir el usuario.

Continúa en página siguiente >>

<< Viene de página anterior

- Limitar el número de intentos, considerando el registro de todos los intentos, penalizar con un tiempo de espera entre intentos de registro, desconectar conexiones para que deban reiniciarse, establecer el número de reintentos, y la longitud de la clave de manera proporcional al valor de la información a proteger, y limitar el tiempo mínimo y máximo para el registro (terminando la operación cuando se supere el máximo).
- Tras un intento exitoso, informar de la fecha y hora del registro exitoso, y de los detalles de los intentos fallidos desde el último registro exitoso.
- No debe mostrar la clave cuando se introduce.
- No debe transmitir la clave por la red sin protegerla.

Actividades

24. Indique las posibles desventajas de cerrar una sesión por inactividad.

Además del objetivo de control específico para el acceso al sistema operativo, la norma ISO 27002 también incluye un objetivo afín, que entraría en juego una vez se accede al sistema operativo. Este objetivo de control es el "9.4 Control de acceso a sistemas y aplicaciones" y en él se persigue evitar el acceso a la información de las aplicaciones, debiéndose para ello restringir el acceso "a y dentro" de las aplicaciones, a los usuarios autorizados. Para ello, establece que las aplicaciones deben controlar el acceso del usuario a las funciones de la aplicación y a la información, que deben protegerse contra accesos no autorizados de utilidades o *software* malicioso, y por último, que no deben comprometer a otros sistemas con los cuales se comparten recursos de información.

Nota

El objetivo de control "9.4 Control de Acceso a Sistemas y Aplicaciones", incluye dos controles o salvaguardas:

- 9.4.1 Restricción del acceso a la información: hay que restringir el acceso de los usuarios y el personal de mantenimiento a la información.
- 9.4.2 Procedimientos seguros de inicio de sesión: se debe proteger el acceso a los sistemas mediante un procedimiento de autorización y autentificación.
- 9.4.3 Gestión de contraseñas de usuario: los sistemas de gestión de contraseñas deberían de asegurar contraseñas de calidad.

14. Sistemas de autenticación de usuarios débiles, fuertes y biométricos

Como se introdujo en el apartado 3.3, para la identificación y autenticación de una persona frente a un sistema, se debe intercambiar algún objeto y/o información ("algo que se tiene", "algo que se sabe", o "algo que se es"). Estos métodos pueden combinarse entre sí, incrementando la fortaleza del mecanismo de autenticación, entendiendo esta fortaleza como una medida de los recursos que habría que dedicar para vulnerar el mecanismo, es decir, para que la autenticación de la identidad fuera incorrecta.

A continuación, se revisan estos conceptos con mayor profundidad.

14.1. Factores de autenticación

Los métodos de autenticación se agrupan en factores de autenticación:

- **Algo que se tiene,** como llaves, un documento oficial, una tarjeta identificativa magnética, tarjeta de radiofrecuencia, una tarjeta inteligente o *smartcard,* un archivo en una unidad de almacenamiento portátil USB, etc. Aquí se puede emplear autenticación en función de donde se esté, como la basada en geolocalización de la dirección IP, uso de terminales móviles, y mecanismos de autenticación por máquina.

- **Algo que se sabe** de manera confidencial solamente compartida con la entidad que autentica, como una contraseña, código de acceso, o la respuesta a una pregunta (método de desafío-respuesta).
- **Algo que se es,** por ejemplo, midiendo características físicas de la persona (técnicas biométricas) como su huella dactilar, geometría de la mano, reconocimiento de la voz, o patrones oculares de iris o retina. Aunque pueden separarse, también se suele incluir aquí los métodos basado en "algo de que se es capaz", como la capacidad de reproducir la firma, o la escritura convenientemente parametrizada.

14.2. Métodos débiles y fuertes

Una amenaza al mecanismo de "algo que se tiene", es la pérdida o copia del objeto portado. Una amenaza al mecanismo de "algo que se sabe", es la divulgación del secreto compartido. Una amenaza al método biométrico es un falso positivo, es decir, autenticar positivamente una identidad incorrecta. Si se usan mecanismos de autenticación que deban cumplirse simultáneamente, la amenaza global disminuye su probabilidad, porque deben concurrir simultáneamente las situaciones individuales. Por ejemplo, que se haya perdido una llave o haya sido copiada, que se haya difundido la contraseña voluntariamente o involuntariamente, y que se produzca una confusión en el rasgo biométrico medido.

Un sistema de autenticación que solo emplea mecanismos de un factor de autenticación, suele ser referido como un **mecanismo de autenticación débil.** Por el contrario, cuando se emplean mecanismos de varios de los factores anteriores, se habla de **sistemas de autenticación multifactoriales,** también conocidos como **sistemas de autenticación fuertes.** La fortaleza de un sistema depende de los mecanismos concretos que se empleen, no solo de su tipología; no obstante, siempre que los controles de seguridad de usuario sean laxos, la seguridad quedará en entredicho.

Nota

Las principales vulnerabilidades de un sistema de identificación y autenticación, son el empleo de métodos débiles e incluso que los usuarios puedan evadir el mecanismo de autenticación. El empleo de contraseñas suele ser una medida mínima en cualquier sistema de autenticación. Desde el punto de vista del sistema, para la información de autenticación, las principales vulnerabilidades son la falta de confidencialidad e integridad en la información de autenticación guardada, y la falta de encriptación en la información de autenticación transmitida.

14.3. Métodos biométricos (algo que se es)

Se reconocen como el mejor medio para autenticar la identidad de un ser humano, pero suelen conllevar una inversión en infraestructura (lectores, centrales de seguridad, y servidor con aplicación de autenticación). Permiten evaluar algo que el usuario es, o algo que el usuario hace, tomando en consideración que ciertas características pueden cambiar. El empleo de estos métodos conlleva una primera fase, en la que se toman reiteradas medidas que se promedian para definir una **medida patrón,** que será la medida biométrica de referencia. Posteriormente, cuando el usuario intente autenticarse, se tomarán una o varias medidas, que se compararán con las medidas patrón que el sistema tenga registradas, para determinar si existe un elevado nivel de concordancia con alguna de ellas.

A la hora de elegir un sistema de autenticación biométrico, debe considerarse la tasa de **falsos negativos** (tasa de rechazos incorrectos, o recuento de no aceptaciones de la autenticación de usuarios válidos), y la tasa de **falsos positivos** (tasa de aceptaciones incorrectas, o recuento de las ocasiones en que se da por válida la autenticación de un usuario inválido). Los métodos biométricos pueden ajustarse, para reducir un tipo de error u otro, porque en general, la reducción de una tasa incrementa la otra, produciéndose un intercambio entre **precisión al rechazar y precisión al aceptar.** Habitualmente, se busca equilibrar ambas tasas, en un valor idéntico conocido como **tasa de error igual,** que representa el porcentaje de lecturas donde se iguala el falso rechazo y la falsa aceptación. Cuanto más bajo sea la tasa de error igual, más efectivo es el mecanismo de autenticación biométrica. En general, se obtiene de menor a mayor tasa de error con los siguientes indicadores biométricos: palma de la mano, iris, retina, huella dactilar, y voz.

Actividades

25. Indique ejemplos de todas las combinaciones posibles de mecanismos de autenticación de dos factores.

14.4. Mejores prácticas en el uso de contraseñas (algo que se sabe)

Los requisitos mínimos recomendados para el uso de contraseñas, son:

- Debe ser fácil de recordar para el usuario, para evitar que la apunte o guarde en un medio no seguro (para ello pueden emplearse reglas, como la primera letra de una frase, o silaba de una frase, que preferiblemente solo tenga significado para el usuario).
- Debe ser difícil de adivinar para un usuario no autorizado, por ejemplo, no empleando información de datos personales (nombre y/o apellidos, nombres de pila, nombres de mascotas, teléfono, fecha de nacimiento, lugar de nacimiento, tanto del usuario como de sus familiares cercanos) ni datos como el nombre de la empresa, el producto, o línea de negocio en que se trabaja.
- No deberían emplearse palabras contenidas en diccionarios.
- No deberían ser inferiores a 6 caracteres, y cumplir unos requisitos de complejidad aplicables automáticamente por el sistema.
- Un olvido de la contraseña debe ser comunicado al administrador.
- Solo un administrador debe poder restablecer las contraseñas.
- Un número de fallos debe bloquear la cuenta automáticamente.
- Las contraseñas se deben almacenar y transmitir encriptadas.
- Las contraseñas deben cambiarse regularmente, al menos una vez al año.

- Las contraseñas deben ser únicas para una persona.
- La contraseña del administrador debe ser conocida únicamente por una persona y custodiarse de manera especial (por ejemplo, en un sobre cerrado bajo llave disponible solo para la Dirección).

Recuerde

En relación con las características que deben reunir las contraseñas, pueden servir también todos los requisitos del objetivo 9.3 de la norma ISO 27002, control "Uso de información confidencial para la autenticación".

Los requisitos de complejidad de las contraseñas varían según la confidencialidad de la información a proteger. Siempre deben aplicarse al menos a las contraseñas de los usuarios con privilegios, como los administradores, personal de soporte, y desarrolladores. Por ejemplo, *Microsoft* recomienda contraseñas para el administrador de al menos 6 caracteres, sin la cadena "Administrador" o "admin", y usando 3 tipos de caracteres (mayúsculas, minúsculas, números, y símbolos especiales).

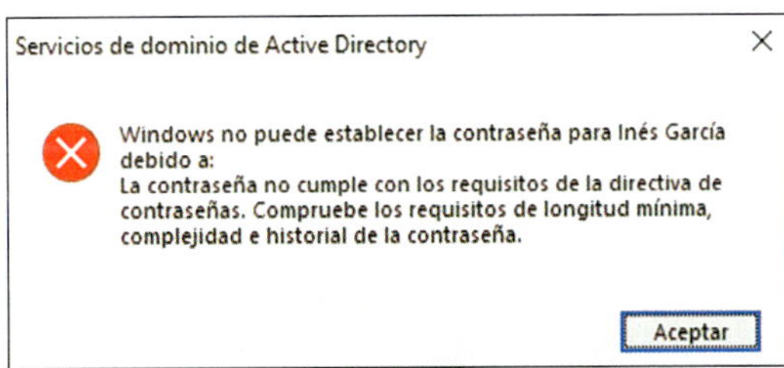

Complejidad recomendada para la contraseña del usuario administrador en una instalación estándar de Microsoft Windows

Actividades

26. Busque información sobre los métodos existentes para intentar averiguar una contraseña, como los ataques por fuerza bruta, o los ataques basados en diccionario.

Aplicación práctica

La empresa dispone de una cantidad elevada de personal que trabaja fuera de la empresa, en las instalaciones del cliente, por amplios periodos de tiempo. Los trabajadores usan un portátil con lector de huella para conectarse a la red de la empresa. Cuando los trabajadores cambian de cliente, se tienen que intercambiar los portátiles, para poder usar las aplicaciones apropiadas, y es práctica común decir a otros la contraseña propia, de manera que unos usuarios acceden con los credenciales de otros. Los trabajadores tienen además un móvil de empresa, con una línea de conexión de datos para conectarse a la red de la empresa, y dirección IP estática que no intercambian, porque también usan la línea para recibir llamadas personales.

Diseñe un sistema de autenticación fuerte que mejore la seguridad del sistema.

SOLUCIÓN

Se debe emplear una solución de al menos dos factores, eligiendo de entre las opciones que el enunciado ofrece.

- Algo que se es: huella dactilar. No parece ser una solución muy efectiva, porque el enunciado indica que los trabajadores se intercambian los portátiles, de manera que aunque la información de autenticación esté protegida, usar el lector obligaría al usuario a tener que registrar y validar su huella en cada máquina que necesite usar.
- Algo que se tiene: portátil. Se podría emplear un archivo encriptado guardado en el portátil, o el número de serie de algún componente electrónico, pero tampoco es eficaz frente al intercambio de portátiles.
- Algo que se tiene: móvil. Es idóneo, porque incorpora una tarjeta de conexión a la red móvil, que el usuario no intercambia por voluntad propia, y que dispone de una dirección IP estática. De esta manera se puede autenticar la tarjeta SIM con:

Continúa en página siguiente >>

<< Viene de página anterior

- La dirección IP estática (que podría suplantarse).
- Su número de serie o código ICC (que podría precisar ganar acceso físico a la SIM para duplicarlo).
- El número de teléfono de la línea (válido si se prohíbe duplicar la SIM).
- Enviar por SMS una clave que caduque en muy poco tiempo, y que el usuario deba introducir (si no se puede duplicar la SIM).

- Algo que se sabe. Se puede mantener el sistema de contraseña habitual, si bien deben revisarse que se están ejecutando las mejores prácticas al respecto, así como las medidas de responsabilidad del usuario para con la gestión de su contraseña.
- En conclusión, la autenticación fuerte podría hacerse de manera sencilla mediante una contraseña, y la tarjeta SIM del móvil.

15. Relación de los registros de auditoría del sistema operativo necesarios para monitorizar y supervisar el control de accesos

Para recabar evidencias de que las políticas se aplican, o investigar lo contrario, es preciso registrar información de lo que hace. Se introducen las herramientas estándar de registro en sistemas *Microsoft Windows* y *Linux*, para posteriormente revisar los requisitos que dicta la norma ISO 27002.

15.1. Registro y monitorización en sistemas *Windows*

Los sistemas de *Microsoft Windows* incorporan la herramienta **Visor de Sucesos,** que permite filtrar y configurar los diferentes registros.

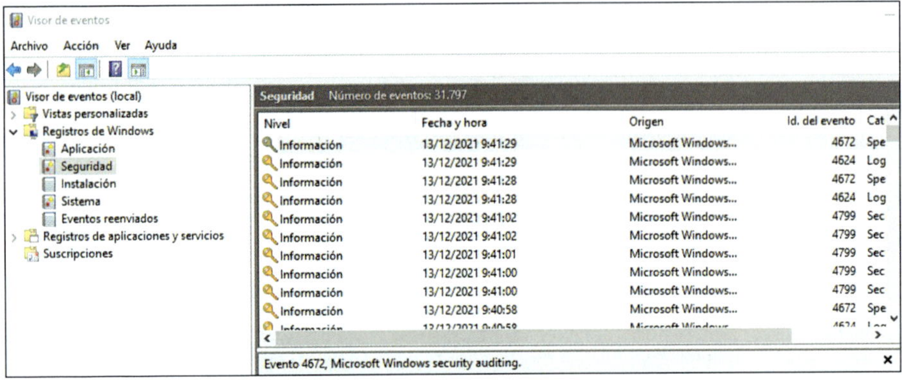

Visor de eventos con las diferentes categorías (aplicación, seguridad, instalación, sistemas, etc.)

Dividido en categorías, cada una se irá escribiendo en un fichero diferente; para cada una se debe configurar el tamaño del fichero, o el periodo de tiempo para el que se conservarán los registros o *logs*.

La actividad de registro tiene un coste en términos de almacenamiento, tiempo de proceso y posterior tiempo de análisis, por lo que conviene que vaya precedida de un análisis de riesgos, para focalizarlo en las áreas y con el nivel de profundidad adecuado. Resulta crucial configurar adecuadamente los eventos que se quieren registrar, ya que de otra manera se pierde la información de interés, lo que habitualmente se realiza mediante la configuración de seguridad y auditoría del equipo o dominio.

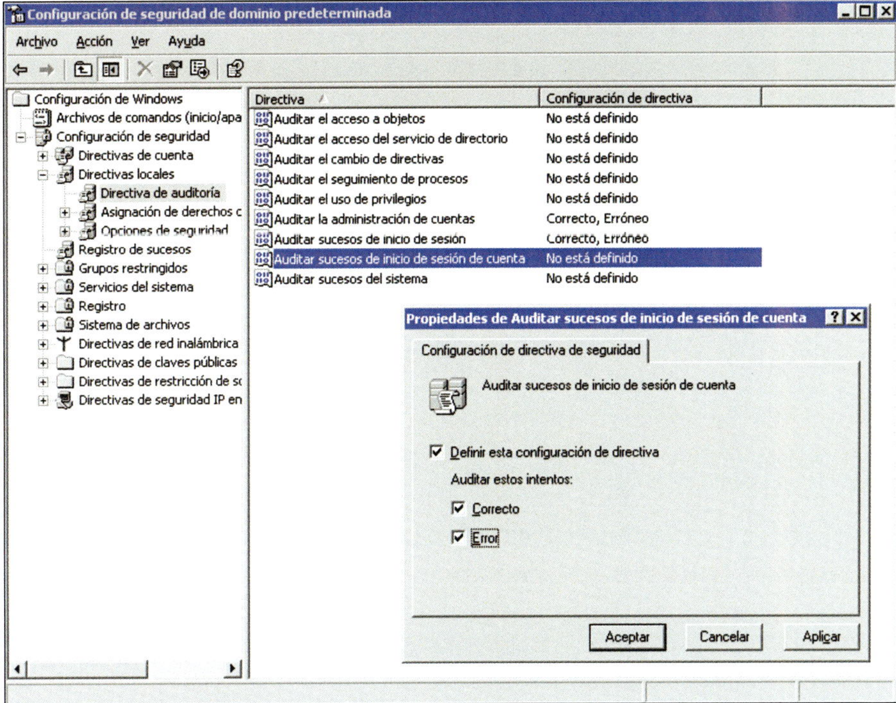

Configuración del registro de los errores de inicio de sesión

Ejemplo

Si se quiere realizar un seguimiento de los errores al intentar iniciar sesión, se debe revisar expresamente, ya que puede que por defecto solo se estén registrando los aciertos. Conviene analizar las capacidades de registro de las aplicaciones que se instalen, porque pueden añadir su propia categoría de registro extendiendo las capacidades del sistema.

De entre las categorías de registro, la categoría de "Seguridad" registra los accesos al sistema, y correctamente configurada, permite saber si se ha producido un intento de acceso erróneo al mismo.

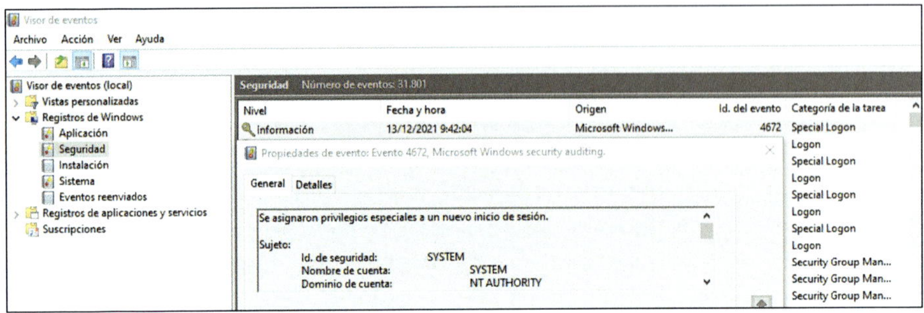

Registro de un intento de acceso no autorizado al sistema

Los sistemas *Windows* también traen una aplicación para monitorizar el rendimiento del sistema, a través de indicadores, como el uso de memoria, de la red, o del procesador, mediante registros de contador. Su funcionamiento consiste en ir agregando marcadores seleccionables de entre un conjunto preexistente. El sistema va registrando estas medidas con la frecuencia que se indique, para su posterior análisis, y permite definir alarmas para avisar al personal de soporte de que alguna de los indicadores ha superado los umbrales definidos.

Por ejemplo, se puede programar una alarma para que se avise de que se ha superado un determinado número de inicios de sesión fuera del horario laboral; o quizá se puede programar una alarma para avisar si los discos duros se quedan sin espacio de almacenamiento, o si la actividad de red supera unos umbrales determinados.

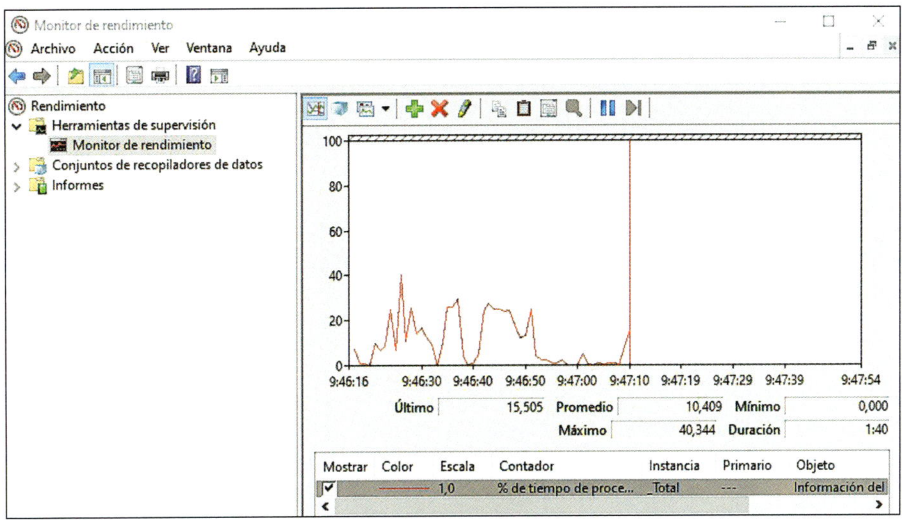

Monitor de rendimiento del sistema, según los indicadores que se seleccionen.

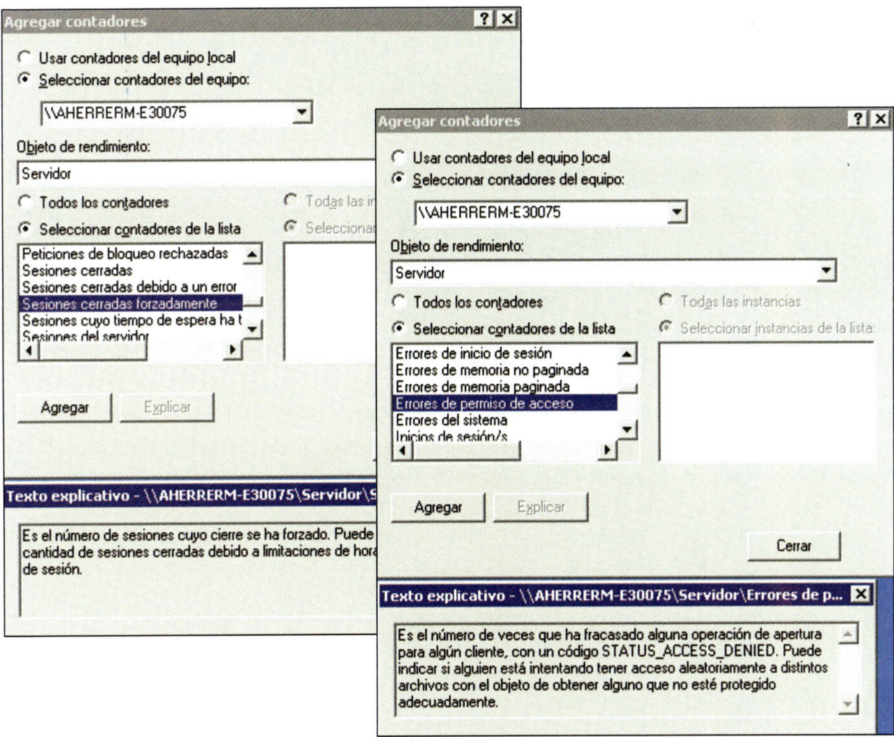

Configuración de un registro de contador, al que se agregan contadores del objeto "Servidor", relacionados con los inicios de sesión (errores de permiso de acceso, sesiones cerradas forzosamente, inicios de sesión por unidad de tiempo, etc.).

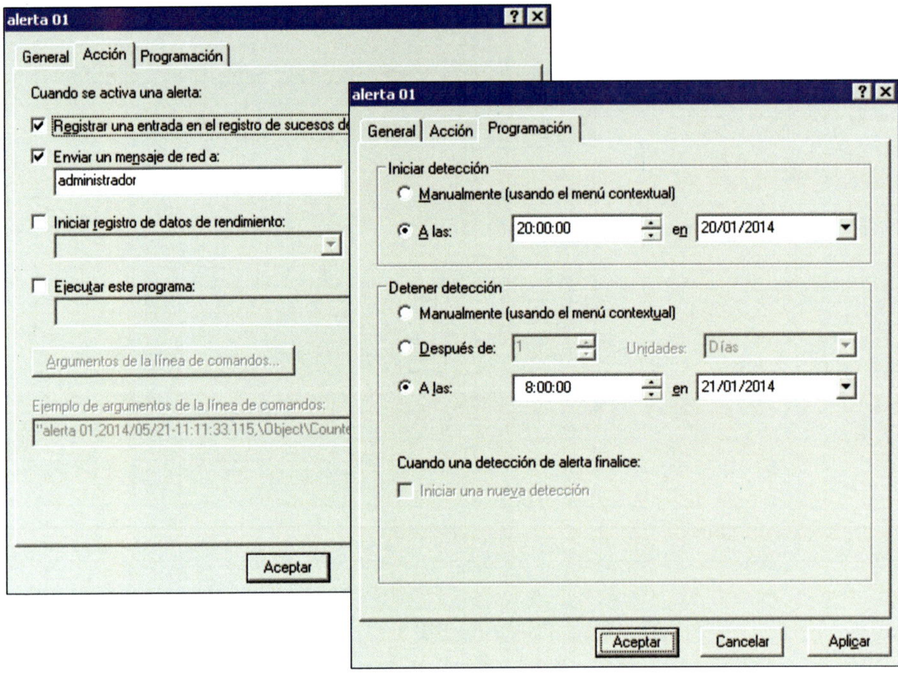

Configuración de una alarma indicando a quién avisar, y el periodo en que se debe realizar el seguimiento, por ejemplo, fuera del horario laboral.

El monitor de rendimiento resulta una herramienta óptima como salvaguarda de detección, que permite alertar de problemas en la capacidad, para asegurar la disponibilidad del sistema, contribuyendo notablemente a la seguridad global de la información. Por contrapartida, consume muchos recursos de cómputo, de manera que debe seleccionarse un mínimo conjunto de indicadores eficaces.

Actividades

27. Si tiene acceso a un sistema *Windows*, revise el registro en la categoría de seguridad y de sistema.

15.2. Registro y monitorización en sistemas *Linux*

Linux emplea el subsistema **syslog** para todas las funciones de registro y monitorización de los eventos que ocurren en el sistema, como el acceso de un usuario. Los organiza en base al origen o servicio que los produce (facilidad o *facility)* y a su nivel de prioridad o importancia (nivel o *level).*

En los archivos de registro de **syslog,** se podrán encontrar, por ejemplo, entradas procedentes de:

- **authpriv:** relacionadas con la seguridad del sistema.
- **auth**, **security:** relacionadas con la autenticación.
- **daemon:** para los servicios o procesos que se ejecutan en segundo plano de manera transparente al usuario (denominados "daemon" o demonios en *Linux*).
- **user:** para eventos definidos por los usuarios.
- **cron:** para tareas o procesos programados.
- **mail:** para el correo electrónico.
- **ftp:** para el servidor de ficheros
- **local0...7:** mensajes de inicio de los terminales (0..7) locales.
- Etc.

Los niveles de importancia que habitualmente se encuentran son:

- **emerg:** para eventos que pueden inutilizar el sistema.
- **alert**: para errores que necesitan una actuación inmediata.
- **crit:** para situaciones críticas como el fallo de un disco duro.
- **err:** para errores generales de las aplicaciones.
- **warning:** para advertencias.
- **notice:** para notificaciones.
- **info:** para anunciar información de interés.
- **debug:** en relación a la información de depuración de una aplicación.

La configuración del nivel de registro que se desea, se realiza a través del archivo de configuración del sistema **syslog,** que se encuentra habitualmente como */etc/syslog.conf.* Editando este archivo, se puede ver que se está registrando en el sistema, y agregar los eventos que se quieran registrar. La sintaxis de este archivo es sencilla, e incluye generalmente una lista donde cada elemento refleja una categoría de registro, especificada mediante tres elementos: **facility.level fichero-de-registro.**

```
# $FreeBSD: release/10.0.0/etc/syslog.conf 252481 2013-07-01 21:20:17Z asomers $
#
#       Spaces ARE valid field separators in this file. However,
#       other *nix-like systems still insist on using tabs as field
#       separators. If you are sharing this file between systems, you
#       may want to use only tabs as field separators here.
#       Consult the syslog.conf(5) manpage.
*.err;kern.warning;auth.notice;mail.crit                /dev/console
*.notice;authpriv.none;kern.debug;lpr.info;mail.crit;news.err   /var/log/message
s
security.*                                      /var/log/security
auth.info;authpriv.info                         /var/log/auth.log
mail.info                                       /var/log/maillog
lpr.info                                        /var/log/lpd-errs
ftp.info                                        /var/log/xferlog
cron.*                                          /var/log/cron
!-devd
*.=debug                                        /var/log/debug.log
*.emerg                                         *
# uncomment this to log all writes to /dev/console to /var/log/console.log
# touch /var/log/console.log and chmod it to mode 600 before it will work
#console.info                                   /var/log/console.log
# uncomment this to enable logging of all log messages to /var/log/all.log
# touch /var/log/all.log and chmod it to mode 600 before it will work
lpr.info                                        /var/log/lpd-errs
ftp.info                                        /var/log/xferlog
cron.*                                          /var/log/cron
!-devd
*.=debug                                        /var/log/debug.log
*.emerg                                         *
# uncomment this to log all writes to /dev/console to /var/log/console.log
# touch /var/log/console.log and chmod it to mode 600 before it will work
#console.info                                   /var/log/console.log
# uncomment this to enable logging of all log messages to /var/log/all.log
# touch /var/log/all.log and chmod it to mode 600 before it will work
#*.*                                            /var/log/all.log
# uncomment this to enable logging to a remote loghost named loghost
#*.*                                            @loghost
# uncomment these if you're running inn
# news.crit                                     /var/log/news/news.crit
# news.err                                      /var/log/news/news.err
# news.notice                                   /var/log/news/news.notice
# Uncomment this if you wish to see messages produced by devd
# !devd
# *.>=info                                       /var/log/devd.log
!ppp
*.*                                             /var/log/ppp.log
!*
root@marte:/etc # 
```

Listado de un archivo de configuración típico del sistema de registro ***syslog*** *en Linux*

```
Mar 18 23:07:20 marte login: login on ttyv0 as root
Mar 18 23:07:20 marte login: ROOT LOGIN (root) ON ttyv0
Mar 18 23:07:46 marte login: login on ttyv0 as herschel
Mar 18 23:10:05 marte sshd[768]: Received signal 15; terminating.
Mar 18 23:11:01 marte sshd[749]: Server listening on :: port 22.
Mar 18 23:11:01 marte sshd[749]: Server listening on 0.0.0.0 port 22.
Mar 18 23:12:35 marte login: login on ttyv0 as root
Mar 18 23:12:35 marte login: ROOT LOGIN (root) ON ttyv0
Mar 18 23:12:41 marte shutdown: shutdown by root:
Mar 18 23:12:42 marte sshd[749]: Received signal 15; terminating.
Mar 18 23:14:04 marte sshd[1673]: Server listening on :: port 22.
Mar 18 23:14:04 marte sshd[1673]: Server listening on 0.0.0.0 port 22.
Mar 18 23:14:09 marte login: login on ttyv0 as root
Mar 18 23:14:09 marte login: ROOT LOGIN (root) ON ttyv0
Mar 18 23:15:23 marte shutdown: power-down by root:
Mar 18 23:15:24 marte sshd[1673]: Received signal 15; terminating.
Mar 22 07:31:25 marte sshd[762]: Server listening on :: port 22.
Mar 22 07:31:25 marte sshd[762]: Server listening on 0.0.0.0 port 22.
Mar 22 07:31:30 marte login: login on ttyv0 as root
Mar 22 07:31:30 marte login: ROOT LOGIN (root) ON ttyv0
Mar 22 17:12:28 marte login: 2 LOGIN FAILURES ON ttyv0
Mar 22 17:12:28 marte login: 2 LOGIN FAILURES ON ttyv0, ines
Mar 22 17:12:38 marte login: login on ttyv0 as root
Mar 22 17:12:38 marte login: ROOT LOGIN (root) ON ttyv0
root@marte:/var/log #
```

Listado del archivo archivo.log, donde se muestran eventos de seguridad, como un apagado del servidor, los inicios de sesión del usuario con privilegios root, y dos intentos de inicio incorrectos de un usuario.

Actividades

28. Si tiene acceso a un sistema *Linux*, revise el contenido de los registros almacenados habitualmente en /var/log.

15.3. Norma ISO 27002

El capítulo 12 de la norma, establece el objetivo "12.4 Registro de actividad y supervisión", para detectar las actividades no autorizadas. Para ello, se indica que se deben monitorizar los sistemas y registrar los eventos de seguridad, empleando aplicaciones donde se vaya apuntando la actividad diaria normal, y por supuesto, donde se registren los fallos.

La empresa debe considerar también su posible obligación legal a registrar algunas actividades, o a guardar registro de su monitorización. Además, estos registros servirán para chequear la efectividad de los controles y la conformidad del sistema con la política de acceso. Se definen seis contramedidas de interés:

- **Registro de auditoría,** referente a las actividades, excepciones, y eventos de seguridad, con al menos la siguiente información:

  - Identificadores de usuario.
  - Fecha, hora y tipo del evento (inicio/cierre de sesión).
  - Ubicación desde donde se realiza la operación.
  - Registro de los intentos de acceso fallidos al sistema.
  - Registro de intentos de acceso fallidos a aplicaciones y datos.
  - Cambios en la configuración del sistema.
  - Uso de privilegios.
  - Uso de utilidades y aplicaciones del sistema.
  - Archivos accedidos y tipo de acceso (lectura, escritura, ejecución, borrado).
  - Direcciones de red empleadas y protocolos usados.
  - Alarmas generadas por el sistema de control de acceso.
  - Des/activación de sistemas de protección como antivirus.

  Otra consideración se refiere a que el registro de la actividad sobre información confidencial, puede considerarse o incluir información confidencial. Por último, es importante que el administrador no tenga permiso para borrar o desactivar los registros de sus propias actividades.

- **Uso del sistema de monitorización,** que debe realizarse de acuerdo a un procedimiento documentado, que establezca las revisiones regulares de las actividades monitorizadas. La monitorización debe ser acorde con el riesgo, y siempre dar cumplimiento a la legislación que pudiera aplicar a la empresa. Debe considerarse monitorizar:

  - Los accesos autorizados.
  - Todas las operaciones con privilegios (uso de cuentas de administrador, inicio y apagado del sistema, des/conexión de dispositivos de entrada y salida).
  - Intentos de acceso no autorizados.
  - Alertas o fallos del sistema.
  - Cambios en los controles o salvaguardas de seguridad.

Es necesario monitorizar el sistema, para asegurar que los usuarios solo realizan aquello para lo que están autorizados. La revisión de los registros precisa entender las amenazas al sistema, para lo que puede ayudar la experiencia previa en la gestión de incidentes de seguridad.

- **Protección del registro,** para evitar su alteración y el acceso no autorizado, así como posibles problemas operacionales que impidan que se realice, como podrían ser incidencias en los medios donde se almacene. Conviene mantener documentado las alteraciones a los mensajes, los archivos de registro que se editan o borran, y la capacidad de almacenamiento disponible para evitar denegaciones de servicio o sobreescritura en registros de funcionamiento circular. El registro se debe conservar y proteger, ya que si se puede modificar o borrar sin impedimentos, su existencia crea un falso sentido de seguridad.
  Puede resultar apropiado archivar los registros, como parte de la política de retención de archivos o debido a los requisitos de auditoría. También puede ayudar depurar los archivos de registro antes de archivarlos, mediante herramientas del sistema de filtrado, para conservar en un segundo registro solo los del ámbito de seguridad que puedan ser de utilidad.
- **Registros del administrador y del personal de operaciones,** que se deben registrar, ya que actúan normalmente con privilegios. Se debe guardar la hora del evento, la información del evento (archivos involucrados, error y acción correctiva), qué cuentas se emplean y qué procesos están involucrados. Por ejemplo, pueden existir sistemas de detección de intrusiones con control ajeno a los administradores del sistema, y se deben revisar las actividades de administración de la red.
- **Registros de fallos,** que deben analizarse y derivar en acciones correctivas emprendidas. Se deben registrar los fallos informados por los usuarios o por las propias aplicaciones, y deben existir unas normas claras para manejar los errores, que detallen:

  - Revisar registros para asegurar que los errores se han resuelto satisfactoriamente.
  - Revisar las medidas correctivas para asegurarse que los controles no se hayan visto comprometidos, y que la acción haya sido autorizada.

Conviene considerar que, generalmente, los registros de errores consumen bastantes recursos y afectan al rendimiento, por lo que deben aplicarse de manera proporcional al riesgo de los sistemas.

- **Sincronización horaria,** que debe extenderse a todos los ordenadores y sistemas de procesamiento, de forma que todos los equipos de un mismo dominio de seguridad dispongan de la misma hora acordada. De no ser así, se dificultará el uso de los registros y se dañará la credibilidad de dichas evidencias. Conviene revisar que los dispositivos empleen la misma referencia, por ejemplo el Tiempo Universal Coordinado (UTC), y si hay variaciones locales en diferentes momentos del año. También existirán equipos menos precisos, por lo que conviene chequearlos y sincronizarlos regularmente. Es conveniente emplear como reloj maestro el servicio de difusión de hora de algún reloj atómico nacional, y emplear algún protocolo de hora de red, para mantener los servidores sincronizados con este reloj maestro.

Actividades

29. Si tiene acceso a un ordenador, intente configurar el servidor de acceso de hora oficial española “hora.roa.es”.
30. ¿Qué es la hora universal coordinada, o UTC (del inglés *Universal Time Coordinated)?*

Aplicación práctica

Se producen frecuentes errores en las tareas programadas de copia de seguridad, realizadas con un sistema que carece de registro de auditoría propio. Como analista de seguridad, se debe intentar averiguar la causa raíz del problema, revisando todos los demás elementos de registro y monitorización del sistema.

Indique qué información específica podrá aprovechar de cada uno de ellos, detallando la ayuda para descartar posibles causas del problema.

Continúa en página siguiente >>

<< Viene de página anterior

SOLUCIÓN

A continuación, se enumeran los elementos vistos, salvo el registro de auditoría de la aplicación, (que como se indica en el enunciado, no existe), detallando la información específica que se aprovechará de cada uno.

- Sincronización horaria. En el enunciado se indica que las tareas de seguridad son de ejecución programada, lo que implica que habrá un horario de ejecución previsto. Se debe confirmar que todos los elementos que intervengan en el sistema de copia estén en hora, para descartar que un desfase horario sea la causa raíz del problema.
- Registro de fallos. El registro de las incidencias informáticas de la empresa podría permitir averiguar si el problema se ha producido en el pasado, y como se solucionó. Además, se debe buscar información histórica de incidencias en los equipos involucrados en el sistema de copias de seguridad, para descartar que haya errores de *hardware* recurrentes de aparición aleatoria, o con un patrón de aparición desconocido.
- Registros del administrador y del personal de operaciones. La actividad del administrador y del personal de operaciones no coincidirá en el tiempo con el horario de ejecución de copias pero podría coincidir con otra tarea de mantenimiento ejecutada por ellos. Por lo tanto, revisar los registros permite descartar que la causa raíz sea la incompatibilidad con otras actividades del administrador, o del personal de operaciones.
  También a partir de los registros, se puede analizar si coincide la fecha en que comienzan los fallos con registros de actividad del administrador y del personal de operaciones, lo que podría ayudar a descartar que el error proceda de cambios realizados por estos.
- Medidas de protección del registro del sistema. Conviene revisarlas, para descartar que el fallo de las copias no sea consecuencia de alguna actividad fraudulenta, que a su vez se materialice en la sobreescritura del registro del sistema
- Sistema de monitorización. Esta fuente es probablemente la más importante, porque puede ayudar a descartar causas de error, evaluando por ejemplo si se producen errores de red, fallos de acceso a disco, fallos en el espacio disponible, falta de capacidad en la memoria del servidor durante la operación de copia, u otras causas lógicas.

---

16. Elaboración de la normativa de control de accesos a los sistemas informáticos

A la hora de elaborar una normativa, se recomienda seguir un esquema donde se prioricen y se tengan en cuentan las fuentes a considerar: la legislación que sea de aplicación, las normas de referencia, y finalmente el detalle de los controles aplicados en la empresa. Como siempre, existe un coste en las contramedidas y debe valorarse el beneficio (reducción del riesgo), para afrontar unas medidas u otras con criterios racionales, por lo que conviene recordar que la implantación de salvaguardas debe ser proporcional a los riesgos existentes, e ir precedida de un análisis de riesgos.

Se empleará como referencia la norma ISO 27002, que define el concepto de **política de control de acceso** como el documento de partida, que recoja las directrices a partir de las que se redacten los diferentes procedimientos necesarios para llevar a cabo el control de acceso lógico.

Recuerde

Como se introdujo en capítulos anteriores, la norma ISO 27002 se apoya en los mismos controles de la norma ISO 17799, que en su versión de 2005 contempla objetivos de control organizados en los siguientes 11 capítulos:

- 5 Política de seguridad.
- 6 Organización de la seguridad de la información.
- 7 Gestión de activos.
- 8 Seguridad de recursos humanos.
- 9 Seguridad física y ambiental.
- 10 Gestión de las comunicaciones y operaciones.
- 11 Control del acceso.
- 12 Adquisición, desarrollo y mantenimiento de los sistemas de información.
- 13 Gestión de un incidente en la seguridad de la información.
- 14 Gestión de la continuidad del negocio.
- 15 Cumplimiento de requisitos.

16.1. Norma ISO 27002

Da un objetivo de control para documentar el CAL a la información, que permite recoger gran parte de todo lo visto en este capítulo.

El objetivo "9.1 Requisitos del negocio para el control de acceso", establece que se debe controlar el acceso sobre la base de los requisitos comerciales, y de seguridad de la información de la empresa. Para ello, propone una única contramedida, que es la existencia de una **política de control de acceso,** que se debe documentar y mantener revisada, en base a los mencionados requisitos comerciales y de seguridad de la información. Esta política debe ocuparse del control de acceso, tanto físico como lógico, y que se deben considerar en conjunto. Los requisitos que sustenten la política, se deben proporcionar tanto a los usuarios y a los proveedores. La política, de manera más detallada incluirá:

- Los requisitos de las aplicaciones de la empresa.
- Una relación de toda la información relacionada con las aplicaciones empresariales.
- La política para la divulgación y autorización de la información, como la necesidad de conocer la clasificación de la información.
- La explicación de la consistencia entre la política de clasificación de la información y el control de accesos.
- La legislación relevante y otras obligaciones contractuales.
- Los perfiles de acceso de los usuarios en puestos de trabajo comunes.
- La gestión de derechos de acceso.
- La segregación de roles para el punto anterior: solicitud de acceso, autorización de acceso, y administración del acceso.
- Los requisitos para la autorización del acceso.
- Los requisitos para la revisión de los accesos.
- La revocación de los derechos de acceso.

Al decidir estas cuestiones, se recomienda tener siempre en cuenta la diferencia que pueda hacerse entre reglas que siempre se deben aplicar y reglas opcionales, así como partir de un diseño tipo **"por defecto todo acceso está prohibido, y debe habilitarse el acceso de manera explícita"**.

La integración de la SF (seguridad física) y la SL (seguridad lógica) es una tendencia creciente, y en el caso del control de acceso, también conviene abordar ambos aspectos de manera conjunta. Por lo tanto, se repetirán ahora algunos aspectos de control de acceso físico, ya mencionados en el epígrafe 7 dedicado a la normativa de SF de la empresa.

La normativa de control de acceso a la empresa, debería recoger al menos la legislación aplicable, las normas de referencia empleadas, y las medidas aplicadas.

A continuación, se propone un índice de los contenidos que deberían desarrollarse en una normativa apoyada en ISO 27002.

Normativa de control de accesos

A. Legislación aplicable

a. Esquema Nacional de Seguridad:

ii. Art 16, autorización y control de los accesos.
iii. Art 21, protección de información almacenada en tránsito.
iv. Art 22, prevención ante sistemas interconectados.
v. Art 23, registro de actividad.

B. Normas de referencia:

a. TIA942 de diseño de *datacenter* y su acceso físico.
b. ISO 27001 para la práctica de la gestión de la seguridad de la información.

C. Medidas aplicadas en la empresa acorde con la norma ISO 27002:

a. C.1 Medidas de seguridad física (11.1.1).
b. C.2 Controles físicos de entrada (11.1.2).
c. C.3 Seguridad de las oficinas, despachos y recursos. (11.1.3).
d. C.4 El trabajo en áreas seguras (11.1.5).
e. C.5 Áreas de acceso público, carga y descarga (11.1.6).
f. C.6 Políticas de control de acceso (9.1.1).
g. C.7 Gestión de acceso a los usuarios (9.2).
h. C.8 Responsabilidad de los usuarios (9.3).
i. C.9 Control de a las redes y servicios asociados (9.1.2).
j. C.10 Control de acceso a sistemas y aplicaciones (9.4).

17. Resumen

La seguridad de los sistemas de información es única, pero se acomete desde la perspectiva de la seguridad física (SF) y lógica (SL). La SF se ocupa de las barreras físicas, procedimientos, y mecanismos que se interponen entre las amenazas físicas y los activos. Por otro lado, la SL se ocupa de las barreras lógicas, los procedimientos y mecanismos para mantener los activos íntegros y a salvo, permitiendo solo el acceso lógico a los agentes autorizados.

En la SF se comienza estudiando el perímetro de seguridad, que para una empresa pequeña o mediana se traduce en comenzar asegurando las medidas del CPD donde residen los servidores, medios de almacenamiento, y electrónica central de comunicaciones. Es primordial asegurar el suministro eléctrico, los servicios de protección contra incendios y la climatización; todo ello según leyes, y normas de diferentes ámbitos, como la norma **TIA 568** y **TIA 492.**

En el ámbito de la SL, se comienza estudiando el sistema de ficheros, de cuyas medidas de seguridad dependerá en el control de acceso lógico que se logre implementar. Tanto el sistema **NTFS como EXT3** incorporan las medidas necesarias para los controles que una empresa pequeña y mediana precisará desplegar. Entre los objetivos de control del acceso lógico, es primordial que el acceso a la red solo pueda realizarse sobre un sistema adecuado de identificación y autenticación (que puede ir desde el uso de contraseñas hasta el empleo de lectores biométricos). A su vez, la información de los usuarios se gestiona mediante directorios, donde se aplican configuraciones y restricciones de uso del sistema. El registro y monitorización de sucesos es una herramienta fundamental. Estas medidas técnicas deben complamentarse con la responsabilidad de los usuarios, fijada contractualmente al inicio, durante, y en la terminación del empleo (y con su reflejo en un procedimiento de altas, bajas y modificaciones de las cuentas).

El alcance de la SF y SL es muy extenso, incluyendo numerosas áreas técnicas. Para abordarlas con seguridad, y asegurar que nada se queda atrás, se recomienda emplear marcos de trabajo ya existentes, como el Esquema Nacional de Seguridad, o la norma **ISO 27001.**

Ejercicios de repaso y autoevaluación

1. Complete el siguiente párrafo:

La Seguridad física se ocupa de barreras _________ procedimientos, y _________ de control, para proteger los activos de las _________ físicas. La seguridad lógica se ocupa del conjunto de barreras _________, procedimientos, y _______ de control para proteger los activos permitiendo el _________ lógico solo a los agentes autorizados.

2. Enumere al menos tres medidas que deben seguirse de acuerdo con la norma ISO 27002 para trabajar en áreas seguras.

____

____

____

____

3. Indique cuál de las siguientes es la amenaza física más frecuente:

1. El incendio.
2. La falta de suministro eléctrico.
3. El incidente causado por el infractor accidental, que actúa sin saber lo que se está haciendo o por error.
4. El secuestro o chantaje.

4. Indique cuál de las siguientes oraciones es verdadera y cuál falsa:

a. Para la seguridad ambiental del CPD, deben ubicarse detectores de agua en el CPD, CCTV, vías de evacuación señalizadas, y carteles desaconsejando el consumo de bebidas y de comida.

- ☐ Verdadero
- ☐ Falso

b. Para la seguridad ambiental del CPD, deben aplicarse medidas contra fallos eléctricos, equipos de control de la temperatura y humedad, medidas contra incendios, detectores de agua, planes de evacuación, y la prohibición de entrar comida y bebida.

- ☐ Verdadero
- ☐ Falso

c. Para la seguridad ambiental del CPD, deben aplicarse medidas que mantengan la temperatura en torno a los 21° ± 3°, y una humedad cercana al 50 %, que evite el riesgo de condensación y de electricidad estática.

- ☐ Verdadero
- ☐ Falso

d. Para la seguridad ambiental del CPD se recomienda usar ventanas siempre que estén reforzadas mediante rejas y cristales opacos, que eviten ver la actividad que se desarrolla en su interior.

- ☐ Verdadero
- ☐ Falso

5. Empareje las siguientes contramedidas y amenazas:

a. Interrupción breve del suministro.
b. Caída de rayos.
c. Interferencias o ruido eléctrico.
d. Interrupción prolongada del suministro.

__ Generador eléctrico.
__ Filtros.
__ Descargadores de gas.
__ Sistema de alimentación ininterrumpido.

6. Enumere seis medidas contra los incendios que recomendaría aplicar en un CPD.

____
____
____
____

7. Empareje las siguientes tecnologías y su ámbito:

a. Active Directory (directorio activo).
b. *Kerberos.*
c. *Login* (nombre de usuario).
d. OpenLDAP.

__ Directorio.
__ Identificación.
__ Autenticación.

8. Complete la siguiente frase:

Las ____________ de control de ______________ para un fichero o directorio, definen qué usuarios autenticados pueden acceder al fichero, y qué tareas pueden realizar. En sistemas *Windows,* se pueden modificar con el comando ____________, y en sistemas *Linux,* con el comando ______________.

9. Indique las cuatro características básicas que debe cumplir una contraseña de calidad.

____
____
____
____

10. Seleccione la mejor opción en relación a la política de escritorio limpio:

a. Evita el riesgo de incendio, y es una medida de seguridad física.
b. Evita el acceso a información confidencial, especialmente fuera del horario normal de trabajo.
c. Es un mecanismo de impresión segura.
d. Eliminando la acumulación se reduce la posibilidad de borrar un documento.

11. Enumere cinco salvaguardas para reducir los riesgos de acceso al sistema operativo.

____
____
____
____

12. Seleccione la opción correcta. Los métodos de autenticación se clasifican en...

a. ... métodos débiles, fuertes y biométricos.
b. ... métodos con alta tasa de falsos positivos y métodos de alta tasa de falsos negativos.
c. ... métodos basados en algo que se sabe, métodos basados en algo que se tiene, y métodos basados en algo que se es (o métodos biométricos).
d. ... métodos técnicos, organizativos, físicos y de personal.

13. Enumere tres métodos de autenticación para cada uno de los factores de autenticación.

____
____
____
____

14. Seleccione la opción más adecuada:

a. No es necesario registrar la actividad del administrador, porque la empresa deposita en él la confianza del sistema de información.
b. Es especialmente importante registrar la actividad del administrador, porque actúa normalmente con privilegios.
c. Es especialmente importante registrar la actividad del administrador, porque estos puestos suelen tener mucha rotación.
d. No es necesario registrar la actividad del administrador, porque este tiene capacidad para desactivar el registro de auditoría.

15. La norma ISO 27002 define un documento para recoger las directrices a partir de las que cuales se redacten los diferentes procedimientos, necesarios para llevar a cabo el control de acceso lógico. Se denomina...

a. ... documento de seguridad.
b. ... normativa de control de acceso.
c. ... política de control de acceso.
d. ... protocolo de control de acceso.

Capítulo 7

Identificación de servicios

Contenido

1. Introducción
2. Identificación de los protocolos, servicios y puertos utilizados por los sistemas de información
3. Utilización de herramientas de análisis de puertos y servicios abiertos para determinar aquellos que no son necesarios
4. Utilización de herramientas de análisis de tráfico de comunicaciones para determinar el uso real que hacen los sistemas de información de los distintos protocolos, servicios y puertos
5. Resumen

1. Introducción

Como se vio en el capítulo anterior, una extensa área de la seguridad de la información es la seguridad lógica, abordando la problemática del acceso lógico. El perímetro de los activos se extiende con el uso de las redes, no existiendo en la práctica un límite concreto y controlable con el uso de internet y de las comunicaciones móviles. No obstante, el modelo cliente-servidor de las aplicaciones, y el modelo transmisor-receptor de las comunicaciones, permiten priorizar los objetivos previsibles para un ataque externo: las interconexiones entre las diferentes subredes de la empresa, y en el caso más habitual, la interconexión entre internet y la LAN de la empresa.

Complementando los mecanismos de acceso lógico internos (identificación, autenticación y autorización), procede dar un paso más allá de este dominio lógico, para enfrentar otra área crucial de la seguridad lógica, como es la seguridad de redes, que está especialmente orientada a analizar las vulnerabilidades del acceso lógico en los puntos de interconexión a la red de los equipos, y en los puntos de interconexión de las redes entre sí.

La metodología de un atacante (real o simulado), que produce un incidente (intencionado o accidental), con fines lícitos o no (evaluación ética de seguridad o asalto,) constará usualmente de los siguientes cuatro pasos:

- Averiguar las direcciones de red del objetivo y los servidores de interés.
- Rastrear masivamente la red, en busca de servidores vulnerables.
- Estudiar las vulnerabilidades detectadas, y examinar de nuevo la red.
- Explotar las vulnerabilidades, saltando las medidas de seguridad.

2. Identificación de los protocolos, servicios y puertos utilizados por los sistemas de información

Las arquitecturas de red anteriores a internet necesitaban que el medio de transmisión fuera el mismo (por ejemplo, siempre cable coaxial), funcionando en gran parte como un todo, de manera que no pudiera fallar ninguna parte (por ejemplo, las rutas de transmisión eran fijas), y solo podían usarse por aplicaciones específicas (por ejemplo, que definieran sus propios mensajes, su codificación, etc.). En 1973, el Departamento de Defensa de Estados Unidos comenzó a desarrollar tecnologías de redes de comunicaciones que permitieran conectar redes con sistemas de transmisión diferentes, que tuvieran tolerancia a fallos, en caso de que una parte de la red no estuviera disponible, y que permitieran la ejecución de diversas aplicaciones. En colaboración con algunas universidades, en 1980 se última un conjunto de protocolos que se denominarían TCP/IP (nombre que procede de sus dos protocolos más importantes), que se usa extensamente a partir de la década de los 80 (cuando se incluye en el sistema operativo UNIX de la Universidad de Berkeley), derivando los sistemas y redes interconectados mediante esta arquitectura en una red que ha ido creciendo desde entonces, y que ha dado en llamarse **internet.**

En la actualidad, la arquitectura de red más extensamente utilizada es TCP/IP. Esta arquitectura define las comunicaciones, organizándolas en diferentes niveles o capas, que de menor a mayor nivel de abstracción, concluyen en la definición de una serie de servicios y aplicaciones *software,* que para operar se sirven de los elementos definidos en niveles inferiores.

Se estudia en este epígrafe una breve introducción a esta arquitectura de red, así como cuáles son las aplicaciones y servicios más habituales que se encuentran ejecutándose en los servidores interconectados por redes TCP/IP.

Sabía que...

Internet es la evolución de una red de origen militar, que se llamaba ARPANET. El primer nodo de ARPANET se estableció sobre 1980 en la Universidad de California, constituyendo el punto central de la red, inicialmente formada por 4 o 5 nodos. Oficialmente, el uso de ARPANET cesó en 1990.

2.1. Arquitectura TCP/IP

Las arquitecturas de red abarcan muchos aspectos, y son sistemas muy complejos. Los elementos que intervienen, y sus funciones, se definen en numerosos procedimientos y protocolos. Estos procedimientos y protocolos se organizan en grupos, por ejemplo, según su finalidad. Existe un estándar internacional, denominado **modelo de interconexión de sistemas abiertos,** o **modelo OSI** *(Open System Interconnection),* desarrollado por ISO *(International Organization for Standardization),* en la norma X.200. El modelo OSI organiza en 7 niveles o capas las funciones que debe prestar un sistema de comunicaciones entre nodos (también denominados en ingles *host),* organizándolo de la manera más general posible, y sin concretar cómo implementar en la práctica cada función. Por lo tanto, el **modelo OSI de 7 capas,** se emplea para estudiar prácticamente cualquier arquitectura de red:

- Nivel 1: **capa física,** debe proporcionar conexiones (fiables o no) punto a punto.
- Nivel 2: **capa de enlace,** debe proporcionar una conexión fiable, punto a punto.
- Nivel 3: **capa de red,** debe proporcionar direccionamiento y enrutamiento para la entrega, fiable o no, de datagramas entre puntos de la red.
- Nivel 4: **capa de transporte,** debe proporcionar entrega fiable de paquetes entre puntos de la red.
- Nivel 5: **capa de sesión,** debe manejar las sesiones entre aplicaciones internas al nodo.
- Nivel 6: **capa de presentación,** debe presentar la información con independencia del nodo.
- Nivel 7: **capa de aplicación,** protocolos, funciones o servicios que usan la red.

La arquitectura de red TCP/IP está formada por un conjunto de protocolos o definiciones normalizadas, que describen cómo deben realizarse las distintas operaciones de manera estándar entre elementos para interoperar.

Actividades

1. Represente gráficamente las 7 capas del modelo OSI para interconexión de sistemas abiertos.

Los protocolos se agrupan en cuatro grupos, niveles o capas, que forman un modelo de red, que se denomina modelo **TCP/IP:**

- Capa 1, o **capa de acceso** al medio o de enlace, que dicta que debe existir un protocolo para conectar el nodo a la red.
- Capa 2, o **capa interredes,** que permite que los nodos envíen paquetes a la red, y que estos lleguen (ordenados o no, con errores o no) a su destino, quizá por diferentes caminos. El protocolo más importante es el IP.
- Capa 3, o **capa de transporte,** que permite que los nodos establezcan una conversación (resolución de los errores y ordenación de los paquetes). Los protocolos más importantes son TCP (orientado a establecer o mantener la conversación mediante una conexión fiable nodo a nodo), y UDP (que no está orientado al establecimiento de una conexión nodo a nodo, y que no es fiable). UDP es ampliamente utilizado en aplicaciones de baja latencia y transmisión en tiempo real, como videoconferencias y juegos en línea, debido a su menor sobrecarga en comparación con TCP.
- Capa 4, o **capa de aplicación,** que entrega unos protocolos de red disponibles para las aplicaciones del usuario. El más conocido es el protocolo HTTP, que emplean las aplicaciones de navegación web.

La siguiente imagen muestra las capas del modelo OSI, y las capas de la arquitectura de red TCP/IP, comprobándose la analogía entra ambos modelos e incluyendo ejemplos concretos de protocolos definidos en cada capa TCP/IP. Se representa gráficamente el proceso de comunicación entre 2 nodos de una red con arquitectura TCP/IP, mostrándose cómo en el emisor (nodo izquierdo) conceptualmente la información pasa de las capas superiores a las inferiores, hasta transmitirse por el medio físico (un cable de red según la norma TIA/568, donde la información se transmite por pulsos eléctricos con información binaria –0 o 1–). En el receptor (nodo derecho), la información pasa de las capas inferiores (desde la capa de acceso formada por la subcapa *Ethernet*, y la subcapa del medio físico) a las capas superiores.

Cuando la información pasa de las capas superiores a las inferiores, se encapsula, de manera que va aumentando la longitud, porque en cada capa inferior se añade la información propia de la capa (cabecera que incluye la dirección del nodo en el formato de cada capa), a la información procedente de la capa superior. En el extremo receptor, el proceso es el inverso, y se extraen los datos que se pasan a la capa superior.

Modelo de comunicación OSI TCP/IP. Protocolos de ejemplo, representación gráfica del flujo de datos en una consulta web y encapsulación de la información

	Modelo OSI (X.200)	Modelo TCP/IP (RFC 1122)	Ejemplos de protocolos (TCP/IP)
Capas del nodo o extremo de la comunicación	APLICACIÓN PRESENTACIÓN SESIÓN	APLICACIÓN	HTTP, TELNET, SMTP, DNS, FTP, NNTP, SIP
	TRANSPORTE	TRANSPORTE	TCP, UDP, PPTP
Capas de la red o del medio de comuniación	RED	INTER-RED	IP, ICMP, IPSEC, IGMP, OSPF, RIP
	ENLACE FÍSICO	ACCESO	PPP, SLIP

Ejemplo sencillo de comunicación web en LAN *Ethernet* 100Mbps con cable de 4 pares

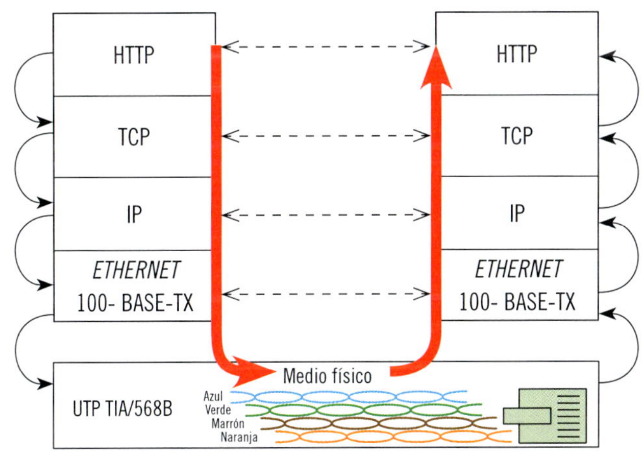

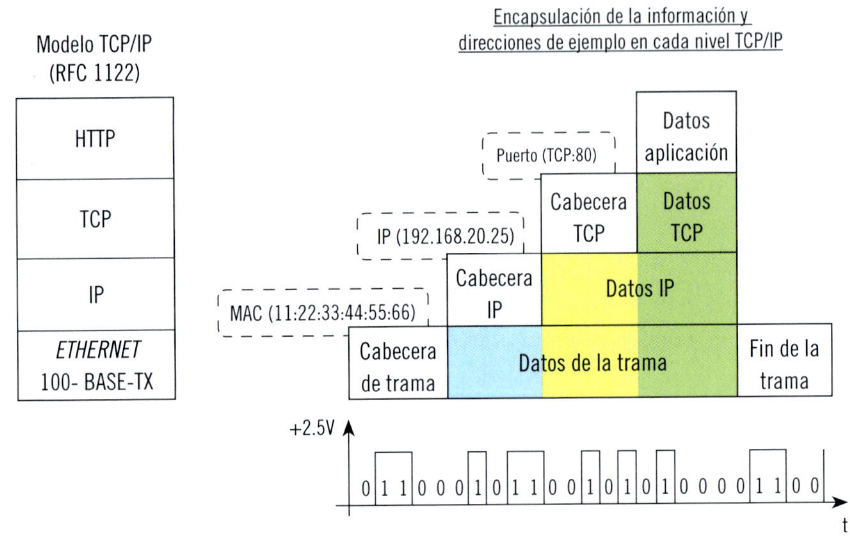

Actividades

2. Busque información sobre las variantes de *Ethernet* a 10Mbps, a 1Gbps y a 10Gbps, y los medios físicos que permiten estas velocidades de comunicación.

2.2. Protocolos, servicios y puertos más habituales

Cada nodo de la red dispone de una dirección. En la capa de acceso se usa la dirección MAC (o *Medium Access Control),* del adaptador de red que conecta el nodo al medio físico, y en la capa de interred se usa la dirección IP (o *Internet Protocol),* que se configura para cada conexión de red. En redes modernas, las direcciones MAC también son importantes para la identificación de dispositivos en redes inalámbricas y el control de acceso a nivel de red. Además, IPv6 está reemplazando a IPv4 en muchas infraestructuras debido al agotamiento de direcciones, lo que permite una mayor cantidad de direcciones disponibles.

Además, las diferentes aplicaciones o servicios del nodo que se quieran hacer accesibles, deben poder compartir la conexión de red. Se necesita diferenciar las distintas conversaciones que se mantienen por la conexión de red; de otra forma, como todos los mensajes van dirigidos a la misma dirección IP, una vez llegan al nodo, este no sabría para qué aplicación son. Para diferenciar las distintas aplicaciones que usan una misma conexión de red, se emplean los puertos, que son como **una dirección en la capa de transporte,** existiendo puertos TCP, y puertos UDP. Las aplicaciones, servicios, o protocolos más frecuentes (HTTP, FTP, etc.), emplearán unos puertos por defecto, donde los clientes de las aplicaciones intentarán establecer la comunicación, porque es donde esperan que les responda el servidor de aplicaciones. Por ejemplo, el servicio HTTP usado por los servidores web, emplea por defecto el puerto TCP número 80; por lo tanto, los clientes web que usan el protocolo HTTP (es decir, las aplicaciones de los usuarios o navegadores de internet), cuando deseen comunicarse con ese servidor web, intentarán establecer una conexión o sesión en el puerto 80 de la dirección IP del servidor web.

Lo habitual es que una aplicación o servicio pueda configurarse para emplear un puerto u otro. Por ejemplo, si la empresa dispone de un servidor web, puede hacerlo accesible a través de un puerto diferente al estándar (80), de forma que a priori, solo podrá conectarse al servidor quien conozca el nuevo número de puesto configurado; lo que tendrá ventajas e inconvenientes, que deben evaluarse en cada caso, para aplicar o no esta contramedida de **cambio del puerto estándar de funcionamiento.**

Existen 65535 puertos disponibles para el protocolo TCP, y también hay 65535 puertos definibles para el protocolo UDP, siendo la entidad IANA el órgano responsable de mantener la definición de las asignaciones estándar, dividiendo los puertos en tres rangos (RFC 6335):

- Puertos **de sistema** o puertos **bien conocidos:** 0-1023
- Puertos de **usuario** o puertos **registrados:** 1024-49151
- Puertos **dinámicos** o **privados** o **efímeros:** 49152-65535

Nota

IANA *(Internet Assigned Numbers Authority),* es la entidad responsable de la coordinación mundial del direccionamiento IP, de las consultas DNS raíz, y de los puertos asignados a los protocolos.

Continúa en página siguiente >>

<< Viene de página anterior

Es posible consultar información sobre estos servicios, primordiales para el funcionamiento de internet, a través de su web: <https://www.iana.org/>

Por ejemplo, los servidores de nombres raíz, se agrupan en 13 categorías, y se puede consultar cuáles son los proveedores de estos servidores.

También es posible consultar la lista completa de los puertos TCP y UDP asignados a los servicios (inicialmente en la RFC1340, reemplazada por RFC 1700, y reemplazada por la RFC 3232, que finalmente dispone como fuente válida la base de datos accesible desde la web http://www.iana.org/assignments/service-names-port-numbers/service-names-port-numbers.xhtml).

Antes de cambiar el puerto de funcionamiento de un servicio, debe considerar no sobrescribir un puerto en uso, ni usar un puerto dentro de algún rango reservado para los equipos de comunicaciones.

A continuación, se presentan los protocolos y servicios de uso más extendido, junto a los puertos que emplean. La lista no es exhaustiva, pero sí recoge los servicios más habituales, lo que permite cumplir la máxima de diseño del control de acceso lógico: **el sistema debe prohibir todo por defecto, y solo estar autorizado lo que exclusivamente se necesite.** Es decir, se deben prohibir las comunicaciones por todos los puertos, salvo para los necesarios en los servicios que se usen.

Servicios de sistema	Protocolo	Puerto
Transferencia de ficheros	FTP	21 (TCP)
Interprete de ordenes seguras	SSH	22 (TCP, UDP)
Terminal remoto	TELNET	23 (TCP)
Envío de correo	SMTP	25 (TCP)
Consultar de dominio o de IP	WHOIS	43 (TCP)
Servicio de nombres	DNS	53 (TCP, UDP)
Configuración de red dinámica	DHCP	67 (UDP)

Continúa en página siguiente >>

<< Viene de página anterior

Servicios de sistema	Protocolo	Puerto
Configuración de red dinámica	DHCP	68 (UDP)
Transferencia de ficheros	TFTP	69 (UDP)
Usuarios conectados a un servidor	FINGER	79 (TCP, UDP)
Navegación web	HTTP	80 (TCP)
Autenticación	KERBEROS	88 (TCP)
Lectura y descarga de correo electrónico	POP3	110 (TCP)
Transferencia de ficheros	SFTP	115 (TCP)
Noticias	NNTP	119 (TCP, UDP)
Sincronización de hora	NTP	123 (TCP, UDP)
Servicio de nombres *Netbios*	NBT	137 (TCP, UDP)
Servicio de datagrama *Netbios*	NBT	138 (TCP, UDP)
Servicio de sesión *Netbios*	NBT	139 (TCP, UDP)
Acceso a correo electrónico	IMAP	143 (TCP)
Transferencia de ficheros	BFTP	152 (TCP)
Gestión de red	SNMP	161 (TCP, UDP)
Chat	IRC	194 (TCP, UDP)
Acceso ligero a servicio de directorio	LDAP	389 (TCP, UDP)
Navegación web segura	HTTPS/SSL	443 (TCP)
Compartición de ficheros *Windows*		445 (TCP, UDP)
Envío de correos seguro	SMTP/SSL	465 (TCP)
Logs del sistema	SYSLOG	514 (UDP)
Información de enrutamiento	RIP	520 (UDP)
Terminal remoto seguro	TELNET/SSL	992 (TCP, UDP)
Acceso a correo electrónico seguro	IMAP4/SSL	993 (TCP, UDP)
Lectura y descarga de correo seguro	POP3/SSL	995 (TCP, UDP)

Aplicación práctica

Se ha averiado un servidor de la empresa, y de manera temporal, se piensa atajar el problema empleando otro equipo antiguo, que se guardaba para casos de emergencia. La última copia de seguridad que se tiene es antigua, y tras restaurarla, solo se encuentran accesibles los puertos TCP/25, UDP/68, TCP/80, TCP/115, TCP-UDP/123, y TCP/465.

Se espera que el servidor de la empresa proporcione los siguientes servicios: (1) acceso HTTP y HTTPS a la web corporativa, (2) servicio FTP de transferencia de ficheros, (3) servicio SMTP de envío de correo electrónico, (4) servicio NTP de sincronización horaria, (5) servicio de nombres DNS, y (6) servicio de configuración dinámica de red DHCP.

¿Qué servicios de los esperados no están disponibles a partir de la copia de seguridad restaurada?

SOLUCIÓN

Conociendo los puertos accesibles, se pueden acotar los servicios que podría prestar el servidor:

- TCP/25: envío de correo electrónico, que es el servicio (3) que debe entregar el servidor.
- UDP/68: servicio de configuración de red dinámica, que es el servicio (6) que debe entregar el servidor
- TCP/80: servicio HTTP para navegación web, que solo es parte del servicio (1) que debe entregar el servidor
- TCP/115: servicio SFTP para intercambio de ficheros, que NO es el servicio FTP que debe entregar el servidor.
- TCP-UDP/123: servicio NTP de sincronización horaria, que es el servicio (4) que debe entregar el servidor.
- TCP/465: servicio SMTP/SSL de envío de correo seguro, que NO es uno de los que debe entregar el servidor.

Comparando lo anterior con los servicios esperados que se indican en el enunciado, se concluye que al restaurar la copia de seguridad antigua, no estarán disponibles tres servicios:

- La web corporativa (1), que precisa del servicio HTTPS no accesible.
- El servicio de transferencia de ficheros FTP (2), que no está accesible.
- El servicio de nombres DNS (5), que no está accesible.

Los puertos para el rango de usuario (unos cuarenta mil), admiten todo tipo de aplicaciones en el mercado, y solo se indicarán a continuación los empleados por algunas herramientas habituales que permiten la conexión directa a la red para controlar un ordenador de la LAN (y que por lo tanto deben revisarse especialmente), o por aplicaciones de usuario que pudieran estar en ejecución, y consumir recursos excesivos de conexión de red.

Servicios de usuario	**Protocolo**	**Puerto**
Base de datos *Microsoft SQL Server*		1433-1434 (TCP, UDP)
Servicio de nombres WINS	WINS	1512 (TCP)
Base de datos *Oracle*		1521 (TCP)
Redes privadas virtuales VPN		1701 (UDP), 1723 (TCP)
Comunicaciones audiovisuales	H.323	1720 (UDP)
MSN *Messenger*		1863 (TCP)
Base de datos MySQL		3306 (TCP)
Servicio de escritorio remoto *Windows*	RDP	3389 (TCP, UDP)
Transferencia de archivos P2P *Emule*		4662 (TCP), 4672 (UDP)
Conexión remota Radmin		4899 (TCP)
AOL *Messenger*		5190 (TCP)
Base de datos *PostgreSQL*		5432 (TCP)
Conexión remota VNC	RDP	5400, 5500, 5600 (TCP)
Conexión remota *PCAnywhere*		5631 (TCP), 5632 (UDP)
Conexión remota VNC	RDP	5700, 5800,5900 (TCP)
Intercambio de archivos *Gnutella*		6347-6350,6355 (TCP)
Cliente de chat IRC		6667 (TCP)
Intercambio de archivos P2P *BitTorrent*		6881, 6969 (TCP)
MSN *Messenger*, archivos		6891-6900 (TCP)
MSN *Messenger*, voz		6901 (TCP)
Navegacion web alternativa	HTTP	8080 (TCP)
Administración remota Webmin	HTTP	10000 (TCP)
Acceso a MSN *Game Zone*		28800-29000 (TCP)
Administración *BackOrifice* (troyanos)		31337 (TCP)

Las tablas anteriores recogen 56 servicios (32 de sistema y 24 de usuario), que probablemente cubren la mayoría de necesidades de una pequeña empresa, de manera que *a priori,* solo deberían encontrarse abiertos un subconjunto muy reducido de estos puertos, correspondiente a los servicios que deban ser accesibles desde el exterior de la red de la empresa.

No obstante, debe valorarse la conveniencia de aplicar la contramedida de cambiar la prestación de los servicios desde sus puertos por defecto (esperados o bien conocidos) a puertos diferentes, bien de usuario o bien dinámicos (no recomendables).

Actividades

3. Haga una revisión rápida de la lista de puertos bien conocidos de la RFC 1700. ¿Cuántos de esos servicios conoce?

3. Utilización de herramientas de análisis de puertos y servicios abiertos para determinar aquellos que no son necesarios

Las aplicaciones, protocolos y servicios, ofrecen intrínsecamente vulnerabilidades. Estas vulnerabilidades, convenientemente explotadas, pueden permitir a un intruso materializar un incidente de seguridad; por ejemplo, ganando acceso al sistema de información se comprometería su confidencialidad, o forzando la detención o bloqueo de una aplicación se vería comprometida su disponibilidad.

Por lo tanto, es crucial reducir al mínimo las vías de acceso lógico a las potenciales vulnerabilidades, es decir, minimizar los puertos de acceso a la red. Esto se logra como se explicó en el epígrafe anterior, eliminando todos los servicios que no se necesiten, prohibiendo el acceso por defecto a todos los puertos (tanto en los equipos de seguridad perimetral como en los propios servidores) y en último lugar, habilitando solo los servicios y su acceso a través de puertos de comunicaciones cuando realmente se necesite. Para confirmar tanto el estado inicial de la red, como que estas acciones son efectivas, es preciso emplear herramientas de red para analizar qué puertos admiten conexiones, y qué servicios responden a través de ellos. Herramientas avanzadas como *Wireshark* permiten capturar y analizar tráfico de red en tiempo real, mientras que Nmap sigue siendo una herramienta estándar para la exploración y auditoría de puertos.

3.1. Herramientas básicas de trabajo en red

Todos los sistemas, *Windows* y *Linux,* incorporan herramientas de red en línea de comandos, que resultan de máxima utilidad para conocer el estado de la conexión de red del equipo donde se ejecutan, o bien para evaluar las posibilidades de conexión hasta otro equipo. Aunque se trata de utilidades estándar muy sencillas, conviene recordar al menos 6 utilidades, que son punto de partida de todo análisis de seguridad de red.

PING

Orientada al diagnóstico de conexión, esta utilidad se emplea para comprobar la conexión a nivel de red con el nodo cuya dirección se indique. No emplea ningún protocolo de transporte (es decir, no usa ningún puerto TCP o UDP), sino que funciona directamente en la capa de red, empleando el protocolo de mensajes de control ICMP *(Internet Control Message Protocol),* que es parte del protocolo IP. Como herramienta de diagnóstico es muy valiosa, pues permite comprobar paulatinamente la conexión, desde el ámbito interno hasta internet, empleando las direcciones:

- IP 127.0.0.1 o *localhost:* permite revisar la correcta instalación de protocolos TCP/IP en el nodo.
- IP del nodo: permite asegurar que la tarjeta de red funciona, ya que el mensaje sale y regresa al equipo.
- IP de otro nodo de la LAN: permite asegurar que hay conexión con otro nodo, es decir, que parte de la LAN funciona.
- IP de la pasarela (máquina que conecta a internet, o *gateway):* permite confirmar que puede haber conexión hacia internet
- IP de un servidor DNS del proveedor de la conexión a internet (ISP): permite confirmar que hay conexión a internet.

Nota

Existen multitud de herramientas que amplían el funcionamiento de esta utilidad. Entre ellas cabe destacar las herramientas "nping", "hping", y "sing", que admiten realizar pruebas de red con un nivel de configuración muy extenso. También la herramienta de análisis "nmap", que permite realizar comprobaciones ICMP.

La herramienta mide el retraso (en milisegundos) de la respuesta, permitiendo un mejor diagnóstico de la conexión.

TRACEROUTE

Orientada al diagnóstico de la ruta de conexión. Empleando el campo TTL *(Time To Live)* de los paquetes o datagramas del protocolo de red IP, permite averiguar qué ruta sigue un paquete hasta alcanzar su destino. El campo TTL permite que un paquete no perdure eternamente en la red si no alcanza su destino, para lo que cada equipo que procesa el paquete le resta una unidad, y cuando alcanza el valor 0, el equipo desecha el paquete informando al remitente.

De esta forma, un mensaje enviado con TTL=1 será desechado por el primer equipo que lo trate, es decir, el primer *router* o *gateway.* Un mensaje con TTL=2 será desechado por el segundo equipo que lo trate, probablemente un equipo del ISP. Si se realizan distintas pruebas de envío de paquetes ICMP, con valores de TTL que se vayan incrementando, se logra trazar la ruta que va atravesando el paquete hasta su destino. Esto es lo que facilita el comando **traceroute,** que además, presenta el tiempo de respuesta calculado para cada salto, y la dirección IP del equipo del salto.

En sistemas *Windows,* esta aplicación se denomina **tracert.**

NETSTAT

Orientado a conocer todas las conexiones activas del nodo donde se ejecuta, *Netstat* permite saber en un momento dado qué puertos TCP y UDP se están usando, además de estadísticas de dicho uso. La herramienta existe en *Linux* y en *Windows,* y existen aplicaciones que la emplean y le proporcionan un interfaz gráfico.

La aplicación entrega información de apoyo para estudiar las conexiones. Por ejemplo, permite averiguar qué proceso (identificado mediante un identificador que asigna el sistema operativo, e incluso puede mostrar el nombre de la aplicación que corresponde al proceso) es el que está empleando las conexiones, y también puede entregar estadísticas de uso, como la cantidad de bytes transmitidos; todo ello periódicamente o de manera puntual.

```
C:\temp\whois>netstat -a -o -v -p TCP

Conexiones activas

  Proto  Dirección local          Dirección remota          Estado          PID
  TCP    dev01:epmap              dev01:0                   LISTENING       972
  TCP    dev01:microsoft-ds       dev01:0                   LISTENING       4
  TCP    dev01:1026               dev01:0                   LISTENING       2496
  TCP    dev01:5152               dev01:0                   LISTENING       1724
  TCP    dev01:netbios-ssn        dev01:0                   LISTENING       4
  TCP    dev01:4225               mta-v2.mail.vip.gq1.yahoo.com:smtp  ESTABLISHED     3696

C:\temp\whois>netstat -a -o -v -n -p TCP

Conexiones activas

  Proto  Dirección local          Dirección remota          Estado          PID
  TCP    0.0.0.0:135              0.0.0.0:0                 LISTENING       972
  TCP    0.0.0.0:445              0.0.0.0:0                 LISTENING       4
  TCP    127.0.0.1:1026           0.0.0.0:0                 LISTENING       2496
  TCP    127.0.0.1:5152           0.0.0.0:0                 LISTENING       1724
  TCP    192.168.1.104:139        0.0.0.0:0                 LISTENING       4
  TCP    192.168.1.104:4225       98.136.216.25:25          ESTABLISHED     3696

C:\temp\whois>
```

Ejecución de Netstat mostrando conexiones abiertas, usando el nombre de los nodos o sus direcciones (con el parámetro "-n"). El nodo local dev01 mantiene en el puerto 4225 una conexión, con un nodo remoto (98.136.216.25) en el puerto 25, correspondiente al servicio de correo electrónico.

NSLOOKUP

Orientada a obtener información de un dominio o de una dirección IP, este comando realiza consultas a un servidor de nombre (DNS), para averiguar la traducción de un nombre de internet o dominio, a su dirección IP; o viceversa. En *Linux,* el comando empleado es **dig.** Las consultas se pueden realizar sobre los distintos tipos de registros, que el servidor de nombres (DNS) tenga registrados (tipo A, ANY, SRV, MX, etc.), lo que facilita la evaluación de cuánta información está disponible sobre un servicio concreto de un dominio.

Por ejemplo, si se trata de un servicio de correo electrónico, se puede averiguar la dirección IP para acceder al servicio, realizando la siguiente consulta:

nslookup –type=MX nombre_de_dominio_de_interes

WHOIS

Orientada a obtener información de un dominio, o de una dirección IP, esta aplicación permite averiguar quién es el propietario de un nombre de dominio o de una dirección IP, dirigiendo la consulta a un servidor ***whois*** (por ejemplo a **whois.nic.es,** responsable de los dominios ".es").

Sabía que...

Los servidores *whois* son muy importantes para la seguridad de internet, porque albergan información sobre la identidad de los dominios. Para evitar que puedan verse comprometidos por ataques de denegación de servicio, o que se les realicen consultas masivas, pueden registrar la dirección IP desde la que reciben la consulta, para no atender más consultas desde ese origen (por un periodo de tiempo). También puede necesitarse una solicitud expresa, donde se indiquen las condiciones de uso.

La información que se puede obtener de un dominio es muy detallada, incluyendo el domicilio, teléfono, correo electrónico, y nombre del propietario, de la persona de contacto técnico, y de la persona de contacto administrativo. Desde el punto de vista comercial puede emplearse para obtener información sobre la existencia de un dominio.

La consulta se puede realizar en diferentes etapas, o de manera completa, es decir, se puede consultar por el dominio completo o se puede comenzar de manera descendente preguntando a "whois.iana.org" quien es la autoridad para los dominios ".es" para ir después depurando la consulta.

La organización ICANN (Corporación de Internet para la Asignación de Nombres y Números) dirige las consultas, a través de un navegador web a INTERNIC () en la dirección: <http://www.internic.net/whois.html>.

TELNET

Orientado al establecimiento de una conexión, esta aplicación permite iniciar una sesión remota en un nodo remoto, siempre en modo carácter o modo terminal, para gestionar el equipo remoto mediante comandos.

La sesión se puede iniciar en un puerto concreto, lo que permite evaluar si un servidor presta algún servicio en ese puerto. Por ejemplo, para averiguar si un servidor de correo electrónico funciona en su puerto estándar, se puede emplear el comando **telnet nombre_servidor_correo 25.**

También existe la aplicación SSH, de uso muy extendido y recomendado, por emplear conexiones cifradas, de manera que las contraseñas para iniciar sesión y todo el tráfico de la sesión sea seguro.

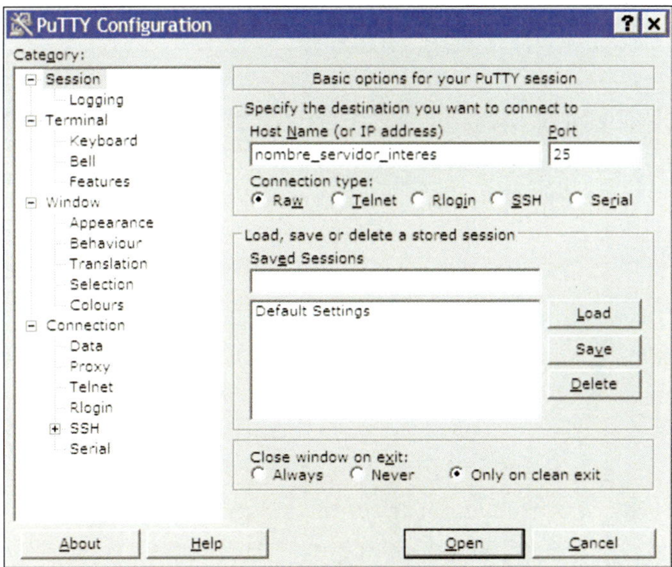

Utilidad PuTTY, iniciando una conexión TELNET en el puerto 25.

Nota

Existe una aplicación gratuita, *Putty,* que permite establecer conexiones TELNET, SSH, a través de puertos serie RS-232, o de manera vacía (modo RAW). Puede descargarla desde su web: <http://www.chiark.greenend.org.uk/~sgtatham/putty/>.

Actividades

4. En cualquier sistema operativo al que se tenga acceso, ejecute las utilidades anteriores, solicitando ayuda sobre sus argumentos (escribiendo "nombre_utilidad –h").
5. Describa brevemente el funcionamiento de las 6 utilidades de red básicas vistas.

3.2. Herramientas de análisis de puertos

Las herramientas vistas permiten confirmar la conectividad con un nodo ICMP ***(ping),*** conocer la ruta hasta un destino ***(traceroute),*** revisar las conexiones locales existentes **(*Netstat*),** buscar información pública sobre el destino ***(nslookup, whois)*** y por último establecer conexiones a puertos dados ***(telnet* y ssh).** Ahora, es preciso introducir herramientas específicas para analizar nodos remotos. No obstante, en la actualidad, el uso de comandos como *Telnet* se ha reducido debido a preocupaciones de seguridad, siendo reemplazado en muchos casos por SSH, que ofrece cifrado de extremo a extremo.

Existen muchas aplicaciones de análisis de puertos y servicios, de entre las cuales se introducirán a continuación las más relevantes, bien por su extenso uso y popularidad, bien por otros aspectos específicos, como su sencillez.

Herramientas de 1 puerto

Como se ha visto en el epígrafe anterior, la aplicación ***telnet*** permite determinar si se puede establecer o no conexión. En caso de no poder establecerse, se obtendrá una denegación de la conexión. Este procedimiento es muy básico, pero conviene hacer hincapié en él. La aplicación *Putty,* tanto en sistemas *Windows* como en *Linux,* proporciona el mismo resultado. En sistemas *Windows* existe además la aplicación ***portquery,*** que intenta establecer una conexión a un puerto dado.

```
bash-4.2$ ping 8.8.8.8
PING 8.8.8.8 (8.8.8.8) 56(84) bytes of data.
64 bytes from 8.8.8.8: icmp_req=1 ttl=40 time=65.1 ms
64 bytes from 8.8.8.8: icmp_req=2 ttl=40 time=65.3 ms
64 bytes from 8.8.8.8: icmp_req=3 ttl=40 time=64.5 ms
64 bytes from 8.8.8.8: icmp_req=4 ttl=40 time=64.8 ms
64 bytes from 8.8.8.8: icmp_req=5 ttl=40 time=65.0 ms
^C
--- 8.8.8.8 ping statistics ---
5 packets transmitted, 5 received, 0% packet loss, time 4005ms
rtt min/avg/max/mdev = 64.591/65.003/65.361/0.267 ms
bash-4.2$ telnet 8.8.8.8 57
Trying 8.8.8.8...
telnet: connect to address 8.8.8.8: Connection timed out
bash-4.2$
```

Intento de conexión fallido al puerto 57 del nodo 8.8.8.8.

NMAP

Disponible para sistemas *Windows* y *Linux,* es la herramienta de uso más extendido, siendo su empleo casi un estándar de facto. Permite con mucha facilidad llevar a cabo un completo análisis de toda una red, de un rango de direcciones, o de una sola dirección IP, centrándose en determinar qué puertos y servicios se encuentran disponibles. Incorpora diferentes perfiles, para llevar a cabo análisis más ligeros o más exhaustivos. ***Nmap*** interpreta la mayoría de protocolos estándar empleados en la actualidad, lo que le permite devolver información mucho más completa que un listado de puertos abiertos.

La última versión de *Nmap* incorpora *scripts NSE (Nmap Scripting Engine)* que permiten automatizar la detección de vulnerabilidades y realizar auditorías de seguridad avanzadas.

Nota

La herramienta "nmap" se puede descargar libremente desde su página web: http://nmap.org.

Como informa su manual de ayuda, disponible en español, nmap (*network mapper,* o mapeador de redes), es una herramienta de código abierto, para exploración de red y auditoría de seguridad. Se diseñó para analizar rápidamente grandes redes, aunque funciona muy bien contra equipos individuales. Nmap utiliza paquetes IP *raw* (es decir, sin ninguna adaptación innecesaria), para determinar qué equipos se encuentran disponibles en una red, qué servicios (nombre y versión de la aplicación) ofrecen, qué sistemas operativos (y sus versiones) ejecutan, y qué tipo de filtros de paquetes o cortafuegos se están utilizando, así como docenas de otras características.

Nota

El uso de esta herramienta en profundidad, se cubre en un manual publicado por el Centro Criptológico Nacional (CCN), con código CCN-STIC-954.

Por ejemplo, si el servicio HTTP por el puerto 80 está disponible, es decir, si hay un servidor web, puede solicitar la descarga de la página web para analizarla, e indicar qué tipo de servidor web se emplea, el sistema operativo que lo ejecuta, etc. Si bien dispone de un interfaz gráfico, es común ejecutarlo en línea de comandos, lo que le permite ajustar su funcionamiento desde un simple escáner, para averiguar que equipos están operativos en la red local, hasta intentar averiguar detalles concretos de máquinas externas. A continuación, se resumen muy brevemente su sintaxis:

nmap [Tipo(s) de Análisis] [Opciones] {especificación de objetivos}

Especificación de objetivo

- Se pueden indicar nombres de sistema, direcciones IP, redes, etc. Ejemplo: "scanme.nmap.org", "8.8.8.8", "192.168.1.7-192.168.1.115", etc.

Descubrimiento de hosts

- -sL: lista los objetivos a analizar).
- -sP: determina si el objetivo responde a ***ping*** o está "vivo".
- -P0: Asume que todos los objetivos están vivos.
  - -PS/PA/PU [listadepuertos]: análisis TCP SYN, ACK o UDP de los puertos indicados.
  - -PE/PP/PM: solicita un análisis ICMP del tipo hecho, marca de fecha, y máscara de red.

Especificación de puertos

- -p <rango de puertos>: sondear los puertos indicados. Ejemplo:-p22;-p1-65535;-pU:53,111,137,T:21-25,80,139,8080.
- -F: analizar los puertos listados en el archivo *nmap-services.*
- -r: analizar los puertos secuencialmente, no al azar.

Detección de servicios

- -sV: sondear puertos abiertos, para obtener información de servicio/ versión.
  - --version-intensity <nivel>: fijar de 0 (ligero) a 9 (probar todas las sondas).
  - --version-light: limitar a las sondas más probables (intensidad 2).
  - --version-all: utilizar todas las sondas (intensidad 9).
  - --version-trace: presentar actividad detallada del análisis (para depurar).

Detección del sistema operativo

- -O: activar la detección de sistema operativo (SO).
    - --osscan-limit: limitar la detección de SO a objetivos prometedores.
    - --osscan-guess: adivinar el SO de la forma más agresiva.

Otras opciones

- -A: habilita la detección de SO y de versión.
    - --privileged: asumir que el usuario tiene todos los privilegios.
- -T [0-5]: seleccionar plantilla de temporizado (los números altos son más rápidos).
- -S <Dirección_IP>: falsificar la dirección IP origen.
- -e <interfaz>: utilizar la interfaz indicada.
- -g/--source-port <numpuerto>: utilizar el número de puerto dado.
    - --spoof-mac <dirección mac >: falsificar la dirección MAC.
- -oA <nombre_base>: guardar en los tres formatos principales al mismo tiempo.
- -v: aumentar el nivel de mensajes detallados (-vv para aumentar el efecto).
- -V: muestra el número de versión.
- -h: muestra la ayuda.

Ejemplo: **nmap –sP dirección_IP_local/24**

Detecta todos los equipos "vivos" en la red local.

```
bash-4.2# nmap -sP scanme.nmap.org/24
Starting Nmap 6.01 ( http://nmap.org ) at 2014-03-30 23:11 CEST
Nmap scan report for gw-li86.linode.com (74.207.244.1)
Host is up (0.22s latency).
Nmap scan report for 74.207.244.2
Host is up (0.21s latency).
Nmap scan report for 74.207.244.3
Host is up (0.22s latency).
Nmap scan report for li86-6.members.linode.com (74.207.244.6)
Host is up (0.23s latency).
...
Host is up (0.23s latency).
Nmap scan report for li86-251.members.linode.com (74.207.244.251)
Host is up (0.22s latency).
Nmap scan report for li86-252.members.linode.com (74.207.244.252)
Host is up (0.21s latency).
Nmap scan report for whee.slightlyodd.com (74.207.244.253)
Host is up (0.25s latency).
Nmap scan report for 74.207.244.254
Host is up (0.23s latency).
Nmap scan report for 74.207.244.255
Host is up (0.00037s latency).
Nmap done: 256 IP addresses (188 hosts up) scanned in 16.89 seconds
bash-4.2#
```

Detección de equipos vivos (empleando una dirección IP remota en lugar de ina IP local)

Ejemplo: **nmap –sT –p0-1023 dirección_IP_remota**

Detecta todos los puertos de sistema abiertos de una máquina remota, según el procedimiento *3-way handshake.*

```
bash-4.2$ nmap -sT -p0-1023 scanme.nmap.org
Starting Nmap 6.01 ( http://nmap.org ) at 2014-03-30 23:06 CEST
Nmap scan report for scanme.nmap.org (74.207.244.221)
Host is up (0.21s latency).
Not shown: 1020 closed ports
PORT    STATE    SERVICE
22/tcp  open     ssh
80/tcp  open     http
135/tcp filtered msrpc
445/tcp filtered microsoft-ds
Nmap done: 1 IP address (1 host up) scanned in 4.95 seconds
bash-4.2$
```

Detección de servicios en una dirección IP

Ejemplo: **nmap –sT –p0-1023 –sV dirección_IP_remota**

Detecta todos los puertos de sistema abiertos de una máquina remota, según el procedimiento *3-way handshake,* y analiza la versión de los servicios encontrados.

```
bash-4.2$ nmap -sT -p0-1023 -sV scanme.nmap.org

Starting Nmap 6.01 ( http://nmap.org ) at 2014-03-30 23:08 CEST
Nmap scan report for scanme.nmap.org (74.207.244.221)
Host is up (0.22s latency).
Not shown: 1020 closed ports
PORT      STATE    SERVICE       VERSION
22/tcp    open     ssh           OpenSSH 5.3p1 Debian 3ubuntu7 (protocol 2.0)
80/tcp    open     http          Apache httpd 2.2.14 ((Ubuntu))
135/tcp filtered msrpc
445/tcp filtered microsoft-ds
Service Info: OS: Linux; CPE: cpe:/o:linux:kernel

Service detection performed. Please report any incorrect results at http://nmap.org/submit/.
Nmap done: 1 IP address (1 host up) scanned in 12.19 seconds
bash-4.2$
```

Detección de servicios en una dirección IP y sus versiones

Ejemplo: **nmap –sT –p0-1023 –sV –O dirección_IP_remota**

Detecta puertos, servicios, sus versiones, e intenta averiguar el sistema operativo de la máquina remota.

```
bash-4.2# nmap -sT -p0-1023 -sV -O scanme.nmap.org

Starting Nmap 6.01 ( http://nmap.org ) at 2014-03-30 23:10 CEST
Nmap scan report for scanme.nmap.org (74.207.244.221)
Host is up (0.22s latency).
Not shown: 1020 closed ports
PORT      STATE    SERVICE       VERSION
22/tcp    open     ssh           OpenSSH 5.3p1 Debian 3ubuntu7 (protocol 2.0)
80/tcp    open     http          Apache httpd 2.2.14 ((Ubuntu))
135/tcp filtered msrpc
445/tcp filtered microsoft-ds
Device type: general purpose|storage-misc|WAP|media device|webcam
Running (JUST GUESSING): Linux 2.6.X|3.X|2.4.X (94%), HP embedded (90%), Netgear embedded (88%), Western Digital embedded (88%), AXIS
Linux 2.6.X (87%), Asus Linux 2.6.X (87%), Linksys Linux 2.6.X (87%)
OS CPE: cpe:/o:linux:kernel:2.6 cpe:/o:linux:kernel:3 cpe:/o:linux:kernel:2.4 cpe:/o:linux:kernel:2.6.22 cpe:/o:axis:linux:2.6 cpe:/h:
asus:rt-n16 cpe:/o:asus:linux:2.6 cpe:/o:linux:kernel:2.6.18
Aggressive OS guesses: Linux 2.6.39 (94%), Linux 2.6.32 - 2.6.39 (93%), Linux 2.6.22 - 2.6.36 (92%), Linux 2.6.37 (92%), Linux 3.0 - 3
.1 (92%), Linux 2.6.38 - 3.0 (91%), HP P2000 G3 NAS device (90%), Linux 2.6.23 - 2.6.38 (90%), Linux 2.6.31 - 2.6.35 (90%), Linux 2.6.
9 - 2.6.27 (90%)
No exact OS matches for host (test conditions non-ideal).
Network Distance: 15 hops
Service Info: OS: Linux; CPE: cpe:/o:linux:kernel

OS and Service detection performed. Please report any incorrect results at http://nmap.org/submit/ .
Nmap done: 1 IP address (1 host up) scanned in 17.52 seconds
bash-4.2#
```

Detección de servicios en una dirección IP, sus versiones, y posible sistema operativo de la máquina remota

Actividades

6. Describa cómo se establece una conexión entre dos nodos, (nodo local y nodo remoto) según el método de 3 pasos (3-*way handshake).*

Para obtener toda esta información, ***nmap*** emplea un profundo análisis de los paquetes devueltos, y puede llegar a realizar pruebas muy exhaustivas. Debe tenerse en cuenta que la realización de sondeos exhaustivos sobre una máquina ajena puede considerarse una actividad peligrosa, incluso ser constitutiva de delito, de manera que el lector debe ser especialmente cuidadoso con el empleo de esta, y otras herramientas de seguridad. En los ejemplos, se ha empleado como objetivo el servidor **scanme.nmap.org,** proporcionado para probar el propio programa. También debe considerarse que, cuando se realicen estos análisis (en el marco del ejercicio ético de la profesión) conviene no emplear técnicas de sondeo fáciles de detectar. En general, los sistemas de seguridad deberían estar preparados para rechazar la mayoría de estos análisis, o al menos los más inmediatos. Por ejemplo, es habitual que el *firewall* de una empresa no responda el ***ping,*** y que, registre la dirección IP que se lo solicita, para prohibir posteriores intentos de conexión procedentes de esa dirección. También es muy probable que un equipo de seguridad perimetral se configure para no aceptar un sondeo estándar de puertos mediante *3-way handshake.*

Nota

Existen otros métodos más "silenciosos" para concluir, con alta probabilidad, que un puerto se encuentra abierto. Su explicación cae fuera del alcance de este texto, y el lector interesado en una mayor especialización en seguridad de redes podría encontrar de interés proseguir su estudio en esta dirección.

Aunque la herramienta ***nmap*** está programada para su ejecución desde la línea de comandos, lo que permite una ejecución más ágil, o poder incluirla en archivos de procesos por lotes, o en planificadores de tareas, también puede emplearse con un interfaz gráfico, disponible en las últimas versiones.

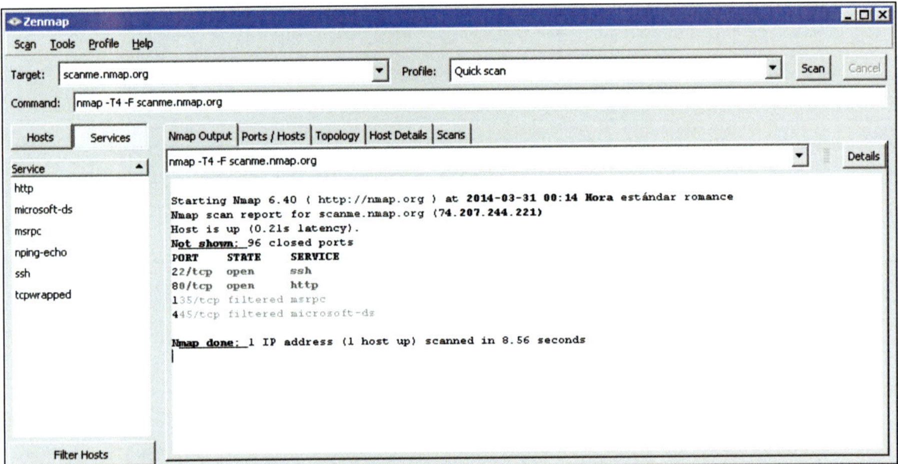

*Interfaz gráfico o GUI (Graphic User Interface) de **nmap***

Actividades

7. Instale la aplicación *nmap* en un ordenador donde se tengan privilegios para ello, revisar la ayuda del comando ("nmap –h") y ejecutar un análisis rápido a su misma dirección de red local.

4. Utilización de herramientas de análisis de tráfico de comunicaciones para determinar el uso real que hacen los sistemas de información de los distintos protocolos, servicios y puertos

En el epígrafe anterior, se vieron las herramientas para evaluar si un equipo remoto respondía a un puerto. Ahora corresponde conocer el uso real que se realiza de los distintos servicios, para prohibir las comunicaciones en todos los puertos que no se necesiten, y para conocer si se está llevando a cabo alguna comunicación por un puerto no previsto.

Como en el epígrafe anterior, se revisará un comando del sistema operativo que permite esto de modo sencillo, para ir introduciendo herramientas paulatinamente más complejas.

4.1. Herramientas de 1 instante de tiempo

La aplicación ***netstat*** permite conocer las conexiones existentes en un momento del tiempo. No obstante, si se le indica como argumento un número, lo interpretará como la pausa en segundos que debe esperar antes de volver a ejecutarse de manera periódica. Como en cualquier comando del sistema, cabe la posibilidad de redirigir la salida por pantalla a un archivo de texto, de manera que, combinando ambas opciones, se puede obtener un registro de los puertos abiertos a intervalos regulares. Estas herramientas de un instante de tiempo son muy útiles, rápidas, y su salida ocupa poco espacio, pero tienen el inconveniente de que no capturan las conexiones que se produzcan entre sus diferentes ejecuciones.

Nota

Existen numerosas herramientas gráficas que permiten mostrar los puertos abiertos en un momento dado. Por ejemplo, entre las utilidades de *Sysinternals* para *Microsoft,* se encuentra la aplicación TCPView, que de manera muy sencilla muestra las conexiones, permite ordenarlas, y grabar el resultado a un archivo.

4.2. Herramientas de registro continuo

Mejorando la solución anterior, existen herramientas que registran todas las conexiones que se establecen, lo que ofrece mayores garantías de que se detecten todos los servicios en uso, aunque sean breves y muy esporádicos. Por contrapartida, el espacio requerido para registrar la actividad es grande, sobre todo si se ejecuta en un servidor, y la penalización en las comunicaciones también resulta apreciable. Entre las soluciones más sencillas, destaca *Microsoft Port Reporter,* que funciona como un servicio de *Windows,* que registra la actividad en un archivo de texto. Para interpretar este archivo de texto, se emplea la herramienta complementaria *Microsoft Report Parser,* también gratuita.

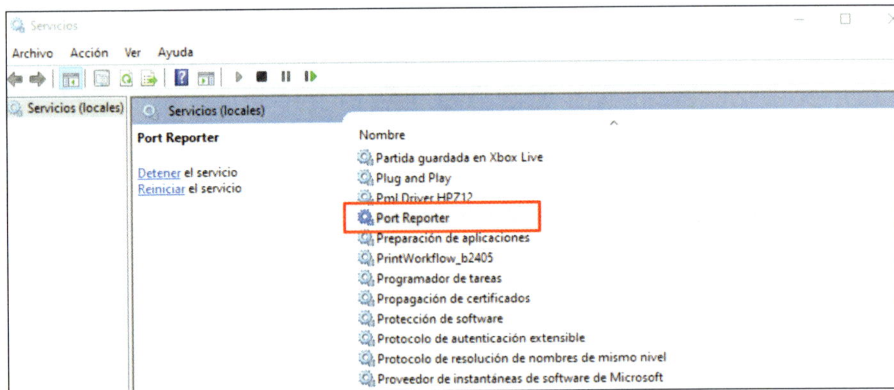

Servicio Port Reporter, que debe iniciarse manualmente

Nota

Existen otras herramientas gráficas más sencillas también gratuitas, como la utilidad de *Nirsoft,* TCPLogview que no funciona como un servicio, y permite un registro sencillo de la actividad de red.

Port Reporter Parser - File Open: C:\WINDOWS\system32\LogFiles\PortReporter\PR-PORTS-014-03-27-23-43-41.log

File Edit Tools Help

Log covers period between 14/3/27,23:44:5 and 14/3/27,23:47:2 Total records: 37 — Criteria has not been applied to this data

DATE	TIME	PROTOCOL	LOCAL PORT	LOCAL IP ADDRESS	REMOTE PORT	REMOTE IP ADDRESS	REMOTE NAME	PID	MODULE	USER CONTEXT
14/03/27	23:44:05	TCP	2273	192.168.1.102	443	162.159.241.165		2408	Wireshark.exe	<DEV01\dev>
14/03/27	23:44:12	TCP	2274	192.168.1.102	80	173.194.45.95		804	firefox.exe	<DEV01\dev>
14/03/27	23:44:13	TCP	2276	192.168.1.102	80	50.22.232.74		804	firefox.exe	<DEV01\dev>
14/03/27	23:44:13	TCP	2277	192.168.1.102	80	50.22.232.74		804	firefox.exe	<DEV01\dev>
14/03/27	23:44:13	TCP	2278	192.168.1.102	80	173.194.41.237		804	firefox.exe	<DEV01\dev>
14/03/27	23:44:13	TCP	2279	192.168.1.102	80	50.22.232.74		804	firefox.exe	<DEV01\dev>
14/03/27	23:44:13	TCP	2280	192.168.1.102	80	50.22.232.74		804	firefox.exe	<DEV01\dev>
14/03/27	23:44:13	TCP	2281	192.168.1.102	80	185.31.19.184		804	firefox.exe	<DEV01\dev>
14/03/27	23:44:14	TCP	2282	192.168.1.102	80	50.22.232.74		804	firefox.exe	<DEV01\dev>
14/03/27	23:44:14	TCP	2283	192.168.1.102	80	173.194.41.250		804	firefox.exe	<DEV01\dev>
14/03/27	23:44:15	TCP	2284	192.168.1.102	80	173.194.41.250		804	firefox.exe	<DEV01\dev>
14/03/27	23:44:15	TCP	2285	192.168.1.102	80	185.31.18.196		804	firefox.exe	<DEV01\dev>
14/03/27	23:44:15	TCP	2288	192.168.1.102	80	50.22.232.74		804	firefox.exe	<DEV01\dev>
14/03/27	23:44:15	TCP	2289	192.168.1.102	80	173.194.41.238		804	firefox.exe	<DEV01\dev>
14/03/27	23:44:15	TCP	2290	192.168.1.102	80	185.31.18.196		804	firefox.exe	<DEV01\dev>
14/03/27	23:44:15	TCP	2291	192.168.1.102	80	185.31.18.196		804	firefox.exe	<DEV01\dev>
14/03/27	23:44:15	TCP	2293	192.168.1.102	443	173.194.41.224		804	firefox.exe	<DEV01\dev>
14/03/27	23:44:16	TCP	2295	192.168.1.102	80	8.21.198.203		804	firefox.exe	<DEV01\dev>
14/03/27	23:44:16	TCP	2296	192.168.1.102	443	173.194.67.84		804	firefox.exe	<DEV01\dev>
14/03/27	23:44:16	TCP	2297	192.168.1.102	443	173.194.41.239		804	firefox.exe	<DEV01\dev>
14/03/27	23:44:17	TCP	2298	192.168.1.102	80	173.194.41.227		804	firefox.exe	<DEV01\dev>
14/03/27	23:44:17	TCP	2299	192.168.1.102	80	173.194.41.227		804	firefox.exe	<DEV01\dev>
14/03/27	23:44:17	TCP	2300	192.168.1.102	443	173.194.41.239		804	firefox.exe	<DEV01\dev>
14/03/27	23:44:17	TCP	2301	192.168.1.102	443	173.194.41.234		804	firefox.exe	<DEV01\dev>
14/03/27	23:44:17	TCP	2302	192.168.1.102	80	185.31.19.196		804	firefox.exe	<DEV01\dev>
14/03/27	23:44:18	TCP	2303	192.168.1.102	80	8.21.198.203		0	System Idle	
14/03/27	23:44:18	TCP	2304	192.168.1.102	80	173.194.41.237		804	firefox.exe	<DEV01\dev>
14/03/27	23:44:42	TCP	2305	192.168.1.102	80	50.22.232.74		804	firefox.exe	<DEV01\dev>
14/03/27	23:45:49	TCP	2306	192.168.1.102	80	67.222.3.121		804	firefox.exe	<DEV01\dev>
14/03/27	23:45:49	TCP	2307	192.168.1.102	80	67.222.3.121		804	firefox.exe	<DEV01\dev>
14/03/27	23:45:50	TCP	2308	192.168.1.102	80	67.222.3.121		804	firefox.exe	<DEV01\dev>
14/03/27	23:45:50	TCP	2309	192.168.1.102	80	67.222.3.121		804	firefox.exe	<DEV01\dev>
14/03/27	23:45:50	TCP	2310	192.168.1.102	80	67.222.3.121		804	firefox.exe	<DEV01\dev>
14/03/27	23:45:50	TCP	2311	192.168.1.102	80	67.222.3.121		804	firefox.exe	<DEV01\dev>
14/03/27	23:45:50	TCP	2312	192.168.1.102	80	66.71.242.235		804	firefox.exe	<DEV01\dev>
14/03/27	23:45:51	TCP	2313	192.168.1.102	80	67.222.3.121		804	firefox.exe	<DEV01\dev>
14/03/27	23:47:02	TCP	2314	192.168.1.102	80	137.254.120.31		3168	javaw.exe	<DEV01\dev>

La aplicación Report Parser permite cargar el archivo que genera el servicio Port Reporter, para analizarlo con facilidad.

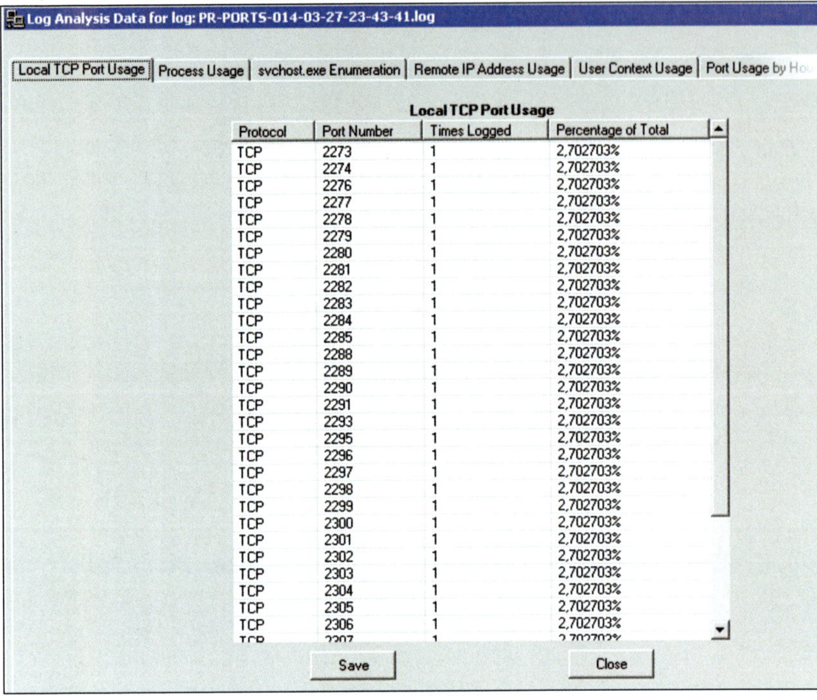

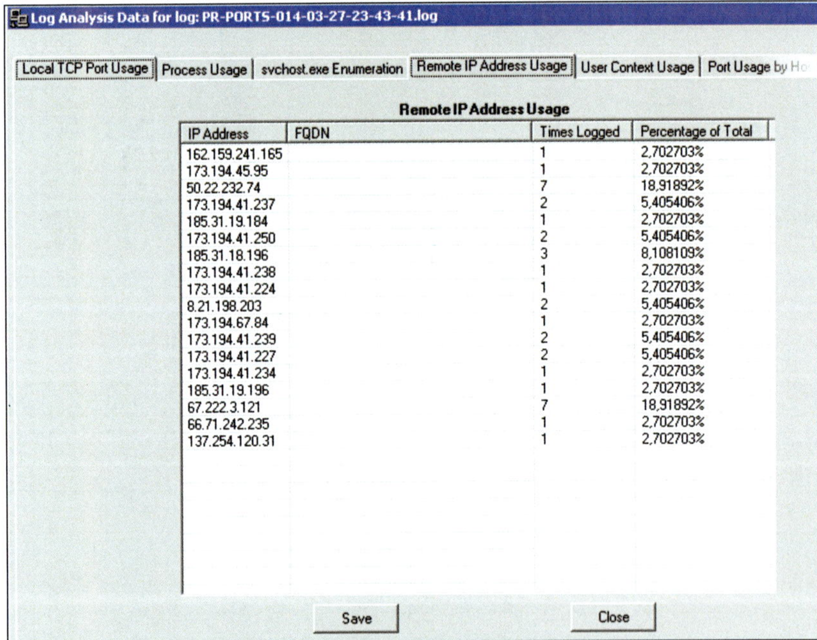

Funcionalidades extra de la aplicación Report Parser, que muestran los puertos detectados, y direcciones IP remotas detectadas.

4.3. Herramientas de captura de tráfico

La última categoría de herramientas que permiten analizar los puertos, son las aplicaciones de captura de tráfico o *sniffers,* que no solo registran las conexiones, sino que registran el tráfico cursado. Todas necesitan tener acceso directo al adaptador de red, ya que de otra manera el sistema operativo procesaría el tráfico, sin permitir que estas aplicaciones intermedias lo capturaran. Para ello, suele ser preciso instalar librerías o controladores adicionales, que sean capaces de configurar adecuadamente la tarjeta de red de la máquina donde se ejecute la aplicación. Es precisamente esta necesidad de instalar unas librerías especiales, la que puede comprometer la ejecución de la aplicación, si no se evalúa correctamente dónde se debe ejecutar, y cómo debe conectarse la máquina *sniffer* a la red.

Por ejemplo, si se pretende analizar el tráfico de un servidor en producción, podría no ser posible (y desde luego no es deseable) tener que instalarle aplicaciones adicionales para luego desinstalarlas, con el potencial compromiso del entorno productivo. Si se coloca el *sniffer* en un ordenador portátil conectado al mismo *switcher* al que se conecta el servidor, el *sniffer* no podrá capturar el tráfico del servidor, ya que el *switcher* separa dominios de colisión en cada toma, y solo encamina el tráfico de/hacia el servidor por la toma donde se conecta el mismo, no por el puerto donde se conecte el *sniffer.*

Una solución sencilla es configurar el puerto del servidor en el *switcher*, en modo *mirroring*, hacia el puerto del *sniffer* en el *switcher;* siempre y cuando este lo permita. Si no lo permite, se podría usar temporalmente un *switcher* de gama superior que incorpore esta función para capturar tráfico, o sencillamente emplear un *hub* para conectar el servidor y el *sniffer* al *switcher.* De cualquiera de estas maneras, se logra visibilidad sobre el tráfico del servidor, y por lo tanto el *sniffer* podrá capturarlo.

Nota

Para analizar el tráfico de un servidor en producción, una alternativa sería usar un *sniffer* con dos adaptadores de red, configurado como un puente o bridge, de manera que en un adaptador se conectaría el servidor, y en el otro se conectaría el *switcher.* Incluso se pueden emplear técnicas más agresivas, como simular una suplantación de dirección de nivel de enlace (MAC), emulando un ataque del tipo *man in the middle.*

Actividades

8. Explique la diferencia de funcionamiento entre herramientas de registro continuo, y herramientas de captura de tráfico.

MICROSOFT NETWORK MONITOR

Esta aplicación gratuita de *Microsoft,* además de capturar el tráfico, es capaz de interpretar multitud de protocolos. De la misma manera que ***nmap,*** no solo se puede ver el tráfico capturado, sino que este se traduce en los protocolos y tramas en una forma legible para el usuario; lo que de otra manera haría inutilizable la información capturada.

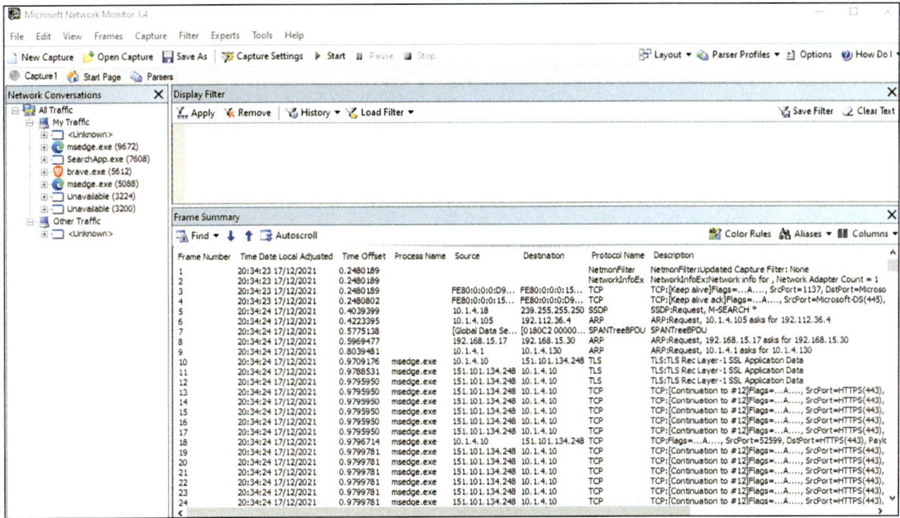

Aplicación de captura de tráfico. Revisando una trama para el protocolo HTTP en el puerto 80, se puede ver marcada la dirección de la página visitada.

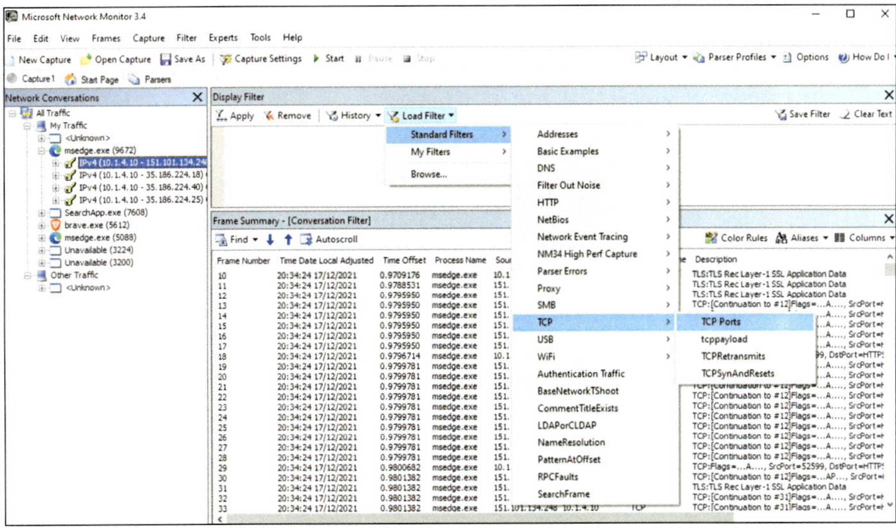

La aplicación de captura de tráfico permite aplicar filtros por puertos, para analizar la comunicación concreta de un puerto o servicio.

TCPDUMP

Esta aplicación original de *Linux* para el registro continuo resulta muy eficiente y práctica, por ejecutarse en línea de comandos. Junto a la herramienta ***tcpflow,*** pueden ejecutarse para capturar tráfico que posteriormente se analizará con intérpretes de protocolos adecuados (como la herramienta *WireShark*, que se verá a continuación).

Actualmente, TCPDUMP se utiliza en combinación con *Wireshark* para análisis detallados, ofreciendo una interfaz gráfica que complementa el análisis en línea de comandos de TCPDUMP.

```
02:01:13.561174 IP upload-lb.esams.wikimedia.org.80 > dev01.1275: . 10540:12000(1460) ack 1784 win 18760
02:01:13.561497 IP dev01.1275 > upload-lb.esams.wikimedia.org.80: . ack 14900 win 65535
02:01:13.561681 IP dev01.1275 > upload-lb.esams.wikimedia.org.80: P 1784:2184(400) ack 14900 win 65535
02:01:13.563335 IP upload-lb.esams.wikimedia.org.80 > dev01.1278: . 44297:45757(1460) ack 907 win 16616
02:01:13.566791 IP upload-lb.esams.wikimedia.org.80 > dev01.1278: . 45757:47217(1460) ack 907 win 16616
02:01:13.566843 IP upload-lb.esams.wikimedia.org.80 > dev01.1278: . 47217:48677(1460) ack 907 win 16616
02:01:13.566847 IP dev01.1278 > upload-lb.esams.wikimedia.org.80: . ack 48677 win 65535
02:01:13.568658 IP upload-lb.esams.wikimedia.org.80 > dev01.1278: . 48677:50137(1460) ack 907 win 16616
02:01:13.568725 IP upload-lb.esams.wikimedia.org.80 > dev01.1278: P 50137:50214(77) ack 907 win 16616
02:01:13.568754 IP dev01.1278 > upload-lb.esams.wikimedia.org.80: . ack 50214 win 65535
02:01:13.568873 IP dev01.1278 > upload-lb.esams.wikimedia.org.80: P 907:1317(410) ack 50214 win 65535
02:01:13.570905 IP upload-lb.esams.wikimedia.org.80 > dev01.1257: . 262948:264408(1460) ack 4561 win 27840
02:01:13.573235 IP upload-lb.esams.wikimedia.org.80 > dev01.1257: . 264408:265868(1460) ack 4561 win 27840
02:01:13.573311 IP dev01.1257 > upload-lb.esams.wikimedia.org.80: . ack 265868 win 65535
02:01:13.574536 IP upload-lb.esams.wikimedia.org.80 > dev01.1257: . 265868:267328(1460) ack 4561 win 27840
02:01:13.576163 IP upload-lb.esams.wikimedia.org.80 > dev01.1257: . 267328:268788(1460) ack 4561 win 27840
02:01:13.576241 IP dev01.1257 > upload-lb.esams.wikimedia.org.80: . ack 268788 win 65535
02:01:13.578493 IP upload-lb.esams.wikimedia.org.80 > dev01.1257: . 268788:270248(1460) ack 4561 win 27840
02:01:13.580001 IP upload-lb.esams.wikimedia.org.80 > dev01.1257: . 270248:271708(1460) ack 4561 win 27840
02:01:13.580060 IP dev01.1257 > upload-lb.esams.wikimedia.org.80: . ack 271708 win 65535
02:01:13.581888 IP upload-lb.esams.wikimedia.org.80 > dev01.1257: . 271708:273168(1460) ack 4561 win 27840
02:01:13.584293 IP upload-lb.esams.wikimedia.org.80 > dev01.1257: . 273168:274628(1460) ack 4561 win 27840
02:01:13.584350 IP dev01.1257 > upload-lb.esams.wikimedia.org.80: . ack 274628 win 65535
02:01:13.585513 IP upload-lb.esams.wikimedia.org.80 > dev01.1257: . 274628:276088(1460) ack 4561 win 27840
02:01:13.587734 IP upload-lb.esams.wikimedia.org.80 > dev01.1257: . 276088:277548(1460) ack 4561 win 27840
02:01:13.587813 IP dev01.1257 > upload-lb.esams.wikimedia.org.80: . ack 277548 win 65535
02:01:13.591082 IP upload-lb.esams.wikimedia.org.80 > dev01.1257: . 277548:279008(1460) ack 4561 ack 4561
 win 278401339 packets captured

1878 packets received by filter02:01:13.591131
IP 0 packets dropped by kernel
upload-lb.esams.wikimedia.org.80 > dev01.1257: upload-lb.esams.wikimedia.org.80 > dev01.1257: .
```

```
tcpflow version 0.21 by Jeremy Elson <jelson@circlemud.org>

usage: tcpflow [-chpsv] [-b max_bytes] [-d debug_level] [-f max_fds]
          [-i iface] [-r file] [expression]

        -b: max number of bytes per flow to save
        -c: console print only (don't create files)
        -C: console print only, but without the display of source/dest header
        -d: debug level; default is 1
        -e: output each flow in alternating colors
        -f: maximum number of file descriptors to use
        -h: print this help message
        -i: network interface on which to listen
            (type "ifconfig -a" for a list of interfaces)
        -p: don't use promiscuous mode
        -r: read packets from tcpdump output file
        -s: strip non-printable characters (change to '.')
        -v: verbose operation equivalent to -d 10
expression: tcpdump-like filtering expression

See the man page for additional information.

root@kali:~# ▌
```

Captura de paquetes con ***tcpdump*** *y opciones del programa* ***tcpflow***

WIRESHARK (ETHEREAL)

Tanto para sistemas *Windows* como *Linux,* esta herramienta es el capturador de paquetes más extendido, y al igual que ***nmap,*** es casi un estándar de facto, por lo que se recomienda al lector relacionarse con ella. Su funcionamiento básico supone empezar a capturar datos para posteriormente procesarlos, aplicando el amplio conjunto de protocolos que es capaz de interpretar, de manera que puede presentar la información de una forma fácilmente interpretable para el usuario. Para analizar el tráfico, la aplicación permite construir filtros que eliminen todo el tráfico que no interesa, por ejemplo, porque corresponda a servicios conocidos que no se quieran analizar. De otra manera, el volumen de información es tan alto, que puede resultar complejo extraer resultados.

Nota

El uso de la herramienta de captura de tráfico *WireShark,* de uso ampliamente extendido, se cubre en profundidad en una guía publicada por el CERT (del inglés *Computer Emergenct Response Team,* o equipo de respuesta ante emergencias informáticas) del Instituto Nacional de Tecnologías de la Comunicación (INTECO) .

En general, hasta que una aplicación de captura de tráfico no se reduzca a las condiciones de estudio exactas que se requieren analizar, su uso puede resultar laborioso.

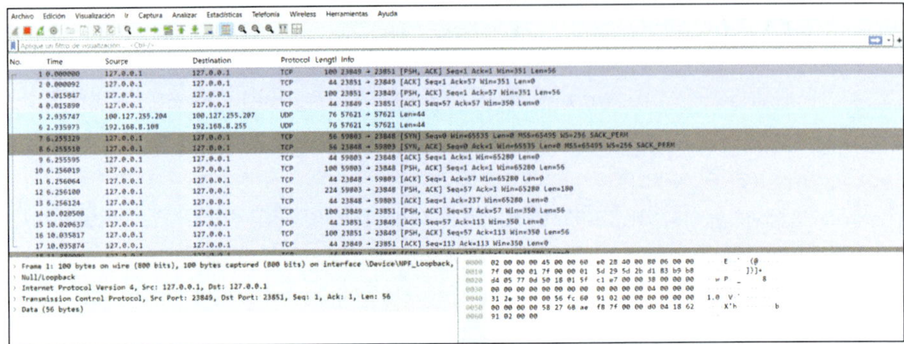

Captura de paquetes con Wireshark. En la imagen se muestra el tráfico local (loopback) entre direcciones IP internas, destacando la información del protocolo TCP y las interacciones en diferentes puertos

Actividades

9. Instale la aplicación *WireShark,* o *Microsoft Network Monitor* en una máquina donde se tengan privilegios. Ejecute una captura, y opere la máquina normalmente navegando por internet, o usando su cliente de correo electrónico. Detenga la captura, y observe los resultados.

Aplicación práctica

En una empresa que no tiene ninguna actividad por la noche ni tiene programadas comunicaciones en horario nocturno, tras mantener en ejecución una herramienta que registra las conexiones de manera continua, se ha obtenido la siguiente información:

- **TCP/80: 30 % de las comunicaciones de 08.00 a 20.00.**
- **TCP/443: 10 % de las comunicaciones de 08.00 a 20.00.**
- **TCP/25: 60 % de las comunicaciones de 03.00 a 06.00.**

Recomiende qué acción emprendería.

Continúa en página siguiente >>

<< Viene de página anterior

SOLUCIÓN

Si la empresa no tiene actividad por la noche no debería haber actividad de red nocturna, salvo la correspondiente a aplicaciones o procesos programados precisamente para no ocupar el ancho de banda de la conexión a internet. Por ejemplo, si la empresa debe realizar una elevada transferencia de archivos, podría hacerlo en horario nocturno, para no privar del recurso de la conexión a internet a los trabajadores durante la jornada laboral. En cualquier caso, esta no es la explicación para el tráfico nocturno, porque el enunciado específica que no hay comunicaciones programadas en horario nocturno.

Por lo tanto, se trata de tráfico no autorizado. Concretamente, la comunicación es por el puerto 25, que *a priori* corresponde al servicio de envío de correo electrónico, como se muestra en la tabla de servicios más habituales, vista en el apartado 2.2. Por lo tanto, podría tratarse de envíos no autorizados de correos electrónicos. Se recomienda capturar el tráfico en ese puerto para analizarlo, y confirmar si es una actividad desconocida y no autorizada por la empresa.

5. Resumen

Los servicios prestados por un servidor compartiendo una misma dirección IP, se organizan para su buen funcionamiento usando diferentes puertos de los protocolos de transporte TCP o UDP. Estos puertos se dividen en **puertos del sistema o bien conocidos** (correspondientes a los servicios estándar, en total 1.024), **puertos registrados o de usuario** (unos 49.000) **y puertos dinámicos o privados** (unos 15.000).

Entre los servicios bien conocidos se pueden destacar, usando el protocolo TCP, el puerto 80 (protocolo HTTP) para navegación web, el puerto 443 (protocolo HTTPS) para navegación web segura, el puerto 22 para conexiones remotas seguras (SSH), y el 23, para terminal remoto (protocolo TELNET), el puerto 25 (protocolo SMTP) para correo electrónico, el puerto 110 para recuperación de correo (protocolo POP3), y el puerto 3389 (protocolo RDP), para conexiones de escritorio remoto *Windows.*

Los puertos de comunicaciones que resulten accesibles a la red de la empresa, representan potenciales vulnerabilidades que deben evitarse. Por lo tanto, es esencial determinar qué puertos de las direcciones IP de la empresa admiten conexiones, al menos para los protocolos bien conocidos. Aquellos que no se empleen, deben prohibirse, y aquellos que se empleen, deben revisarse para fortalecerse, como se verá en el siguiente capítulo.

Para analizar los puertos abiertos y servicios que existan en la red, se emplean herramientas especializadas, entre las que destaca el analizador de redes ***nmap,*** que no solo entregará un listado de los puertos abiertos que admiten conexión, sino que, interpretando los protocolos habituales, es capaz de analizar las respuestas, y averiguar o hacer suposiciones sobre los servicios y sistemas analizados.

Para analizar el tráfico real de las conexiones de una máquina concreta, se emplean capturadores de tráfico o *sniffers,* entre los que destacan *WireShark,* que también interpreta los protocolos de los servicios estándar, y por lo tanto, permite un análisis de alto nivel al usuario.

Los puertos abiertos que no tengan uso habitual y autorizado, deben cerrarse.

Ejercicios de repaso y autoevaluación

1. **Complete la siguiente oración:**

   La arquitectura de red más extensamente utilizada, es la arquitectura ____________/____________. Esta arquitectura define las comunicaciones, organizándolas en diferentes niveles o capas.

2. **Enumere las capas en que se organizan los protocolos de la arquitectura de red de internet:**

   ____
   ____
   ____
   ____

3. **Determine la opción válida:**

   a. Los protocolos TCP e IP son protocolos de la capa de red.
   b. El protocolo HTTP, FTP, y SMTP, son protocolos de la capa de aplicación.
   c. *Ethernet* es un protocolo de la capa de nivel físico.
   d. Todas las respuestas son incorrectas.

4. **Empareje los siguientes conceptos:**

   a. Dirección MAC.
   b. Dirección IP.
   c. Número de puerto.

   __ Capa de transporte.
   __ Capa de acceso o enlace.
   __ Capa de interred.

5. Determine el nombre de cada segmento de puertos:

a. 0...1023.
b. 1024...49151.
c. 49152...65535.

6. Indique los puertos para los siguientes cuatro servicios básicos:

a. Navegación web HTTP.
b. Transferencia de ficheros FTP.
c. Navegación web segura HTTPS.
d. Envío de correo electrónico SMTP.

7. Complete la siguiente frase:

Orientado a conocer todas las conexiones activas del nodo donde se ejecuta, ____________ permite saber en un momento dado qué puertos TCP y UDP se están usando, además de estadísticas de uso.

8. Seleccione la opción más adecuada:

a. Para probar si hay conexión con un equipo, emplearía la herramienta *traceroute.*
b. Empleando *whois* puede conocer la dirección o domicilio donde está físicamente alojado un servidor.
c. Para conocer la ruta de conexión, emplearía la ruta *traceroute.*
d. Empleando *ping* puede saberse si hay conexión en un puerto TCP concreto.

9. Indique la aplicación adecuada:

a. Para establecer una conexión en un puerto.
b. Para interpretar la mayoría de protocolos y devolver, información adicional a los puertos abiertos.

10. Complete la siguiente frase:

La realización de ________ __________ sobre una máquina ajena puede considerarse una actividad peligrosa, incluso ser constitutiva de delito.

11. El inconveniente de las herramientas que registran las conexiones en un instante de tiempo es que...

a. ... no tienen ningún inconveniente, y de hecho, nmap es un estándar de facto.
b. ... no pueden devolver la dirección del destino, porque no esperan el ACK.
c. ... la salida siempre es por pantalla, aunque la ejecución puede ser continua.
d. ... no capturan las conexiones que se produzcan entre diferentes ejecuciones.

12. Indique si las siguientes afirmaciones son verdaderas o falsas:

a. La herramienta *Microsoft Port Reporter* aumenta las garantías de registrar una conexión de red.

☐ Verdadero
☐ Falso

b. Las herramientas de registro continuo tienen la ventaja añadida de precisar poco espacio para almacenar los *logs,* porque los sobrescriben.

☐ Verdadero
☐ Falso

c. Siempre es preferible usar una herramienta de registro continuo, en lugar de una herramienta de registro puntual.

☐ Verdadero
☐ Falso

13. Indique la opción más adecuada:

a. Para conocer el tráfico de un servidor, hay que instalarle un *sniffer.*
b. Para conocer el tráfico de un servidor, se puede instalar un *sniffer* a un pc con el que comparta cualquier *switcher.*

c. Para conocer el tráfico de un servidor, se puede instalar un *sniffer* a un pc con el que comparta un *hub.*
d. Para conocer el tráfico de un servidor, se deben consultar sus registros de auditoría.

14. En relación a las herramientas TCPDUMP y TCPFLOW, indique si las afirmaciones son verdaderas o falsas:

a. Se pueden usar como entrada para *WireShark.*

- ☐ Verdadero
- ☐ Falso

b. Son muy eficientes para capturar tráfico desde línea de comandos.

- ☐ Verdadero
- ☐ Falso

c. Pertenecen a la categoría de *sniffers.*

- ☐ Verdadero
- ☐ Falso

15. Complete la siguiente frase:

La herramienta ____________ permite construir ______________ que eliminen todo el tráfico que no interesa, por ejemplo, porque corresponda a servicios conocidos que no se quieran analizar.

Capítulo 8

Robustecimiento de sistemas

Contenido

1. Introducción

La materialización de una amenaza que aprovecha una vulnerabilidad del sistema es un incidente de seguridad; si por el contrario, el sistema fuera invulnerable, las amenazas seguirían materializándose, pero no conllevarían daño alguno para el activo. Reducir la vulnerabilidad de un sistema, lo que también se conoce como robustecimiento, o securización de sistemas, permite por lo tanto reducir el riesgo de una amenaza, aplicándose casi en exclusividad a la seguridad lógica del sistema.

Reducir las vulnerabilidades de un sistema es una tarea específica y en ocasiones altamente especializada, pues dependerá de la función, servicio, protocolo, o aplicación concreta que corra en el sistema, lo que sin duda requiere conocerla, al menos tan exhaustivamente como el atacante. Debe aplicarse el principio de proporcionalidad, que dicta que el esfuerzo en robustecer un sistema se compare con el del valor del sistema protegido. Generalmente, el robustecimiento puede valorarse como una contramedida con un coste y reducción de riesgo, a comparar frente a otras salvaguardas.

En este capítulo se dan tres directrices básicas a cumplir. En primer lugar, el robustecimiento parte como premisa de minimizar la superficie de un ataque lógico, aceptándose que la superficie de ataque es mayor cuantas más funciones desempeñe el sistema, de manera que un sistema que solo desempeña una función, es a priori menos vulnerable (más seguro) que un sistema multifunción. En segundo lugar, además de reducir **qué hace el sistema,** eliminando aplicaciones y servicios innecesarios, debe reducirse **quién lo hace,** eliminando usuarios innecesarios. En tercer lugar, este proceso exige una revisión continua, a la vez que se conocen, descubren, y explotan nuevas vulnerabilidades en las aplicaciones que corra el sistema. El mantenimiento se facilita con la regular adición de parches de seguridad o actualizaciones, y con la contramedida de disponer de *software* antivirus, que protege frente a código malicioso conocido, o con comportamientos dudosos.

2. Modificación de los usuarios y contraseñas por defecto de los distintos sistemas de información

Los sistemas operativos, y muchas otras aplicaciones, emplean el concepto de cuentas de usuario, para formar un sistema de control de acceso lógico, que persigue que solo los usuarios autorizados tengan acceso a la información. Lo más habitual es autenticar la identidad de los usuarios mediante contraseñas (algo que se sabe), que deben mantenerse confidenciales, para no invalidar todo lo anterior. Si los sistemas operativos y las aplicaciones incorporan cuentas de usuario, y contraseñas creadas por el fabricante y públicamente conocidas, el control de acceso lógico a esos productos no es eficaz, hasta modificar las contraseñas para recuperar su confidencialidad.

A continuación, se detallan las medidas a adoptar en relación a los credenciales por defecto, según recoge la norma ISO 27001, y otras fuentes de referencia para el robustecimiento de sistemas.

2.1. Usuarios y contraseñas por defecto

La norma ISO 27001:2017 establece una contramedida referente a la gestión de claves secretas de los usuarios, y establece ocho puntos de los que ahora resulta de especial interés el último de ellos, que dicta que las claves secretas predeterminadas por el fabricante siempre deben ser cambiadas tras instalar el equipo o la aplicación.

Nota

El control "9.4.3 Gestión de contraseñas de usuario", fija que: los sistemas de gestión de claves deben asegurar contraseñas de calidad.

El control "9.3.1 Uso de la información confidencial para la autenticación" fija que: se debe exigir a los usuarios el uso de buenas prácticas de seguridad de la organización al usar información confidencial para la autenticación.

Sabía que...

RFC son las siglas de *Request For Comments,* que son documentos de referencia para el uso de internet, creados por el *Internet Engineering Task Force,* o IETF. Existen unos 3000, que se pueden consultar y descargar libremente de <http://www.faqs.org/faqs/>.

Para ello, debe revisarse la documentación del sistema que diga cuáles son los credenciales por defecto, y su manera de cambiarlas, y contrastar con el fabricante que el sistema pueda operar sin usuarios habilitados por defecto, y que no existan contraseñas maestras adicionales.

Debe aplicarse también especial precaución en los mecanismos que permitan retornar el equipo a su estado de fábrica, y por lo tanto, volver a habilitar y restablecer las contraseñas por defecto de un sistema. Este proceso de restablecimiento, necesario en ocasiones, constituye una importante vulnerabilidad, que debe evaluarse cuidadosamente. En equipos físicos, suele ser habitual la existencia de algún pulsador, que permite cargar la configuración con la que el fabricante entregó el equipo. En este caso, deben aplicarse las medidas de control de acceso físico. También suele ser posible devolver un equipo, o una aplicación como su sistema operativo, a su estado original, mediante la ejecución de algún comando de restablecimiento, cuya ejecución hay que asegurar que solo sea posible para usuarios con privilegios.

Por ejemplo, cabe imaginar un equipo de comunicaciones donde se restablece la contraseña del usuario con privilegios totales que entrega el fabricante, y después se deshabilita esta cuenta, de manera que solo puede volver a habilitarse con esa contraseña. Después, se crean usuarios con menos privilegios pero aún capaces de devolver el equipo a su estado de fábrica. Resulta fácil un ataque en el que (1) se guarde la configuración, (2) se restablezca el equipo al estado de fábrica, y por último (3) se vuelva a cargar la configuración para que no se detecte cambio en el funcionamiento del equipo, incluida la desactivación del usuario administrador, ahora sí, con contraseña conocida. El sistema sigue comprometido hasta que se quiera habilitar la cuenta de administrador (lo que no será frecuente) y se descubra que la contraseña ya no sirve.

En sistemas operativos *Linux,* la cuenta de máximos permisos es la cuenta *root* o de superusuario, y no se debe emplear para iniciar sesión de manera regular, siendo preferible emplear otras cuentas para los trabajos de administración. En sistemas operativos *Windows,* la cuenta de máximos permisos es la cuenta "administrador", y tampoco debe emplearse. En ambos casos, debe tenerse en cuenta que el sistema puede admitir un modo de arranque a prueba de fallos o arranque seguro, orientado a la recuperación del sistema, en el cual puede que estas cuenta se habiliten automáticamente, o incluso se produzca un inicio de sesión automático.

Además de las cuentas con privilegios y las cuentas por defecto que puedan existir para algunos servicios (por ejemplo los servicios de red), deben revisarse: las cuentas de invitado *(guest),* las cuentas de acceso anónimo *(anonymous)* si las hubiera, y que aunque con menos privilegios, pueden usarse para ganar acceso al sistema, y también las cuentas que no necesitan iniciar sesión de manera interactiva (deben deshabilitarse o restringirse a los procesos, servicios, y ficheros que necesiten exclusivamente).

En caso de que no se pueda deshabilitar la cuenta de administración, pero sí pueda cambiarse el nombre, se debe considerar que el identificador numérico del usuario no se puede cambiar, y podría emplearse en un ataque.

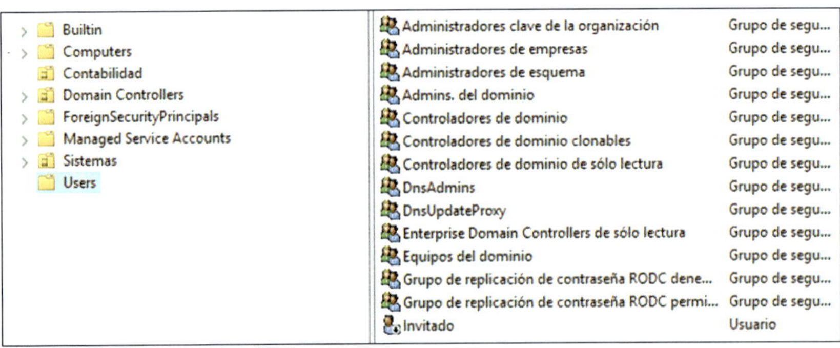

Cuenta invitada deshabilitada

Nota

En sistemas *Microsoft Windows,* los identificadores (SID) de usuarios y grupos por defecto son conocidos; pueden averiguarse desde una rápida consulta en la página del fabricante. Siendo conocido dicho identificador por un atacante que tenga acceso, podría usarse para averiguar el nombre del usuario modificado. Dependiendo del sistema concreto, esta vulnerabilidad puede intentar mitigarse, deshabilitando esta posibilidad de traducción del SID al nombre.

Actividades

1. Consulte la ayuda del comando *passwd* de *Linux,* en especial cuando se usa con los siguientes parámetros:

   - passwd –l *nombre_usuario*
   - passwd –u *nombre_usuario*

2.2. Referencias y directrices

Existen diversas fuentes acreditadas que proporcionan listados sobre cómo robustecer diferentes equipos, aplicaciones, y sistemas operativos completos. Puede recurrirse a ellos para buscar guías que faciliten la labor de robustecimiento de un sistema, por ejemplo, en lo referente a las contraseñas y usuarios por defecto, tratados en este epígrafe. Entre ellas, destacan las siguientes:

- INTECO (Instituto Nacional de Tecnologías de la Comunicación), que proporciona guías para securizar servidores web, etc. Se pueden buscar las guías en: http://www.inteco.es.
- CCN (Centro Criptológico Nacional), que bajo registro proporciona guías para securizar sistemas operativos *Microsoft Server, Red Hat Linux, Suse, Debian,* etc.
  Se pueden buscar normas "Serie CCN-STIC" en: https://www.ccn.cni.es/.

- NIST *(National Institute of Standards and Technology)*, que proporciona una extensa biblioteca sobre seguridad de la información. Se puede descargar libremente la serie 800 de: http://csrc.nist.gov.
- CIS *(Center for Internet Security)*, que proporciona una extensa colección de guías de comparación o *benchmarking,* de robustecimiento de distintos sistemas (*Windows*, *Linux*, etc.).
- Puede buscar las guías gratuitas de comparación de seguridad *(Security benchmarking)* en: https://benchmarks.cisecurity.org/.

En este capítulo, se harán referencias a las **guías de comparación NIST y CIS,** que por su extendido uso se consideran prácticamente un estándar de facto; con independencia de que en circunstancias donde se deba robustecer un sistema de manera exhaustiva, además de todas las fuentes anteriores, se revise la documentación del fabricante, que es, en última instancia, quien mejor y antes conoce las vulnerabilidades de sus sistemas.

Directrices en guías CIS

Las principales referencias en la guía CIS referidas a cuentas y contraseñas son:

- 4.3 Asegurar el uso de cuentas administrativas dedicadas.
- 4.4 Usar contraseñas únicas.
- 4.5 Usar autenticación multifactor para accesos administrativos.
- 4.9 Registrar y alertar los inicios de sesión fallidos a cuentas administrativas.

3. Configuración de las directivas de gestión de contraseñas y privilegios en el directorio de usuarios

Las contraseñas deben cumplir unos requisitos mínimos, o por el contrario resultan inválidas, porque se podría usar cualquier valor (una cadena vacía, una secuencia de números “1111” o simplemente el apellido del usuario). Entre los aspectos a considerar está la longitud, la variedad de caracteres empleados, el periodo de vigencia, y no permitir la coincidencia con las claves anteriores (que equivaldría a alargar el periodo de vigencia). Estas condiciones de complejidad se agrupan, formando una directiva de gestión de contraseñas que debe aplicarse a los usuarios, como se vio en el epígrafe 10 del capítulo 6. También deben gestionarse los privilegios de los usuarios, lo que normalmente se realiza mediante la inclusión o exclusión de los usuarios en los grupos con permisos configurados sobre unos ficheros o programas.

Recuerde

La autenticación de un usuario se basa en que este aporte al sistema:

- Algo que se tiene (como una tarjeta de identificación).
- Algo que se es (una característica biométrica).
- Algo que se sabe (una contraseña).

La norma ISO 27002 establece en su control "9.2.2 Gestión de los derechos de acceso asignados a usuarios" y en el control "9.2.3 Gestión de los derechos de acceso con privilegios especiales, que se debe restringir y controlar la asignación y uso de privilegios mediante un proceso de autorización formal, que contemple:

- Identificar a que usuarios hay que dar acceso a cada recurso.
- Los privilegios deben otorgarse en base a la necesidad de saber.
- Mantener proceso de autorización y registro, y no otorgarlos hasta que se complete.
- Es preferible el empleo de rutinas, u otros mecanismos automáticos del sistema, que eviten la necesidad de otorgar privilegios.
- Es preferible usar programas que eviten la necesidad de ejecutarse con privilegios.
- Los privilegios deben otorgarse a un identificador de usuario, diferente del utilizado en el uso normal y diario de la empresa.

Sobre las condiciones que deben cumplir las contraseñas, la norma ISO 27002 establece en el control "9.4.3 Gestión de contraseñas de usuario" que los sistemas de gestión de contraseñas deben asegurar contraseñas que deben ser de calidad, con longitud suficiente, y que además, cumplan:

- Que sean fáciles de recordar.
- Que no se basen en nada fácilmente adivinable como información de la persona.
- Que no incluyan palabras incluidas en diccionarios.
- Que estén libres de caracteres consecutivos idénticos, todos numéricos o alfanuméricos.
- Que se cambien regularmente, o en base al número de accesos, evitando reutilizar de claves anteriores.

Actividades

2. Imagine que desea realizar un ataque por fuerza bruta, es decir, probando todas las combinaciones posibles de contraseñas, para descubrir una contraseña de *Windows*. Averigüe si existe alguna herramienta gratuita y de código abierto para esto.

3.1. Directrices en guías NIST

La guía de referencia NIST 800-123, dedicada a la seguridad general de servidores, establece en su punto 4.2.2 que las reglas o política de contraseñas debe fijar: (a) la longitud mínima, (b) la complejidad, empleando mezcla de diferentes tipos de caracteres para reducir el posible éxito de un ataque de ensayo de error de palabras contenidas en diccionarios, (c) el periodo de validez de una contraseña, (d) la reutilización de contraseñas que evite emplear las anteriores, (e) la autoridad para cambiar o restablecer las contraseñas, y (f) la seguridad de las contraseñas en lo referente a que se almacenen cifradas en el servidor, e incluso que se usen claves diferentes para la administración del servidor, y para otras labores de administración.

Antes de elegir estos valores, conviene reflexionar sobre el balance entre seguridad y conveniencia que conlleva. Así, una longitud excesiva, puede producir el efecto contrario al deseado, ya que probablemente no resulte fácil de recordar para los usuarios, y acaben apuntándola en algún sitio. Por otro lado, si se fija un periodo de vigencia, debe asegurarse que también se establezca un periodo mínimo; de otra manera se podrían realizar cambios seguidos de contraseñas las veces que sea necesario, hasta que el sistema acepte la misma contraseña que se venía usando, a la vez que se cumple la no coincidencia con las contraseñas anteriores.

La guía NIST 800-123 también indica que se deben aplicar medidas para prevenir que la contraseña se acabe adivinando por mera repetición (bien mediante fuerza bruta, es decir, probando todas las posibles contraseñas de 1 carácter, de 2 caracteres, de 3 caracteres, etc.; bien mediante ataques basados en probar contraseñas contenidas en listas o diccionarios que incluyen las palabras de uno o varios idiomas, con variantes como números antepuestos o pospuestos). Para evitarlo, el sistema debe incrementar paulatinamente el tiempo entre intentos de inicio de sesión, de forma que a cada fallo, el siguiente intento necesite esperar más tiempo. Si esto no es posible, después de un número de intentos de acceso fallidos, la cuenta debe bloquearse bien por un periodo de tiempo, bien de manera permanente, hasta que un usuario con privilegios la desbloquee.

En esta configuración también existe un compromiso entre seguridad y conveniencia, porque sucesivos intentos de inicio de sesión pueden acabar bloqueando las cuentas, lo que indirectamente produce una denegación de servicio a los usuarios lícitos. Debe ponerse especial atención en que la cuenta del usuario con máximos privilegios no impida el inicio de sesión mediante la consola local, así como en que se registren todos los intentos de inicio de sesión.

Otras medidas adicionales, dependiendo del valor de la información almacenada, pueden ser el empleo de tarjetas inteligentes, lectores biométricos, o sistemas de contraseña de un solo uso.

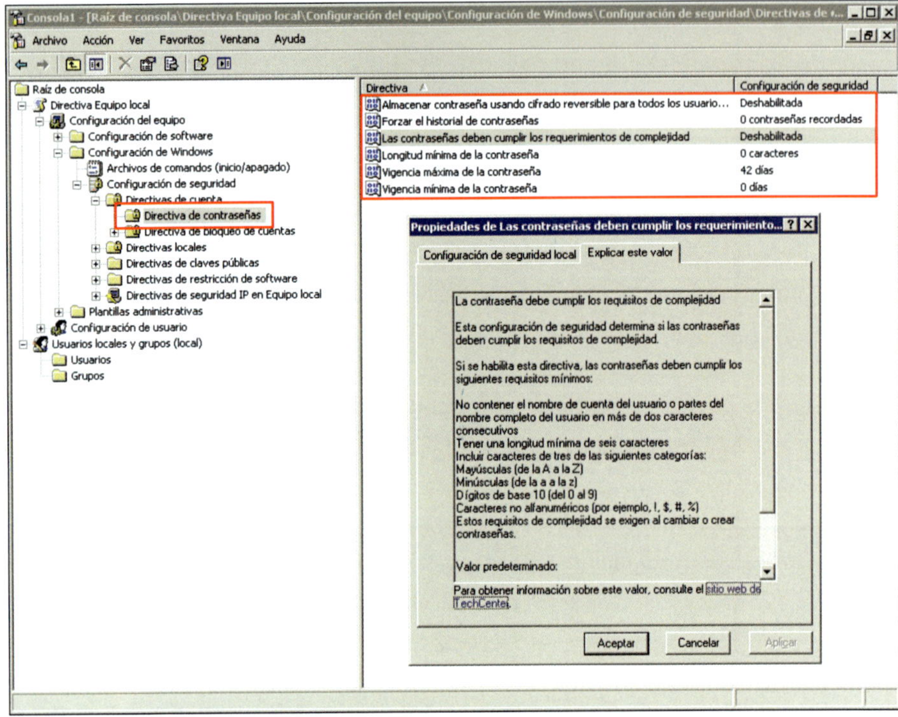

Directiva de contraseñas mostrando el detalle de las condiciones de complejidad, en el editor de directivas de grupo de Windows Server 2008 R2

3.2. Directrices en guías CIS

Para *Microsoft Server*, se establecen los siguientes elementos a configurar, desde las políticas de grupo del directorio activo para los requisitos de las contraseñas:

- (1.1.1.5.2.2) Longitud mínima de la contraseña de 8 caracteres, salvo en entornos de alta seguridad, donde se recomiendan 14 caracteres.
- (1.1.1.5.2.3) Edad máxima de la contraseña de 60 días.
- (1.1.1.5.2.5) Edad mínima de la contraseña de 1 día.
- (1.1.1.5.2.6) Complejidad de la contraseña requerida.
- (1.1.1.5.2.4) Histórico de contraseñas a recordar, para no repetir ninguna de las últimas 24 contraseñas empleadas.
- (1.1.1.5.2.1) Deshabilitar almacenamiento de contraseñas con cifrado reversible.

Para *Linux,* se establecen los siguientes elementos a configurar para el subsistema de contraseñas PAM, que extiende el sistema de contraseñas por defecto, e integrable con OpenLDAP:

- (7.9) Requerir autenticación para el modo de arranque de un solo usuario (que con acceso a la consola local, permite arrancar el sistema sin contraseña, y operativo como el usuario *root),* configurando la aplicación de arranque LILO o GRUB para ello.
  LILO son las iniciales del gestor de arranque *Linux Loader,* y GRUB son las iniciales del gestor de arranque *Grand Unified Bootloader.*
  Ambas aplicaciones permiten modificar el modo en que arranca el sistema, incluidas opciones referentes al sistema de ficheros, o al inicio en modo multiusuario o monousuario.
- (8.2) Verificar que no hay cuentas con contraseñas vacías.
- (8.3) Ajustar el periodo en que expiran las contraseñas así como el periodo mínimo de vigencia.
- (8.4) Asegurar que no quedan entradas "+" en archivos de contraseñas o de grupos, procedentes de sistemas antiguos.
- (7.1) Deshabilitar ".rhosts" de la configuración PAM.

También debería revisarse la configuración de PAM y librerías extendidas, que incorpora para no permitir el empleo de contraseñas débiles (por ejemplo que no coincidan con la anterior, que no sean una pequeña variación de la anterior, o que no estén formadas por determinadas reglas y conjuntos de caracteres).

Aplicación práctica

La política de contraseñas de una empresa, donde se emplea un servidor *Windows,* fija que tengan más de 12 caracteres, que no coincidan con las 3 anteriores, que se usen mayúsculas, minúsculas, y números, y que se cambien al menos cada 15 días. Estas medidas generan descontento entre los usuarios que las apuntan, se las intercambian, y las restablecen varias veces seguidas para mantener siempre la misma. Se le pide

Continúa en página siguiente >>

<< Viene de página anterior

corregir la situación, dando parámetros concretos de acuerdo a las recomendaciones CIS para los requisitos de las contraseñas.

SOLUCIÓN

Empleando las recomendaciones CIS para *Windows Server 2008 R2:*

- La longitud debería reducirse, a 8 caracteres.
- El periodo de vigencia debería incrementarse a 60 días.
- Hay que disponer un periodo de vigencia mínimo de 1 día.
- Se debe aumentar a 24 el número de claves sin repetir.

---

4. Eliminación y cierre de las herramientas, utilidades, servicios y puertos prescindibles

Se aborda ahora el análisis de las consideraciones de seguridad que se deben observar en las aplicaciones que permanezcan instaladas en los sistemas, y específicamente, en las implicaciones para con las comunicaciones que ello pueda acarrear.

4.1. Herramientas y otras aplicaciones

Como se mencionó en la introducción, el robustecimiento persigue minimizar la superficie de ataque de un sistema, que se acepta que es mayor cuanto mayor sea el número de servicios y aplicaciones que realice. Por lo tanto, es una cuestión primordial eliminar todas las herramientas, utilidades, aplicaciones, y servicios que no sean estrictamente necesarios. Para ello se precisan medidas técnicas de revisión, y desinstalación de aplicaciones innecesarias; y medidas normativas que regulen la instalación de *software.*

La norma ISO 27002 contempla el proceso para añadir o quitar una aplicación al sistema, como un cambio del mismo, y dispone para ello el objetivo de control "12.1 Responsabilidades y procedimientos de operación" y su control "12.1.2 Gestión de cambios". En este control nos informa que debemos controlar los cambios que vayan a afectar a la seguridad de la información en la organización y procesos de negocio.

También el objetivo de control "18.1 Cumplimiento de los requisitos legales y contractuales" y "18.2 Revisiones de la seguridad de la información", que fija que se debe disuadir a los usuarios de emplear los medios de procesamiento de la información para propósitos no autorizados, lo que incluye el empleo de utilidades no permitidas para fines no autorizados.

La guía CCN-STIC 821 consta de 7 apéndices con normativas de referencia, que pueden emplearse como punto de partida para organizar las políticas y procedimientos de seguridad de una empresa. En concreto, el apéndice I, desarrolla una "Normativa general de utilización de los recursos y sistemas de información del organismo (NGOO)", en la que se proponen las siguientes medidas organizativas genéricas sobre la instalación de *software:*

- Solo el personal de soporte técnico autorizado podrá instalar *software* en los equipos informáticos o de comunicaciones de los usuarios, con la excepción de las herramientas de uso común, que puedan ser descargables desde servidores internos.
- Los usuarios podrán solicitar la inclusión de una aplicación, lo que debe ser estudiado, al menos por el personal técnico de seguridad.
- No se podrá instalar *software* que no disponga de licencia correspondiente, o cuya utilización no sea conforme con la legislación vigente en materia de propiedad intelectual.
- Se prohíbe la reproducción, modificación, transformación, cesión, comunicación, o uso fuera de la empresa de los programas y aplicaciones informáticas instaladas en los equipos que pertenecen a la empresa.
- No se podrán deshabilitar o eliminar las aplicaciones instaladas por la empresa, especialmente las relacionadas con la seguridad.

Nota

La guía CCN-STIC 821 recoge en sus apéndices las siguientes 7 normativas, acordes con el Esquema Nacional de Seguridad:

- Uso de los sistemas de información.
- Acceso a internet.
- Uso de correo electrónico.
- Normas para trabajar fuera de las instalaciones.
- Uso de contraseñas.
- Confidencialidad para terceros.
- Buenas prácticas para terceros.

Actividades

3. Si tiene acceso a un sistema *Windows,* ejecute "services.msc", para consultar qué servicios están en ejecución, y cuáles podrían iniciarse de manera automática. Explore las propiedades de un servicio para ver cómo deshabilitarlo.

4.2. Comunicaciones y puertos de red

Se deben identificar los servicios que son accesibles desde fuera de la empresa, para habilitar el tráfico entrante exclusivamente en los puertos que necesiten esos servicios.La norma ISO 27002 en su objetivo de control "9.1.2 Control de acceso a las redes y servicios asociados", dispone de una contra-medida de aplicación por la cual se debería proporcionar a los usuarios que accedan a las redes y los servicios de red, sólo acceso a aquello para lo cual han sido autorizados.

Como en el caso de minimizar las aplicaciones y herramientas instaladas, es importante que exista un procedimiento formal para controlar los puertos abiertos, así como alguna contramedida organizativa, que inste a los usuarios a realizar también un buen uso del sistema de comunicación y conexión a internet. Para ello, resulta muy adecuado lo dispuesto en la guía CCN-STIC 821-Apéndice 2(NP10), que establece una normativa de referencia que las empresas podrían aplicar para controlar el uso de internet. Las medidas propuestas que deben conocer y aceptar por escrito todos los usuarios, son:

- Usar internet para fines profesionales.
- No visitar páginas de contenido poco ético, ofensivo o ilegal.
- No visitar páginas no fiables o sospechosas.
- Cuidar la información que se publica en internet.
- Observar las restricciones legales que sean de aplicación.
- Realizar descargas solo si se tiene autorización.
- No descargar código o programas no confiables.
- Asegurar la autenticidad de la página visitada.
- Comprobar la seguridad de la conexión.
- Cerrar las sesiones al terminar la conexión.
- Utilizar herramientas contra código dañino.
- Mantener actualizado el navegador y las herramientas de seguridad.
- Utilizar los niveles de seguridad del navegador.
- Desactivar las *cookies*.

  Las *cookies* son pequeños archivos que los servidores de las páginas web visitadas envían a los navegadores de internet de los clientes, conteniendo generalmente información sobre el usuario, sus preferencias o los datos que haya escrito en la web. Posteriormente, los servidores web pueden recuperar estos archivos, lo que permite conocer hábitos de uso, u otra información del usuario.
- Eliminar la información privada.
- No instalar complementos desconocidos.
- Limitar y vigilar la ejecución de programas en el navegador como *applets* y *scripts*.

Además, la guía establece que los puertos autorizados, *a priori,* deben ser un conjunto mínimo estándar, como:

- HTTP, servicio web estándar, por ejemplo, en el puerto 80.
- HTTPS, servicio web seguro, por ejemplo en el puerto 443.

- FTP, servicio de transferencia de ficheros, por ejemplo en TCP/21.
- Servicios varios de la empresa, identificados y definidos.

Establece también que, de requerirse otros puertos, su inclusión debe solicitarse y analizarse, al menos por el personal técnico de seguridad.

Actividades

4. ¿Qué utilidades de red vistas en el capítulo anterior permiten conocer los puertos de comunicaciones abiertos?

4.3. Pasarelas de seguridad

Una pasarela, puerta de enlace o puerta de acceso *("gateway")* es un equipo de comunicaciones que interconecta redes con arquitecturas diferentes, realizando para ello funciones avanzadas de traducción de protocolos entre ambas redes. En el ámbito de internet y de redes TCP/IP, frecuentemente una pasarela solo realiza funciones de encaminamiento (como un *router)* e interconexión de redes, lo que simplifica el equipo a funciones de la capa de inter-red. Generalmente, una pasarela es un equipo bastante avanzado, que permite que las arquitecturas de red sean completamente diferentes (medios físicos diferentes, protocolos de red distintos), de manera que se suele diseñar como un ordenador dedicado con varias tarjetas de red, y aplicaciones de conversión y comunicación de protocolos.

En arquitecturas modernas, las pasarelas también incluyen funciones avanzadas de inspección profunda de paquetes (DPI) para mejorar la seguridad, analizando el contenido de los paquetes y detectando amenazas potenciales.

Normalmente, la empresa empleará arquitectura de red TCP/IP, y estará conectada a internet, de manera que las pasarelas serán dispositivos que extiendan las funciones de un *router.* Tal es el caso de las pasarelas de seguridad, que añaden normalmente servicios de antivirus o de detección de intrusos, para tomar decisiones sobre las conexiones que se permiten.

Recuerde

El Modelo TCP/IP establece 4 capas (entre paréntesis se indican las capas del modelo de red OSI asimilables al modelo TCP/IP):

- Capa 4, o de Aplicación (OSI 5, 6,7).
- Capa 3, o de Transporte (OSI 4).
- Capa 2, o de Inter-red (OSI 3).
- Capa 1, o de Acceso (OSI 1, 2).

Sabía que...

El *router,* al decidir por dónde encaminar la comunicación (como es su función primordial), permite filtrar las conexiones. Para ello, se pueden fijar reglas para admitir o no conexiones (según el puerto, el protocolo y/o la dirección IP de los extremos). Para el correcto encaminamiento, también presta servicio de traducción de direcciones de red (NAT o *Network Address Translation),* para que todos los ordenadores de la empresa puedan compartir sin confusión un rango mucho menor de direcciones IP públicas de conexión a internet.

Existe un texto de referencia para la seguridad de la información, publicado por el NIST, y libremente accesible, llamado *An introduction to Computer Security: The NIST handbook* (1995), que entre las medidas de control, indica en su apartado 17.3.2.2 que se deben usar pasarelas de seguridad o *firewalls,* para bloquear y filtrar el acceso entre la red privada de la empresa e internet. El uso de *firewalls,* como otras medidas de seguridad ya vistas, plantea un balance entre la funcionalidad de permitirlo todo, y la seguridad de restringirlo todo. La decisión dependerá de cada empresa y circunstancia, pero siempre debe proceder de una política, que interpretada, permita al personal técnico implementar las medidas de seguridad al nivel adecuado.

Actividades

5. Consulte y obtenga el nombre de al menos tres *firewalls* de código abierto que, convenientemente instalados en un ordenador con varios adaptadores de red, podrían emplearse como pasarelas de seguridad.

4.4. Directrices en guías NIST

La guía NIST 800-123 en su apartado 4.2.1, indica que, idealmente, una aplicación de servidor debería estar en un equipo u ordenador dedicado a esta única función. Cuando se instale el sistema operativo, debe realizarse una instalación mínima, para posteriormente añadir todos los servicios y aplicaciones que se necesiten. El enfoque contrario (si no es posible realizar una instalación mínima) consiste en eliminar todas las aplicaciones, servicios y protocolos de red innecesarios tras la instalación estándar.

Desinstalar es siempre preferible a desactivar o bloquear, porque aquello que no existe no tiene vulnerabilidad alguna. Sin embargo, algo deshabilitado o bloqueado puede volver a habilitarse, por error humano o intencionadamente, desde un ataque para aumentar la superficie vulnerable del sistema. No obstante, si algo no se puede desinstalar, puede bloquearse, y en la medida de lo posible, hacerlo de forma que volver a habilitarlo precise de intervención física intencionada, como por ejemplo, mover un archivo fuera del equipo, y que sea necesario volver a copiarlo para que el servicio reactivado funcione. Entre los servicios que se deben revisar expresamente, el NIST señala en esta guía los siguientes:

- Servicios para compartir archivos e impresoras.
- Servicios de comunicaciones inalámbricas.

- Servicios de control y acceso remoto, especialmente los no cifrados, como es el caso de *Telnet.*
- Servicios de directorio (LDAP).
- Servidores web.
- Servidores de correo electrónico.
- Compiladores y librerías de lenguajes.
- Herramientas de desarrollo.
- Herramientas y utilidades de gestión de red como el protocolo SNMP.

Entre las ventajas de deshabilitar servicios innecesarios, está el aumentar la seguridad del resto de servicios habilitados, porque se reduce la superficie de ataque, y porque se reducen posibles problemas de disponibilidad derivados de incompatibilidades o fallos en los servicios desinstalados, además de la liberación de recursos del sistema para los servicios que verdaderamente se necesitan, y por supuesto, la menor necesidad de espacio en disco para conservar los *logs* de los servicios en ejecución.

Otras directrices que recomienda la guía en su apartado 5.1 son eliminar toda la documentación del fabricante del servidor, así como todos los archivos de ejemplo o test que puedan incorporar las aplicaciones y los compiladores que pueden estar presentes. Por último, los servicios que deban permanecer, deben configurarse para que solo acepten conexiones en los puertos TCP/UDP previstos, no en otros.

4.5. Directrices en guías CIS

Para sistemas operativos *Linux*, CIS recomienda en su guía de comparación v.1.0.5 para *Red Hat Linux* instalar el paquete *Bastille,* que simplifica el robustecimiento del sistema, mediante unas preguntas previas en base a las cuales, el paquete desactiva aquellos servicios que no son verdaderamente necesarios. También se recomiendan desactivar dos grandes grupos de aplicaciones: los innecesarios, basados en el servicio **xinitd** (servicios basados en la conexión a internet como FTP, TFTP, Telnet, POP, IMAP, RLOGIN), y los servicios innecesarios en el arranque del sistema (*sendmail, login* gráfico, X Font server, SMB, NFS, NIS, RPC, NETFS, SNMP, demonio de impresión, procesos del servidor web, procesos de SNMP, servidor DNS, servidor SQL, procesos de Webmin, etc.).

Nota

La aplicación *Bastille* facilita el robustecimiento o *hardening* de un servidor con sistema operativo *Linux*, configurándolo de manera proactiva, para aumentar su seguridad y reducir las vulnerabilidades. Es de código abierto, y su descarga es libre desde la página: http://bastille-Linux.sourceforge.net/

Para sistemas operativos *Windows Server* 2008R2, CIS recomienda en su guía v2.1 revisar unos 160 aspectos sobre los servicios del sistema, detallados en la sección 1.1.1.1 (por ejemplo servicio de fax, de replicación de archivos, FTP, servicio de ayuda y soporte, el servicio HTTPS, servicio de indexación de contenidos, *Messenger,* POP3, servicio de impresión, etc.).

5. Configuración de los sistemas de información para que utilicen protocolos seguros donde sea posible

Muchos de los servicios más habituales que se prestan a través de internet no son seguros, en tanto en cuanto la información que se envía no viaja cifrada. En un capítulo anterior se empleó la herramienta *WireShark* para capturar las tramas de tráfico de una máquina, y se observaba como ejemplo el caso de una consulta web, en la que se mostraba la dirección visitada. El resto de la información, por ejemplo, las peticiones recibidas por el servidor web y sus respuestas, también se pueden capturar, y se pueden visualizar sin problema: la confidencialidad es por lo tanto completamente inexistente si se captura el tráfico.

Para mejorar la seguridad, se recomienda habilitar HSTS *(HTTP Strict Transport Security)* en los servidores que usan HTTPS, asegurando que los navegadores se conecten únicamente de manera cifrada.

Para mejorar la seguridad en el aspecto de la confidencialidad de los servicios prestados sobre internet (que es una red pública no fiable), se recurre al empleo de mecanismos que cifren la información intercambiada, de manera que, si un atacante obtuviera acceso al tráfico, tendría que descifrar la información para acceder a ella. De esta manera, la información viaja protegida, y ofrece resistencia a conocer su valor. En el extremo opuesto de la comunicación, el destinatario descifra la información, y accede al contenido.

Protección de la información mediante su cifrado y su descifrado, usando un criptosistema

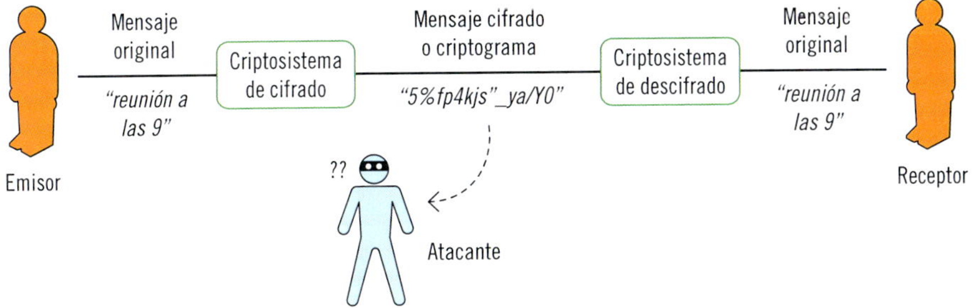

5.1. Criptosistemas de clave secreta y criptosistemas de clave pública

La criptografía es la ciencia que estudia cómo proporcionar comunicaciones seguras a través de canales inseguros. Para que el intercambio de un texto entre dos personas sea seguro, el texto se cifra, de manera que el texto obtenido o criptograma resulte ilegible para quien no sepa realizar el proceso inverso: el de descifrarlo para recuperar el texto original. El proceso completo de cifrado y descifrado se realiza mediante un **criptosistema,** que define los **algoritmos** (o procedimientos) y las **claves** (o parámetros del algoritmo) necesarios para transformar una información en otra. Como se trata de dificultar el descifrado de la información, hay que mantener secreto el algoritmo o procedimiento, y/o sus claves o parámetros. Si el atacante conoce la forma o procedimiento para descifrar la información, y además conoce los parámetros o claves, podrá obtener el texto original.

Criptosistemas de clave pública y privada

Los criptosistemas se dividen en dos tipos, según la naturaleza de sus claves o parámetros: criptosistemas de clave simétrica o de clave secreta, y criptosistemas de clave asimétrica o de clave pública.

Criptosistemas de clave simétrica o de clave secreta

Son aquellos en los que la clave que se emplea para cifrar y descifrar la información es la misma, es decir, emplean una clave que de antemano es conocida por el emisor y el receptor del mensaje (de ahí el nombre de simétrico). Por lo tanto, la clave debe permanecer secreta, porque de conocerse se puede descifrar la información.

Estos sistemas son sencillos, y por lo tanto se usan frecuentemente, sin embargo, no se emplean habitualmente en procesos de autenticación, porque requieren que emisor y receptor se intercambien la clave secreta por una vía segura (de la que precisamente no disponen si solo tienen acceso a internet).

Criptosistemas de clave asimétrica o de clave pública

Son aquellos en los que se emplea una clave que conoce todo el mundo (por lo tanto es pública), que pertenece al receptor del mensaje; de manera que todos los emisores que quieran enviarle un mensaje al receptor emplean esa clave para cifrar la información.

Para descifrar la información, el receptor dispone de una segunda clave que solo él conoce (por lo tanto esa es privada), de manera que solo él puede descifrar la información. Si un atacante captura un mensaje cifrado que se ha enviado a un receptor, no podrá descifrarlo, porque carece de la clave secreta para ello, que solo conoce el receptor lícito del mensaje.

Este mecanismo se emplea muy habitualmente para las comunicaciones por internet, porque no necesita ninguna vía segura, es decir, se adapta perfectamente al uso exclusivo de internet.

Firma electrónica y firma digital

Una firma electrónica es lo mismo que una firma manual o rúbrica, y cuando se añade a un documento aporta a este la identidad del propietario de la firma; en España está regulada por la Ley 06/2020, del 11 de noviembre, por la cual deroga la antigua Ley 59/2003 por incompatibilidad con el Reglamento

Europeo 910/2014 que regula la identificación electrónica y los servicios de confianza para las transacciones electrónicas en el mercado interior. Un caso específico de la firma electrónica es la firma digital, que es aquella firma electrónica que hace uso de clave pública. La firma digital consiste en que el emisor emplea su clave privada para cifrar un resumen del documento, y manda este resumen cifrado junto al documento. El receptor recibe el documento, y usa la clave pública del emisor para descifrar el resumen del mismo; luego compara el resumen del documento que él calcula con el resumen descifrado, para confirmar que el documento no ha sido alterado, y que el remitente es auténtico. La firma digital permite asegurar la integridad del documento, porque se sabe que no ha sido alterado. Sin embargo, no aporta confidencialidad, porque cualquiera que intercepte el mensaje puede descifrarlo con la clave pública del remitente. La identidad del remitente y no repudio (que el remitente no puede rechazar la autoría), solo queda asegurado de forma débil, porque la autenticidad del remitente no está respaldada por un tercero.

6. ¿Qué diferencia hay entre un mecanismo de cifrado de clave pública y un mecanismo de cifrado de clave privada? ¿Cómo intervienen estos procedimientos en la firma digital de un documento?

Certificado digital

Un certificado digital es un documento emitido por una autoridad de certificación, que identifica a una persona (física o jurídica) vinculándola con sus claves públicas y privadas. La autoridad hace de notario entre las partes (emisor y receptor), garantizando la autenticidad de las claves pública y privada para la identidad del propietario de ambas.

Nota

El Portal de la Administración Electrónica destaca como principales las siguientes autoridades de certificación:

- Fábrica Nacional de Moneda y Timbre (FNMT).
- Agència Catalana de Certificació (CATCert).
- Agencia Notarial de Certificación (ANCERT).
- ANF Autoridad de Certificación (ANF AC).
- Autoridad de Certificación de la Abogacía (ACA).
- Autoridad de Certificación HealthSign.
- Autoritat de Certificació de la Comunitat Valenciana (ACCV).
- Camerfirma.

De esta manera, el emisor puede cifrar con su clave privada el resumen del documento, y el mismo documento con la clave pública del receptor. Más tarde, el receptor descifra el documento con su clave privada, y calcula el resumen del mismo, a la vez que descifra con la clave pública del emisor el resumen que recibe cifrado, para compararlo con el que él calcula. Se logra así la confidencialidad de la información, la autenticidad asegurada por la autoridad de certificación, y la integridad del mensaje.

Actividades

7. Busque información sobre para qué sirven y cómo se pueden usar las aplicaciones de libre distribución GNUPG y GPG4Win.

5.2. Protocolos seguros

El empleo de criptosistemas otorga seguridad a las comunicaciones y servicios, en mayor o menor medida, según la complejidad de las medidas técnicas aplicadas (cifrado simétrico o asimétrico, empleo de firmas electrónicas, de firmas digitales, e incluso de certificados digitales).

Los diferentes protocolos de los servicios de internet hacen uso de estas técnicas, de manera que se obtienen sus variantes seguras. A continuación, se resumen los más habituales para el servicio web, la conexión remota y transferencia de ficheros, y para el correo electrónico. Para otros servicios específicos, debe investigarse siempre qué soluciones existen disponibles, y en la medida de lo posible, elegir siempre servicios protegidos mediante cifrado; preferiblemente asimétrico, y con empleo de certificados digitales.

HTTPS en lugar de HTTP

HTTPS *(Hypertext Transfer Protocol Secure)* es el resultado de añadir al protocolo HTTP estándar para navegación web las prestaciones de cifrado TLS *(Transport Layer Security),* que son protocolos de la capa de transporte. Esta combinación permite asegurar que el servicio lo ofrece un servidor web auténtico (no un impostor) y que las comunicaciones con este servidor están protegidas. Para ello, se emplea un mecanismo de cifrado asimétrico, con una clave pública y una clave privada. El servidor HTTPS debe tener un certificado digital X.509, firmado por una autoridad de certificación, de forma que el navegador web del cliente que se conecta lo acepte para emplearlo. A partir de esta clave pública, y de otra información que aporta el cliente, se genera en ambos extremos una clave privada, que es la que se emplea para el cifrado simétrico de las comunicaciones.

Sabía que...

Los navegadores actuales más extendidos se distribuyen incluyendo los certificados raíz, o certificados de las autoridades de certificación más conocidas. De esta forma, cuando un servidor HTTPS le ofrece un certificado digital, si está emitido por una autoridad de certificación de las que el navegador incluye su certificado raiz, puede preguntar directamente a la entidad por la autenticidad del certificado que le ofrece el servidor HTTPS, aceptándolo de manera automática o no.

Continúa en página siguiente >>

<< Viene de página anterior

En caso de que el certificado que ofrece el servidor HTTPS no esté emitido por una entidad conocida para el navegador del cliente, se le preguntará al usuario si quiere o no aceptarlo.

La protección la entregan los protocolos de la capa de transporte SSL y TSL, que han ido mejorándose, como SSL 1.0, SSL 2.0, SSL 3.0, TLS 1.0, TLS 1.1, y TLS 1.2 .

SSH en lugar de Telnet, y SFTP en lugar de FTP

SSH *(Secure Shell)* es un protocolo seguro, que permite iniciar sesión en sistemas remotos, empleando el mecanismo de clave asimétrica RSA (en honor a sus creadores Rivest, Shamir, y Adleman, del Instituto Tecnológico de Massachussets en 1977). También se emplea SSH para transferencia de ficheros, en lo que se denomina SFTP, y que se recomienda emplear para reemplazar el uso de FTP. Existen aplicaciones de libre distribución, como la aplicación *PuTTY,* y la aplicación SCP (o WinSCP), que permiten estos servicios.

ESMTP en lugar de SMTP

Las comunicaciones SMTP no van protegidas por cifrado alguno, lo que ofrece un problema de confidencialidad e integridad. Para solucionarlo, se define ESMPT *(Enhanced Simple Mail Transfer Protocol),* que en la RFC 3207 define cómo emplear SMTP sobre la capa de transporte seguro TLS, para ofrecer un servicio protegido. Nótese que esto no soluciona el problema de la autenticidad del remitente, necesaria para protegerse del *spam.* En este sentido existen muchas propuestas, como SMTP–AUTH, pero en general, su implementación no está estandarizada en los servidores SMTP, lo que dificulta una verdadera protección frente a esta amenaza.

Para implementar mayor seguridad, es recomendable el uso de DANE *(DNS-based Authentication of Named Entities)* junto con TLS para asegurar que los correos electrónicos se envíen de forma cifrada y a servidores autenticados.

Los protocolos de transporte seguro SSL y TLS permiten la implementación segura de los servicios de la capa de aplicación (HTTPS, SMTPS, NNTPS, etc.)

Modelo TCP/IP (RFC 1122)

Modelo TCP/IP	Protocolos
APLICACIÓN	HTTP, SMTPS, FTPS, NNTPS, ...
TRANSPORTE	SSL, TLS
	TCP, UDP
INTER-RED	IP
ACCESO	PPP

Protocolo	Comentario	Puerto
https	HTTP sobre SSL	TCP 443
smtps	SMTP sobre SSL	TCP 465
ftps	FTP sobre SSL	TCP 989,990
nntps	NNTP sobre SSL	TCP 563
ldaps	LDAP sobre SSL	TCP 646
...		

Aplicación práctica

En el diseño de un servicio de *extranet* (es decir, de acceso desde internet a la red privada de la empresa desde la que resulten accesibles las aplicaciones corporativas, generalmente a través de un portal web), se contemplan dos opciones:

- **Opción 1. Un servidor HTTPS para presentar la aplicación al usuario, y un servidor SFTP para el intercambio seguro de archivos; y además, mantener el acceso a través de un puerto privado a la base de datos, empleando usuarios y contraseñas sin cifrar.**
- **Opción 2. Un servidor HTTPS que incorpora una aplicación para subir y bajar archivos (simulando un servidor FTP), y emplear SSH para que los usuarios accedan a la red interna, y desde ahí a la base de datos.**

Valore ambas opciones desde el punto de vista de la seguridad, y seleccione la mejor opción.

SOLUCIÓN

La opción 1 es sencilla, y probablemente sea más rápida, pero tiene el inconveniente de emplear 3 servicios (uno más que la opción 2), y sobre todo, tiene el problema de que las credenciales de acceso a la base de datos viajan por internet sin cifrarse, lo que la descarta.

La opción elegida es la 2, porque si bien es más compleja, ofrece más seguridad, ya que para acceder a la base de datos se emplea el protocolo seguro SSH, para conectarse a la base de datos.

6. Actualización de parches de seguridad de los sistemas informáticos

Aunque se minimice el número de servicios implementados, y se empleen protocolos seguros, las funciones prestadas presentan vulnerabilidades. Estas vulnerabilidades, cuando son descubiertas, suponen un riesgo para el sistema de información que lo implementa. Habitualmente, el fabricante de la aplicación o servicio, suele tener conocimiento de la vulnerabilidad en una fase muy temprana desde su descubrimiento, por ejemplo, porque el usuario contacte con el fabricante para pedirle ayuda, o porque el usuario participe en algún programa de evaluación de errores de la aplicación. Es a partir de ese momento cuando el fabricante trabaja activamente para corregir la debilidad de su producto, y poner a disposición de sus usuarios el parche o corrección que deben aplicar para subsanar el problema. El usuario debe aplicar el parche para robustecer su sistema de información.

A continuación se revisan las indicaciones que las normas de referencia dan a este respecto.

6.1. Actualización de parches

La gestión de parches es fundamental para mantener la seguridad de los sistemas de información, dado que las vulnerabilidades técnicas pueden exponer los sistemas a riesgos de seguridad si no se gestionan adecuadamente. El proceso de gestión de parches debe incluir las siguientes prácticas:

- Búsqueda activa de información sobre vulnerabilidades y monitorización constante de nuevas amenazas, lo cual permite identificar de manera temprana los parches necesarios.
- Establecimiento de un cronograma para aplicar parches de seguridad de acuerdo con la criticidad de las vulnerabilidades detectadas, priorizando los parches que mitiguen riesgos mayores.
- Evaluación de riesgo asociada a cada vulnerabilidad para determinar si es necesario aplicar el parche, realizar una actualización o implementar medidas de contención alternativas.

Antes de aplicar un parche en un entorno de producción, es recomendable realizar pruebas en un entorno controlado para verificar la efectividad del parche y evitar efectos secundarios no deseados.

Algunas medidas adicionales que pueden considerarse como alternativas a la aplicación directa de un parche incluyen:

- Desconectar servicios relacionados con la vulnerabilidad hasta aplicar el parche.
- Configurar *firewalls* y controles perimetrales para reducir la exposición de los sistemas a ataques externos.
- Refuerzo de la monitorización para detectar posibles ataques antes de que se materialicen.
- Mantenimiento de registros de auditoría para documentar el proceso de gestión de vulnerabilidades.
- Priorización en la aplicación de parches en sistemas críticos o de mayor riesgo.

Estas prácticas ayudan a fortalecer la seguridad y mitigar los riesgos de vulnerabilidades no corregidas, proporcionando un enfoque estructurado y eficiente para la actualización de parches.

Nota

Un cronograma permite representar cómo se desarrollarán las diferentes tareas que componen un proyecto a lo largo del tiempo. Normalmente, las tareas y subtareas se enumeran en un eje vertical, mientras que horizontalmente se dispone un calendario lineal, por días o semanas. Para cada fila, es decir, para cada tarea, se dibuja una barra que refleje el periodo de tiempo que está planificado que dure su ejecución. Los periodos de trabajo de diferentes tareas se pueden superponer, reflejando así que las tareas se puedan acometer en paralelo.

Actividades

8. Consulte la página de INTECO y localice si existe alguna sección dedicada a avisos de seguridad para mantenerse informado de las últimas vulnerabilidades detectadas. ¿Es posible suscribirse para recibir esta información de modo automático?

Conviene tener en cuenta que un fabricante normalmente se verá presionado para sacar un parche, por lo que este puede no ser efectivo, o tener efectos secundarios. Lo anterior, unido a que un parche puede ser difícil de desinstalar, hace muy recomendable disponer de un entorno de prueba y evaluación del parche, antes de aplicarlo en entornos productivos. Cualquier avance en este sentido puede ser de mucha ayuda. Por ejemplo, el entorno de prueba debería ser idéntico al de producción, pero si no fuera posible, es mejor construir un retorno de prueba (aunque solo sea parecido) a no probar nada; o por ejemplo, la prueba debería ser exhaustiva y con datos de producción, pero si esto no fuera posible es mejor hacer una prueba breve y con datos de ejemplo, a no evaluar nada. En entornos críticos, se recomienda implementar un sistema de administración de parches automatizado que priorice las actualizaciones de seguridad y las despliegue, según un plan estructurado.

También resulta de interés, la medida que la norma ISO señala en relación al cambio de *software* en sus controles:

- 12.5.1 Procedimientos de control del cambio, que debe seguir un procedimiento formal.

6.2. Directrices en guías NIST

La guía NIST 800-123, en su apartado 4.1, indica que una vez que la aplicación servidor ha sido instalada, es esencial aplicar los parches para corregir las vulnerabilidades conocidas, antes de que el sistema sea accesible o entre en producción. Para ello, los administradores del servidor deberían:

- Seguir un procedimiento organizado para aplicar actualizaciones.
- Reducir las vulnerabilidades como sea posible, hasta que haya un parche disponible.
- Identificar vulnerabilidades y aplicar los parches oportunos.
- Instalar correcciones de manera permanente (paquetes de mejora, mejoras del producto o *upgrades,* nuevas versiones, etc.).

Los administradores deben velar porque el servidor esté protegido durante el proceso de aplicación del parche, porque en esta fase podría verse especialmente comprometido. Para ello, la norma NIST recomienda:

- Desconectar el servidor de la red, o mantenerlo solo conectado a una red segura, mientras que los parches se copian e instalan.
- Colocar el servidor en una VLAN, donde los accesos al servidor sean los necesarios para llevar a cabo la aplicación del parche.
- No devolver el servidor a su funcionamiento en la red normal hasta que el parche y su verificación hayan terminado.
- Copiar los parches mediante un mecanismo fuera de línea, por ejemplo, usando un CD o una unidad de almacenamiento USB.
- Los parches deberían probarse antes de aplicarse, especialmente en servidores de producción. Para ello, se debe disponer de un entorno de prueba idéntico al de producción, donde chequear que el parche no genera problemas adicionales.
- Aunque los servidores se pueden configurar para que descarguen automáticamente los parches, no deberían configurarse para que los instalen automáticamente, para permitir que se prueben antes.

VLAN *(Virtual Local Area Network,* o red de área local virtual)

Es un método para definir diferentes redes operando sobre la misma red física, sin colisión ni interacción posible entre ellas. Para emplearlo, se precisa que la electrónica de red pueda etiquetar los paquetes con los identificadores de la VLAN. El protocolo estándar para esto es el IEEE 802.1Q.

6.3. Directrices en guías CIS

Para sistemas operativos *Linux,* CIS recomienda en la guía de comparación de seguridad v.1.0.5 para *Red Hat Linux*, instalar los últimos parches al sistema operativo. Esto es un punto fundamental para robustecer un servidor, y se destaca entre sus primeras medidas (apartado 1.1).

También para sistemas operativos *Microsoft Server*, CIS recomienda en su guía v.2.1 configurar el sistema para que se apliquen automáticamente las actualizaciones automáticas (1.1.1.1.8), lo que abarca tanto los paquetes de mejoras y correcciones de mayor envergadura, como los parches y correcciones menores que el fabricante haga disponibles.

Actividades

9. ¿Qué recomendaciones concretas se han indicado que se deben observar para la aplicación de parches a servidores en producción?

7. Protección de los sistemas de información frente a código malicioso

El código malicioso es una amenaza constante para los sistemas de información. Se trata de aplicaciones que, una vez ejecutadas, producen un daño intencionado al sistema de información; por ejemplo, proporcionan una vía de acceso a un atacante, borran un archivo, o lo envían a un servidor remoto. A continuación, se estudia esta amenaza para poder combatirla.

7.1. Ataque de código malicioso

Para que la amenaza del código malicioso se materialice, debe ocurrir que llegue a un equipo de la red, y que sea ejecutada por el mismo. Las salvaguardas se aplicarán con carácter preventivo, tanto para evitar que el código entre al sistema, como para evitar que una vez dentro sea ejecutado.

Infección por código malicioso: (1) el usuario descarga un archivo con un virus, (2) que se envía desde el servidor que propaga el virus, (3) que no es detectado por el firewall de la empresa. (4) El archivo se guarda en el disco duro, (5) es ejecutado, y el virus se activa, propagándose (6) al servidor de la empresa

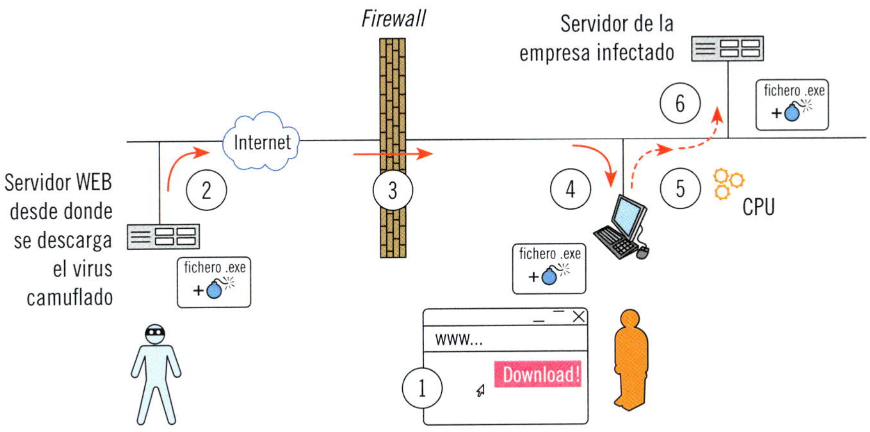

La vía de acceso al sistema de información puede ser bien la red externa o internet (es decir, mediante acceso en línea u *online),* bien un medio de almacenamiento como un CD-ROM, o unidad USB (acceso fuera de línea u *offline).* Por lo tanto, deben aplicarse sistemas que detecten los códigos maliciosos en todos los puntos de conexión a internet, y en todos los equipos que admitan medios de almacenamiento externo. Esta detección es compleja, porque el código malicioso puede formar parte de otra aplicación lícita, o bien transportarse de manera cifrada, a lo que se suma la dificultad de la enorme variedad de *software* malicioso existente. Por ejemplo, los sistemas de protección en línea analizarán el flujo de información de internet, para detectar y rechazar los paquetes con parte de los códigos maliciosos conocidos, y esto debe hacerse casi sin retraso, para no penalizar el uso de internet por los usuarios.

Para que la aplicación sea ejecutada, las instrucciones del programa deben estar en la memoria volátil del ordenador, y el microprocesador debe ejecutarlas. Aquí, la labor también es compleja, porque se debe analizar el espacio de memoria en busca de una secuencia de instrucciones conocidas, correspondientes a la actividad de los códigos maliciosos existentes. Nuevamente, resulta inevitable penalizar el rendimiento del sistema que debe escudriñar un conjunto de instrucciones antes de su ejecución.

La norma ISO 27002 establece un objetivo de control dedicado específicamente a esto, el "12.2 Protección contra el código malicioso", que persigue mantener la integridad del *software,* y la introducción de código no autorizado, articulando en particular el control "12.2.1 Controles contra código malicioso". Este control señala que la protección se basará en:

- Una política formal, que prohíba el uso de *software* no autorizado.
- Establecer una política formal respecto a la obtención de *software,* desde redes externas u otros medios.
- Realizar revisiones regulares de las aplicaciones y archivos de los sistemas críticos, investigando la presencia de aplicaciones o modificaciones no autorizadas. Es recomendable usar herramientas de monitoreo de integridad como *Tripwire* o AIDE para detectar modificaciones no autorizadas en archivos críticos.
- La instalación y actualización regular de *software* específico, para la detección de código malicioso como medida preventiva, y los chequeos rutinarios de: cualquier archivo recibido antes de ejecutarlo, todos los adjuntos de los correos electrónicos (tanto en los servidores de correo como en las computadoras), y también de las páginas web, para detectar código malicioso.
- La definición de procedimientos y responsabilidades, para la protección frente a código malicioso.
- La preparación de planes apropiados, para la continuidad del negocio en caso de la materialización de un ataque por código malicioso.
- Mantenerse informado, por ejemplo, mediante subscripción a boletines de noticias de seguridad, de los códigos maliciosos nuevos.
- Verificar la información relacionada con códigos maliciosos nuevos, diferenciando, por ejemplo, amenazas reales de bromas pesadas.

Como indica la norma, resulta muy recomendable el empleo de aplicaciones de detección y prevención de código malicioso, preferiblemente incluso en diferentes niveles (servidor y cliente) en cuyo caso es preferible que sean de distintos fabricantes. Estas aplicaciones deben actualizarse de manera automática, y realizar chequeos regulares también de manera automática.

Actividades

10. Localice herramientas o utilidades gratuitas de protección frente a código malicioso, por ejemplo, las que aparezcan referidas como útiles en la página de INTECO.

7.2. Tipos de código malicioso

Es código malicioso **toda aplicación que sin conocimiento ni autorización del usuario genera un daño intencionado al sistema.** Las herramientas de análisis de comportamiento en tiempo real, como EDR *(Endpoint Detection and Response),* ofrecen protección avanzada contra código malicioso, identificando amenazas basadas en patrones de comportamiento en lugar de firmas específicas. Su clasificación suele realizarse por su forma de propagación, y por el daño que producen. Casi todo el código malicioso comparte una característica común: se trata de aplicaciones capaces de copiarse a sí mismas de manera similar a un virus.

Nota

El código malicioso en inglés se denomina *malware,* y abarca una creciente variedad de tipos de *software* dañino, frente al retroceso de las primeras aplicaciones maliciosas de tipo virus. Entre las aplicaciones maliciosas más famosos se encuentra el virus *Melissa,* que en 1999 fue el primer código que se transmitía por correo electrónico. Un año más tarde, tuvo extensa repercusión el virus *I love you,* también propagado a través de correo electrónico. En el 2008 el virus *Conficker* infectó millones de ordenadores que no tenían aplicado un parche de seguridad que corregía una vulnerabilidad conocida. Y más recientemente troyanos como Petya que provocan el *ramsomware* o Emotet denominado el "troyano bancario" han tenido una gran repercusión económica infectando y propagándose a millones de ordenadores.

En base a su capacidad de propagación se encuentran:

- **Virus,** que infectan a otros ficheros ejecutables (aplicaciones convencionales, controladores de dispositivos), o con alguna capacidad de ejecución (algunos tipos de documentos que incluyen parte de información correspondiente a acciones ejecutables, como macros o repeticiones de tareas). Esta característica hace que se activen cuando se ejecuta el archivo donde están incluidos, y a partir de ese momento pueden permanecer residentes en memoria (siempre activos) o terminar su ejecución cuando acabe la del programa donde están incluidos. En ambos casos, durante el periodo de actividad, el virus intentará su propagación a otros ficheros ejecutables, y causar el daño intencionado para el que fue diseñado y construido. Son el primer tipo de código malicioso que surge, pero son menos habituales frente a otros tipos de código malicioso.
- **Gusanos,** que no infectan a otros ficheros ejecutables sino que constituyen un fichero por sí mismo. Persiguen como objetivo su máxima propagación, empleando para ello vías como el correo electrónico, redes de intercambio de ficheros, aplicaciones de mensajería, y aplicaciones de conversación o chat. No modifican un archivo ejecutable, y para asegurar que se activan, modifican parámetros del sistema para que se ejecuten al inicio.
- **Troyanos,** carecen de mecanismo propio de replicación, y suelen propagarse al visitar una página web, estando incluidos en otras aplicaciones aparentemente inofensivas, o al ser descargados por un programa malicioso que ya exista en el sistema.

En base al daño que producen, el Instituto Nacional de Tecnologías de la Comunicación (INTECO) ofrece la siguiente clasificación:

- Aplicaciones que muestran **publicidad no deseada** (en inglés *adware)* al usuario, apoyándose generalmente en funcionalidades de espía, que envían información de los hábitos de uso del ordenador a un servidor remoto para mostrar una publicidad u otra. Si una aplicación gratuita incluye publicidad, debe advertirlo, y precisar la autorización del usuario para proseguir.
- **Bloqueador,** que impiden la ejecución de determinados programas, como antivirus u otros programas de seguridad, o impiden el acceso a determinadas páginas web, generalmente las direcciones de las páginas

donde los antivirus se actualizan o las páginas donde se podría dar la alarma y solución para el bloqueador.

- **Bombas lógicas,** que actúan bajo una circunstancia programada, por ejemplo una fecha, o bajo control remoto.
- **Broma** (en inglés *joke),* que al ejecutarse hace pensar al usuario que el ordenador se va a borrar, que está averiado, etc.
- **Bulo** (en inglés *hoax),* que en forma de correo electrónico engaña al destinatario en relación a la existencia de un nuevo virus, o alguna otra información, solicitándole que lo reenvíe a todos sus contactos.
- **Capturador de teclado** (en inglés *keylogger),* que registra todas las pulsaciones logrando así obtener las claves de acceso a los servicios.
- **Redireccionador** (en inglés *clicker),* que redirecciona el navegador web del usuario a una página en concreto, por ejemplo, a una página falsa de un banco, u otros servicios, como el correo electrónico.
- **Criptovirus** (en inglés *ransomware),* que cifran un fichero y coaccionan al usuario a que pague un rescate para descifrarlos.
- **Descargador** (en inglés *downloader),* que acceden a internet para descargar otros programas normalmente maliciosos.
- **Espía** (en inglés, *spyware),* que envían información del equipo a un equipo remoto, bien sean las páginas visitadas y otra información sobre hábitos de uso, o documentos completos.
- **Que explotan** una vulnerabilidad (en inglés *exploit),* generalmente para tener control remoto del sistema infectado, o tener acceso no autorizado al sistema. Algunos troyanos también tienen este objetivo.
- **Fraude,** que simulan un comportamiento anormal, e incitan a la compra. Generalmente, un falso antivirus u otra aplicación, que informa que se tiene un virus, y puede eliminarse comprando la aplicación.
- **Instalador** (en inglés *dropper),* que permite la instalación de otros códigos maliciosos en el sistema.
- **Ladrón de contraseñas** (en inglés *password stealer),* que accede a ficheros conocidos del sistema, donde se registran usuarios y sus contraseñas para enviarlos al atacante.
- **Marcador** (en inglés *dialer),* que aprovechan las conexiones a internet vía modem que hacen marcado telefónico, para hacer llamadas a números de cobro adicional.

  Los sistemas de acceso a internet mediante llamada telefónica empleando módems están prácticamente en completo desuso, debido a la proliferación de accesos a internet de banda ancha mediante ADSL *(Asymmetric Digital Subscriber Line* o línea digital asimétrica de abonado).

- **Puerta trasera** (en inglés *backdoor),* que permite el acceso al sistema operativo, aplicación o página web, eludiendo los controles de acceso que haya. La finalidad es obtener información, acceder a los ficheros, reiniciar el ordenador, etc.
- **Herramientas de control total** (en inglés *rootkit),* que permiten al atacante tomar el control del sistema como su administrador (en *Linux* el usuario *root),* permitiendo al atacante remoto hacer lo que desee.
- **Secuestrador del navegador** (en inglés *browser hijacker),* que modifica la página de inicio del navegador, añade barras de botones, modifica las direcciones de páginas más visitadas o favoritos, generalmente con la finalidad de aumentar las visitas a una página determinada.

11. Investigue qué son las redes *zombie,* y cómo puede prevenirse, detectarse, y erradicarse la pertenencia a las mismas.

7.3. Directrices en guías NIST

La guía NIST 800-123, en su apartado 4.3, indica que normalmente los sistemas operativos y las aplicaciones no incluyen las medidas de control necesarias para proteger el sistema de las aplicaciones maliciosas, por lo que es necesario añadir al sistema medidas adicionales, en forma de:

- Aplicaciones específicas contra *software* malicioso, como aplicaciones antivirus, aplicaciones antiespías, y detectores de *rootkit,* que permitan detectar y erradicar las infecciones que puedan ocurrir.
- Aplicaciones de detección y prevención de intrusiones (en inglés *Intrusion detection and prevention software,* IDPS) para detectar ata-

ques dirigidos contra el servidor. Estas aplicaciones deben poder detectar, por ejemplo, ataques de denegación de servicio (en inglés *Deny of Service,* DoS) en los que el sistema se ve atacado porque recibe una cantidad de peticiones muy superior a su capacidad, lo que puede conllevar o su bloqueo, o su dedicación exclusiva a rechazar peticiones, sin poder atender ninguna.
Los sistemas de detección de intrusión (IDS) advierten al administrador de una posible intrusión, de manera que tienen un carácter reactivo. Los sistemas de prevención de intrusiones (IPS) emplean algoritmos (algunos basados en el contenido de las comunicaciones), para decidir cortar una comunicación que corresponde a un intento de intrusión, de manera que tienen un carácter preventivo o proactivo. La combinación de ambos sistemas forma un IDPS.
- Aplicaciones de chequeo de la integridad de los archivos, que detecten cuando un fichero crítico ha cambiado.
- Aplicaciones de cortafuegos *(firewalls)* instalados en el equipo, para protegerlo de accesos no autorizados.
- Aplicaciones de gestión de actualizaciones o correcciones, que faciliten que las nuevas vulnerabilidades se atienden de manera temprana. Estas aplicaciones se pueden emplear para aplicar las correcciones y también para identificar las vulnerabilidades en el sistema operativo, servicios y aplicaciones.

Aparte de estas medidas, se puede mejorar la confidencialidad, usando discos duros cifrados, completa o parcialmente, de manera que las aplicaciones que accedan a determinados ficheros de datos pidan una clave al usuario para mostrar la información descifrada.

Todo lo anterior, debe aplicarse siempre de manera proporcional al riesgo, ya que las medidas de seguridad aplicadas en los sistemas de información consumen recursos, que dejan de estar disponibles para la función primordial del sistema. Cuantas más medidas se interpongan (antivirus, IDPS, *firewall,* discos cifrados, etc.) menor rendimiento y peor servicio entregará el sistema, lo que en cierta medida constituye un daño al sistema. Para evitar esto, algunas medidas deben trasladarse del servidor a equipos de red dedicados exclusivamente a ello, consumiendo así menos recursos.

7.4. Directrices en guías CIS

CIS en la guía v.1.0.5 para *Red Hat Linux* y dentro de su apartado 10, incluye recomendaciones sobre aplicaciones antivirus, indicando que es muy recomendable que se instalen, especialmente en los servidores de correo y en los servidores de ficheros, para proteger a los clientes de sus servicios.

Aplicación práctica

La red de una empresa está formada por un *firewall* que protege de internet a un servidor y 30 estaciones de trabajo. La red ha sufrido un ataque de código malicioso mediante un gusano, que se ha reenviado por correo desde las estaciones de trabajo a todas las direcciones de las agendas. El *firewall* solo ha detectado el incremento de tráfico saliente, a raíz de lo cual ha cortado todas las conexiones entrantes y salientes.

Indicar qué otras medidas preventivas específicas para el código malicioso deberían aplicarse en las estaciones de trabajo, en el servidor, e incluso en el *firewall.*

SOLUCIÓN

El *firewall* estaba bien configurado, y ha funcionado correctamente como medida de detección y como medida de emergencia, evitando que el daño generado por el incidente fuera mayor; por ejemplo, se ha logrado contener la potencial pérdida de imagen de la empresa.

Sin embargo, se deben aplicar medidas preventivas, como las siguientes:

- Instalar un antivirus en el *firewall,* o si no es posible, añadir un equipo que haga estas funciones de antivirus para las comunicaciones.
- Instalar un antivirus en el servidor.
- Instalar un antivirus en todas las estaciones de trabajo.
- Revisar los permisos para cargar medios de almacenamiento extraíble (CD ROM y USB) en todas las estaciones de trabajo. Se debe revisar que la configuración se haga exclusivamente en base a la obligatoria necesidad de habilitar estos medios, para el cumplimiento de las funciones del puesto.

8. Gestión segura de comunicaciones, carpetas compartidas, impresoras y otros recursos compartidos del sistema

La red de comunicaciones de la empresa **es la infraestructura que interconecta aquellos elementos que precisan intercambiar información,** habitualmente estaciones de trabajo, clientes, servidores, impresoras para la salida de documentación impresa, y quizás escáner, para la entrada de documentos por red. La generalización de las redes TCP/IP hace que se puedan conectar otros muchos dispositivos a la red, por ejemplo, cámaras web, dispositivos de reproducción multimedia, unidades de disco de red, y todo tipo de sistemas del ámbito industrial que admitan gestión TCP/IP.

8.1. Protección de las comunicaciones: separación y otras medidas

Como medida principal, conviene recordar el control "13.1.3 Segregación en redes", que indica que los servicios, sistemas, y usuarios, se deben segregar en redes diferentes, que se pueden entender como redes físicamente separadas, o como redes lógicamente separadas, empleando redes virtuales diferentes (VLAN diferentes que se deben configurar en los *switchers* de red). Esta medida es básica, y siempre debe observarse, porque aumenta la seguridad de los servicios de cada subred.

Nota

Se pueden crear diferentes tipos de VLAN:

- VLAN de nivel 1 por puerto: un conjunto de puertos del *switcher* forma la VLAN.
- VLAN de nivel 2 por MAC: se definen los miembros por su dirección MAC.
- VLAN de nivel 2 por protocolo de red: los equipos que usan un mismo protocolo de red (IPv4, IPv6, etc.) forman una VLAN.
- VLAN de nivel 3 por direcciones de red: un ordenador puede ser de distintas VLAN si tiene diferentes direcciones de red.
- VLAN para niveles superiores: todos los equipos que usan FTP pertenecen a la misma VLAN, todos los que usan HTTP pertenece a la misma VLAN, etc.

La estructura de red que habitualmente se tiene es de árbol-rama, creándose grupos por criterios de localización. Así, las estaciones de trabajo de los usuarios de cada planta confluyen en un conmutador *(switcher)* de planta y estos confluyen a su vez en un *switcher* principal para todo el edificio. Por otro lado los servidores normalmente se ubican en un mismo CPD, por lo que confluyen en un *switcher* para servidores, que irá conectado al *switcher* principal. Para que todos los equipos tengan conexión a internet, el *switcher* principal se conecta al *firewall* (o *router),* y este último, en su lado público, se conecta a la toma que entregue el proveedor de acceso.

De esta manera, se mantiene una estructura ordenada y controlada, que permite gestionar adecuadamente las comunicaciones. Aparte del criterio de localización, se pueden emplear otros criterios para agrupar los usuarios en los diferentes *switchers,* por ejemplo, puede ser más adecuado agrupar en un mismo *switcher* todos los clientes de un mismo servidor y el propio servidor.

Diagrama de una red sencilla y típica en una empresa, en tres niveles con salida a internet

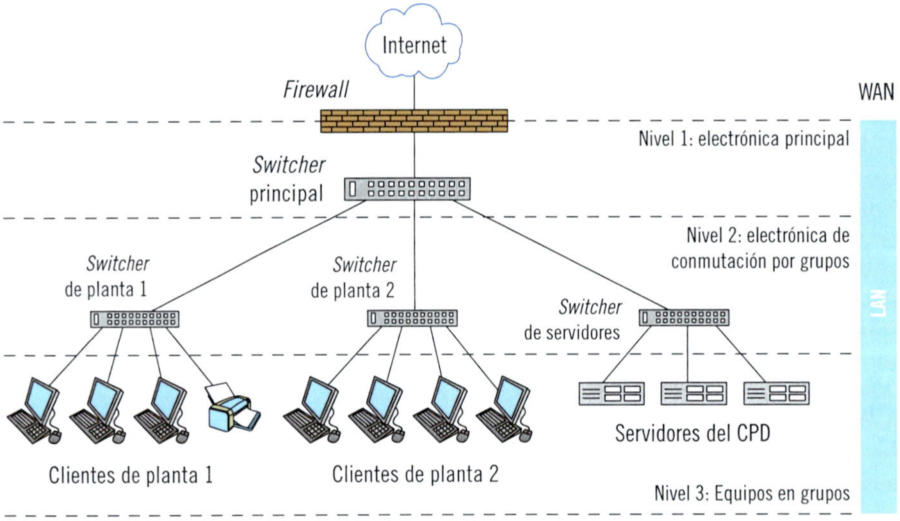

Además del control de segregación, es necesario interponer otras medidas. La norma ISO 17799:2005 establece el objetivo “10.6 Gestión de seguridad de red", para asegurar la protección de la información en redes y la protección de la infraestructura. Concretamente, dispone el control "10.6.1 Controles de red", en el que se indica que las redes se deben proteger de accesos no autorizados, mediante las siguientes medidas:

- Que haya responsables separados para la gestión de redes y para la gestión de los equipos de cómputo, cuando sea posible.
- Asignar responsabilidades y procedimientos para la gestión de los equipos remotos y las estaciones de trabajo que se conectan a la red.
- Establecer medidas especiales, de cara a preservar la confidencialidad e integridad de los datos que emplean redes públicas, y las medidas que correspondan para una adecuada disponibilidad de los equipos de red y computadoras conectadas.
- Realizar un registro y monitorización adecuada de las comunicaciones.
- La aplicación de controles debe ser consistente en toda la infraestructura, y ser acorde con el servicio que se debe entregar a la organización.

Las medidas anteriores deben llevarse a la práctica siempre con criterio proporcional. Partiendo de una adecuada documentación de la red, se debe analizar cada elemento, para ver cuáles son las medidas más efectivas que pueden aplicarse. Por ejemplo, en los equipos, conviene asignar una dirección IP estática, para facilitar la trazabilidad de las conexiones, y asegurarse de que los usuarios no pueden modificar ni esta dirección IP ni la dirección MAC de sus adaptadores de red. Incluso en tramos de red interna, se pueden aplicar protocolos que cifren el tráfico, como IPsec, para asegurar que las comunicaciones se mantienen confidenciales e integras.

En los *switchers* conviene observar si son gestionables a través de un interfaz web (como si se tratara de un *router)* o mediante una conexión vía serie, para proteger este acceso de los usuarios. Los *switchers* de gama media o alta, con buenas prestaciones, y orientados a un uso intensivo normalmente son gestionables. En estos equipos será sencillo aplicar salvaguardas como la separación en redes virtuales (VLAN) o habilitar cada puerto para una MAC concreta (logrando que un PC solo se conecte a la red desde su toma).

Esta última medida se recoge en el protocolo 802.1X, y permite proteger las conexiones a un puerto del *switcher*. El funcionamiento es sencillo y se logra impedir el uso del *switcher* a equipos no autorizados, basándose en una lista con las direcciones MAC de los ordenadores autorizados. Usar *switchers* que soporten este protocolo es una medida básica, que debería aplicarse para garantizar que solo se conectan a la red los equipos autorizados.

En la pasarela de seguridad, cortafuegos o *firewall,* que conecta la red de la empresa a internet, las medidas pueden ser muy extensas, como se verá en el próximo capítulo.

Actividades

12. Consulte la gama de productos de conmutación a 1Gbps de 1 o 2 fabricantes, y buscar modelos que soporten el protocolo IEEE 802.1X, comenzando por los más sencillos y compactos.

8.2. Cifrado de las comunicaciones: IPsec

Es un protocolo de la capa de interred, que aporta seguridad al protocolo IP, añadiéndole posibilidades de cifrado. Al operar en la capa de interred, aporta seguridad a todos los protocolos superiores (principalmente a los protocolos de transporte TCP/UDP), sin necesidad de modificación alguna, ya que todo se gestiona y configura a nivel de red. Esta es una ventaja notable frente a otros protocolos que permiten el cifrado, como SSL y TSL, ya que estos operan en la capa de transporte, por lo que las aplicaciones y servicios deben estar programados y adaptados para ello. Por el contrario, a priori cualquier aplicación funcionará con IPsec, sin modificación alguna. IPsec soporta dos modos de funcionamiento:

- El **modo transporte,** orientado a comunicaciones de ordenador a ordenador, en el que solo se cifra el contenido del paquete, y la cabecera se mantiene intacta como en el protocolo IP. El empleo de este protocolo cuando los extremos están separados por encaminadores *(routers),* puede requerir de alguna configuración especial, en lo referente a la traducción de direcciones de red (NAT, *Network Address Translation)*.

- El **modo túnel,** orientado a comunicaciones red a red, en el que se cifra completamente el paquete (incluida su cabecera) y el resultado se considera como la información útil de un nuevo paquete IP, que se procesa normalmente. Esto se emplea sobre todo para las comunicaciones a través de internet o entre *routers* para el establecimiento de redes privadas virtuales (VPN, *Virtual Private Network)*.

Nota

IPsec se define en 1995 en la RFC-1825 y RFC-1829. Posteriormente, en 1998 se sustituyeron por las RFC-2401 y RFC-2412. Finalmente, en 2005 se define en las normas RFC-4301 y RFC-4309 que extienden las normas anteriores.

Existen múltiples implementaciones de IPsec, según el sistema operativo, y como cualquier operación de red debe configurarse y probarse fuera del entorno de producción, y antes de implantarse (a ser posible gradualmente, para evitar posibles incidencias que podrían afectar de manera masiva, como el bloqueo de un *switcher)*.

Las operaciones de cifrado y descifrado exigen la ejecución de algoritmos matemáticos complejos, lo que penaliza el rendimiento de las comunicaciones. El empleo de microprocesadores multinúcleo permite sin embargo que esta operación se realice de manea más eficiente, lo que ha incrementado el uso de este protocolo, que en el caso de IPv6 se emplea de manera obligatoria, frente al uso opcional en caso de IPv4.

8.3. Carpetas, impresoras y otros recursos

Además de las medidas de protección que se pueden aplicar en la red que da acceso a los recursos compartidos, se deberían considerar las siguientes medidas específicas referentes a las impresoras:

- Solo deben ser instalables por usuarios con privilegios para ello. Así se valora en la guía CIS v1.2 para sistemas *Windows,* en su punto 3.2.1.11, que también señala en la medida 4.1.19 que el servidor de impresión es uno de los servicios que solo deberían estar activos en caso de ser estrictamente necesario.
- Una medida organizativa es que los controladores de las impresoras deberían gestionarse según un procedimiento formal, para asegurar la homogeneidad de las versiones, y la rápida distribución de parches que solucionen vulnerabilidades.
- Siempre que sea posible, las impresoras no deberían tener conexión hacia o desde internet, y de ser necesarias, deberían restringirse las comunicaciones con direcciones IP conocidas y fijadas de antemano.
- Las impresoras deberían disponer de un sistema de control de acceso, preferiblemente integrado con el sistema de información de la empresa, para controlar qué usuarios tienen permisos de impresión.
- Las impresoras deberían tener un modo de impresión segura, de manera que no se inicie el trabajo de impresión hasta que el usuario esté delante de la máquina y aporte un código.

En lo referente a las carpetas compartidas, y otros recursos parecidos, los mecanismos de protección son los de control de acceso lógico a las carpetas de ficheros asociadas al recurso. La guía NIST 800-123, en su apartado 5.2, indica que deben aprovecharse las capacidades de los sistemas operativos para especificar privilegios a recursos y ficheros individuales. También señala que los servicios que se ejecuten podrían incluir su propio sistema de control de acceso a los recursos, de forma que el control aplicado a través del sistema de ficheros del sistema operativo, y el posible control aplicado por los servicios o aplicaciones, deben coincidir, para que no se estén permitiendo menos ni más accesos de los necesarios.

Los administradores deberían controlar el acceso a los recursos del servidor en dos aspectos: controlar el acceso de la aplicación, y controlar el acceso de los usuarios. Un adecuado cumplimiento de lo anterior, confiere protección para los ataques de denegación de servicio, así:

- Las carpetas para compartir ficheros o aplicaciones que realicen esta función, deberían emplear discos duros o unidades lógicas diferentes a los empleados por el sistema operativo.
- Se pueden emplear sistemas de cuota de disco para limitar el espacio que los usuarios pueden consumir cargando archivos; incluso, idealmente, los archivos cargados por los usuarios deberían ir a otro disco duro o partición separada. También se podrían aplicar limitaciones al tamaño máximo de los ficheros que se pueden cargar.
- Los ficheros que los usuarios carguen, podrían no estar disponibles para el servidor, hasta que, mediante un proceso automático o manual, se revisarán en busca de código malicioso, aplicaciones ilegales o con licencias sustraídas, aplicaciones de ataque de red, pornografía, etc.

Como medidas de control adicionales, siempre que se preste un servicio directamente relacionado con el consumo de recursos, conviene asegurar que los *logs,* o registros de la actividad, se almacenen en una unidad del sistema de ficheros convenientemente dimensionada, así como limitar el número de procesos que el servidor puede ejecutar simultáneamente, las conexiones de red que el servidor puede atender, y el tiempo máximo que estas conexiones pueden mantenerse (normalmente sin actividad), y que podría depender del horario de establecimiento. Por último, los servidores de ficheros y carpetas podrían protegerse, añadiéndoles aplicaciones de cortafuegos, que se deben configurar correctamente para permitir el acceso al servicio de carpetas compartidas u otros, solo desde los clientes autorizados.

Nota

Limitar el número de conexiones que el sistema puede atender es una vulnerabilidad fácil de explotar. Por ejemplo, el atacante podría ir tomando cuenta de las conexiones que logra establecer, hasta recibir la primera rechazada. De esta manera se puede averiguar fácilmente cuantas conexiones soporta el sistema, y bastaría con mantener ese número de conexiones abiertas para que ningún otro usuario pueda acceder al sistema. Para reducir este riesgo, se suelen aplicar controles de tiempo que liberen las conexiones automáticamente.

Actividades

13. ¿Cuáles son los modos de funcionamiento de IPSec y en qué se diferencian principalmente?

Aplicación práctica

La red de una empresa está formada por 10 ordenadores de oficina, 3 servidores para estos ordenadores de oficina y 5 ordenadores industriales que solo necesitan acceso entre ellos y que controlan el proceso de fabricación, crítico para el negocio. Se dispone además de 2 *switchers*, el segundo de los cuales es gestionable y de 1 *firewall*.

Dibujar la red propuesta, justificando las decisiones de diseño adoptadas.

Continúa en página siguiente >>

<< Viene de página anterior

SOLUCIÓN

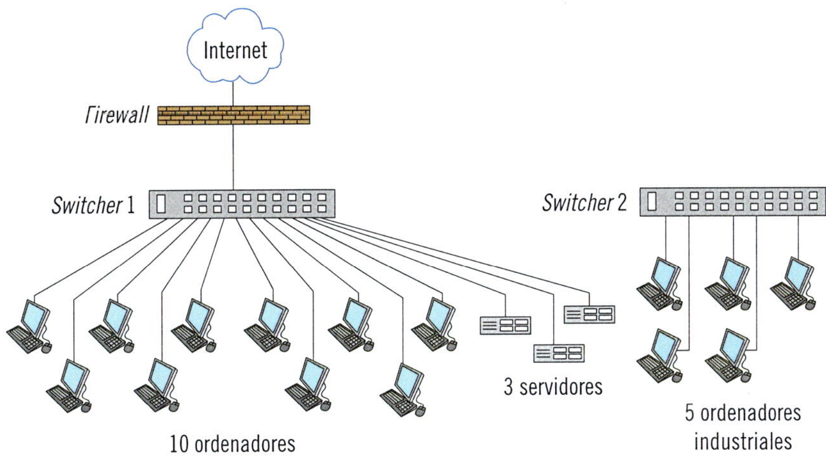

Se debe comenzar asignando recursos a lo más importante, que como se señala en el enunciado es el proceso de producción. Por lo tanto, se dedicará un *switcher* para conectar los 5 ordenadores industriales entre sí. Conviene además, que estas máquinas estén lo más protegidas posibles, para lo cual se evitará que tengan conexión con internet, y con el resto de equipos. El *switcher* restante se debe dedicar forzosamente a conectar los ordenadores y los servidores, entre sí, y a internet.

La última decisión es si conviene dedicar el *switcher* gestionable a los ordenadores industriales, o a los servidores y ordenadores de oficina. Se dedicará a los ordenadores industriales, basándose en que normalmente los *switchers* gestionables son de mayor calidad, por lo que corresponde asignarlos al servicio y equipos críticos.

Lo contrario (dedicar el *switcher* gestionable a servidores y ordenadores de oficina), podría otorgar seguridad extra a la red de oficina si se asigna un puerto a cada equipo; pero en general no parece haber necesidad de usar el *switcher* avanzado con esos equipos, porque tampoco consta que se necesiten separar en redes virtuales (VLAN).

9. Monitorización de la seguridad y el uso adecuado de los sistemas de información

Los sistemas de información deben monitorizarse, para medir la eficacia de las salvaguardas que los protegen y obtener evidencias que permitan valorar si estas salvaguardas son necesarias. Además, las medidas de seguridad aplicadas tendrán vulnerabilidades, y podrían verse desactivadas o inutilizadas, permitiendo que el sistema esté comprometido sin saberlo.

9.1. Monitorización y registro

La norma ISO 27002 establece, en su objetivo de control "12.4 Registro de actividad y supervisión", que para detectar las actividades no autorizadas se deben monitorizar los sistemas, e investigar los eventos de seguridad registrados que puedan ser indicio de cualquier actividad no autorizada. La norma establece seis controles, que se presentan resumidamente a continuación:

- "12.4.1 Registro y gestión de eventos de actividad", de toda actividad de seguridad que suceda en el sistema (cambios, aciertos, errores, eventos, alarmas, etc.). Tanto la monitorización como el registro deben observar los requisitos legales de privacidad, y la política de seguridad de la empresa, porque podrían tratarse datos personales o clasificados como confidenciales para la empresa. Como en cualquier sistema de *log,* los usuarios con privilegios no deberían tener capacidad para borrar o desactivar el sistema de registro.
- "12.4.2 Protección de los registros de información", ya que si se pueden alterar, no habrá evidencia de un acceso no autorizado, de manera que los registros serán un objetivo importante para un atacante.
- "12.4.4 Sincronización de relojes" de manera que haya precisión al revisar eventos en distintos sistemas con diferentes relojes. Conviene aplicar mecanismos de ajuste automático con servidores de hora de referencia.

Nota

Para ello, existe un protocolo (NTP, que son las siglas de *Network Time Protocol),* que permite sincronizar los relojes de los equipos, corrigiendo el retraso que pueda introducir la red de comunicaciones. Este protocolo emplea el puerto 123 del protocolo de transporte UDP.

Actividades

14. Si tiene acceso a un sistema *Windows,* ejecute la aplicación del "Visor de eventos", para confirmar que el registro se está realizando. A continuación, ejecute "gpedit.msc", y revise el contenido de "Configuración de equipo\Configuración de *Windows*\Configuración de seguridad\Directivas locales\Directiva de auditoría", donde se definen los registros de auditoría que se deben registrar.

9.2. Recomendaciones NIST sobre monitorización y registro

La guía NIST 800-123, en su apartado 6.1, indica que el registro de la actividad, y en especial de los eventos de seguridad, es una labor vital para el mantenimiento continuo de la seguridad en los servidores. Elegir los datos correctos **que se registren, y monitorizar los registros, es una tarea vital** para el mantenimiento de los sistemas de información. Además, los registros de red y del sistema son importantes, especialmente si las comunicaciones están cifradas de manera que la monitorización del tráfico es menos efectiva. Las aplicaciones instaladas en el servidor pueden proporcionar también una fuente importante de información, relevante para interpretar los registros de seguridad del sistema. También podría suceder lo contrario, es decir, que las aplicaciones no registren su actividad de una manera separada y fácil de consultar, en cuyo caso el administrador del servidor debería configurar un sistema de registro mínimo de la aplicación, a partir de los eventos que registre el sistema en relación a dicha aplicación.

Revisar los registros es una medida habitualmente considerada reactiva, no obstante, los registros pueden contener indicios de que una actividad sospechosa se esté realizando, de manera que configurar adecuadamente el registro, permitirá también detectar intentos de ataque e intrusión fallidos (además de los exitosos). Los registros proporcionan:

- Un sistema de alerta sobre actividades sospechosas a investigar.
- La trazabilidad de una actividad hostil.
- Información de ayuda para recuperar un servidor.
- Información de ayuda en la investigación posterior a un incidente.
- Información que se pueda requerir legalmente.

Además de la correcta sincronización horaria de todos los sistemas (por ejemplo empleando el protocolo NTP para sincronizar la hora a través de la red), cuando se diseña una estrategia de registro, se debe tener en cuenta el tamaño, que dependerá de lo exhaustivo que sea el nivel de registro, ya que habitualmente se precisará bastante espacio, que hará necesario el borrado o el archivado de los registros. Los registros se deben proteger, para que un atacante no los modifique o elimine, para lo cual, una de las posibles soluciones, es guardar los registros en un servidor diferente dedicado a ello. Este registro centralizado se realiza habitualmente mediante el protocolo estándar ***syslog,*** aunque se pueden emplear otras herramientas específicas de monitorización del sistema. Otra protección que se debe aplicar a los registros es su copia de seguridad, para archivarlos durante un periodo de tiempo, que dependerá:

- De las obligaciones legales de la empresa.
- De los requisitos de la empresa, por ejemplo para analizar problemas del servidor a largo plazo.
- Del tamaño de los registros.
- Del valor del servidor y sus servicios.
- Del nivel de amenaza que soporte el servidor.

El análisis de los registros suele consumir bastante tiempo, e informa de eventos que ya han sucedido, y también permite corroborar otras evidencias de actividades sospechosas (como un tráfico de red anómalo del que alerte un sistema de intrusión). El periodo con que se revise puede depender de:

- La cantidad de tráfico del servidor.
- El nivel de amenaza general que soporte el servidor, o el nivel específico que se detecte en un periodo dado.
- Las vulnerabilidades del servidor.
- El valor de los datos y servicios del servidor.

El análisis debería ser regular, incrementándose la frecuencia en caso de alguna actividad sospechosa o indicio de la misma; y también debería realizarse a largo plazo un análisis más profundo, ya que un ataque premeditado y espaciado en el tiempo, probablemente no se detectará en una revisión diaria, por ejemplo, estos ataques pueden manifestarse por la coincidencia en intentos fallidos de acceso desde el mismo origen a lo largo de meses.

Todo esto dificulta terriblemente el análisis manual de los registros, razón por la cual se deben emplear herramientas de análisis automático, que además se puedan configurar para que alerten de manera automática al administrador del servidor. Las aplicaciones que realizan estas funciones se denominan SIEM *(Security Information and Event Management)*, y en ocasiones puede resultar conveniente el empleo de dos analizadores de registros automáticos, para reducir las posibilidades de errores de detección.

Nota

Existen multitud de soluciones SIEM, inclusive con licencia gratuita, y con licencia de código abierto *(OpenSource)*.

Al elegir una aplicación u otra, se recomienda proceder de menor a mayor alcance. Así, puede ser más eficaz una aplicación que analice los registros de un único servidor, y permita exportar los resultados de las búsquedas a una hoja de cálculo, frente a soluciones más completas, que si bien permiten resumir los registros de toda la red, podrían tener el inconveniente de perder control sobre la interpretación y significado real de los resultados.

Las guías CIS, para sistemas *Linux* y *Windows,* también incluyen referencias concretas a la necesidad de mantener registros de auditoría de la actividad del sistema referente a la seguridad, como eventos de inicio de sesión, de gestión de cuentas de usuario, de acceso al servicio de directorio, de acceso a objetos del directorio, de cambios de políticas, de uso de privilegios, de seguimiento de procesos, y de los eventos del sistema; además de los específicos de los servicios entregados (HTTP, FTP, etc.).

Actividades

15. Consulte las funcionalidades que entregue una herramienta SIEM frente a las prestaciones de herramientas más sencillas, pensadas para el análisis registros. Indique las ventajas e inconvenientes de una u otra opción.

9.3. Uso adecuado de los sistemas de información

Establecer medidas organizativas que dicten cuáles son las condiciones de uso adecuado de los sistemas de información aumentará la conciencia de seguridad de los usuarios, y reducirá la posibilidad de incidentes. Existen multitud de referencias, criterios, y consideraciones que deben tenerse en cuenta y en última instancia, se debe alcanzar un equilibrio entre seguridad y uso eficiente de los recursos.

Como referencia, se recomienda considerar la aplicación de criterios recogidos en la norma relativa al Esquema Nacional de Seguridad, STIC-821 apéndice 1 (NG00), accesible desde la página web del CCN (Centro Criptológico Nacional). Con alcance suficiente para las actividades más habituales de una empresa, solo se destaca aquí su párrafo 102, que establece que **no se podrá acceder a los recursos informáticos y telemáticos para desarrollar actividades que persigan o tengan como consecuencia:**

- El **uso intensivo de recursos** de proceso, memoria, almacenamiento o comunicaciones, para usos no profesionales.
- La **degradación de los servicios.**
- La **modificación no autorizada** y premeditada de información.
- La **violación de la intimidad,** del secreto de las comunicaciones y del derecho a la protección de los datos personales.
- El **deterioro intencionado del trabajo** de otras personas.
- El uso de los sistemas de información para **fines ajenos** a los de la organización, salvo excepciones que se contemplen expresamente.
- **Dañar intencionadamente los recursos** informáticos de la organización o de otras instituciones.
- Incurrir en cualquier **otra actividad ilícita,** del tipo que sea.

10. Resumen

Los sistemas están expuestos a muchas amenazas lógicas, siendo crítico reducir las debilidades en los servidores que dan servicio a los ordenadores cliente. Esto se llama **robustecimiento** y conlleva analizar cada sistema, porque las debilidades serán diferentes. Cuanto mejor se conozca el sistema en producción (siempre que se corrijan los fallos conocidos), menos probable es que afecte una amenaza, que suele aprovechar un error específico, oculto y concreto del sistema.

Los fabricantes y entidades como NIST y CIS, ofrecen guías que deben seguirse para robustecer un sistema. Más esenciales son algunas **recomendaciones básicas** de la norma ISO 27002.

1. Modificar los usuarios y contraseñas por defecto del sistema. Además, no se deben mantener activas aquellas con identificador estándar.
2. Configurar las directivas de contraseñas, en longitud, complejidad, e histórico sin repetición, periodo máximo y mínimo de vigencia, además del bloqueo por intentos de acceso fallidos.
3. Desinstalar todas las aplicaciones y servicios innecesarios, ya que la superficie de ataque de un sistema es mayor cuantas más funciones desempeñe. Si es posible, usar sistemas para funciones únicas.

4. Emplear servicios y protocolos seguros, generalmente mediante SSL y TLS, que añaden técnicas de cifrado para proteger las comunicaciones.
5. Mantenerse informado de las vulnerabilidades descubiertas, para aplicar los parches de corrección y seguridad que se liberen. Evitar la aplicación automática en entornos de producción sin probarse antes.
6. Proteger los sistemas de código malicioso con programas específicos, en las conexiones a internet, y donde se usen medios extraíbles.
7. Gestión segura de las comunicaciones, mediante separación de redes, medidas de seguridad en la electrónica de red, y uso de cortafuegos.
8. Monitorizar la seguridad, usar los registros de auditoría del sistema con herramientas de análisis y alerta automático. El uso correcto de los sistemas debe promoverse especificando usos prohibidos.

Estas medidas deben ser proporcionales al riesgo de los sistemas, pero siempre debería haber una aplicación mínima de los aspectos señalados.

Ejercicios de repaso y autoevaluación

1. **Elija la opción correcta:**

   a. No hay que cambiar las contraseñas por defecto, basta desactivar los usuarios por defecto.
   b. Deben cambiarse las contraseñas por defecto, y siempre que sea posible, deshabilitar los usuarios por defecto.
   c. Siempre que sea posible, se debe cambiar el nombre de los usuarios por defecto.

2. **Empareje los opciones adecuadas:**

   a. Superusuario
   b. Invitado
   c. Privilegios
   d. Acceso anónimo

3. **Indique cuál de entre las siguientes afirmaciones no es una recomendación de la norma ISO 27002 para las contraseñas:**

   a. Que se evite la reutilización de claves anteriores.
   b. Que se cambien regularmente.
   c. Que sean fáciles de recordar.
   d. Que tengan un periodo de validez mínimo.

4. **Indique cuál de las siguientes recomendaciones para la construcción de contraseñas se adapta a lo recomendado por CIS:**

   a. Que sean cuanto más largas mejor, que sean complejas, que se cambien cada 90 días, y que no coincidan con las anteriores.
   b. Que tengan sobre 8 caracteres, que se cambien regularmente (al menos cada 2 meses), pero no de manera diaria, y que no coincidan con las últimas 30 contraseñas.

c. Que tengan 8 caracteres, o 12 en entornos muy seguros, que tengan un periodo de vigencia de 1 día, que no coincidan con las últimas 24 contraseñas empleadas.
d. No hay ninguna recomendación precisa, porque cuanto más larga sea la contraseña mejor.

5. Complete la siguiente frase:

En un ataque de fuerza bruta se prueban todas las ___________ de 1 ___________, de 2, de 3, etc., mientras que en un ___________ de ___________, se prueban todas las palabras contenidas en listas de uno o varios idiomas.

6. Enumere 3 recomendaciones respecto a la instalación de *software* de la guía CCN–STIC 821.

____
____
____
____
____
____
____

7. Una pasarela también se llama...

a. ... puente de comunicaciones.
b. ... *firewall*.
c. ... puerta de enlace.
d. ... *router* adaptado.

8. Señale si las siguientes afirmaciones son verdaderas o falsas, desde la perspectiva de la seguridad de la información:

a. Preferiblemente, una aplicación debe estar en varios servidores, por si alguno falla.

☐ Verdadero
☐ Falso

b. Idealmente, las aplicaciones deben instalarse en pocos servidores, para reducir el número de equipos a proteger.

☐ Verdadero
☐ Falso

c. Generalmente, una aplicación debería estar en un servidor dedicado a esta única función.

☐ Verdadero
☐ Falso

9. Establezca las parejas:

a. Criptosistemas de clave privada.
b. Criptosistemas de clave asimétrica.
c. Criptosistemas de clave simétrica.
d. Criptosistemas de clave pública.

10. Indique las alternativas seguras a los siguientes protocolos:

a. HTTP
b. Telnet
c. SMTP

11. Indique si las siguientes afirmaciones son verdaderas o falsas:

a. Los sistemas, especialmente los servidores, deben mantenerse permanentemente actualizados, siendo conveniente la aplicación automática de parches y correcciones.

☐ Verdadero
☐ Falso

b. La búsqueda activa de información y seguimiento de aparición de nuevas vulnerabilidades es una medida de protección para los sistemas.

☐ Verdadero
☐ Falso

c. Disponer de un inventario actualizado y completo de las aplicaciones que detalle al menos, el fabricante, las versiones, y los responsables de la aplicación, es una medida de protección para los sistemas.

- ☐ Verdadero
- ☐ Falso

12. Indique el nombre de las siguientes aplicaciones maliciosas:

- Aplicación que registra todas las pulsaciones de teclado.
- Aplicación que envía información del equipo a un ordenador remoto.
- Aplicación que permite acceso al sistema operativo, aplicación o página web, eludiendo los controles de acceso que haya.
- Aplicación que no infecta a otros ficheros ejecutables, sino que constituye un fichero por sí mismo.
- Aplicación que permite al atacante tomar el control total del sistema como su administrador.

13. Una medida principal de protección básica de las comunicaciones es:

a. Emplear un *firewall* para separar internet de la red privada de la empresa.
b. Instalar un antivirus para protegerse de las amenazas constantes de código malicioso.
c. Separar en redes diferentes, por usuario, por servicio, o por sistema.
d. Que todo el tráfico esté cifrado usando IPsec.

14. El protocolo que permite establecer las medidas de control para que un ordenador solo pueda conectarse a una toma concreta del *switcher,* y por lo tanto a una toma de red concreta del edificio, es el siguiente:

a. El protocolo de LACP *(Link Aggregation Control Protocol,* IEEE 802.1ax).
b. Protocolo de transporte SSL/TLS.
c. IEEE 802.1X.
d. IPsec.

15. Complete la siguiente frase:

Los registros se deben proteger para que un atacante no los modifique o elimine, para lo cual una de las posibles soluciones es _____________ los _______________ en un ______________ ______________ dedicado a ello.

Capítulo 9

Implantación y configuración de cortafuegos

Contenido

1. Introducción
2. Relación de los distintos tipos de cortafuegos por ubicación y funcionalidad
3. Criterios de seguridad para la segregación de redes en el cortafuegos mediante zonas desmilitarizadas / DMZ
4. Utilización de redes privadas virtuales / VPN para establecer canales seguros de comunicaciones
5. Definición de reglas de corte en los cortafuegos
6. Relación de los registros de auditoría del cortafuegos, necesarios para monitorizar y supervisar su correcto funcionamiento y los eventos de seguridad
7. Establecimiento de la monitorización y pruebas del cortafuegos
8. Resumen

1. Introducción

Para reducir el riesgo de las amenazas lógicas al sistema de información, se deben robustecer los puntos de acceso al sistema. El punto de interconexión de la red privada de la empresa con internet, es el primer punto que se debe proteger, ya que es la entrada desde el exterior al sistema de información. Para ello, como se introdujo en el apartado 8 del capítulo anterior, se deben emplear pasarelas de seguridad o cortafuegos (en inglés, *firewalls).*

Los cortafuegos permiten la separación física de la red en diferentes tramos o zonas, para lo cual dispondrán normalmente de al menos dos tomas de red que les permitan interrumpir la misma, desempeñando la función de punto de interconexión único. A la hora de definir distintos tramos o segregar la red, se deben analizar las necesidades, y aplicar criterios adecuados. De esta forma, los cortafuegos no solo protegen de una amenaza externa, sino que permiten definir subredes internas protegidas de ellas mismas.

Por último, y reforzando el uso de cortafuegos, cuando los requisitos de seguridad sean elevados, se deben proteger las comunicaciones con redes privadas virtuales, de manera que, aún vulneradas las contramedidas de las pasarelas de seguridad, las comunicaciones no sean legibles para un externo.

El Esquema Nacional de Seguridad, empleado como referencia en otras muchas ocasiones, establece en su artículo 22, dedicado a la prevención ante otros sistemas de información interconectados, que el sistema debe proteger sus perímetros, especialmente cuando haya interconexión a redes públicas como internet, debiéndose analizar los riesgos de la interconexión, y debiéndose controlar el punto de unión.

2. Relación de los distintos tipos de cortafuegos por ubicación y funcionalidad

La norma ISO 27002 establece explícitamente controles relacionados con la implantación y uso de sistemas que separen las redes de comunicaciones. En concreto, el objetivo de control "9.1.2 Control de acceso a la red y aplicaciones", persigue evitar el acceso no autorizado a la red, para lo cual establece, entre otras medidas, que deben existir sistemas apropiados para la interconexión entre la red de la empresa, y las redes de otras empresas o las redes públicas. Estos sistemas de interconexión deben ser apropiados para las medidas de control de acceso lógico que se necesiten implantar.

Recuerde

La serie de normas de seguridad de referencia, y que constituyen un estándar de facto, es la serie ISO 27000. De ellas, la norma ISO 27002 define las contramedidas que deben aplicarse para cumplir la norma, y procede de la norma ISO 17799 del año 2005. Por eso, para referirse al conjunto de salvaguardas que define la serie ISO 27000 de seguridad de la Información, resulta habitual emplear indistintamente ISO 17799 o ISO 27002.

Por ejemplo, si no se alberga ningún servicio al que se deba acceder desde internet, podría bastar un sistema de interconexión que no admita ninguna conexión entrante. Por el contrario, si se dispone de muchos usuarios externos, podría necesitarse una pasarela de seguridad, que permita un control mucho más granular (diferenciando servicios, con mecanismos de autenticación, que permita la definición de horarios, con sistemas de detección, y prevención de intrusiones u otras funcionalidades).

También el Esquema Nacional de Seguridad, dispone en la medida técnica "5.4.1 Perímetro seguro", que se dispondrá un sistema cortafuegos que separe la red interna del exterior, de forma que todo el tráfico pase por este punto, y que solo se deje progresar los flujos de tráfico previamente autorizados. Antes de presentar los distintos tipos de cortafuegos, y los mecanismos de protección que aportan, se introducen los diferentes tipos de ataques lógicos que pueden sufrir las comunicaciones.

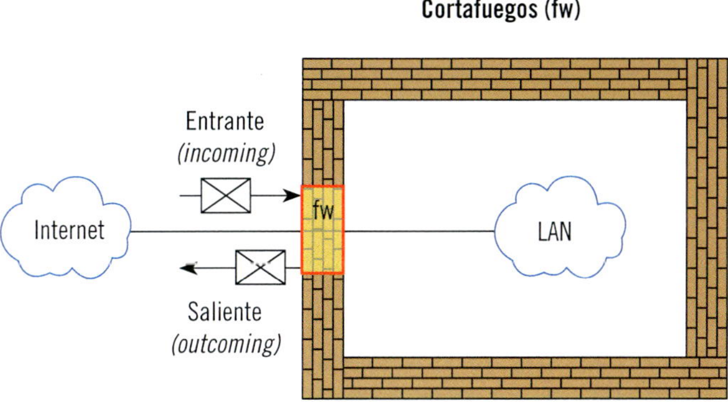

2.1. Tipos de ataques

Se puede pensar que los ataques de seguridad (en ausencia de una intención definida) suceden de manera aleatoria y que las incidencias son, por lo tanto, consecuencia de la mala suerte. Sin embargo, frecuentemente serán fruto del desconocimiento, o falta de concienciación sobre seguridad de la información, o incluso de la simple observación que un potencial atacante (incluso futuro), haga de los hábitos de los usuarios (en el presente).

Recuérdese el punto de partida del capítulo anterior, sobre robustecimiento del sistema: el atacante debe obtener información del sistema atacado, para explotar sus vulnerabilidades y que un acceso forzado al sistema le resulte más fácil, cómodo, y rápido. Entre la información que puede resultar valiosa, cabría destacar los horarios de trabajo, nombres de usuario, cambios realizados en la empresa, aplicaciones existentes, sistemas operativos y aplicaciones empleadas, problemas e incidencias más frecuentes, marca de ordenadores de usuario, marca de impresoras, proveedores con los que se trabaja, nombre de clientes, si existe wifi o no, servicios externos a los que accede el usuario, tipo de correo electrónico, e incluso las claves, su frecuencia de cambio y complejidad. Para la obtención de información que facilite dirigir el ataque, conviene mencionar especialmente las siguientes técnicas que podría emplear un atacante:

- El empleo de material físico, como la correspondencia, los estados de cuenta que llegan a los domicilios, cualquier tipo de papel, incluso los desechados a la basura, o simplemente la vigilancia y observación.

- Las técnicas de ingeniería social, que **son un conjunto de prácticas activas como conversaciones, o llamadas telefónicas, correos electrónicos,** generalmente con suplantación de la identidad, para engañar al usuario y obtener información de manera directa o indirecta (por negación).

Los tipos de amenazas lógicas, y por lo tanto, los tipos de ataques que puede sufrir una comunicación o flujo de información desde un emisor a un receptor (sin que intervengan terceros en la comunicación), se dividen tradicionalmente en cuatro tipos:

1. Ataque de **interrupción,** consistente en que un objeto del sistema no esté disponible.
2. Ataque de **interceptación,** consistente en que una persona o programa consiga tener un acceso no autorizado a un objeto del sistema.
3. Ataque de **modificación,** consistente en que, además de lograr interceptar un objeto, se logre modificarlo; lo que puede incluir la destrucción completa y por tanto la interrupción.
4. Ataque de **fabricación,** consistente en que se realice una modificación para conseguir un objeto similar al atacado, de forma que sea difícil distinguir entre el objeto original y el fabricado.

Tipos de ataques

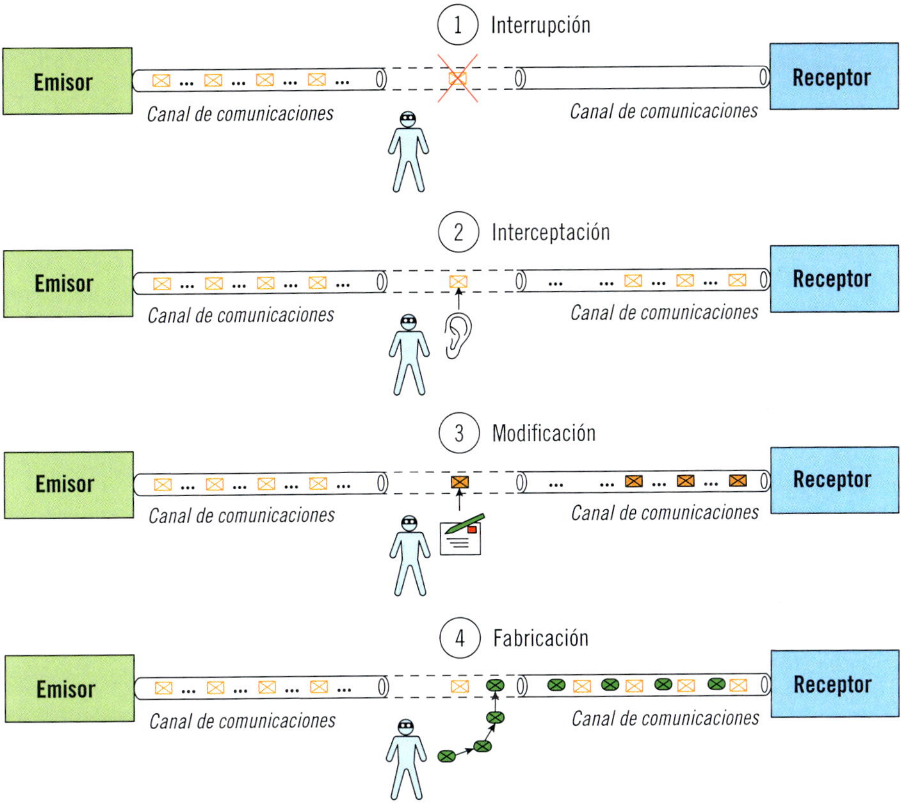

1 Interrupción

Emisor — Canal de comunicaciones — Canal de comunicaciones — Receptor

2 Interceptación

Emisor — Canal de comunicaciones — Canal de comunicaciones — Receptor

3 Modificación

Emisor — Canal de comunicaciones — Canal de comunicaciones — Receptor

4 Fabricación

Emisor — Canal de comunicaciones — Canal de comunicaciones — Receptor

Actividades

1. Una empresa dispone de una red inalámbrica wifi, a la que un atacante logra acceso averiguando la contraseña. Exponga ejemplos concretos de los tipos de ataque que podría realizar.

2.2. Tipos de cortafuegos

Se entiende por cortafuegos o *firewall,* al conjunto de equipos existentes entre dos redes, con la finalidad de restringir y filtrar el flujo de información entre ellas. Habitualmente, se separará la red interna de la empresa de internet, generalmente mediante uno o dos equipos, que forman un único *firewall.* También se pueden definir subredes dentro de la empresa, y se pueden aislar mediante *firewalls;* por ejemplo, puede haber una subred para aquellos equipos que contienen información confidencial, y otra subred para el resto de equipos. Los cortafuegos permiten implementar determinados aspectos de la política de seguridad de la empresa, y son un sistema fundamental para la seguridad lógica.

Se pueden clasificar según diversos criterios, por ejemplo según la capa OSI en que actúan, o según el método de protección que empleen. En función de la capa OSI donde actúa, existen:

a. ***Firewalls* a nivel de red,** que actúan exclusivamente a este nivel, y por lo tanto están constituidos por encaminadores o *router,* que son elementos de la capa de red. Estos equipos se ubican entre la red interna y la red externa (internet), y solo pueden proteger mediante filtrado de los paquetes de red. El filtrado permite aceptar, rechazar, o simplemente no responder, a los paquetes que procedan de un origen o hacia un destino concreto.
b. ***Firewall* a nivel de aplicación,** denominados *proxy,* que se ubican entre clientes de la red interna y un servidor ubicado en la red externa, de manera que no hay comunicación directa de los clientes internos a los servidores de aplicaciones externos. Por el contrario, un cliente se conecta al *proxy,* y este (si el acceso está autorizado), se conecta al servidor de aplicación externo. Técnicamente, un *proxy* no es un *firewall,* sino que más bien forma parte del mismo: el *firewall* bloquea tráfico no permitido, y el *proxy* (que normalmente es un programa que se ejecuta en el *firewall)* permite acceso controlado.

Según el método de protección que se aplique, existen dos tipos de sistemas:

- Protección mediante **filtrado de paquetes** (este es el único método de protección que pueden aplicar los *firewall* de red), que puede realizarse de dos maneras:

  - **Filtrado estático de paquetes,** en el cual tanto los paquetes entrantes (de internet a la red interna), como los paquetes salientes (de la red interna hacia internet) se filtran, para autorizar o rechazar su progreso en base a unas reglas fijas definidas, es decir que no cambian. El caso más habitual es un *router.*
  - **Filtrado dinámico de paquetes** o de inspección y seguimiento de estado (en inglés se conocen como *Stateful inspection firewalls),* en los cuales también se aplican reglas para el filtrado, pero estas son dinámicas, por ejemplo, según el estado de la comunicación. Puede ser que el *firewall* pueda recordar los paquetes salientes para permitir los paquetes de respuesta entrantes; es decir, se admiten todas las respuestas que obedezcan a conexiones iniciadas desde la red interna de la empresa, sin necesidad de definir reglas fijas para ello.

- Protección mediante **servidores *proxy*** (este método solo pueden aplicarlo los *firewalls* a nivel de aplicación), que también contempla dos tipos básicos:
  Definición de *Proxy:* elemento que se interpone entre dos segmentos de redes de computadores, para filtrar los servicios que se pueden pedir de un segmento a otro, y convertir en su caso direcciones identificativas de red.
  Definición de Servidor *proxy:* elemento cortafuegos que gestiona el tráfico con internet entrante y saliente de una red de área local, y que puede proporcionar otras funciones, como el almacenamiento en caché de las URL más visitadas.

  - **Pasarelas o *proxy* de aplicación,** que permiten o no la conexión a una aplicación (HTTP, FTP, SMTP), casi siempre con mecanismos de autenticación para saber si el usuario tiene autorizado o no para el uso del protocolo concreto, y para un origen y destino concretos. Por ejemplo, un *proxy* de aplicación FTP podría rechazar los comandos para borrar archivos, o podría rechazar la transferencia de ficheros de tamaño superior a uno dado, o de un tipo concreto, con el propósito de reducir el riesgo de evasión de información.

- ***Proxy* a nivel de circuito,** que crean un canal de comunicación entre el cliente y el servidor, independientemente del tipo de solicitud que haga el cliente. Suelen requerir que el cliente ejecute un *software* específico. La funcionalidad es más compleja que la de un *router,* y suelen incluir funciones de seguridad como autenticación mediante contraseñas.

Actividades

2. Busque información en internet sobre servidores web *proxy* de código abierto, como *squid* o *tinyproxy,* y piense casos de uso para cada uno de ellos.

2.3. Construcción de cortafuegos

En el apartado anterior, se vieron los distintos tipos de *firewalls* que se suelen encontrar, y que abarcan desde un simple *router* doméstico, hasta redes completas, que intercalan diferentes etapas de filtrado, formadas por servidores *proxy* y *router.* No hay una forma única de construir un *firewall.* Depende de los requisitos de seguridad de la empresa, de las redes internas que haya, de los servicios accesibles, y del presupuesto disponible. No obstante, se presentan a continuación las construcciones más habituales que se suelen emplear en entornos de pequeña y mediana empresa, señalando para cada ejemplo algunas ventajas e inconvenientes que pueden ser o no de relevancia en cada caso concreto.

Router de filtrado *(screening router)*

Los encaminadores o *router* habitualmente permiten definir reglas para bloquear el tráfico entrante o saliente según las direcciones, por lo tanto, son el mecanismo más sencillo y económico (usualmente lo entrega el ISP o proveedor de acceso a internet); también existen paquetes de *software* abierto gratuitos, que permiten construir un *router* propio.

1. Router de filtrado *(screening router)*

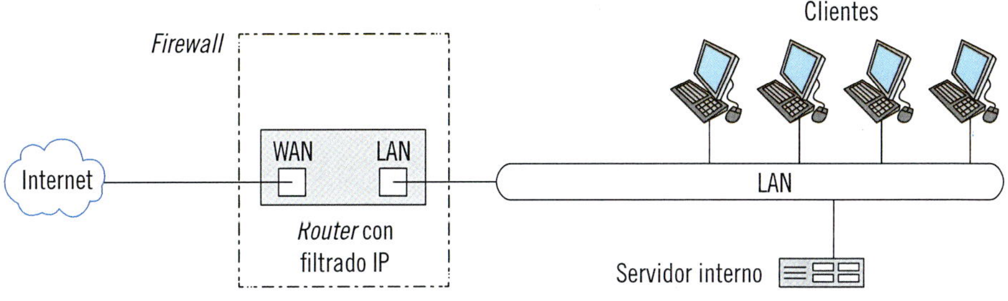

Nota

Debe prestarse especial atención a la hora de construir un propio *router,* ya que podría perderse la principal ventaja de esta solución: su simplicidad y sencillez, y por lo tanto, su robustez y seguridad.

Recuerde que la seguridad se reduce según aumenta la superficie de ataque, es decir, que un menor número de funciones desempeñadas conduce a tener un equipo más seguro.

Por ejemplo, podría emplear la aplicación *IPFilter,* que sobre un sistema *Linux,* permite construir un sistema de filtrado por direcciones IP; otra opción es *pfSense,* aunque sus últimas versiones incorporan funcionalidades superior a la de un *router.* En cualquier caso, a la hora de construir un *router* empleando alguna distribución de *Linux,* deberían instalarse solo las funciones de filtrado de paquetes por direcciones IP.

Los *router* suelen incorporar la función de traducción de direcciones de red o NAT *(Network Address Translation),* que permite compartir una dirección IP pública para todas las direcciones IP privadas de la red LAN, de forma que las direcciones IP internas no son visibles en internet, y todo el tráfico de los clientes es enviado y respondido con la misma dirección IP pública.

Sus ventajas son la sencillez, la robustez lógica, y el elevado rendimiento.

Entre sus desventajas está el que solo disponga de una toma de red (podría, en todo caso, emplearse un *router* con más de 2 tomas de red) para la LAN o red interna (lo que impide diferenciar varias subredes privadas de la empresa, si fuera el caso), la necesidad de construir muchas reglas fijas para permitir el funcionamiento deseado, la baja capacidad de registro y monitorización, así como las limitaciones de protección que proporciona.

Desde el punto de vista del diseño, la solución usa un único elemento que hace que el *router* sea un punto único de fallo (SPOF o *single point of failure),* de forma que si el *router* se ve comprometido, lo estará toda la red. Por otro lado, el *router* no otorga protección suficiente para proteger la red: un *router* está diseñado para encaminar tráfico de red, no para proteger la red ni reemplazar a un *firewall* completo.

Bastión con una red *(bastion host* o *single-homed host)*

En esta ocasión, se emplea una estación de trabajo robustecida o bastionada, para proteger toda la red, filtrando el tráfico al funcionar como una pasarela o puerta de enlace de aplicación. Por ejemplo, el bastión puede comprobar si un cliente puede navegar por internet, y en ese caso permitir la conexión entre el cliente y el servidor web externo. Debe deshabilitarse el envío directo del tráfico IP interno al externo (IP *forwarding),* bloqueándose por defecto que pase todo el tráfico.

El bastión forma parte de la red, y constituye la parte más avanzada de esta, o lo que es lo mismo, es el integrante de la red más externo y expuesto a los ataques, por lo que debe robustecerse para poder desempeñar las funciones de protección de la red. Resulta primordial emplear las versiones más reducidas y simplificadas del sistema operativo, eliminando todos los servicios innecesarios, y evitar que los usuarios internos tengan posibilidad de acceder al equipo más allá de usarlo como pasarela (por ejemplo, que no puedan iniciar sesión en él). Generalmente, no realizarán funciones de filtrado por paquetes o filtrado IP, y solo incluye una tarjeta de red de manera que el tráfico de internet debe serle encaminado (generalmente mediante un *router* que no aporte ninguna protección) a la vez que los clientes de la LAN también se configuran para enviarle su tráfico hacia internet.

2. Bastión con una red *(bastion host, single-homed host)*

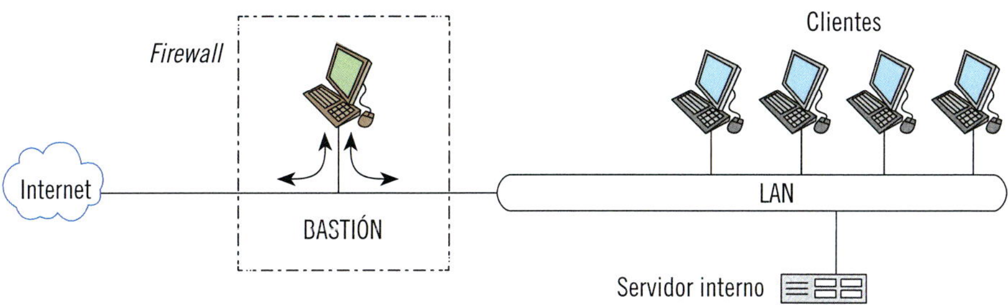

Entre sus ventajas se encuentran que aporta una mayor seguridad, dispone de mayor flexibilidad, y posibilidades para aplicar la política de seguridad, y sobre todo las mayores capacidades de registro y monitorización.

Entre las desventajas, cabe señalar que al compartir la única tarjeta de red, no hay separación física entre la red sin proteger y la red protegida; que necesitará de un mantenimiento, y revisiones más frecuentes por la mayor exposición a ataques que presenta; que en caso de compromiso se debe disponer de un equipo configurado y preparado para reemplazar el bastión original; y que su rendimiento es bastante menor. También existe un sobrecoste, por el trabajo necesario en preparar el bastionado del equipo.

El diseño sigue representando un punto único de fallo. Además, el elemento único, el bastión, no puede constituir por sí solo el *firewall* completo, sino que debería completarse con un filtrado por paquetes, generalmente con un *router* ubicado entre internet y el bastión, o entre el bastión y la LAN.

Bastión con dos redes *(dual-homed host)*

Se extiende el diseño anterior, haciendo que el bastión incorpore 2 tarjetas de red: la **externa,** conectada a internet, y la **interna,** conectada a la LAN. Se denomina **estación de doble domicilio,** porque el bastión está presente en ambas redes a la vez, de manera que se logra tener redes físicamente separadas. Si bien podría desempeñar la función de *router,* no es efectivo que lo haga, y debe deshabilitarse el acceso directo del tráfico IP de un interfaz a otra, bloqueándose por defecto que pase todo el tráfico.

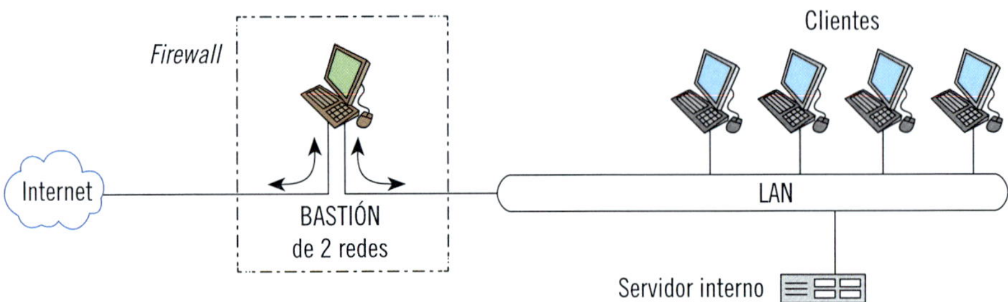

Presenta las mismas ventajas que el caso *single-homed,* y se elimina la desventaja de tener una sola interfaz de red. De hecho, el bastión podría tener más de 2 tomas de red, para atender a diferentes subredes privadas internas, denominándose **bastión multired** *(multi-homed hots).*

Actividades

3. Localice información en internet sobre los siguientes *firewalls* de código abierto: *ipcop, smoothwall, endian firewall, pfsense* y *ipfire.*

Servidor proxy

El término *proxy* se emplea, en el ámbito de las redes, para referirse a un **sustituto o reemplazo de otro elemento.** Así, la solicitud de un recurso a un servidor, se divide en dos pasos: una solicitud de un recurso a un *proxy* (que a efectos del solicitante sustituye o reemplaza al servidor real), y una segunda solicitud del *proxy* al servidor real.

En el ámbito de los cortafuegos, un *proxy* es normalmente **una aplicación que se ejecuta en sustitución de otra.** Así, una petición web dirigida a un cortafuegos no es reencaminada directamente hacia el servidor final, sino que es atendida por el servidor *proxy* que incorpora el *firewall,* y a la vez el servidor *proxy* del *firewall* dirige la petición al servidor real. De esta forma, el cliente y el servidor final nunca están en contacto directo. Los *proxy* más habituales son los *proxy* para aplicación web, que se denominan simplemente *"proxy"*; no obstante, existen servidores *proxy* para SMTP, FTP, y otros. El servidor *proxy* tendrá configurado un control de acceso, de forma que se logra implementar el filtrado por aplicación.

Un servidor *proxy* se puede configurar de muchas maneras, pero lo más habitual es instalarlo en un bastión de dos redes. Debe tenerse en cuenta que la protección frente a ataques la aporta el bastión: el *proxy* permite el acceso controlado a una aplicación –aportando seguridad en este sentido– mientras que es el bastión quien tiene sus vulnerabilidades minimizadas para protegerse de la red externa e interna. El *proxy* debe instalarse en una máquina que tenga deshabilitado el acceso directo del tráfico IP de un interfaz a otra, bloqueándose por defecto que pase todo el tráfico.

4. Servidor *proxy*

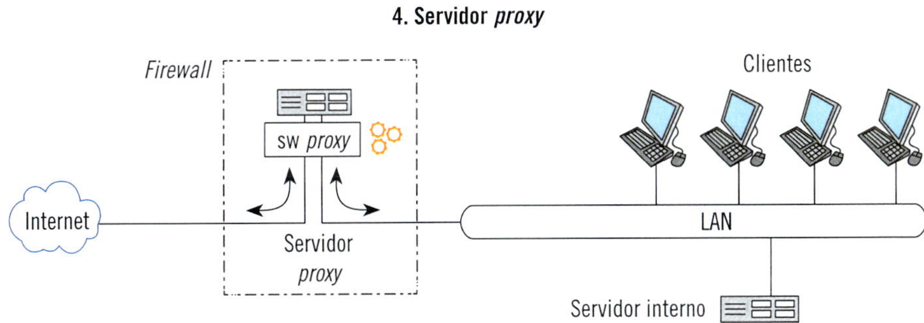

Entre las ventajas que aporta a un bastión de dos redes, se tiene el máximo nivel de control sobre las conexiones, y generalmente una elevada capacidad de monitorización y registro. Como inconveniente, se tiene una pérdida de rendimiento, que probablemente se deba compensar empleando un equipo de mayores capacidades; además, se necesita un mantenimiento y supervisión frecuente. También sigue constituyendo un punto único de fallo, lo que podría compensarse disponiendo un equipo de repuesto, que debe mantenerse como una réplica exacta del original, siendo mayor el coste tanto por el equipo redundante como por mantenerlo idéntico al original.

Bastión filtrado *(screened host)*

En esta ocasión, se empleará un bastión al que se le antepone un equipo que realice el filtrado de paquetes de red, normalmente un *router.* El *router* se configura ahora para que solo admita ciertas conexiones o tipos de tráfico hacia el bastión, de manera que solo envíe el tráfico de internet, una vez filtrado, hacia el bastión. También se configura para que solo admita conexiones internas desde el bastión.

5. Bastión filtrado *(Screened host)*

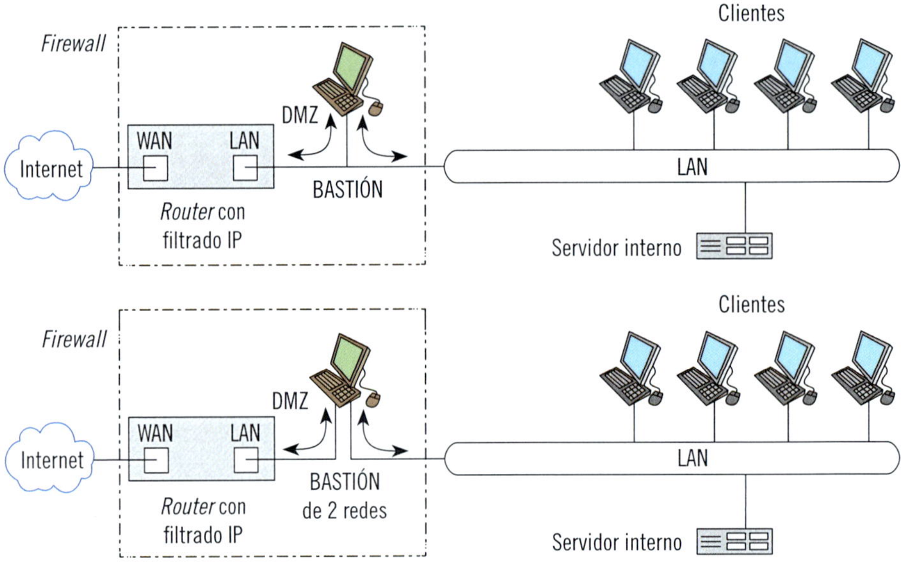

El tramo de red comprendido entre el *router* y el bastión se denomina zona desmilitarizada o DMZ *(demilitarized zone),* haciendo referencia al tramo de red que separa una red de otra, lo que añade una medida de seguridad adicional. La DMZ no es parte de la red externa ni de la red interna, es una zona de transición *(buffer)* entre ambas. Si se emplea un bastión de una red, la zona DMZ solo dispone de separación lógica, mientras que si se emplea un bastión de dos redes, la separación también es física. Siempre que sea posible, se debe emplear un bastión de dos redes.

Está configuración presenta la gran ventaja de que el bastión es la única parte del *firewall* conectado a la red interna. Por otro lado, si bien ambos elementos del *firewall* constituyen un punto único de fallo, el diseño ha mejorado, porque incluye dos etapas de protección, lo que en general lo hace más robusto.

Actividades

4. Dibuje el diagrama de red de un *firewall* de bastión filtrado en el que se necesitan proteger 3 subredes privadas diferentes, que deben mantenerse físicamente separadas.

Subred filtrada *(screened subnet)*

Esta es la configuración más segura, porque el bastión se separa de la red interna mediante un segundo equipo de filtrado de paquetes (generalmente un *router* de filtrado interno, o un *firewall* que solo emplee filtrado de red).

6. Subred filtrada *(Screened host)*

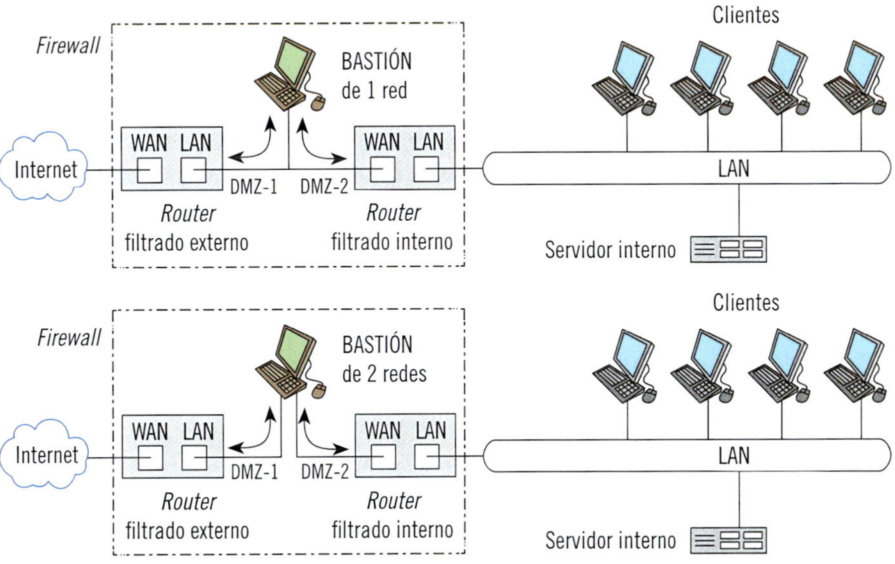

En este diseño el bastión queda protegido por dos *router,* uno externo y uno interno, generándose tramos de red desmilitarizados, o DMZ que pueden estar separados lógica o físicamente. De esta manera, si un atacante lograra comprometer el bastión, aún no dispondría de acceso completo a la red, ya que debería vulnerar un segundo *router* (el *router* de filtrado interno).

En el diseño de subred filtrada, el *router* exterior (frecuentemente proporcionado por el proveedor de acceso a internet o ISP) debe configurarse para que solo pueda comunicarse con internet y con el bastión, y el *router* interior debe configurarse para que solo pueda comunicarse con la red interior y con el bastión; ambos *router* nunca deben comunicarse entre sí.

Ambos *router* proporcionan filtrado de paquetes IP, mientras que el bastión mantiene desactivado el encaminamiento de tráfico directo, y puede ejecutar los servicios de *proxy* que sean necesarios para mantener controlado el acceso a las aplicaciones.

Firewalls personales

Aunque no tienen una función corporativa protegiendo a otros equipos, por su importancia, se presentan las aplicaciones de cortafuegos personales que se ejecuten en cada ordenador (cliente o servidor) que esté conectado a la red. Siempre que sea posible, deben activarse, porque dificultarán la propagación de un incidente y constituyen el primer nivel de defensa de cada equipo. Las prestaciones de procesamiento de los equipos, permiten que estos *firewalls* personales sean cada vez más potentes, incorporando funcionalidades de prevención de intrusiones (IPS o *Intrusion Prevention Systems)* y/o de detección de intrusiones (IDS o *Intrusion Detection Systems).*

7. Cortafuegos personal

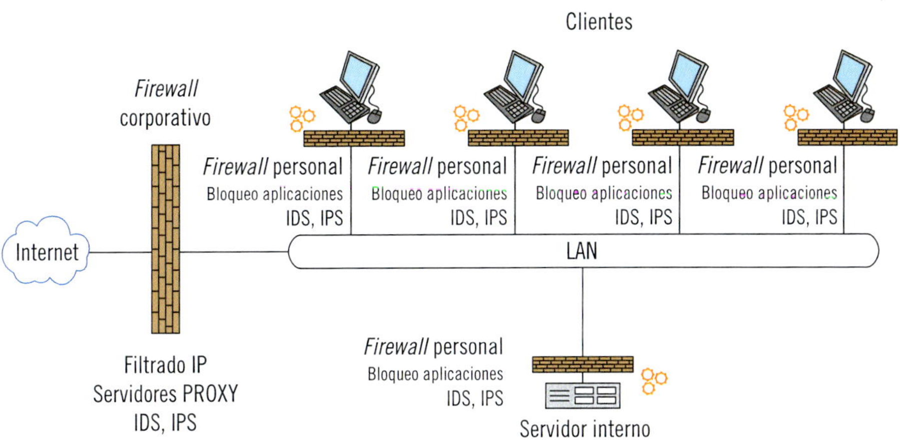

Aplicación práctica

Dibujar el diagrama de red de un *firewall* construido con subred filtrada, en el que se necesitan proteger tres subredes privadas diferentes, que deben mantenerse físicamente separadas.

SOLUCIÓN

Como cada subred se precisa mantener físicamente separada, deben ir a una toma de red diferente, que sea su salida a internet. Las tomas de red pueden pertenecer al mismo equipo (esta opción de diseño se identifica como "caso A"), o mejor incluso, pertenecer a diferentes equipos (esta opción de diseño se identifica como "caso B"). En el caso A se necesita un *router* interno con 3 tomas LAN, mientras que el bastión de zona DMZ puede tener 1 o 2 tarjetas de red, porque solo se conecta al *router* externo y al interno.

Continúa en página siguiente >>

<< Viene de página anterior

Caso A

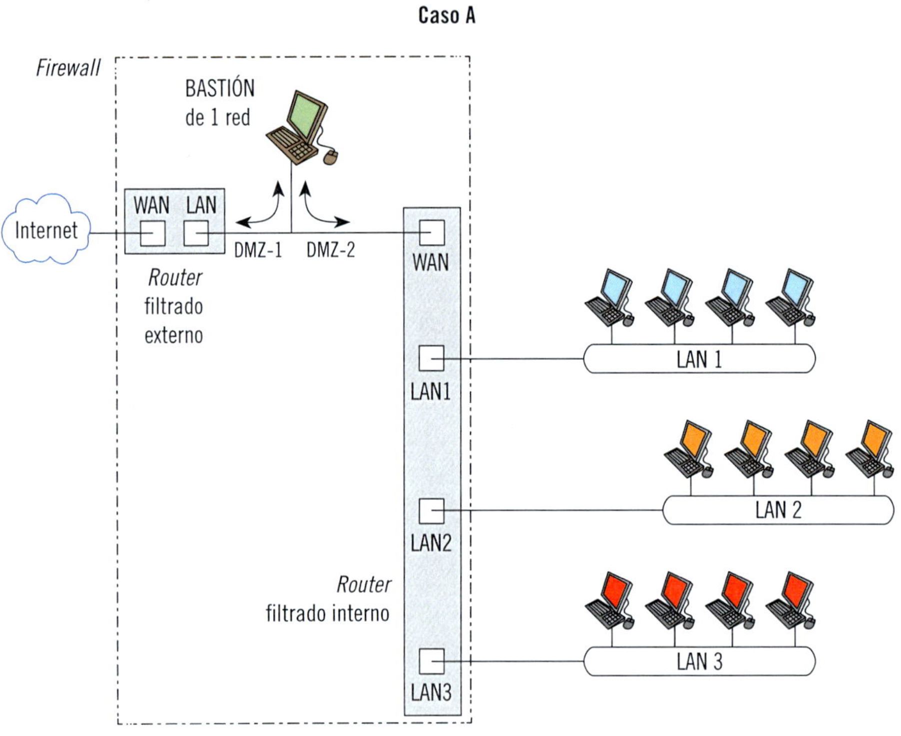

En el caso B se usarán varios *router*, lo que desde el punto de vista de la seguridad es mejor (cada *router* realiza menos funciones, si uno se ve comprometido, solo se ve afectada su subred, y se definen hasta 4 zonas DMZ). Por contrapartida, además del coste de los *router*, el bastión debe tener 3 o 4 tarjetas de red para conectarse al router externo, y a 3 *router* internos.

Continúa en página siguiente >>

<< Viene de página anterior

Caso B

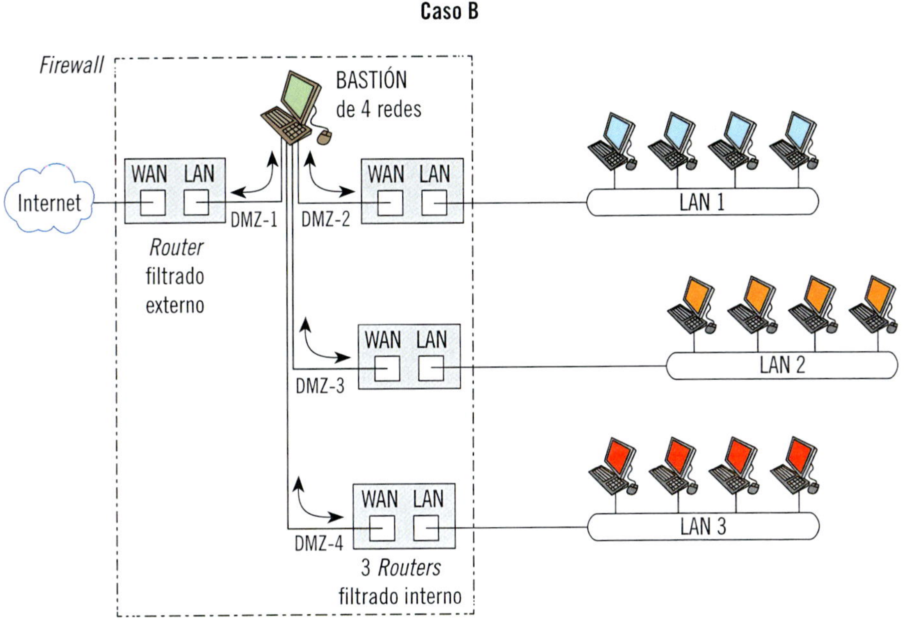

3. Criterios de seguridad para la segregación de redes en el cortafuegos mediante Zonas Desmilitarizadas / DMZ

Como se presentó en el epígrafe anterior, el empleo de *firewalls* que incluyan dos dispositivos permite definir una subred entre ellos, que no pertenece ni a la red externa ni a la red interna, denominada zona DMZ. Al emplear varios *firewalls,* la nueva subred DMZ permite ubicar recursos comunes y se facilita segregar la LAN en subredes con rangos de red distintos.

La norma ISO 27002 establece en el control "13.1.3 Segregación de redes", que los grupos de servicios de información, usuarios, y sistemas de información debieran ser segregados en subredes. Para ello, se recomienda dividir la red en dominios de red lógicos, cada uno protegido por un perímetro de seguridad, habitualmente implementado con un *firewall.* Los criterios de seguridad que se deben aplicar para segmentar la red, se deben basar en una evaluación del riesgo y de los requisitos de seguridad especiales que puedan existir dentro de cada uno de los dominios. Por ejemplo, se puede pensar en definir un dominio lógico para la red externa, un dominio lógico para la red interna, y un tercer dominio lógico, que agrupe los activos más críticos. Estos perímetros de seguridad se implementan con *firewalls,* que controlan el acceso y flujo de información entre ellos, teniendo en cuenta que si se disponen dos *firewalls* seguidos, se crea una DMZ, que como se verá más adelante, aporta grandes ventajas. Los criterios de segregación de redes deberían contemplar:

- La política de control de accesos.
- El coste de estas medidas, en términos materiales y de horas de trabajo necesarios para la necesaria monitorización de estos dispositivos.
- El valor y clasificación de la información almacenada o procesada.
- Separar diferentes áreas de negocio, o diferentes líneas comerciales, reduciendo el impacto que un incidente en una subred tendría en otra subred. Por ejemplo, separar sistemas de producción, separar compras y ventas, separar redes de oficina, separar redes de control industrial, separar las redes de datos confidenciales, etc.
- Debe tenerse en cuenta la separación de redes inalámbricas.

Diferentes subredes separadas entre sí por cortafuegos, con diferentes rangos de direcciones IP

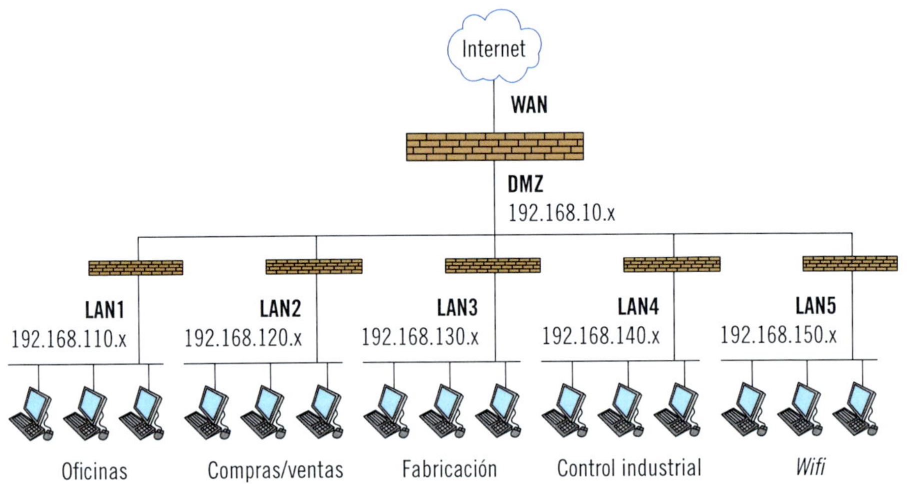

Nota

Otro mecanismo para separar dominios lógicos es definiendo redes privadas virtuales, como se verá en el siguiente apartado, o empleando capacidades de la electrónica de conmutación de red para definir redes virtuales (VLAN).

Al igual que la norma ISO, el Esquema Nacional de Seguridad, dispone la medida 5.4.4, referente a la segregación de redes, para acotar el acceso a la información, y por lo tanto la propagación de incidentes de seguridad. Indica además que debe segregarse empleando medidas que garanticen:

- El control de entrada de los usuarios que llegan a cada segmento.
- El control de salida de la información disponible en cada segmento.
- Los medios físicos y lógicos que se empleen para segmentar la red deben estar particularmente asegurados, mantenidos y monitorizados, como en el caso de los *firewalls* de acceso a internet.

3.1. Uso de zonas desmilitarizadas

Las zonas DMZ añaden seguridad, porque aumentan la separación entre redes. Por ejemplo, el rango de direcciones IP, empleado en la zona DMZ será diferente al rango de direcciones de la red privada, lo que aumenta la dificultad para acceder a la red privada. Habitualmente, se pueden obtener más beneficios de las zonas DMZ, empleándolas para diferentes servicios.

Redes falsas o *honeypots*

También conocidas como redes señuelo, consisten en **un conjunto de máquinas intencionadamente vulnerables que simulan una red privada normal,** de manera que un atacante que ganara acceso a la DMZ, pensaría que ya está en la red privada. Debe prestarse atención a construir esta red de manera cuidadosa, por ejemplo, asegurándose que las máquinas de señuelo no tengan instaladas aplicaciones o utilidades que el atacante podría emplear para lanzar ataques a los *firewalls* circundantes.

Nota

Para construir *honeypots,* pueden emplearse para ello algunas máquinas o servidores obsoletos. El coste de mantenimiento es alto, porque debe simularse que estén en producción, de otra manera, el atacante podría sospechar que es una red falsa, y valorar esta medida como indicio de que hay activos valiosos a proteger en la red privada, incrementando su interés en el ataque.

En general, esta medida es costosa, porque las máquinas señuelo deben parecer reales, lo que incluye que deben tener rastros de uso y actividad diaria, encareciendo así su mantenimiento; por ello esta contramedida solo es frecuente en entornos de alta seguridad.

Redes falsas, redes señuelo o *honeypots*

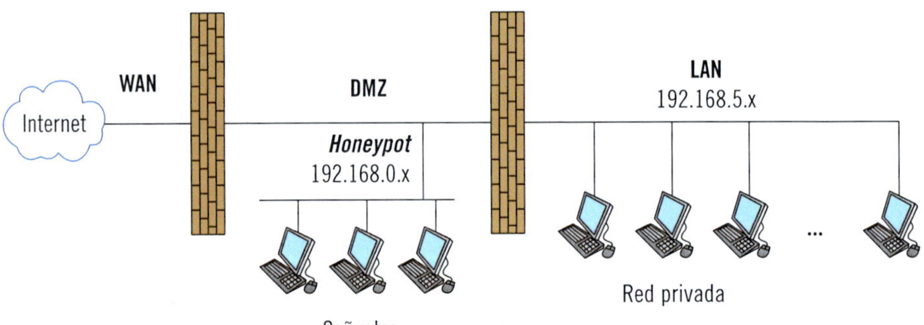

Actividades

5. ¿Puede el empleo de técnicas de virtualización ofrecer alguna ventaja relevante de cara a simplificar la construcción y mantenimiento de redes falsas o *honeypots?* Justifique la respuesta.

Ubicación de servidores accesibles desde el exterior

Cuando se debe dar acceso externo a alguna aplicación, alojada en la red de la empresa, según se vio en el capítulo anterior, el primer paso obligatorio es robustecer o bastionar el servidor donde esté instalada, de otra manera un atacante encontrará pocas dificultades para comprometerlo.

Además de robustecer el servidor de la aplicación, inmediatamente surge la duda de dónde debe ubicarse para que sea accesible desde el exterior. Podría pensarse que alojarlo en la red privada es la decisión correcta, ya que esta red privada es la zona de máxima protección. Esto puede ser válido pensando exclusivamente en los servidores de aplicaciones accesibles desde el exterior, pero es del todo incorrecto de cara al resto de clientes y servidores de la red privada. El resto de equipos de la LAN **no deben exponerse** a los riesgos de la apertura de un camino de entrada desde el exterior a través de *firewalls.*

Nota

Si un atacante compromete el servidor de aplicaciones accesible desde el exterior ubicado en la red privada, tendría automáticamente ganado el acceso a todos los elementos de la red privada; salvo que se hubieran empleado cortafuegos para segmentar la red privada en diferentes dominios de seguridad.

En lugar de esto, los servidores accesibles desde internet se deben ubicar en zona DMZ (ver siguiente imagen). De esta forma, el *firewall* externo se configurará para que los accesos a la aplicación se dirijan exclusivamente al servidor de la aplicación. Por otro lado, si los usuarios de la red privada necesitan acceder a la aplicación, el *firewall* interno se puede configurar sin riesgo para permitir este acceso. Por último, si el servidor de la aplicación instalada en la zona DMZ necesita acceder a algún servidor de la red privada (por ejemplo a una base de datos), el *firewall* interno se debe configurar para permitir este acceso concreto (del servidor de la aplicación al servidor privado de la base de datos, **no a toda la red privada),** de forma que solo el servidor de la aplicación pueda acceder a los recursos necesarios de la red privada.

Este diseño es el correcto, porque minimiza el riesgo, concediendo los accesos que exclusivamente se necesitan (desde internet a la aplicación, desde la aplicación a una máquina de la red privada, y desde la red privada a la aplicación). Generalmente, se emplea este diseño para alojar servidores de aplicaciones web, o de correo electrónico o de aplicaciones corporativas.

1. Servidor de aplicación bastionado en DMZ

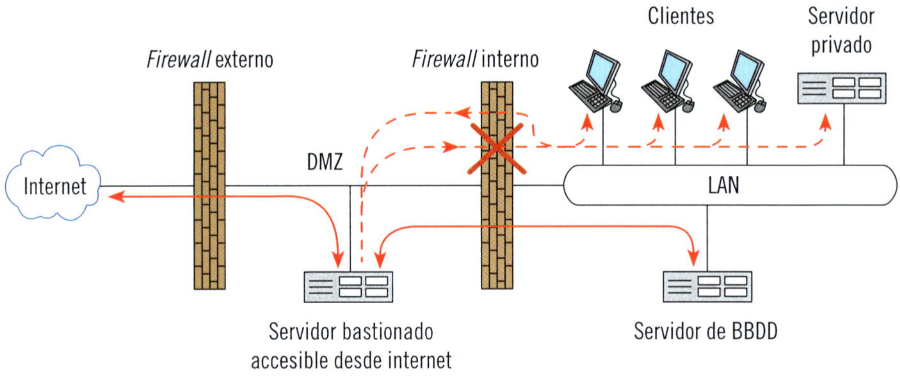

Persiste el riesgo de que el servidor de la aplicación, pese a estar bastionado, se vea comprometido; en este caso podrá accederse de manera inmediata al servidor de la red privada autorizado. Para que el atacante acceda a toda la red privada, debe, o bien vulnerar esta servidor en la red privada, o bien vulnerar el *firewall* interno que separa la zona DMZ de la red privada.

En aquellas circunstancias en que no sea posible ubicar el servidor de la aplicación en zona DMZ, se debería emplear un sustituto, es decir, un *proxy,* para la aplicación de que se trate. Por ejemplo, si el servidor web no se puede alojar en zona DMZ, debe reemplazarse instalando un *proxy* web en zona DMZ, de manera que los accesos externos a la web vayan al *proxy,* y solo este *proxy* tenga habilitado, en el *firewall* interno, el acceso al servidor web de la red privada.

2. Proxy bastionado en DMZ, para acceder a servidor de aplicación en LAN

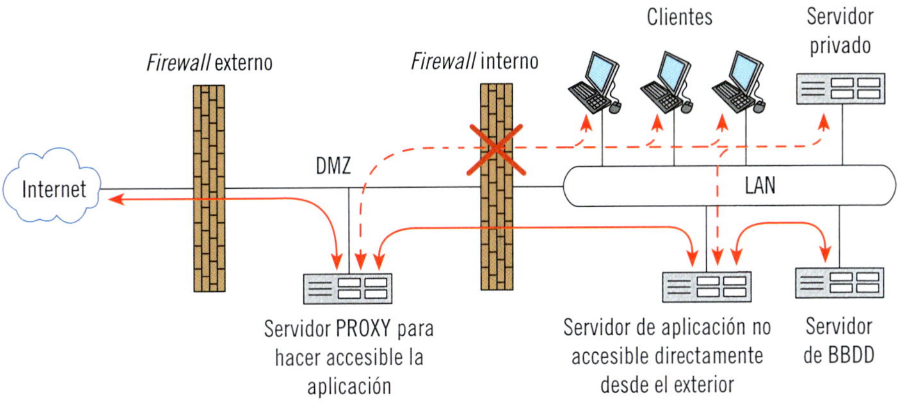

Si se revisa el diseño en el que se emplean servidores *proxy* de acceso, y se compara con los ejemplos de diseño de *firewall* en varias etapas, es inmediato observar la analogía. Los bastiones *host,* de una o dos redes, son las máquinas idóneas y coincidentes para ejecutar las aplicaciones *proxy,* que den acceso desde internet a la aplicación.

4. Utilización de redes privadas virtuales / VPN para establecer canales seguros de comunicaciones

Si se quiere que las comunicaciones entre dos sucursales distintas de la empresa sean seguras, se pueden emplear diversas soluciones. Una opción consiste en emplear líneas de comunicaciones que sean propiedad de la empresa, esperando que ningún agente ajeno acceda a ellas en ningún punto del recorrido. Esto tiene un coste muy elevado, y normalmente solo será viable para empresas muy grandes, o para distancias muy pequeñas.

Una solución más económica consiste en alquilar las líneas de comunicaciones a sus propietarios (operadores de telecomunicaciones), de manera que las comunicaciones se sigan cursando por una línea dedicada, confiando en que ninguna otra empresa ni persona tenga acceso. En ambos casos (propiedad o alquiler) se está usando una **red privada,** con la ventaja adicional de que el medio no se comparte con ningún otro usuario, de forma que todo el ancho de banda está disponible, y las comunicaciones pueden ser muy rápidas.

Con la popularización de los accesos de banda ancha a internet, se plantea resolver esta necesidad de comunicar de manera segura y rápida dos extremos, pero a un coste mucho menor. Para ello, se emplean técnicas que construyen una **red privada virtual,** que como su nombre indica, es una construcción ficticia, en la que emisor y receptor disponen de una conexión extremo a extremo, dedicada y segura. Visualmente, es como si se tratara de un túnel que atraviesa internet, por el que las comunicaciones viajan protegidas del resto de usuarios. Habitualmente, estas redes privadas virtuales se construyen para operar de forma transparente, desde el cortafuegos de un extremo al cortafuegos del otro extremo. Lo expuesto para el transporte por redes WAN también puede emplearse para el transporte de información por la red interna, o para el transporte entre determinadas subredes, e incluso para las comunicaciones entre una pareja concreta de equipos emisor-receptor.

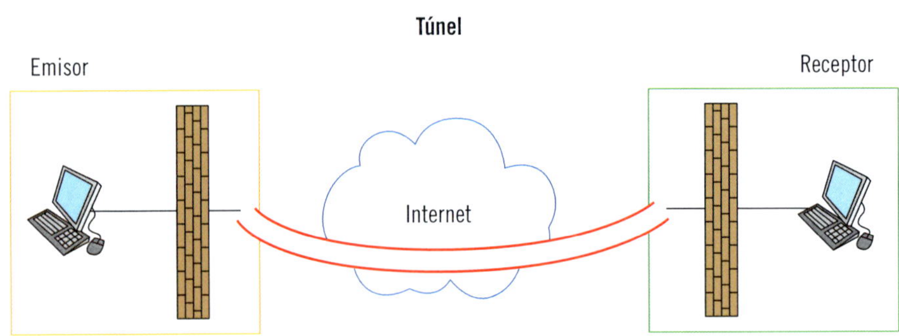

Se deben añadir medidas que protejan la información transmitida cuando un atacante tenga acceso a ella, como es el caso del transporte por redes públicas no seguras, como internet. Hay que analizar las salvaguardas existentes para proteger la información una vez que el *firewall* la entrega al proveedor de acceso a internet o ISP, y estas medidas para reducir el riesgo del transporte por redes públicas pueden analizarse a partir de sus amenazas.

Actividades

6. Las comunicaciones protegidas mediante túneles son *fullduplex,* aunque también existen *halfduplex.* Investigue la diferencia.

4.1. Ataques de interrupción y ataques de fabricación

Se busca especialmente asegurar la disponibilidad de las comunicaciones, que es la dimensión de seguridad más frecuentemente amenazada por estos ataques. Ante un ataque de interrupción a los equipos o líneas de un proveedor de acceso a internet, las medidas que se pueden emplear consisten principalmente en la redundancia en el servicio, es decir, disponer al menos de dos conexiones a internet por medios físicos, diferentes en la mayor parte del recorrido. Esta medida permite que una avería o incidencia en un proveedor no deje aislada la empresa, que pasaría a cursar sus comunicaciones por la red de acceso del segundo operador. Ante un ataque de fabricación, las medidas de seguridad se aplicarán normalmente a los elementos de red intermedios, y/o equipos de seguridad perimetral de los extremos, por ejemplo dotándolos de capacidad para detectar que se está repitiendo el envío de un mismo paquete (o ligeramente modificado) de manera masiva, en un intento de ataque de denegación de servicio que acabaría con su disponibilidad.

Sabía que...

Existen cortafuegos perimetrales que, automáticamente, permiten la conexión de dos o más redes WAN, donde deberían realizarse conexiones a internet de diferentes proveedores.

Estos equipos incluyen funciones de balanceo de carga, de manera que en condiciones normales, cuando no falla ningún operador, las conexiones a internet se emplean de manera equilibrada, sumándose a efectos prácticos las velocidades de conexión de las diferentes salidas WAN.

Cuando se produce un fallo, el equipo lo detecta automáticamente, y deja de intentar cursar tráfico por la salida que está caída, de manera que todas las conexiones se distribuyen automáticamente entre el resto de salidas WAN disponibles.

4.2. Ataques de interceptación y ataque de modificación

Se busca asegurar la confidencialidad e integridad de las comunicaciones, de manera que, aunque se disponga de acceso al canal de comunicaciones, la información no sea legible para un destinatario no autorizado, y la modificación de los mensajes en tránsito sea convenientemente detectada por el destinatario, para poder rechazar mensajes alterados o no auténticos. En ambos casos, la contramedida más adecuada es el empleo de técnicas de cifrado o criptografía, que junto al empleo de firmas digitales permiten cumplir los requisitos de seguridad mencionados. El uso de técnicas de cifrado en las comunicaciones es el fundamento de las redes privadas virtuales que se tratan en este apartado.

Las redes privadas virtuales permiten disponer de conexiones o canales de comunicación seguros (en términos de confidencialidad e integridad), empleando redes no seguras o públicas como internet; empleando para ello métodos criptográficos, que permiten defender las comunicaciones de ataques de interceptación y de ataques de modificación.

4.3. Criptografía en comunicaciones tcp/ip

Las comunicaciones TCP/IP a través de internet precisan de una serie de saltos entre nodos de comunicaciones, para encaminar los paquetes desde el emisor hasta el receptor. Estos nodos intermedios son encaminadores o *router*, es decir, elementos de la capa de red que necesitan saber la dirección IP destino de cada paquete, para encaminarlo y que logre alcanzar su destino.

Ruta seguida por una comunicación emisor–receptor en la que intervienen 6 *router*

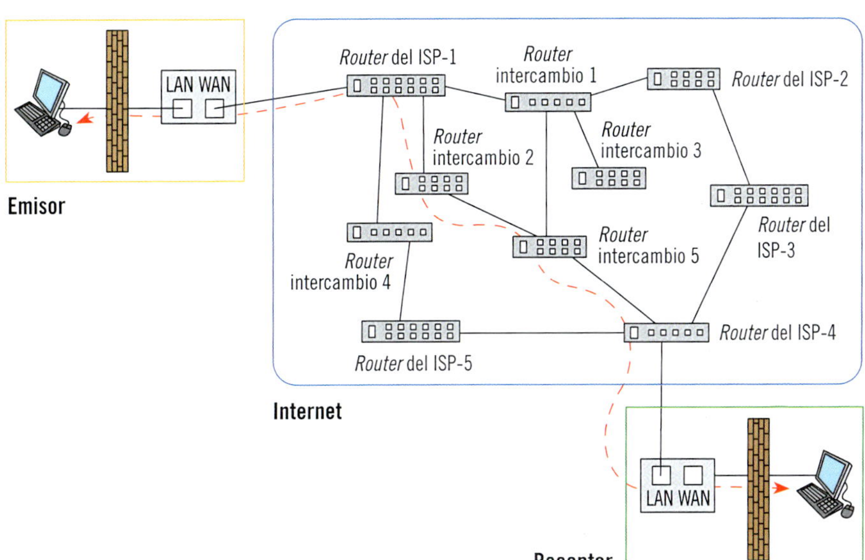

Cuando se emplean métodos criptográficos para cifrar paquetes IP, solo puede haber dos posibles situaciones: que las direcciones IP estén encriptadas, o que no lo estén. En el último caso, el *router* no tiene dificultad para leer la dirección IP destino, y decidir cómo encaminarlo. Sin embargo, si la dirección IP está encriptada, el *router* debe ser capaz de desencriptarla, para saber cómo encaminar el paquete, y debe ser capaz de volver a encriptarlo para enviarlo.

Lo anterior es determinante para diferenciar si el mecanismo de cifrado que se emplea es de **extremo a extremo** (cuando las direcciones IP no viajan cifradas y por lo tanto los *router* intermedios no necesitan desencriptar los paquetes), o por el contrario si el mecanismo de cifrado es **nodo a nodo** (cuando las direcciones IP viajan encriptadas, de manera que cada *router* debe desencriptar las direcciones para recuperarlas, y luego volver a encriptarlas).

En el primer caso, cuando el mecanismo de cifrado es **extremo a extremo,** lo único que se protege es la parte de datos del paquete en el nivel 3. Es decir, toda la información que, procedente de los niveles superiores (nivel de transporte y nivel de aplicación), se ha ido encapsulando, y queda así protegida. Por el contrario, no se protegen las direcciones del emisor y del receptor, que serían accesibles para un atacante que tuviera acceso a la red.

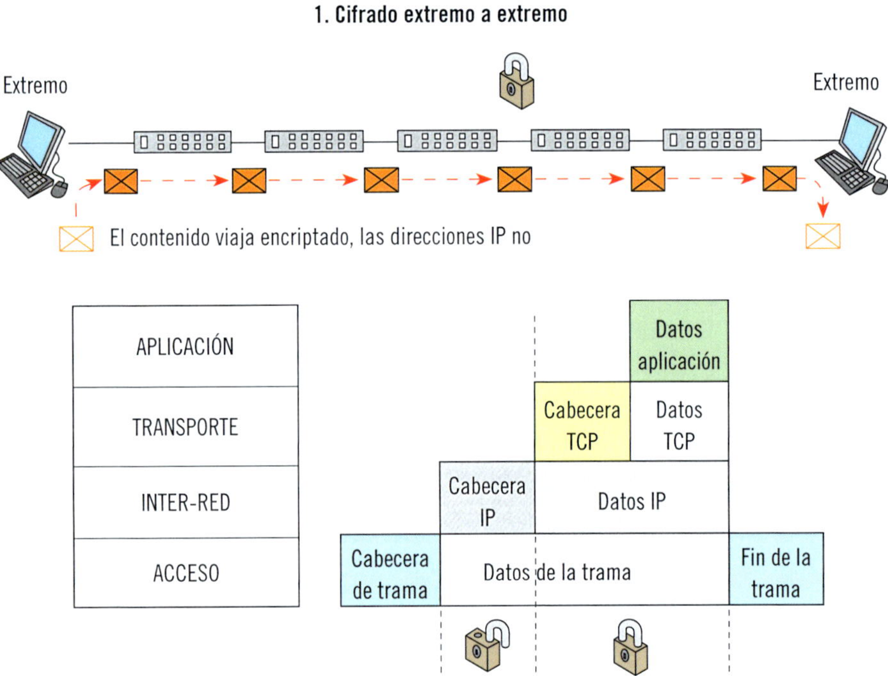

Sabía que...

En el cifrado extremo a extremo, no se protegen las direcciones. Aunque aparentemente esto no sea un gran problema, en determinadas ocasiones, conocer las direcciones de origen y destino de una comunicación, puede aportar muchísima información para planear un ataque. Por ejemplo, se obtiene información de las partes con que un objetivo establece comunicaciones, lo que amplia los vectores de ataque, si se logra comprometer alguno de los sistemas con que se comunica el objetivo; también se obtiene información de los hábitos de uso, y por lo tanto de los horarios en que se realicen las comunicaciones, o del tamaño de las mismas, que pueda estimarse por la duración de las comunicaciones. También, observando el patrón de las comunicaciones (intermitentes, periódicas, aleatorias, continuas), podrían descartarse algunos servicios con patrones de tráfico bien conocidos.

En el caso de cifrado **nodo a nodo,** es decir, cuando también se oculta la dirección IP destino, el principal inconveniente es que la comunicación solo es posible si todos los nodos intermedios de la red son capaces de desencriptar y volver a encriptar los paquetes. Como se verá a continuación, en la práctica, esto significa que todos los nodos intermedios deben soportar una determinada tecnología de red VPN, lo que no siempre podrá asegurarse, porque los métodos de VPN no son universales. Por contrapartida, un atacante que observe el tráfico, necesitará desencriptarlo, incluso para averiguar las direcciones de los extremos.

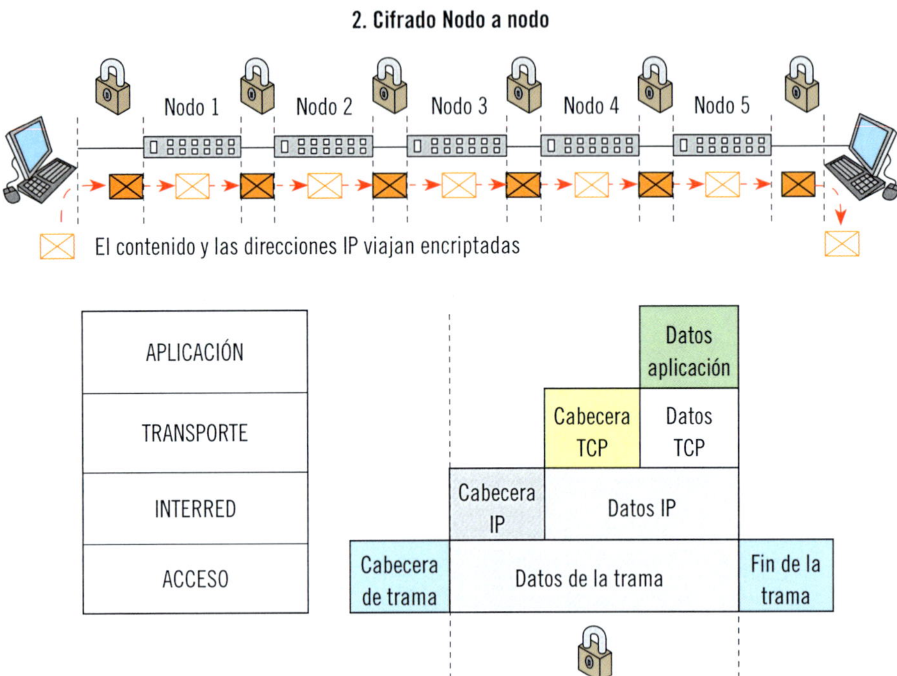

En el cifrado nodo a nodo, el hecho de que en los nodos intermedios se desencripten los paquetes IP (datos de la trama), no imposibilita mantener la seguridad, en el caso de que el nodo se viera comprometido. Para reducir este riesgo, basta que en un nivel superior, generalmente en la capa de aplicación, los datos se cifren antes del envío, mediante algún método adicional como OpenPGP. De esta forma, al transmitirlos, se encriptan una segunda vez, y los nodos intermedios, una vez desencriptados, solo mostrarían los datos de aplicación cifrados. Esta sobrecarga llega hasta el extremo receptor, donde los datos de aplicación se deben desencriptar antes de poder interpretarlos.

4.4. Protocolos VPN

Las redes privadas virtuales (VPN) surgen para proporcionar una conexión segura a través de redes públicas no seguras, aunando el uso de criptografía, mecanismos de autenticación, y la encapsulación de protocolos. El resultado final es que se logra extender la red privada sobre una red pública sin problemas de seguridad, de manera que un usuario que emplee VPN para conectarse a la red privada de su empresa, logra operar a todos los efectos, como si su estación de trabajo estuviera en la red privada de la empresa.

Los elementos que intervienen son: un cliente VPN y un servidor VPN, y ambos deben emplear el mismo protocolo VPN. Existen muchos criterios para clasificar las VPN; uno de los más sencillos es clasificarlas en dos tipos, según el uso que se realizará de la conexión segura:

- **VPN sitio a sitio,** para conectar diferentes oficinas de una misma empresa, que precisen intercambiar datos confidenciales, evitando el alquiler de circuitos dedicados, considerablemente más costosos (pero con otras ventajas).
- **VPN de acceso remoto,** para permitir el teletrabajo sin comprometer la seguridad. Es posible tener acceso de un ordenador a una red, o bien acceso de ordenador a ordenador. En ambos casos, existe un cliente y un servidor, y la VPN puede ser iniciada por el cliente (estación remota externa a la LAN), o por el servidor de la red privada.

La principal desventaja del empleo de VPN es la pérdida de rendimiento, derivada del coste del cifrado criptográfico, y derivada del coste de la encapsulación que se emplea (un protocolo se envía como si fueran datos de otro protocolo); además, como todas las contramedidas, se introducen nuevas vulnerabilidades. Por ejemplo, en una VPN de acceso remoto, para un teletrabajador que accede desde su domicilio, se traslada a una ubicación sin medidas de control ni seguridad física un equipo que tendrá acceso lógico a la red privada de la empresa.

Actividades

7. Una empresa mantiene cuatro oficinas, ubicadas en el norte, sur, este y oeste. Represente las conexiones VPN que deberían existir para que todas las oficinas estén comunicadas de manera segura.
8. ¿Y si la oficina del sur se considera la oficina central, de manera que todas las comunicaciones entre cualquier pareja de sucursales deben pasar por ella?

Para constituir una red privada virtual, ambos extremos deben emplear el mismo protocolo (protocolo de red privada virtual o protocolo VPN). Existen varios protocolos VPN aceptados y estandarizados, que se introducen a continuación, además de soluciones comerciales que facilitan la configuración y puesta en marcha de esta tecnología. Los protocolos que se introducen son los más básicos, y funcionan en las capas 2 y 3 del modelo de red OSI. Existen otros protocolos que actúan en capas superiores, como OpenVPN o SOCKS; sin embargo, estos protocolos de capas superiores podrían dejar más información sin proteger en caso de interceptación.

PPTP *(Point to Point Tunneling Protocol)*

Es uno de los más antiguos, y opera en el nivel de enlace (capa 2 del modelo OSI), de manera que se emplea cifrado **nodo a nodo.** Se apoya en el protocolo PPP *(Point to Point Protocol),* y está soportado por sistemas *Microsoft Windows,* permitiendo a dos ordenadores construir una VPN entre ellos. La autenticación se realiza mediante el protocolo CHAP *(Microsoft Challenge Handshake Authentication Protocol),* que emplea el algoritmo MD4 para asegurar la integridad de la información, y el algoritmo RCA para asegurar la confidencialidad. El algoritmo de encriptación empleado se considera débil, por lo que está prácticamente en desuso, y no es recomendable usar VPN con PPTP si los requisitos de seguridad son altos.

Nota

Este protocolo PPTP no es un estándar del IETF *(Internet Engineering Task Force* o Grupo de Trabajo de Ingeniería de Internet), que es la organización internacional de normalización de protocolos y normas de ingeniería necesarias para el uso de internet.

L2TP *(Layer 2 Tunneling Protocol)*

Este protocolo tiene como base PPTP, de manera que también opera en capa 2, y está orientado a comunicaciones nodo a nodo, por lo que se precisa que todos los elementos intermedios cumplan con el protocolo L2TP, que sí es un estándar reconocido por IETF. Emplea autenticación PPP que se realiza entre los puntos finales del túnel, lo que permite una suplantación de identidad por el camino. No encripta los datos de usuario, lo que supone una falta de confidencialidad, y tampoco se asegura la integridad de cada paquete.

Por todo lo anterior, el protocolo L2TP se mejora con las prestaciones de cifrado de IPsec que se verán a continuación, conformando la pareja L2TP/IPsec, que está estandarizado en la RFC 3193.

IPsec (IP *Security)*

Es un conjunto de protocolos estándar, recogidos en varias normas de internet (RFC 4301 y RFC 4309), y son el conjunto de protocolos de uso más extendido. Consta del protocolo AH, que aporta autenticación e integridad, del protocolo ESP, que aporta confidencialidad, y de una asociación de seguridad (SA) con la configuración VPN, que permite el intercambio de claves.

Como el contenido va cifrado, los *firewalls* intermedios que puedan existir no pueden inspeccionar los paquetes, por lo que debe permitirse expresamente el reenvío IP para los protocolos AH (con el código 50) y ESP (protocolo con identificador 51); además del puerto UDP 500, que se emplea para el intercambio de claves. IPsec funciona en el nivel de red (capa 3), aunque está orientado a conexión (capa 2), y tiene 2 funcionamientos, en modo transporte, o en modo túnel, que se resumen a continuación:

- **IPsec en modo transporte:** está orientado al cifrado extremo a extremo, por lo que no se precisa que los dispositivos intermedios estén adaptados, ni realicen ningún procesamiento adicional. Solo se protegen los datos, no la cabecera IP, por lo que un atacante que capture y analice el tráfico, puede inferir información del mismo.

Este modo se emplea generalmente para comunicar 2 servidores en oficinas remotas, o una estación de teletrabajo remoto y un servidor. Los servidores o clientes de los extremos deben implementar IPsec.

El empleo de IPsec en modo transporte puede resultar incompatible con el uso de reglas de traducción de direcciones (NAT) de los router.

Si el paquete IP cifrado con IPsec en modo transporte incluyera alguna cabecera relacionada con la dirección IP, o esta información se empleara para cifrar la información, la dirección IP del paquete no podría cambiarse, que es justo lo que realiza la traducción NAT para poder compartir una misma IP pública entre múltiples direcciones IP privadas. Para ello, se deben emplear técnicas de traducción NAT transversal, que permiten el uso de IPsec.

- **IPsec en modo túnel.** Está orientado al cifrado nodo a nodo, y se usa para proteger redes completas, estando normalmente implementado por los *firewalls* de los extremos (nodos); por lo tanto, los miembros de las redes no tienen por qué implementar IPsec. Los *firewalls* cifran todo el paquete IP, que una vez cifrado pasa a ser la carga de datos de un nuevo paquete IP, este ya con cabecera no cifrada, y con las direcciones IP de los *firewalls* para que funcione el enrutamiento. De esta manera, un atacante puede conocer los extremos del túnel, pero no las direcciones reales del emisor y el receptor.

  Se emplea generalmente para conectar dos redes privadas de dos oficinas remotas, o en entornos seguros, permitiendo conectar dos subredes dentro de una red privada. También se puede emplear para comunicar una estación de teletrabajo con la red corporativa.

Ambos métodos aseguran la confidencialidad, la integridad, la autenticación de los extremos (que se produce mediante el intercambio de las claves adecuadas, que además se emplean para el cifrado de la información), y protegen de un ataque de fabricación, porque identifican cada paquete transmitido. En general, se considera que IPsec en modo túnel es más seguro, porque también protege las direcciones IP de los extremos.

Aplicación práctica

Una empresa dispone de dos delegaciones, una en el norte y otra en el sur. La delegación del norte tiene 20 técnicos, y la delegación del sur tiene 15 técnicos de campo.

Entre ambas delegaciones solo se conectan 2 parejas de servidores, y el resto de ordenadores de la red no tiene visibilidad sobre la red de la otra delegación.

Los técnicos de campo trabajan en las instalaciones del cliente, y emplean portátiles que conectan a la red del cliente para, vía internet, poder conectarse a la red privada de su empresa, con objeto de usar la aplicación de trabajo, el servidor de correo, el servidor *proxy* web, y otros servicios que se vayan añadiendo.

Diseñar la infraestructura para que todas las comunicaciones sean seguras.

SOLUCIÓN

Para las comunicaciones entre los servidores de las delegaciones se puede emplear un protocolo extremo a extremo, ya que solo se trata de conectar 4 servidores. Se recomienda emplear una VPN de acceso remoto, empleando IPsec en modo transporte, o con cifrado extremo a extremo, para habilitar exclusivamente esos dos túneles entre las parejas de servidores.

La conexión de los técnicos a la red de los clientes no es segura, y supone una importante amenaza. Resulta obligatorio el empleo de redes privadas virtuales para proteger los portátiles, y la información que los técnicos intercambian con su empresa (aplicación de trabajo, correo electrónico, etc.). Se recomienda emplear una VPN de acceso remoto, por ejemplo, con IPsec. Para ello, cada portátil incorporará una aplicación cliente de VPN y el *firewall* de cada delegación ejecutará el servidor VPN (el cortafuegos de la delegación norte debe poder gestionar 20 clientes VPN, y el *firewall* de la delegación sur al menos 15 clientes VPN). Puede ser necesario que los firewall de las LAN remotas donde trabajan los técnicos de campo se ajusten, para permitir el establecimiento de las VPN Ipsec.

Recomendaciones de uso de VPN

La norma ISO 27002 recomienda el uso de redes privadas virtuales como medida técnica, ya que muchos protocolos de VPN aportan autenticación (del usuario o de la máquina). Por otro lado, también el control “13.1.3 Segregación en redes" sugiere el empleo de VPN para segregar en dominios lógicos separados la red; por ejemplo, restringiendo el acceso a la red, utilizando redes privadas virtuales para grupos de usuarios dentro de la organización.

El Esquema Nacional de Seguridad, dentro de las medidas para la protección de las comunicaciones en la dimensión de la confidencialidad, medida 5.4.2, promueve el uso de redes privadas virtuales, cuando las comunicaciones discurran por redes ajenas al propio dominio de seguridad.

Actividades

9. ¿Cuál de los *firewalls* propuestos en la actividad 3 incorpora funcionalidades de servidor VPN en capa 3, mediante el protocolo IPsec, o en capas superiores mediante OpenVPN?

5. Definición de reglas de corte en los cortafuegos

Las reglas de corte se deben definir partiendo de la situación de **todo prohibido,** para a continuación habilitar exclusivamente los flujos de tráfico permitidos. Este diseño es el habitual, ya visto en otras situaciones donde se precisa un control de acceso lógico adecuado. Las reglas de filtrado de un *firewall* presentan la peculiaridad de poder establecerse de manera independiente, según el sentido del tráfico, y existen:

- Reglas de tráfico entrante *(incoming)* para filtrar el tráfico que procede de internet y va destinado a la red privada.
- Reglas de tráfico saliente *(outcoming)* para filtrar el tráfico que procede de la red privada y va destinado a internet.

El *firewall* dispondrá al menos de dos interfaces de red, uno para la conexión a internet o red WAN, y otro para la conexión a la red privada o red LAN. Por lo tanto, cuando el *firewall* recibe un paquete IP por el interfaz WAN que va dirigido a la interfaz LAN (lo que será el caso casi siempre), le aplica el conjunto de reglas de tráfico entrante *(incoming)*. Por otro lado, cuando el *firewall* recibe un paquete IP en el interfaz LAN dirigido a la red WAN (lo que será el caso casi siempre), le aplica el conjunto de reglas de tráfico saliente *(outcoming)*. El *firewall* conoce origen y destino del paquete IP, con solo observar las direcciones del mismo, que ocupan los bytes 13-16 y 17-20 de cada paquete IP.

Paquete IPv4

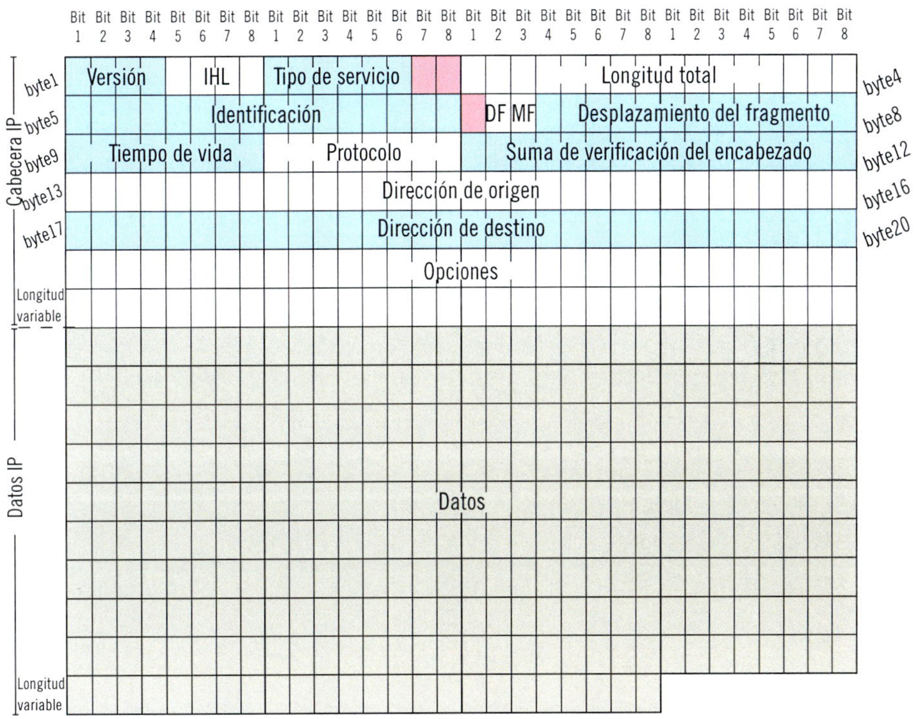

Bit 1 Bit 2 Bit 3 Bit 4 Bit 5 Bit 6 Bit 7 Bit 8 Bit 1 Bit 2 Bit 3 Bit 4 Bit 5 Bit 6 Bit 7 Bit 8 Bit 1 Bit 2 Bit 3 Bit 4 Bit 5 Bit 6 Bit 7 Bit 8 Bit 1 Bit 2 Bit 3 Bit 4 Bit 5 Bit 6 Bit 7 Bit 8

Cabecera IP
byte1 Versión IHL Tipo de servicio Longitud total byte4
byte5 Identificación DF MF Desplazamiento del fragmento byte8
byte9 Tiempo de vida Protocolo Suma de verificación del encabezado byte12
byte13 Dirección de origen byte16
byte17 Dirección de destino byte20
Opciones
Longitud variable

Datos IP
Datos
Longitud variable

Las reglas pueden especificar multitud de condiciones, que dependerán de cada cortafuegos concreto, pero siempre han de contener al menos las siguientes cinco informaciones:

- Protocolo de transporte: TCP o UDP.
- Puerto de comunicaciones: sirve para identificar la aplicación.
- Dirección IP origen: quién origina el paquete.

- Dirección IP destino: a quién va destinado el paquete.
- Acción: permitido o prohibido.

De esta manera, resulta inmediato definir reglas para permitir el acceso desde un cliente externo a un servidor web interno, o reglas para permitir que un servidor de correo privado pueda enviar correo al exterior.

Recuerde

Entre los puertos más habituales conviene memorizar los de las aplicaciones más frecuentes: HTTP (80), HTTPS (443), FTP (21), TELNET (22), SMTP (25), RDP (3389), NTP (123), etc.

Ejemplo: reglas entrantes para permitir exclusivamente el acceso a un servidor web interno, cuya dirección IP pública accesible es 84.122.10.15

Protocolo	Puerto	IP Origen	IP Destino	Acción
TCP, UDP	*	*	*	prohibir
TCP	80	*	84.122.10.15	permitir

En primer lugar, se incluye una regla que debe aplicarse para protocolos de transporte TCP o UDP, en cualquier puerto, para cualquier dirección de origen (que se representa habitualmente por '*'), y para cualquier destino, prohibiendo cualquier tráfico. En segundo lugar, se incluye una regla para permitir el tráfico TCP por el puerto 80, es decir, el protocolo HTTP empleado por la aplicación web, que independientemente del origen (todo internet), esté destinado a la dirección IP pública del servidor web.

Ejemplo: reglas salientes para permitir exclusivamente que un servidor de correo con dirección IP 192.168.10.23 pueda enviar correo al exterior

Protocolo	Puerto	IP Origen	IP Destino	Acción
TCP, UDP	*	*	*	prohibir
TCP	25	192.168.10.23	*	permitir

En primer lugar, se incluye una regla que debe aplicarse para protocolos de transporte TCP o UDP, en cualquier puerto, para cualquier dirección de origen (que se representa habitualmente por '*'), y para cualquier destino, prohibiendo cualquier tráfico. En segundo lugar, se incluye una regla para permitir el tráfico TCP por el puerto 25, es decir, el protocolo SMeTP empleado por el servidor de correo con dirección privada 192.168.10.23, independientemente del destino del correo electrónico (para poder mandar correo a cualquier dirección de correo electrónico que sea gestionada por cualquier servidor de correo).

Actividades

10. Determine la regla de filtrado de tráfico saliente, que prohíba que se visiten las páginas web de una empresa cuya dirección IP es 100.90.80.70

Si el cortafuegos dispone de más de dos adaptadores de red, que permitan gestionar diferentes subredes, se podrán definir reglas de acceso entre ellas, con solo emplear las direcciones origen y destino adecuadas, que deben ser del rango de direcciones al que pertenece el interfaz de red.

Un último comentario se refiere a las posibles acciones para prohibir el tráfico, y que dependiendo del *firewall,* podría admitir dos opciones. Así, al rechazar un paquete, se puede informar al remitente de ello, o para rechazarlo, simplemente puede no responderse. Desde el punto de vista de la seguridad, esta distinción es relevante. Si por ejemplo, el *firewall* está configurado para que en las conexiones prohibidas se informe al remitente, es fácil realizar un ataque que concluya en una denegación de servicio, sin más que "inundar" el *firewall* con peticiones que se sabe a priori que serán rechazadas: el *firewall* dedicará todo su tiempo a responder que las rechaza, y saturará la conexión a internet. También se podrían dirigir ataques más elaborados, para analizar las respuestas y obtener información de la red privada. Si por el contrario, el *firewall* simplemente desprecia los paquetes entrantes prohibidos, y no toma ninguna acción, un atacante tendrá más dificultad para progresar en el sistema.

Recuerde

Un ataque de denegación de servicio (DoS o *Deny of Service),* es un ataque que persigue eliminar la disponibilidad de un servicio o recurso para sus usuarios autorizados. Conlleva habitualmente la ocupación total de:

- Los recursos de procesamiento (tiempo de microprocesador), generando operaciones de respuesta o de cálculo.
- Los recursos de almacenamiento (espacio del sistema de ficheros), generando que se guarden ficheros transmitidos o registros de actividad.
- La capacidad de comunicaciones (ancho de banda), forzando el envío de mucha información.

Aplicación práctica

Una empresa dispone de un servidor web y de un servidor de correo electrónico, y ambos comparten la IP pública 15.15.15.15. El servidor web debe ser accesible desde el exterior, empleando el protocolo HTTPS. El servidor de correo debe poder recibir el correo que le envían otros servidores externos, así como enviar correo (tiene la dirección IP privada 192.168.100.20). Además, se permite que los usuarios de la red privada (con rango de red 192.168.100.0/24) puedan navegar libremente por internet.

Configure las reglas de acceso en el *firewall* perimetral.

Continúa en página siguiente >>

<< Viene de página anterior

SOLUCIÓN

Debe existir una regla que prohíba todo el tráfico, y además:

- Una regla que permita el tráfico entrante de internet a la IP pública de la empresa en el puerto TCP 443 (protocolo HTTPS).
- Una regla que permita el tráfico entrante de internet a la IP pública en el puerto 25, para recibir correo desde servidores externos.
- Una regla que permita el tráfico saliente de la IP privada del servidor de correo a internet en el puerto 25, para poder enviar correo.
- Deben existir reglas para permitir tráfico saliente desde el rango de red privado de la empresa a internet, en los puertos web (80 y 443).

Protocolo	Puerto	IP Origen	IP Destino	Acción
TCP, UDP	*	*	*	prohibir
TCP	443	*	15.15.15.15	permitir
TCP	25	*	15.15.15.15	permitir
TCP	25	192.168.100.20	*	permitir
TCP	80	192.168.100.0/24	*	permitir
TCP	443	192.168.100.0/24	*	permitir

6. Relación de los registros de auditoría del cortafuegos, necesarios para monitorizar y supervisar su correcto funcionamiento y los eventos de seguridad

La norma ISO 27002 establece en varios objetivos de control la necesidad de registrar y monitorizar el funcionamiento de los equipos, incluidos específicamente los de seguridad perimetral, como los cortafuegos.

Por ejemplo, el objetivo de control "13.1 Gestión de seguridad de la red", indica que la gestión segura de las redes conlleva un análisis cuidadoso de los flujos de información, de la monitorización de las comunicaciones, y de la protección de las mismas. Para ello, la contramedida "13.1.1 Controles de red" establece expresamente que se deben registrar los accesos de entrada a la red, y monitorizarlos apropiadamente, para permitir y asegurar que se están registrando las acciones de seguridad adecuadas. Incluso, en el control "13.1.2 Mecanismos de seguridad asociados a los servicios de red", se indica que cuando un proveedor proporciones los servicios de conexión de red, por ejemplo a internet, se debe acordar el derecho de auditoría, que incluye la necesidad de que existan registros para lograr evidencias, incluidos los aspectos de seguridad. Es decir, si el ISP gestiona equipos de seguridad como *firewalls* o *router* para el empleo de redes privadas virtuales, o equipos de detección de intrusiones, se debe acordar el registro y necesidad de monitorizarlos.

En cualquier caso, el objetivo de control "12.4 Registro de actividad y supervisión" hace especial énfasis en la necesidad de registrar y monitorizar, para poder detectar actividades no autorizadas. A continuación se resume, especialmente aplicada a equipos de seguridad de red. Como indica la contramedida "12.4.1 Registro y gestión de eventos de seguridad", se deberían mantener registros de:

- Las fechas y horas de los eventos clave, como inicio y fin de conexiones de entrada.
- La identidad de quién realiza la conexión cuando sea posible; por ejemplo si la conexión es al propio cortafuegos, para modificar su configuración, debe conservarse el registro del usuario.
- Las alarmas activadas del sistema de control de acceso al cortafuegos.
- Los cambios en la configuración del cortafuegos.
- La activación o desactivación de funcionalidades de seguridad del cortafuegos, como sistemas antivirus que incorpore, o las funcionalidades de detección y/o prevención de intrusiones.
- Registros de las intentos de comunicaciones rechazadas, por ejemplo, registrar las direcciones IP que persistentemente inician comunicaciones, para las que las reglas de acceso tienen marcada una acción de "prohibir", de los protocolos (puertos) empleados.
- Las direcciones de red de las conexiones establecidas y rechazadas, y de los protocolos (puertos) empleados.

Recuerde

En el capítulo 6, dedicado a la seguridad física y lógica, se introdujo este objetivo de control (12.4) que está referido genéricamente a "sistemas de procesamiento de la información"; aplicándolo entonces al sistema operativo.

Además de los registros mencionados, son de interés los siguientes:

- Las actividades de los usuarios con privilegios, como el administrador o el personal que opere el cortafuegos, deben registrarse especialmente, y revisarse de manera regular. Se debe incluir la información sobre el evento (error, una modificación, un reinicio, etc.), la cuenta desde la que se realiza la operación, y qué funciones o procesos se ven involucrados. Se puede emplear un sistema de detección de intrusiones que no sea controlable por los mismos usuarios que administran el cortafuegos, para monitorizar las actividades de configuración de cara al cumplimiento de las condiciones que deriven de la política de seguridad.
- Los fallos del equipo se deben registrar y analizar especialmente, y por supuesto, asegurar que se corrigen los problemas. Para ello, deben existir procedimientos claros, como la revisión de los registros de error, la revisión de las medidas correctivas aplicadas para asegurar que han sido autorizadas, y que el cortafuegos no se vea comprometido.

Actividades

11. Tras un incidente, se revisan los registros del *firewall* y se encuentra: información de la fecha y hora de los eventos, de las conexiones de los operadores que pueden configurar el *firewall*, de las alarmas generadas por el incidente, y de varias direcciones IP externas, a las que se rechazó sus conexiones. ¿Qué otra información se necesitaría para analizar el incidente?

Sobre la protección de los registros del cortafuegos, debe prestarse especial atención a los registros del *firewall* relacionados con el acceso a información confidencial, especialmente si se conserva, aunque sea parcialmente, la propia información confidencial, ya que podrían ser necesarias medidas de protección para los registros del *firewall*. Como en otras circunstancias, los administradores del *firewall* no deben tener capacidad para borrar o desactivar el registro del equipo. Aparte de lo anterior, el control "10.10.3 Protección del registro" señala específicamente que se deben proteger los medios de almacenamiento de los registros, y los propios registros, de manera que se mantengan confidenciales e íntegros, evitando cambios no autorizados, u otros problemas operativos. Si no se protegen los registros, se crea una falsa sensación de seguridad, que podría llegar a ser más perjudicial que la ausencia de registro.

Para ello, se debe controlar las alteraciones que se detecten a los ficheros de los registros, y también se debe controlar la capacidad de almacenamiento disponible del sistema de ficheros, para evitar que el sistema de registro falle porque no haya espacio, o que se sobrescriban los registros más antiguos si la configuración es de registro circular. En determinadas circunstancias, incluso puede ser necesario conservar una copia de los registros de cara a recolección y mantenimiento de evidencias. También puede ser de interés el empleo de herramientas de filtrado, que ayuden a seleccionar los registros de interés que se analizarán detenidamente, y se conservarán copiados aparte.

Por último, como en otros registros, la sincronización de los relojes es fundamental; la falta de precisión de los registros de cara a la trazabilidad de sucesos se vería degradada, con la consiguiente pérdida de credibilidad en estas herramientas de recolección de evidencias y apoyo a la auditoría.

Recuerde

Todos los equipos de la red privada, (clientes, servidores, electrónica de comunicaciones, impresoras, *router, firewalls,* etc.), deben sincronizar su hora con una misma referencia.

Continúa en página siguiente >>

<< Viene de página anterior

Suele ser habitual designar un equipo interno como referencia o patrón, y ajustar con este el resto de equipos. El equipo referencia debe mantenerse regularmente sincronizado, por ejemplo, con servidores de hora en internet (como "hora.roa.es"), mediante el protocolo NTP; y el resto de los equipos de la red se sincronizan con este equipo de referencia.

No obstante, deben realizarse revisiones periódicas de que el ajuste se está realizando con suficiente frecuencia, como para que la deriva de los relojes locales sea despreciable.

7. Establecimiento de la monitorización y pruebas del cortafuegos

La revisión mediante monitorización, verificación y pruebas del sistema de protección de la red frente a las amenazas procedentes de internet es una tarea principal del área de seguridad de la información; de otra manera, se producirá una sensación de seguridad falsa, que podría llegar a ser muy perjudicial. Un cortafuegos es un elemento crítico para la empresa, y debe existir un procedimiento formal de revisión regular, que podría llegar a ser continua, dependiendo de los riesgos que mitigue esta contramedida.

El Esquema Nacional de Seguridad dicta la medida "4.6 Monitorización", en la que establece que **el sistema debe estar sujeto a medidas de monitorización,** puntualizando especialmente que se dispondrán herramientas para la detección o prevención de intrusiones.

La norma ISO 27002 establece el control "10.10.2 Uso del sistema de monitorización", para los sistemas de información, que se aplicará de manera específica al cortafuegos, con las siguientes recomendaciones:

- Debe existir un procedimiento formal de monitorización del cortafuegos, así como de revisión regular de los resultados de dicha monitorización; ambas tareas son vitales.
- Los recursos que se dediquen a la monitorización, generalmente traducidos en la frecuencia y exhaustividad de la revisión, se deben asignar tras una evaluación del riesgo, pero siempre se deben cumplir los requisitos que puedan venir derivados del cumplimiento de la legislación que pu-

diera aplicar. Entre los factores de riesgo a considerar, destacarían (a) la criticidad de los procesos de las aplicaciones protegidas/filtradas por el *firewall,* (b) el valor de la información involucrada, (c) los antecedentes de ataques o intrusiones y la frecuencia de estos, (d) las redes que están interconectadas, especialmente si son públicas, y (e) la configuración de los registros.

- Se deben monitorizar los accesos autorizados (quién y cuándo accede, a qué se accede, y para qué se accede).
- Se deben monitorizar especialmente las operaciones que requieran del uso de privilegios (como el inicio y apagado, o la carga de plantillas de configuración).
- Se deben monitorizar los accesos no autorizados, como: las comunicaciones rechazadas en base a las reglas de filtrado existentes, los intentos de acceso internos, los accesos externos rechazados, las comunicaciones rechazadas según condiciones expresamente especificadas en la política de seguridad (horarios, destinos expresamente prohibidos, etc.), o las alarmas que pueda iniciar el subsistema de detección de intrusiones.
- Se deben monitorizar las alarmas o fallos del equipo, como: alertas o mensajes en el visor de sucesos o consola de control, excepciones, alarmas de gestión, alarmas por control de accesos u otras según terminología, y categorización concreta del *firewall* que se emplee.
- Se deben monitorizar los cambios de configuración (o los intentos).

Actividades

12. Investigue qué herramientas de código libre *(open source)* existen para realizar pruebas de intrusión o ataque al *firewall* de manera controlada, lo que se conoce como *"hacking* ético".

Este control también recomienda que se empleen aplicaciones de monitorización que permitan comprobar que las comunicaciones solo son aquellas que han sido explícitamente autorizadas; lo que se traduce en que resulta deseable que el *firewall* incorpore un sistema de monitorización de la actividad de red en tiempo real. Por ejemplo, mostrando las conexiones abiertas según la dirección IP privada que las ha iniciado, junto con la dirección IP destino, el protocolo o puerto empleado, y la duración de la conexión y la cantidad de información transmitida. Si bien esto puede parecer sencillo, sobrecarga aún más la actividad del *firewall*, que cada vez debe tener más capacidad de procesamiento, para no deteriorar el servicio entregado. Esta aplicación podría ubicarse en un equipo previo al cortafuegos, para liberarle de este trabajo adicional.

Además del monitoreo en tiempo real, se deberían emplear las herramientas de análisis de red y escaneo de puertos, vistas en el capítulo 7. Esto es importante, porque no se debe dar por hecho que el *firewall* funciona correctamente, ya que podría contener errores, o simplemente existir accesos no configurables desconocidos. Por ejemplo, se puede imaginar especialmente la situación (muy frecuente en entornos de pequeña y mediana empresa) en que se emplea un *firewall* construido a partir de una distribución de *Linux* descargada desde internet. Si bien pueden existir garantías del correcto funcionamiento del equipo, solo la evidencia de una prueba permite asegurar que es así. Además, son estas precisamente las herramientas básicas que un potencial infractor empleará, de manera que resulta natural anticipar esos descubrimientos para adoptar las medidas necesarias. Además de las herramientas de análisis de red, como ***nmap,*** existen otras utilidades específicas, orientadas a simplificar y automatizar el chequeo de *firewalls.*

Estas verificaciones deben ser regulares, para asegurar que vulnerabilidades aún no detectadas hayan sido explotadas, permitiendo que haya accesos abiertos no autorizados y desconocidos. Pueden emplearse sistemas de notificación automática, basados en el envío de alarmas por correo electrónico; pero **nunca un correo debe reemplazar una verificación real y manual de los puertos** por los que la red privada resulta accesible desde internet.

Nota

Existen multitud de sitios web que ofrecen servicios de chequeo *online* del *firewall* externo de la red de la empresa. También existen herramientas que se pueden ejecutar sin conexión a internet, lo que puede ser muy deseable por ejemplo antes de pasar un sistema a producción.

En concreto, la herramienta *ftester* (que se puede descargar libremente desde http://dev.inversepath.com/download/ftester), permite inyectar paquetes personalizados desde la red privada o la red pública, para comprobar ambos lados del *firewall*. La aplicación registra los paquetes que atraviesan el cortafuegos, lo que permite confirmar que está funcionando acorde a como se espera.

8. Resumen

Internet es la principal fuente de amenazas para la red de la empresa, y a la vez, resulta imprescindible. Por tanto, se debe reducir en lo posible esta vulnerabilidad, primero, manteniendo controlados y definidos los puntos de interconexión, y en segundo lugar, empleando en dichos puntos pasarelas de seguridad generalmente conocidas como cortafuegos o *firewalls*.

Por su funcionamiento, son habituales el empleo de *firewalls* de filtrado de paquetes (de manera estática o de manera dinámica), o bien *firewalls* de aplicación, formados por servidores *proxy* que interrumpen la comunicación entre clientes y servidores a modo de *buffer*, o aplicación intermedia. Por su construcción, se pueden encontrar diseños que van desde un sencillo *router* proporcionado por el ISP, hasta subredes filtradas que permiten la existencia de zonas intermedias (o zonas desmilitarizada, DMZ), donde generalmente se deben ubicar los servidores que tengan que ser accedidos desde el exterior, o sus reemplazos (es decir servidores *proxy* para el acceso externo); sin olvidar los *firewalls* personales, que se ubican en cada cliente de la red privada.

El empleo de *firewalls* protege el perímetro, controlando el acceso a la red privada desde internet, y viceversa. Pese a ello, persiste el problema del acceso a la información, cuando esta circula libremente por internet, o cuando circula por la red privada, si el ataque procede de la propia red privada. Para ello, se emplean redes privadas virtuales, que constituyen conexiones (túneles) seguros entre emisor y receptor, gracias al empleo de autenticación y encriptación. Entre los protocolos VPN más usados, destacan PPTP y L2TP, funcionando en capa 2, e IPsec, funcionando en capa 3; este último, bien en modo transporte (comunicaciones extremo a extremo, u ordenador a ordenador), o en modo túnel (comunicaciones red a red o *firewall* a *firewall).*

El uso conjunto de *firewalls* y VPN, para separar la LAN de internet o para separar subredes LAN o dominios lógicos de seguridad internos, completan las salvaguardas que permiten cerrar perfectamente la infraestructura (física y lógica) en torno a los activos contenidos. Como otras contramedidas, se debe monitorizar su eficacia y rendimiento mediante registros de auditoría y verificaciones regulares de su buen funcionamiento, desconfiando del comportamiento conocido.

Ejercicios de repaso y autoevaluación

1. Indique cuál de las siguientes recomendaciones del Esquema Nacional de Seguridad es la correcta:

a. Se debe emplear un sistema de seguridad perimetral que prohíba todo el tráfico.
b. Se debe emplear un sistema cortafuegos que separe la red interna del exterior, y que permita pasar los flujos autorizados.
c. Se debe emplear un *firewall* que separe la red interna del exterior, por el que pase todo el tráfico, y que solo deje progresar el autorizado previamente.
d. Solo se recomienda emplear *firewalls* en entornos de seguridad de nivel alto.

2. Enumere tres técnicas de ingeniería social que podría emplear un atacante para obtener información del sistema objetivo.

____

____

3. Indique si las siguientes afirmaciones son verdaderas o falsas:

a. Los ataques que pueden sufrir las comunicaciones de emisor a receptor son amenazas físicas o de interrupción y amenazas lógicas.

☐ Verdadero
☐ Falso

b. Las comunicaciones sufren un ataque de fabricación, cuando se consigue e introduce en el flujo de comunicaciones un mensaje similar al atacado.

☐ Verdadero
☐ Falso

c. Las comunicaciones solo pueden sufrir ataques de interrupción (disponibilidad), interceptación (confidencialidad) y fabricación (integridad).

☐ Verdadero
☐ Falso

4. Indique el nombre de los siguientes tipos de cortafuegos.

- Equipo que solo puede realizar filtrado de paquetes.
- Equipo que crea un canal de comunicación entre cliente y servidor para todo tipo de aplicación del cliente.
- Equipo que recuerda las comunicaciones iniciadas desde la LAN a internet para admitir automáticamente los paquetes de respuesta de internet a la LAN.

5. Empareje los opciones adecuadas:

1. *Screened subnet.*
2. Bastión de una red.
3. Bastión filtrado.
4. *Screened host.*
5. *Router* de filtrado.
6. Subred filtrada.
7. *Screening router.*
8. *Single homed host.*

6. Complete la siguiente frase:

La función NAT permite __________ una dirección _________ entre todas las ___________privadas de los clientes LAN.

7. Enumere al menos tres ventajas de un cortafuegos construido mediante un bastión, frente a un *firewall* construido mediante un *router.*

____

____

____

____

8. Complete la siguiente frase:

En un *firewall screened host* se emplea un __________ previo al bastión para __________ los ____________, y que está configurado para que solo envíe hacia el bastión el ___________ de ____________ filtrado, y para que solo admita conexiones internas desde el ______.

9. Señale si las siguientes afirmaciones son verdaderas o son falsas:

a. Un *firewall screened subnet* consta de tres elementos.

☐ Verdadero
☐ Falso

b. Un *firewall* de subred filtrada es el diseño más seguro, porque aún comprometido el bastión, el atacante debe sobrepasar otro *router* de filtrado.

☐ Verdadero
☐ Falso

c. Un *firewall* de subred filtrada es el único diseño que define una zona DMZ para proteger servidores que deban ser accedidos desde el exterior.

☐ Verdadero
☐ Falso

10. Establezca las parejas

a. Redes señuelo.
b. Rangos de direcciones de red diferentes.
c. *Honeypot.*
d. Segregación en subredes.
e. Ubicación de servidores accesibles desde el exterior.
f. DMZ

11. **Indique si se deben prohibir o permitir los siguientes flujos de red en un diseño *screened subnet*, que incorpora un servidor bastionado en la zona DMZ accesible desde internet, que necesita acceder a un servidor de base de datos privado:**

    a. Del servidor bastionado a la LAN.
    b. Del servidor bastionado a internet.
    c. Del servidor bastionado al servidor de base de datos.
    d. De los clientes al servidor bastionado.

12. **Complete la siguiente frase:**

    Las redes privadas virtuales permiten ____________ o canales de ____________ ____________, empleando ____________ no seguras o ____________, como ____________, usando para ello métodos ____________, que permiten defender las comunicaciones de ataques de ____________ y de ____________.

13. **¿Cómo se clasifican los tipos de VPN, de acuerdo a su uso?**

    ____
    ____
    ____
    ____

14. **Enumere tres protocolos empleados para construir redes privadas virtuales, indicando la capa de red en la que actúan, y sus variantes o modos de funcionamiento si los hay.**

    ____
    ____
    ____
    ____

15. **Indique dos contramedidas adicionales al empleo de cortafuegos que deben aplicarse, para asegurar su eficacia y evitar una falsa sensación de seguridad:**

____

____

____

____

Bibliografía

Monografías

- MCNAB, C.: *Seguridad de redes.* Madrid: Anaya–O'Reilly, 2008.
- MERINO, B.: *Análisis de tráfico con WIRESHARK.* INTECO-CERT, 2011.
- MOLINA, F. J.: *Redes de área local.* Madrid: Ra-Ma, 2005.
- SÁNCHEZ Prieto, S. y GARCÍA Población, O.: *Linux guía práctica.* Madrid: Ra-Ma, 2008.
- SCARFONE, K., JANSEN, W. y TRACY, M.: *Guide to General Server Security (SP 800-123).* NIST, 2008.
- TANENBAUM, A.S.: *Redes de computadoras.* México: Prentice Hall, 2012.
- VV. AA.: *Guía de seguridad (CCN-STIC-803) Esquema nacional de seguridad. Valoración de los sistemas.* Madrid: Ministerio de Defensa, 2020.
- VV. AA.: *MAGERIT – versión 3.0. Metodología de Análisis y Gestión de Riesgos de los Sistemas de Información.* Madrid: Ministerio de Hacienda y Administraciones Públicas, 2012.
- VV. AA.: *Red Hat Enterprise Linux Benchmark v1.1.* CIS. 2008.
- VV. AA.: *Redes de datos y comunicaciones entre sistemas abiertos. Interconexión de sistemas abiertos – Modelo y notación X.200.* UIT-T. 1995.

Solucionario de

Ejercicios de repaso y autoevaluación

Solucionario Capítulo 1

1. **Indique si las siguientes afirmaciones son verdaderas o falsas:**

    a. Una amenaza es la probabilidad de que haya un fallo que dañe los sistemas.

    ☐ Verdadero
    ☑ **Falso**

    b. Una amenaza es un posible hecho que dañaría los sistemas.

    ☑ **Verdadero**
    ☐ Falso

    c. Se puede eliminar una amenaza reduciendo su vulnerabilidad.

    ☐ Verdadero
    ☑ **Falso**

2. **Determine la fórmula correcta:**

    a. Riesgo = amenaza + vulnerabilidad.
    b. Riesgo = probabilidad x vulnerabilidad.
    c. Riesgo = impacto x vulnerabilidad.
    d. Riesgo = probabilidad x daño.

3. **Complete las siguientes definiciones:**

    a. Disponibilidad es que la información esté disponible siempre que se necesite.
    b. Confidencialidad es que la información solo esté accesible para quien esté autorizado a ello.
    c. Integridad es que la información sea válida, exacta, y completa.
    d. Fiabilidad o **seguridad** es que el comportamiento de un sistema sea predecible, según su diseño y construcción.

4. **Determine la combinación correcta de propiedades:**

   a. Fiabilidad = confidencialidad + precisión + exactitud.
   b. Seguridad = confianza + integridad + disponibilidad.
   c. Seguridad = confidencialidad + integridad + disponibilidad.

5. **Complete la siguiente oración:**

   Un modelo de seguridad orientado a la gestión de riesgos, persigue organizar la gestión de la seguridad en base a dos factores: un método para **gestionar los riesgos** y unas **directrices empresariales.**

6. **Complete las siguientes definiciones:**

   a. La gestión de riesgos permite la elección de unas salvaguardas u otras, según unas directrices empresariales.
   b. El análisis de riesgos permite ordenar los riesgos según su importancia, calculada cuantitativa o cualitativamente.
   c. Riesgo es el daño probable de una amenaza.

7. **Determine la opción que elegiría:**

   a. Una salvaguarda que aporte mínimo retorno de la inversión.
   b. Una contramedida que reduce un riesgo pero que tiene un precio alto.
   c. Cuando es muy bajo, se puede asumir el riesgo sin hacer nada, y sin ser necesario informar a la Dirección.

8. **Indique si es o no necesario verificar:**

   a. La temperatura máxima a la que pueden funcionar los ordenadores.

      No es necesario verificar la temperatura máxima a la que el equipo habitualmente se apagara solo.

      Es necesario verificar la temperatura recomendada de funcionamiento, para intentar proporcionarla de la manera más estable posible.

b. El nivel de tensión eléctrica que llega habitualmente al CPD.

No es necesario verificar la tensión que puede fluctuar excepcionalmente.

Es necesario verificar la intensidad máxima de los cuadros de protección eléctrica, que producirán cortes si el consumo de los equipos se aproxima al máximo permitido.

c. El grosor de los paramentos del CPD y su construcción.

Sí es necesario verificarlo, pues son una medida básica ante la amenaza de acceso físico.

d. La existencia de pasos bajo el falso techo, entre el CPD y los recintos anexos.

Sí es necesario verificarlo, pues es una medida básica ante la amenaza de acceso físico.

9. Indique una salvaguarda preventiva ante amenaza de inundaciones, y una reactiva.

- Preventiva: ubicar el CPD por encima del nivel del suelo, por ejemplo, en una segunda o tercera planta del inmueble.
- Reactiva: disponer de sumideros en el suelo técnico del CPD.

10. Indique cinco salvaguardas ante el riesgo de incendios en el CPD.

- Alarmas de humo.
- Alarmas de temperatura.
- Sistemas de autoextinción.
- Extintores.
- Puertas ignifugas para evitar que un incendio externo penetre al CPD.

11. Indique tres salvaguardas ante la difusión de *software* dañino.

- Antivirus
- *Antimalware*
- Copias de seguridad

12. ¿Qué contraseña será más compleja, una que tenga 5 dígitos, o una que tenga 3 caracteres, (usando mayúsculas o minúsculas)?

Hay 100.000 contraseñas posibles de 5 dígitos.

Hay 140.608 contraseñas posibles con 3 caracteres, mayúscula o minúscula (hay 27 mayúsculas y 27 minúsculas, en total 52 caracteres, es decir 52 x 52 x 52 contraseñas).

Es un 40% más robusto emplear 3 letras al azar que 5 dígitos.

13. Dibuje el diagrama de mejora continua de *Deming*.

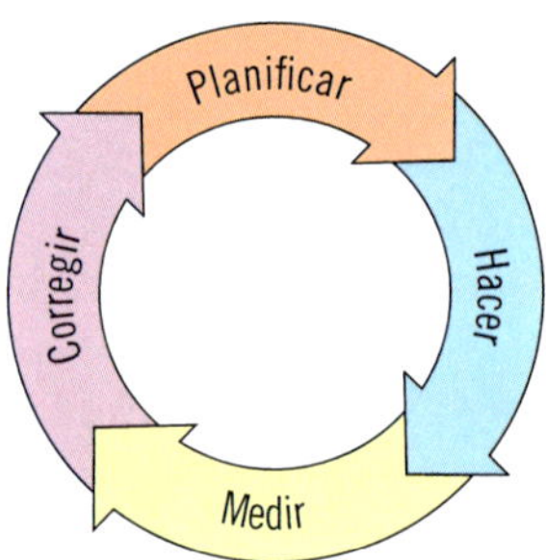

14. ¿Cuáles de las siguientes salvaguardas no protegen a la información frente a la amenaza específica de los trabajadores?

a. Clausulas de responsabilidades legales en los contratos.
b. Un sistema de identificación y autenticación de usuarios.
Protege frente a accesos lógicos, de trabajadores o de cualquiera que haya logrado acceder al sistema.
c. Investigar los antecedentes.

15. Un SGSI...

a. ... permite implantar medidas de seguridad concretas para una amenaza.
No es su objetivo principal. Un SGSI tiene un carácter esencialmente dinámico, que conlleva la revisión de amenazas y salvaguardas, pudiendo ser necesario retirar medidas implantadas anteriormente.

b. ... corrige errores de implantación en las medidas de seguridad.
Sí es una consecuencia de su carácter dinámico, por que las medidas de eficacia de las salvaguardas ayudaran a detectar errores.

c. ... puede considerar los datos de carácter ético y cultural de la empresa.
Sí. En la implantación de medidas, debe considerarse diferentes aspectos más allá de los tecnológicos.

Solucionario Capítulo 2

1. **Complete la siguiente oración:**

   En el BIA se estudian cuáles son los procesos o **funciones vitales** del negocio, que dependan en cualquier medida de los sistemas de información.

2. **Indique qué tres resultados básicos entrega el BIA:**

   Cuáles son los procesos críticos, u ordenarlos por prioridad.

   Cuál es el daño/impacto, en función del tiempo que tarde en restablecerse el servicio.

   Cuál es el coste de las diferentes estrategias de recuperación, que proporcionarán un tiempo y un punto objetivo de recuperación.

3. **Indique si las siguientes afirmaciones son verdaderas o son falsas.**

   a. Para realizar un BIA, basta pasar unos formularios a los responsables de departamento, para que evalúen la importancia de su función última, y determinen cuánta información podrían perder.

      ☐ Verdadero
      ☑ **Falso**

   b. El BIA es una herramienta para estudiar la continuidad del negocio.

      ☑ **Verdadero**
      ☐ Falso

   c. El BIA asegura que el RTO será el que indiquen los dueños de los procesos de negocio críticos.

      ☐ Verdadero
      ☑ **Falso**

4. **Marque la respuesta correcta:**

   a. El RTO siempre será mayor que el RPO, porque no se puede adivinar la información futura de la empresa.
   b. El RTO representa el periodo de tiempo del que se pierde información.
   c. El tiempo total que pierde la empresa es la suma de RPO y el RTO.

5. **Determine la opción que elegiría, en base a una criterio de máxima integridad:**

   a. Una salvaguarda que asegura que la información sea exacta y completa.
   b. Una contramedida que proporciona una RTO alta a un precio bajo.
   c. Un método de recuperación de precio alto, que proporciona un RTO muy bajo, y un RPO moderado.

6. **Enumere cuatro aspectos que pueden considerarse a la hora de evaluar el daño que un incidente de seguridad causa en una función de la empresa:**

   El daño financiero.

   El daño en la reputación, imagen y confianza.

   El daño para seguir cumpliendo la propia función.

   El daño para otras funciones dependientes de esta.

7. **Determine la fórmula más aproximada:**

   a. Proceso= seguridad + personas + sistemas.
   b. Proceso = información + personas + equipos.
   c. Proceso = seguridad + información + personas.

8. **Seleccione la opción más adecuada:**

   a. El dueño de la empresa debe poder acceder a toda la información.
   b. El acceso a la información solo debe proporcionarse a quien desempeñe el rol de consultor en los procesos críticos de negocio.
   c. Los permisos de acceso a la información siempre debe ser los mínimos necesarios.

9. Complete las siguientes definiciones:

a. La información **confidencial** difundida sin control, puede suponer incumplimientos legales.
b. La información **pública** siempre requiere de esta calificación, expresa por el área o responsable de comunicación de la empresa.
c. La información **interna** puede ser accedida libremente por todo el personal de la empresa, incluso los no empleados.

10. Califique las dimensiones de seguridad, según nivel alto, medio, o bajo:

a. De disponibilidad, si se precisa siempre: **nivel alto.**
b. De confidencialidad, como un listado de teléfonos de la empresa: **nivel medio.**
c. De integridad, en una base de datos en la que se admite hasta un 10 % de registros erróneos sin ningún impacto: **nivel bajo.**
d. De confidencialidad, como la información que se ha publicado en la web: **nivel bajo.**

11. Si los requisitos CIA de dos componentes de un proceso son (4, 4, 5) y (3, 2, 6), determine los requisitos CIA del proceso total, en los siguientes casos:

a. Si se agregan: **(7, 6, 11).**
b. Si se emplea el más alto: **(4, 4, 6).**
c. Si los procesos se agregan, las tareas del proceso implican que su integridad sea el doble de importante, y se busca un único valor de la seguridad: **(7 + 2 x 6 + 11) = 30.**

12. Indique si las siguientes afirmaciones son verdaderas o falsas:

a. Los requisitos de confidencialidad para una persona dependen de cómo sea de reservado.

   ☐ Verdadero
   ☑ **Falso**

b. Los requisitos de integridad de una persona dependerán de si acepta o no sobornos.

- ☐ Verdadero
- ☑ **Falso**

c. Los requisitos de disponibilidad de una persona dependerán de que siempre tenga un móvil encendido.

- ☐ Verdadero
- ☑ **Falso**

13. Indique tres servicios de soporte básico que puedan ser componentes de un proceso en el que intervengan sistemas de información:

El suministro eléctrico.

El sistema de climatización.

El alojamiento (local, armarios de fijación, etc.).

14. Elija una contramedida para subsanar el riesgo de integridad de las copias de seguridad de la información:

a. Almacenarlas comprimidas.
b. Guardar las copias protegidas por contraseña o cifradas.
c. Guardar el *hash* de la información para verificar la copia antes de restaurarla.

15. Identifique las curvas de la siguiente imagen:

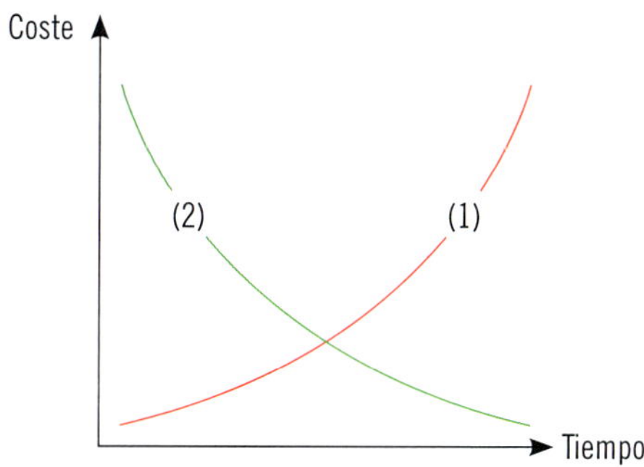

(1) Coste de parada del servicio.

(2) Coste de recuperación del servicio.

Solucionario Capítulo 3

1. **Complete la siguiente oración:**

   Por simplicidad, el análisis y gestión de riesgos se suele acortar a **gestión** de **riesgos,** pero en ningún caso este nombre corto supone eliminar la etapa inicial de análisis de riesgos.

2. **Indique dos situaciones en las que conviene realizar un AGR, y una en la que sea obligatorio:**

   Conviene antes de desplegar nuevos servicios.

   Conviene antes de realizar inversiones de renovación tecnológica.

   Es obligatorio cuando la empresa quiera obtener la certificación ISO 27001.

3. **Enumere las cuatro decisiones que se pueden adoptar frente a los riesgos detectados:**

   - Mitigar el riesgo.
   - Evitar el riesgo.
   - Transferir el riesgo.
   - Aceptar el riesgo.

4. **Marque la opción correcta:**

   a. La decisión sobre qué hacer con los riesgos, vendrá dada exclusivamente por la rentabilidad de la acción, buscando el mínimo coste total.
   b. En la decisión sobre qué hacer con los riesgos, los requisitos legales siempre deben cumplirse.
   c. En la decisión sobre qué hacer con los riesgos, entre otros, pueden intervenir los requisitos legales, los requisitos operacionales, los objetivos de la empresa, y la rentabilidad de la acción.
   d. En la decisión sobre qué hacer con los riesgos, solo se tendrá en cuenta el riesgo residual alcanzado.

5. **Determine la opción que elegiría cuando un riesgo es despreciable, comparado con el criterio de aceptación de riesgos de la empresa:**

   a. No hacer nada.
   b. Mitigar el pequeño riesgo residual que presenta para lograr evitarlo.
   c. Corresponde a la Dirección de la empresa autorizar la aceptación del riesgo.
   d. Esperar a que el riesgo crezca para poder tratarlo convenientemente.

6. **Seleccione la afirmación más adecuada, acorde con el método MAGERIT:**

   a. Conocer para asegurar: conocer los riesgos para poder afrontarlos y reducirlos.
   b. Conocer para confiar: conocer los riesgos para poder afrontarlos y controlarlos.
   c. Conocer para ocultar: esconda sus riesgos para reducir las amenazas.
   d. Conocer para desconfiar: cuanto más se conoce el sistema, aparecen más vulnerabilidades.

7. **Determine los pasos habituales del análisis de riesgos en MAGERIT:**

   a. Paso 1, paso 2, paso 4, paso 3, paso 5.
   b. Paso 1, paso 2, paso 3, paso 4, paso 5.
   c. Paso 1, paso 2, paso 4, paso 5, paso 3.
   d. Paso 1, paso 2, paso 5, paso 3, paso 4.

8. **Complete la siguiente frase:**

   El activo esencial es la **información** o **datos,** y alrededor se encuentran también otras familias de activos.

9. **Indique los nombres de las capas en que puede organizar los activos que contribuyen a la entrega de un servicio que emplea sistemas de información.**

   Capa 4, de funciones de la organización.

   Capa 3, de información.

Capa 2, de sistema de información.

Capa 1, de entorno.

10. Indique si las siguientes afirmaciones son verdaderas o falsas:

a. MAGERIT recoge todas las amenazas que puede enfrentar un SI:

☐ Verdadero
☑ **Falso**

b. MAGERIT no incluye un catálogo de amenazas. En su lugar debe emplearse ISO 27002 y el buen juicio profesional del analista para determinar las idóneas:

☐ Verdadero
☑ **Falso**

c. MAGERIT incluye un conjunto de amenazas, agrupadas en cuatro categorías, señalando las familias de activos habitualmente dañadas, y las dimensiones que se verán dañadas de mayor a menor relevancia:

☑ **Verdadero**
☐ Falso

11. ¿Qué dato emplearía en MAGERIT para las siguientes valoraciones? Indique verdadero o falso:

a. Una degradación de 0.1, si la amenaza daña parcialmente.

☑ **Verdadero**
☐ Falso

b. Una frecuencia de 10, si ocurre una vez al año.

☐ Verdadero
☑ **Falso**

c. Una degradación del 0.1 %, si la amenaza apenas daña el activo.

☐ Verdadero
☑ **Falso**

d. Una frecuencia de 100, si la amenaza sucede casi a diario.

☑ **Verdadero**
☐ Falso

12. Defina las siguientes magnitudes:

a. El impacto repercutido: **es el impacto en un activo a consecuencia de su valor propio (no del acumulado), y de las amenazas a las que están expuestos sus activos inferiores.**
b. El riesgo acumulado: **es el riesgo producido por el impacto acumulado de un activo, a raíz de la frecuencia de su amenaza.**
c. El impacto acumulado: **es el impacto producido sobre el valor acumulado de un activo, a raíz de sus amenazas.**
d. El riesgo repercutido: **es el riesgo en un activo a consecuencia de su impacto repercutido, y de la frecuencia de la amenaza.**

13. Indique cuáles de las siguientes operaciones se pueden realizar al considerar una jerarquía de activos en un AGR:

a. Puede agregar impactos (riesgos) de diferentes amenazas sobre un mismo activo.

☑ **Verdadero**
☐ Falso

b. Puede agregar impactos repercutidos sobre diferentes activos.

☑ **Verdadero**
☐ Falso

c. Puede agregar riesgos acumulados sobre diferentes activos.

☐ Verdadero
☑ **Falso**

d. No puede agregar impactos (riesgos) en diferentes dimensiones.

☐ Verdadero
☑ **Falso**

14. Marque cuáles de las siguientes fórmulas son válidas:

a. Riesgo residual = Impacto repercutido x frecuencia mejorada.
b. Impacto residual = Impacto x (100 – eficacia de la salvaguarda).
c. Riesgo residual = Impacto residual x frecuencia mejorada.

15. Identifique las curvas de la siguiente imagen:

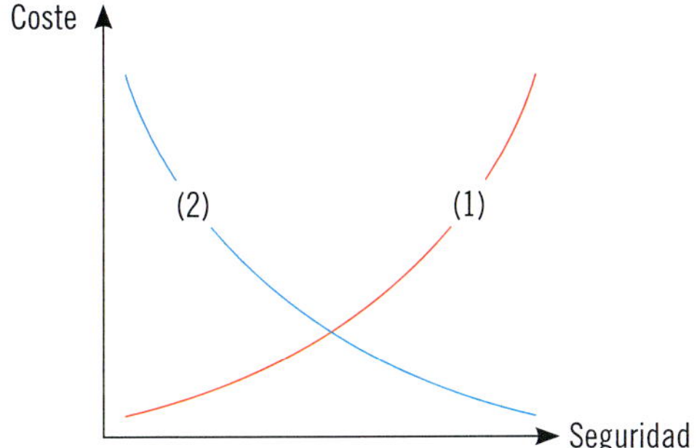

(1) Coste de salvaguardas.

(2) Coste del riesgo residual.

Solucionario Capítulo 4

1. **Empareje las siguientes términos, correspondientes a diferentes aspectos de cada fase de un SGSI:**

   a. Establecimiento.
   b. Monitorear y revisar.
   c. Corregir.
   d. Implementación y operación.
   e. ¿Cómo modificar el rumbo?
   f. Implantación de salvaguardas.
   g. Planear.
   h. ¿Dónde estamos?

   Fase 1: a. y g.
   Fase 2: d. y f.
   Fase 3: b. y h.
   Fase 4: c. y e.

2. **Si el nivel de seguridad CIA de un proceso es (4,5,1), y el nivel requerido es (1,8,1), el informe de insuficiencias concluirá que...**

   a. ... el nivel de seguridad existente (4+5+1=10) cumple los requerimientos de seguridad de la empresa (1+8+1=10).
   b. ... hay un déficit de 3 puntos en la integridad existente (5) frente a la requerida (8). Por tanto, integridad no alcanzada, inferior a 8: 5.
   c. ... debe invertirse en mejorar la integridad.
   d. No se indicará nada, porque no se alcanzan los valores de riesgo máximo admisibles.

3. **Una fuente para los requisitos de seguridad de una empresa es:**

   a. El resultado de una auditoría de seguridad del cumplimiento de la norma ISO 27001.
   b. El presupuesto de seguridad.
   c. Los principios, los objetivos, y los requerimientos comerciales que el sistema de información debe cumplir para sostener las operaciones de la empresa.

d. Un método de valoración CIA de un proceso, coincidente con la valoración CIA de su información crucial.

4. Elija la secuencia temporal de intervención de los controles:

a. Organizativos, prevención, de detección física, emergencia, y recuperación.
b. Primero los de detección, luego los de emergencia, luego los de recuperación, y por último, los de prevención, para evitar que se repitan.
c. Preventivos, correctivos, y adaptativos o perfectivos.
d. Preventivos, de detección, de emergencia, y de recuperación.

5. Bajo unos criterios generales, elija que conjunto de salvaguardas resulta óptimo:

a. Medidas físicas y técnicas, para la detección y recuperación, pero muy difíciles de operar.
b. Medidas preventivas, de detección y recuperación, organizativas y técnicas, de complejidad moderada, y con un programa de actualizaciones periódicas.
c. Una aplicación de detección y recuperación integrada, que se ejecuta sola, y apenas necesita intervención humana cuando se activa, pero sin actualizar ni revisar desde hace años.
d. Las más económicas que cumplan la legislación vigente.

6. ¿A qué tipo de activo aplican las siguientes salvaguardas, según el método MAGERIT?

- Registro de intrusiones: **equipos.**
- Control de acceso de las entradas/salidas de personas y equipos: **seguridad física.**
- Protección frente a código dañino (virus, troyanos, etc.): **aplicaciones.**

7. Según ISO 27001, e ISO 27002, los controles esenciales son los siguientes:

a. La protección de datos y privacidad de la información, los derechos de propiedad intelectual, y la protección de los registros de la empresa.
b. El marco regulatorio, los objetivos organizacionales, los requerimientos y restricciones de operación, un costo de implementación en relación al riesgo que se reduce proporcional a los requisitos de la empresa, y el equilibrio entre coste de implementación y el riesgo.

c. 114 controles, 14 dominios y 35 objetivos de control.
d. No existen unos controles esenciales, porque dependen del sector de actividad de cada empresa.

8. Indique qué controles deben incluirse en una declaración de aplicabilidad:

Los controles seleccionados (detallando los motivos de selección), los controles existentes, y los controles excluidos (justificando por qué se excluyen).

9. Complete la siguiente frase:

El Esquema Nacional de Seguridad establece la política de seguridad en la utilización de medios electrónicos, y está constituido por **principios básicos** y **requisitos mínimos** para una adecuada SI.

10. Indique a qué fase de un SGSI pertenecen las siguientes tareas:

- Identificar los riesgos: **I. Establecer SGSI.**
- Tomar medidas preventivas y correctivas: **IV. Mantener y mejorar el SGSI.**
- Revisar evaluaciones de riesgo. **III. Monitorear y Revisar SGSI.**
- Definir efectividad controles. **II. Implementar y Operar SGSI.**
- Analizar y evaluar los riesgos. **I. Establecer SGSI.**
- Plan de tratamiento de riesgos. **II. Implementar y Operar SGSI.**
- Detección y respuesta a incidentes. **II. Implementar y Operar SGSI.**
- Seleccionar controles para riesgos. **I. Establecer SGSI.**

11. Según ISO 27001, el plan de tratamiento de riesgos, debe identificar:

La acción, los recursos, las responsabilidades, y las prioridades de la gerencia para manejar riesgos de SI.

12. Los procesos de la norma ISO 27003, que dan pautas sobre la información que se debe recoger de cada control o salvaguarda, lo que resulta muy valioso para su implantación, son:

a. La revisión del marco legislativo, las normas y requisitos operacionales, los principios, y objetivos (incluidos los comerciales) que debe cumplir el sistema de información para sostener las operaciones de la empresa.
b. El análisis y gestión de riesgos, la elaboración de una declaración de aplicabilidad, y una auditoría que concluya en un informe de insuficiencias.
c. El diseño de contramedidas en la seguridad organizacional, y el diseño de contramedidas en seguridad física y de las TIC.
d. Los mismos que se marcan en la norma 17799:2005.

13. Enumere el contenido recomendado para cada acción a ejecutar dentro del plan de tratamiento de riesgo, según las normas ISO 27000:

a. Descripción de la acción.
b. Prioridad de riesgos para gerencia.
c. Recursos necesarios para la acción.
d. Consideraciones de financiación.
e. Funciones y responsables en la ejecución de la acción.
f. Medidas de eficacia de controles.
g. Para cada control, aspectos del diseño para su implantación.

14. Enumere el contenido recomendado de cada programa de seguridad, según MAGE-RIT:

a. Objetivo del programa.
b. Prioridad de la implantación.
c. Periodo de implantación.
d. Salvaguardas a implantar.
e. Responsables de la ejecución.
f. Estimación de costes financieros.
g. Estimación de recursos y tareas.

15. A la vista de las siguientes curvas de comparación de pérdidas y ganancias, elija la mejor opción:

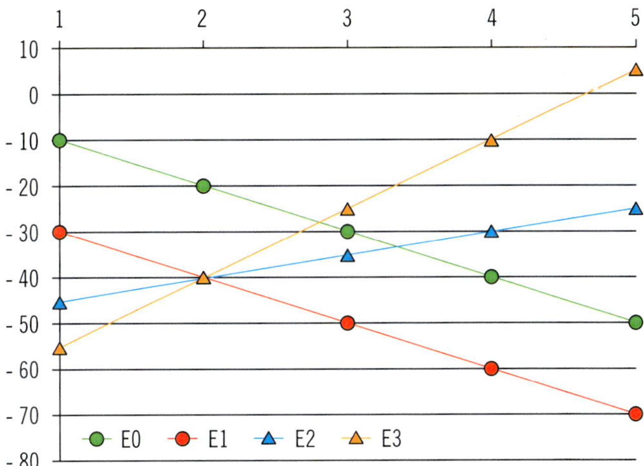

E3 es la mejor opción, porque es la primera que resuelta rentable: al tercer año ya supera el coste acumulado de no hacer nada (E0).

Solucionario Capítulo 5

1. **Elija la opción correcta:**

   a. La LOPDGDD limita el uso de la informática, para garantizar el honor y la intimidad personal y familiar de los ciudadanos y el pleno ejercicio de sus derechos.
   b. La Directiva 94/46/CE3, en materia de protección de datos, garantiza la libre circulación de datos entre los estados miembros.
   c. La Constitución Española establece que la ley limitará el uso de la informática, para garantizar el honor y la intimidad personal y familiar de los ciudadanos, y el pleno ejercicio de sus derechos.
   d. La protección de datos de carácter privado no está regulada en manera alguna, y solo es una recomendación de la norma ISO 27000.

2. **Empareje los opciones adecuadas:**

   1. Responsable del tratamiento.
   2. Encargado del tratamiento.
   3. Persona física o jurídica que trata los datos personales.
   4. Persona física o jurídica, que decida sobre la finalidad, contenido, y uso del tratamiento.

   Pareja: 1 y 4
   Pareja: 2 y 3

3. **Indique cuáles de entre los siguientes no son fuentes accesibles al público:**

   a. Una guía telefónica de edición anual, y difusión a todos los clientes de una empresa de telefonía.
   b. Los diarios y boletines oficiales.
   c. Un listado de una asociación de médicos, que incluye nombre, especialidad, y el domicilio.
   d. Registro Mercantil.

4. **Indique, respondiendo sí o no, si las siguientes afirmaciones son objeto de la LOPDGDD:**

   a. Los datos de ciudadanos españoles de una empresa establecida fuera de la UE: **no.**
   b. Los datos de Fuerzas y Cuerpos de Seguridad referentes a investigaciones sobre organizaciones terroristas internacionales que puedan operan en España: **no.**
   c. Un listado con los datos de contacto particular de sus conocidos, aficionados a las apuestas deportivas de futbol, que incluye sus números de cuenta para transferirles los beneficios: **no.**

5. **Marque la opción correcta:**

   a. Los derechos ARSULIPO son los derechos de acceso, revocación, suplantación, limitación y supresión.
   b. Los DCP tienen los derechos ARSULIPO, que aseguran su acceso, rectificación, cancelación y oposición.
   c. Los derechos ARSULIPO son los mismos que los derechos ARCO.
   d. Los derechos ARSULIPO hacen referencia a los derechos de acceso, rectificación, supresión, limitación de tratamiento, portabilidad y oposición.

6. **Enumere la/s condición/es necesarias para que, con su consentimiento expreso, puedan comunicar sus DCP:**

   Que la cesión sea para fines directamente relacionados con las funciones legítimas del cedente y del cesionario.

7. **Enumere la/s condición/es necesarias para que, sin su consentimiento expreso, puedan comunicar sus DCP:**

   - Que los datos procedan de fuentes accesibles al público.
   - Que el tratamiento responda a una relación jurídica que implique la cesión.
   - Que el destinatario sea el Defensor del Pueblo, el Ministerio Fiscal, Jueces, Tribunales, o Tribunal de Cuentas.
   - Que se cedan entre Administraciones para fines estadísticos, históricos, o científicos.
   - Que traten sobre salud, y para solucionar una urgencia, o realizar estudios epidemiológicos.

8. **Califique las siguientes infracciones**

   a. Divulgar DCP no respetando el deber de secreto: **grave.**
   b. Obstaculizar el ejercicio de los derechos ARSULIPO: **grave.**
   c. No cumplir las medidas de seguridad del nivel reglamentario: **grave.**
   d. No cumplir el deber de información al recabar DCP de sus titulares, y no haber solicitado su inscripción en la AEPD: **leve.**

9. **Indique la sanción esperable si se comunica a terceros un fichero sin estar legitimado para ello, reconociendo de manera espontánea la infracción:**

   a. De 40.001 a 300.000, porque se trata de una infracción grave.
   b. De 900 a 40.000, porque el reconocimiento espontáneo reduce la franja de sanciones a las de la categoría leve.
   c. De 900 a 40.000, porque con el reconocimiento espontáneo la infracción pasa a ser de categoría leve.
   d. Siempre que se reconozca la infracción, no habrá sanción alguna, por reducción.

10. **¿A qué tipos de datos corresponden aquellos que almacenan información sindical?**

   a. Datos no identificativos.
   b. Datos de carácter especial.
   c. Datos de carácter leve.
   d. Datos relativos a condenas.

11. **¿A qué tipos de datos corresponden aquellos que almacenan información médica?**

   a. Datos no identificativos.
   b. Datos de carácter especial.
   c. Datos de carácter leve.
   d. Datos relativos a condenas.

12. **Realizar una copia de respaldo semanal de los DCP es una medida de nivel...**

   a. ... básico.
   b. ... medio.

c. ... alto.
d. No es una medida.

13. **Determinar si la siguiente frase es verdadera o falsa: "Deberá designarse uno o varios documentos de seguridad, para uno o todos los ficheros, encargados de coordinar y controlar las medidas de seguridad que se establezcan".**

☐ Verdadero
☑ **Falso**

14. **Elija la respuesta más adecuada sobre el procedimiento a seguir para realizar la inscripción de un fichero de DCP:**

a. Se solicita la inscripción, se mandan los datos de los ficheros al Registro General de Protección de Datos, y por último, se espera hasta que la AEPD responda.
b. Siempre se debe notificar la solicitud de inscripción antes de la creación del fichero, y si no hubiera respuesta de la AEPD en 30 días, se sobreentiende que el fichero está inscrito.
c. No es necesaria ninguna inscripción desde la nueva ley LOPDGDD 3/2018.
d. Se rellena el formulario de la agencia en internet, abonándose las tasas de inscripción según el nivel de las medidas que se quieran aplicar.

15. **Indique cuál de las siguientes herramientas están puestas a disposición del usuario por parte de la AEPD para averiguar qué medidas debemos tomar en el tratamiento de los datos.**

a. NOTA
b. FACILITA
c. ARSULIPO
d. TAEPD

Solucionario Capítulo 6

1. **Complete el siguiente párrafo:**

La Seguridad física se ocupa de barreras **físicas,** procedimientos, y **mecanismos** de control, para proteger los activos de las **amenazas** físicas. La seguridad lógica se ocupa del conjunto de barreras **lógicas,** procedimientos, y **mecanismos** de control para proteger los activos permitiendo el **acceso** lógico solo a los agentes autorizados.

2. **Enumere al menos tres medidas que deben seguirse de acuerdo con la norma ISO 27002 para trabajar en áreas seguras.**

- El personal debe conocer de su existencia, y de las actividades que se realicen en dichas áreas, solo en base a la necesidad de saber por sus funciones.
- Se deben evitar trabajos no supervisados.
- Si están vacías, permanecerán cerradas bajo llave, y se revisarán periódicamente.
- No permitir equipos fotográficos o de grabación salvo autorizaciones expresas.

3. **Indique cuál de las siguientes es la amenaza física más frecuente:**

1. El incendio.
2. La falta de suministro eléctrico.
c. **El incidente causado por el infractor accidental, que actúa sin saber lo que se está haciendo o por error.**
4. El secuestro o chantaje.

4. **Indique si las siguientes afirmaciones son verdaderas o falsas:**

a. Para la seguridad ambiental del CPD, deben ubicarse detectores de agua en el CPD, CCTV, vías de evacuación señalizadas, y carteles desaconsejando el consumo de bebidas y de comida.

☐ Verdadero
☑ **Falso**

b. Para la seguridad ambiental del CPD, deben aplicarse medidas contra fallos eléctricos, equipos de control de la temperatura y humedad, medidas contra incendios, detectores de agua, planes de evacuación, y la prohibición de entrar comida y bebida.

☑ **Verdadero**
☐ Falso

c. Para la seguridad ambiental del CPD, deben aplicarse medidas que mantengan la temperatura en torno a los 21° ± 3°, y una humedad cercana al 50 %, que evite el riesgo de condensación y de electricidad estática.

☑ **Verdadero**
☐ Falso

d. Para la seguridad ambiental del CPD se recomienda usar ventanas siempre que estén reforzadas mediante rejas y cristales opacos, que eviten ver la actividad que se desarrolla en su interior.

☐ Verdadero
☑ **Falso**

5. Empareje las siguientes contramedidas y amenazas:

a. Interrupción breve del suministro.
b. Caída de rayos.
c. Interferencias o ruido eléctrico.
d. Interrupción prolongada del suministro.

d. Generador eléctrico.
c. Filtros.
b. Descargadores de gas.
a. Sistema de alimentación ininterrumpido.

6. Enumere seis medidas contra los incendios que recomendaría aplicar en un CPD.

- Sistemas de extinción automática.
- Extintores manuales para fuego tipo C, basados en CO_2.
- Detectores de humo.
- Alarmas manuales.

- Puertas con suficiente protección frente al fuego.
- Paredes, techos, y suelos a prueba de incendios que aíslen el recinto.

7. Empareje las siguientes tecnologías y su ámbito:

a. *Active Directory* (directorio activo).
b. *Kerberos.*
c. *Login* (nombre de usuario).
d. OpenLDAP.

a., d. Directorio.
c. Identificación.
b. Autenticación.

8. Complete la siguiente frase:

Las **listas** de control de **acceso** para un fichero o directorio, definen qué usuarios autenticados pueden acceder al fichero, y qué tareas pueden realizar. En sistemas *Windows,* se pueden modificar con el comando **cacls,** y en sistemas *Linux,* con el comando **chmod.**

9. Indique las cuatro características básicas que debe cumplir una contraseña de calidad.

1. Fáciles de recordar.
2. No basadas en nada fácilmente adivinable (nombre, teléfono, etc.).
3. No emplear palabras incluidas en diccionarios.
4. Libre de caracteres idénticos, ni todo numérico ni todo alfabético.

10. Seleccione la mejor opción en relación a la política de escritorio limpio:

a. Evita el riesgo de incendio, y es una medida de seguridad física.
b. Evita el acceso a información confidencial, especialmente fuera del horario normal de trabajo.
c. Es un mecanismo de impresión segura.
d. Eliminando la acumulación se reduce la posibilidad de borrar un documento.

11. Enumere cinco salvaguardas para reducir los riesgos de acceso al sistema operativo.

- Identificación y autenticación para todos los usuarios de manera única.
- Un sistema de gestión de claves.
- Procedimientos para un registro seguro del inicio de sesión.
- Cierres automáticos por inactividad.
- Limitar el tiempo de conexión.

12. Seleccione la opción correcta. Los métodos de autenticación se clasifican en...

a. ... métodos débiles, fuertes y biométricos.
b. ... métodos con alta tasa de falsos positivos y métodos de alta tasa de falsos negativos.
c. ... métodos basados en algo que se sabe, métodos basados en algo que se tiene, y métodos basados en algo que se es (o métodos biométricos).
d. ... métodos técnicos, organizativos, físicos y de personal.

13. Enumere tres métodos de autenticación para cada uno de los factores de autenticación.

- Algo que se tiene: una llave, una tarjeta inteligente, un archivo en una unidad USB.
- Algo que se sabe: una contraseña, un código de acceso, una respuesta a una pregunta.
- Algo que se es: la huella dactilar, el patrón de escritura, la voz.

14. Seleccione la opción más adecuada:

a. No es necesario registrar la actividad del administrador, porque la empresa deposita en él la confianza del sistema de información.
b. Es especialmente importante registrar su actividad, porque actúa normalmente con privilegios.
c. Es especialmente importante registrar la actividad, porque estos puestos suelen tener mucha rotación.
d. No es necesario registrarlo, porque el administrador tiene capacidad para desactivar el registro de auditoría.

15. La norma ISO 27002 define un documento para recoger las directrices a partir de las que cuales se redacten los diferentes procedimientos, necesarios para llevar a cabo el control de acceso lógico. Se denomina...

a. ... documento de seguridad.
b. ... normativa de control de acceso.
c. ... política de control de acceso.
d. ... protocolo de control de acceso.

Solucionario Capítulo 7

1. **Complete la siguiente oración:**

   La arquitectura de red más extensamente utilizada, es la arquitectura **TCP/IP.** Esta arquitectura define las comunicaciones, organizándolas en diferentes niveles o capas.

2. **Enumere las capas en que se organizan los protocolos de la arquitectura de red de internet:**

   - Capa 1: capa de acceso al medio o de enlace.
   - Capa 2: capa interredes.
   - Capa 3: capa de transporte.
   - Capa 4: capa de aplicación.

3. **Determine la opción válida:**

   a. Los protocolos TCP e IP son protocolos de la capa de red.
   b. El protocolo HTTP, FTP, y SMTP, son protocolos de la capa de aplicación.
   c. *Ethernet* es un protocolo de la capa de nivel físico.
   d. Todas las respuestas anteriores son incorrectas.

4. **Empareje los siguientes conceptos:**

   a. Dirección MAC.
   b. Dirección IP.
   c. Número de puerto.

   c. Capa de transporte.
   a. Capa de acceso o enlace.
   b. Capa de interred.

5. **Determine el nombre de cada segmento de puertos:**

   a. 0...1023: **puertos de sistema o bien conocidos.**
   b. 1024...49151: **puertos de usuario o registrados.**
   c. 49152...65535: **puertos dinámicos privados o efímeros.**

6. Indique los puertos para los siguientes cuatro servicios básicos:

a. Navegación web HTTP: **80.**
b. Transferencia de ficheros FTP: **21.**
c. Navegación web segura HTTPS: **443.**
d. Envío de correo electrónico SMTP: **25.**

7. Complete la siguiente frase:

Orientado a conocer todas las conexiones activas del nodo donde se ejecuta, ***Netstat*** permite saber en un momento dado qué puertos TCP y UDP se están usando, además de estadísticas de uso.

8. Seleccione la opción más adecuada:

a. Para probar si hay conexión con un equipo, emplearía la herramienta *traceroute.*
b. Empleando *whois* puede conocer la dirección o domicilio donde está físicamente alojado un servidor.
c. **Para conocer la ruta de conexión, emplearía la ruta *traceroute.***
d. Empleando *ping* puede saberse si hay conexión en un puerto TCP concreto.

9. Indique la aplicación adecuada:

a. Para establecer una conexión en un puerto: **telnet.**
b. Para interpretar la mayoría de protocolos y devolver, información adicional a los puertos abiertos: **nmap.**

10. Complete la siguiente frase:

La realización de **sondeos exhaustivos** sobre una máquina ajena puede considerarse una actividad peligrosa, incluso ser constitutiva de delito.

11. **El inconveniente de las herramientas que registran las conexiones en un instante de tiempo es que...**

    a. ... no tienen ningún inconveniente, y de hecho, nmap es un estándar de facto.
    b. ... no pueden devolver la dirección del destino, porque no esperan el ACK.
    c. ... la salida siempre es por pantalla, aunque la ejecución puede ser continua.
    d. ... no capturan las conexiones que se produzcan entre diferentes ejecuciones.

12. **Indique si las siguientes afirmaciones son verdaderas o falsas:**

    a. La herramienta *Microsoft Port Reporter* aumenta las garantías de registrar una conexión de red.

       ☑ **Verdadero**
       ☐ Falso

    b. Las herramientas de registro continuo tienen la ventaja añadida de precisar poco espacio para almacenar los *logs,* porque los sobrescriben.

       ☐ Verdadero
       ☑ **Falso**

    c. Siempre es preferible usar una herramienta de registro continuo, en lugar de una herramienta de registro puntual.

       ☐ Verdadero
       ☑ **Falso**

13. **Indique la opción más adecuada:**

    a. Para conocer el tráfico de un servidor, hay que instalarle un *sniffer.*
    b. Para conocer el tráfico de un servidor, se puede instalar un *sniffer* a un pc con el que comparta cualquier *switcher.*
    c. Para conocer el tráfico de un servidor, se puede instalar un *sniffer* a un pc con el que comparta un *hub.*
    d. Para conocer el tráfico de un servidor, se deben consultar sus registros de auditoría.

14. En relación a las herramientas TCPDUMP y TCPFLOW, indique si las afirmaciones son verdaderas o falsas:

a. Se pueden usar como entrada para *WireShark.*

☑ **Verdadero**
☐ Falso

b. Son muy eficientes para capturar tráfico desde línea de comandos.

☑ **Verdadero**
☐ Falso

c. Pertenecen a la categoría de *sniffers.*

☑ **Verdadero**
☐ Falso

15. Complete la siguiente frase:

La herramienta ***WireShark*** permite construir **filtros** que eliminen todo el tráfico que no interesa, por ejemplo, porque corresponda a servicios conocidos que no se quieran analizar.

Solucionario Capítulo 8

1. Elija la opción correcta:

a. No hay que cambiar las contraseñas por defecto, basta desactivar los usuarios por defecto.
b. Deben cambiarse las contraseñas por defecto, y siempre que sea posible, deshabilitar los usuarios por defecto.
c. Siempre que sea posible, se debe cambiar el nombre de los usuarios por defecto.

2. Empareje los opciones adecuadas:

a. Superusuario.
b. Invitado.
c. Privilegios.
d. Acceso anónimo.

(1 y 3) (2 y 4)

3. Indique cuál de entre las siguientes afirmaciones no es una recomendación de la norma ISO 17799:2005 para las contraseñas:

a. Que se evite la reutilización de claves anteriores.
b. Que se cambien regularmente.
c. Que sean fáciles de recordar.
d. Que tengan un periodo de validez mínimo.

4. Indique cuál de las siguientes recomendaciones para la construcción de contraseñas se adapta a lo recomendado por CIS:

a. Que sean cuanto más largas mejor, que sean complejas, que se cambien cada 90 días, y que no coincidan con las anteriores.
b. Que tengan sobre 8 caracteres, que se cambien regularmente (al menos cada 2 meses), pero no de manera diaria, y que no coincidan con las últimas 30 contraseñas.

c. Que tengan 8 caracteres, o 12 en entornos muy seguros, que tengan un periodo de vigencia de 1 día, que no coincidan con las últimas 24 contraseñas empleadas.
d. No hay ninguna recomendación precisa, porque cuanto más larga sea la contraseña mejor.

5. Complete la siguiente frase:

En un ataque de fuerza bruta se prueban todas las **contraseñas** de 1 **carácter,** de 2, de 3, etc., mientras que en un **ataque** de **diccionario,** se prueban todas las palabras contenidas en listas de uno o varios idiomas.

6. Enumere tres recomendaciones respecto a la instalación de *software* de la guía CCN–STIC 821.

- Solo el personal de soporte técnico podrá instalar *software* en los equipos (con la excepción de herramientas comunes descargadas de la red interna).
- Los usuarios podrán solicitar la inclusión de una aplicación, lo que se debe estudiar convenientemente.
- No se podrá instalar *software* que no disponga de licencia correspondiente.
- Se debe prohibir la reproducción, modificación, cesión, y uso, fuera de la empresa de las aplicaciones instaladas en los equipos de la empresa.
- No se podrán deshabilitar las aplicaciones instaladas por la empresa.

7. Una pasarela también se llama...

a. ... puente de comunicaciones.
b. ... *firewall.*
c. ... puerta de enlace.
d. ... *router* adaptado.

8. Indique si las siguientes afirmaciones son verdaderas o falsas, desde la perspectiva de la seguridad de la información:

a. Preferiblemente, una aplicación debe estar en varios servidores, por si alguno falla.

☐ Verdadero
☑ **Falso**

b. Idealmente, las aplicaciones deben instalarse en pocos servidores, para reducir el número de equipos a proteger.

☐ Verdadero
☑ **Falso**

c. Generalmente, una aplicación debería estar en un servidor dedicado a esta única función.

☑ **Verdadero**
☐ Falso

9. Establezca las parejas:

a. Criptosistemas de clave privada.
b. Criptosistemas de clave asimétrica.
c. Criptosistemas de clave simétrica.
d. Criptosistemas de clave pública.

(a, c) (b, d)

10. Indique las alternativas seguras a los siguientes protocolos:

a. HTTP: **HTTPS.**
b. Telnet: **SSH.**
c. SMTP: **ESMTP.**

11. Indique si las siguientes afirmaciones son verdaderas o falsas:

a. Los sistemas, especialmente los servidores, deben mantenerse permanentemente actualizados, siendo conveniente la aplicación automática de parches y correcciones.

☐ Verdadero
☑ **Falso**

b. La búsqueda activa de información y seguimiento de aparición de nuevas vulnerabilidades es una medida de protección para los sistemas.

☑ **Verdadero**
☐ Falso

c. Disponer de un inventario actualizado y completo de las aplicaciones que detalle al menos, el fabricante, las versiones, y los responsables de la aplicación, es una medida de protección para los sistemas.

☑ **Verdadero**
☐ Falso

12. Indique el nombre de las siguientes aplicaciones maliciosas:

- Aplicación que registra todas las pulsaciones de teclado: **capturador o *keylogger*.**
- Aplicación que envía información del equipo a un ordenador remoto: **espía o *spyware*.**
- Aplicación que permite acceso al sistema operativo, aplicación o página web, eludiendo los controles de acceso que haya: **puerta trasera o *backdoor*.**
- Aplicación que no infecta a otros ficheros ejecutables, sino que constituye un fichero por sí mismo: **gusano.**
- Aplicación que permite al atacante tomar el control total del sistema como su administrador: **herramientas de control total, o *rootkit*.**

13. Una medida principal de protección básica de las comunicaciones es:

a. Emplear un *firewall* para separar internet de la red privada de la empresa.
b. Instalar un antivirus para protegerse de las amenazas constantes de código malicioso.

c. **Separar en redes diferentes, por usuario, por servicio, o por sistema.**
d. Que todo el tráfico esté cifrado usando IPsec.

14. El protocolo que permite establecer las medidas de control para que un ordenador solo pueda conectarse a una toma concreta del *switcher,* y por lo tanto a una toma de red concreta del edificio, es el siguiente:

a. El protocolo de LACP *(Link Aggregation Control Protocol,* IEEE 802.1ax).
b. Protocolo de transporte SSL/TLS.
c. **IEEE 802.1X.**
d. IPsec.

15. Complete la siguiente frase:

Los registros se deben proteger para que un atacante no los modifique o elimine, para lo cual una de las posibles soluciones es **guardar** los **registros** en un **servidor diferente** dedicado a ello.

Solucionario Capítulo 9

1. **Indique cuál de las siguientes recomendaciones del Esquema Nacional de Seguridad es la correcta:**

   a. Se debe emplear un sistema de seguridad perimetral que prohíba todo el tráfico.
   b. Se debe emplear un sistema cortafuegos que separe la red interna del exterior, y que permita pasar los flujos autorizados.
   c. **Se debe emplear un *firewall* que separe la red interna del exterior, por el que pase todo el tráfico, y que solo deje progresar el autorizado previamente.**
   d. Solo se recomienda emplear *firewalls* en entornos de seguridad de nivel alto.

2. **Enumere tres técnicas de ingeniería social que podría emplear un atacante para obtener información del sistema objetivo.**

   Conversaciones, llamadas telefónicas y correos electrónicos; en todos los casos generalmente con suplantación de la identidad.

3. **Indique cuáles de las siguientes afirmaciones son verdaderas y cuáles son falsas:**

   a. Los ataques que pueden sufrir las comunicaciones de emisor a receptor son amenazas físicas o de interrupción y amenazas lógicas.

      ☐ Verdadero
      ☑ **Falso**

   b. Las comunicaciones sufren un ataque de fabricación, cuando se consigue e introduce en el flujo de comunicaciones un mensaje similar al atacado.

      ☑ **Verdadero**
      ☐ Falso

c. Las comunicaciones solo pueden sufrir ataques de interrupción (disponibilidad), interceptación (confidencialidad) y fabricación (integridad).

   - ☐ Verdadero
   - ☑ **Falso**

4. **Indique el nombre de los siguientes tipos de cortafuegos.**

- Equipo que solo puede realizar filtrado de paquetes: ***firewall*** **a nivel de red.**
- Equipo que crea un canal de comunicación entre cliente y servidor para todo tipo de aplicación del cliente: ***firewall*** **mediante servidor *proxy*, a nivel de circuito.**
- Equipo que recuerda las comunicaciones iniciadas desde la LAN a internet para admitir automáticamente los paquetes de respuesta de internet a la LAN: ***firewall*** **mediante filtrado de paquetes, de filtrado dinámico.**

5. **Empareje los opciones adecuadas:**

   1. *Screened subnet.*
   2. Bastión de una red.
   3. Bastión filtrado.
   4. *Screened host.*
   5. *Router* de filtrado.
   6. Subred filtrada.
   7. *Screening router.*
   8. *Single homed host.*

   (1 y 6) (2 y 8) (3 y 4) (5 y 7)

6. **Complete la siguiente frase:**

La función NAT permite **compartir** una dirección **IP pública** entre todas las **direcciones ip** privadas de los clientes LAN.

7. **Enumere al menos tres ventajas de un cortafuegos construido mediante un bastión, frente a un *firewall* construido mediante un *router*.**

- El bastión aporta mayor seguridad.
- El bastión dispone de mayor flexibilidad y posibilidades para aplicar la política de seguridad.
- El bastión dispone de mayores capacidades de registro.
- El bastión dispone de mayores capacidades de monitorización.

8. **Complete la siguiente frase:**

En un *firewall screened host* se emplea un ***router*** previo al bastión para **filtrar** los **paquetes de red,** y que está configurado para que solo envíe hacia el bastión el **tráfico** de **internet** filtrado, y para que solo admita conexiones internas desde el **bastión.**

9. **Indique si las siguientes afirmaciones son verdaderas o son falsas:**

a. Un *firewall screened subnet* consta de tres elementos.

☑ **Verdadero**
☐ Falso

b. Un *firewall* de subred filtrada es el diseño más seguro, porque aún comprometido el bastión, el atacante debe sobrepasar otro *router* de filtrado.

☑ **Verdadero**
☐ Falso

c. Un *firewall* de subred filtrada es el único diseño que define una zona DMZ para proteger servidores que deban ser accedidos desde el exterior.

☐ Verdadero
☑ **Falso**

10. **Establezca las parejas:**

a. Redes señuelo.
b. Rangos de direcciones de red diferentes.
c. *Honeypot.*

d. Segregación en subredes.
e. Ubicación de servidores accesibles desde el exterior.
f. DMZ

(a, c) (b, d) (e, f)

11. Indique si se deben prohibir o permitir los siguientes flujos de red en un diseño *screened subnet,* que incorpora un servidor bastionado en la zona DMZ accesible desde internet, que necesita acceder a un servidor de base de datos privado:

a. Del servidor bastionado a la LAN: **prohibir.**
b. Del servidor bastionado a internet: **permitir.**
c. Del servidor bastionado al servidor de base de datos: **permitir.**
d. De los clientes al servidor bastionado: **permitir.**

12. Complete la siguiente frase:

Las redes privadas virtuales permiten **conexiones** o canales de **comunicación seguros,** empleando **redes** no seguras o **públicas,** como **internet,** usando para ello métodos **criptográficos,** que permiten defender las comunicaciones de ataques de **interceptación** y de **modificación.**

13. ¿Cómo se clasifican los tipos de VPN, de acuerdo a su uso?

a. VPN sitio a sitio, para conectar diferentes oficinas de una misma empresa.
b. VPN de acceso remoto, para permitir el teletrabajo sin comprometer la seguridad, de un ordenador a una red, o bien de ordenador a ordenador.

14. Enumere tres protocolos empleados para construir redes privadas virtuales, indicando la capa de red en la que actúan, y sus variantes o modos de funcionamiento si los hay.

a. PPTP, capa 2 o nivel de enlace.
b. L2TP, capa 2 o nivel de enlace , y su variante L2TP/IPsec.
c. IPsec, capa 3 o nivel de red, en modo transporte (extremo a extremo) o en modo túnel *(firewall a firewall).*

15. Indique dos contramedidas adicionales al empleo de cortafuegos que deben aplicarse, para asegurar su eficacia y evitar una falsa sensación de seguridad:

a. La protección de los registros de auditoría del *firewall* (control ISO 17799:2008 número 10.10.3).
b. La monitorización, verificación, y pruebas del *firewall* frente a las amenazas procedentes de internet (control ISO 17799:2005 número 10.10.2).